教育新議題叢書3

教育政策創新與行政發展

吳清基　主編

吳清基	張國保	吳靖國	黃美賢
張明文	洪詠善	楊振昇	林孟潔
林立生	宋雯倩	陳盈宏	顏國樑
蔡進雄	楊淑妃	范熾文	謝念慈
舒緒偉	蕭芳華	許泰益	合著

五南圖書出版公司 印行

主編序

　　一個國家教育的進步和發展，通常有賴於良好適切政策的規劃創新和有效執行；同樣地，一個學校教育的推動和實施，也常常關繫於校長的行政領導運作和教師的專業成長投入。因此，任何先進教育國家的專業發展，對於師資培育和教育研究工作，乃特別會加以關注。

　　本書《教育政策創新與行政發展》，是由一群國內優秀的有潛力的教育學術同仁和行政工作夥伴，在學術教學研究和行政推動執行之餘，有感於教育政策創新和行政有效執行之迫切需要，基於對教育工作之熱愛投入和殷切期許，所提出之寶貴新知和心得分享，值得加以肯定。

　　當前國家教育工作之推展，確實需要從價值和教育政策規劃關係去探討，要有一個高位階全盤性之政策前瞻規劃，因此，從教育哲學思維，去探討教育本質的內省，和從教育社會學的觀點去對當前教育發展的反思，提出一些有利未來國家教育政策發展的創新作為，誠有其必要。當前國家幼托整合政策，歷經十四年努力才在民國100年正式立法通過實施，配套措施正逐步調整落實。十二年國民基本教育關係著國家未來之創新競爭力，希望孩子不再受考試引導學習，而能為自己生命中性向、興趣、能力之亮點，去做自己創意學習成長。一項經歷三十年之政策規劃推動，前後歷經十四任部長接續執行，沒有朝野政黨之對立阻擾，希望能給沒有自然資源的中華民國再造豐沛優質的人力資源，提供一個具有創新發展競爭力的關鍵契機。

　　臺灣四面環海，海洋資源豐富，海洋教育政策對中小學教育之實施和評析檢討，過去沒有太大之關注。變遷社會中大學教育之發

1

展，一向備受關切，其治理體系之現代化和自主化，文創產業園區之經營落實，高等教育之輸出政策等問題，皆是有待深入探討，可作爲政策施政之參考。至於中小學校長之正向領導和毀壞型領導，在領導學研究上，也是一新課題值得探討。

　　至於教育部組織法之修訂，自民國62年後即未再經修訂，歷經三十八年之久，終於在民國100年正式完成教育部組織再造之工作，其挑戰與展望，值得重視。師資培育和藝術教育司之設立，對師資培育法制訂之探析、教師升等和聘任問題之合法性，和藝術美感教育之擘劃和實踐，將會有另一番創新作爲。此外，國際與兩岸教育司之新設，對學校革新國際化和多元化管理，對國際間之教育遊說，均有新的研究觸點，可耐人尋味。

　　希望本書《教育政策創新與行政發展》之付梓，對關心教育政策和教育行政新議題的夥伴，可提供一個心得分享的園地。每年一本新作的問世，或許是一種自我壓力，但是，對長年在國內學術研究機構和行政機關的精英分子來說，也是一種社會責任。樂見此書之出版，期盼能激起更多人對教育政策和教育行政新議題的關注和指教。

臺灣教育大學系統總校長
前教育部部長
淡江大學講座教授
臺灣師大名譽教授

吳清基　謹誌
103年9月

目 次

Ⅰ. 政策創新與十二年國教

Ⅱ. 行政發展與領導

Ⅲ. 教育研究與師培

第十七章　教師升等違反學術倫理案例辯正　　（許泰益）

I

政策創新與十二年國教

第一章

從內變革
——當前教育政策創新的內省與反思

吳清基

壹　前言

「學而不思則罔，思而不學則殆」，教育發展需要不斷的內省與反思。臺灣沒有豐富的「自然資源」，要在國際上與人競爭，只有依靠「人力資源」的開發。教育的功能，在培育人才，提升國家競爭力，自然而然，深受大家所重視。

臺灣自民國83年4月10日，上萬人民走上街頭後，要求教育改革的聲音即不斷湧現，政府因應人民對教育改革的期待，也發現民氣可用，行政院成立了「教育改革審議委員會」，集合各界菁英代表意見，提出「中華民國教育報告書」，對臺灣當前教育發展與改革，確實有不少之貢獻。

當然，教育工作人人關心，家家都有小孩在唸書求學，人人也都有接受過教育，對教育的改革和發展，每個人都會有不同的意見可表達關心。在臺灣多元社會中，這是一件很可喜的事，當然，回歸專業的教育政策主導，不斷創新思維，由內變革成長發展，提出卓越優質的教育政策創新和作為，這是在今日知識經濟社會中應有的堅持和共識。

貳　教育本質的內省－哲學思維

一、教育是一種成人之美的工作，一切都是為孩子好

教育在古代「說文解字」上，即明確指出「教者，上所施下所效也；育者，養子使作善也」，教育本身就是一種有智慧，身心成熟的人，代表教導者，去教授知識、技能和情意，給身心未臻成熟的人，使他由不知變知，由好變得更好的歷程。

教育工作是一種成就別人的志業，「有教無類，因材施教」，不拒絕任何一個學習的對象，可因其個別資質和需要，作最好的差異性引導教學，其目的就是要教好對方。「學好是學，學壞也是學」，在學習心理學上，個體行為改變的歷程，都是學習的範疇，但是，只有學好的學習，才是教育；學壞的學習不符教育的本質。因為，教育只要教人正向發展，只有有價值性的學習成長，才是教育的本質所在。學壞變壞的行

為改變，並不算是教育活動的真義。

二、教育在教人成為人，不只是在教人增長知識而已

美國著名教育心理學者布魯姆（B. Bloom）指出，教育有三個層面：1.認知層面（cognitive domain）；2.技能層面（psychomotor domain）；3.情意層面（affective domain）。這個看法，指出教育活動的完整架構，也告訴了我們學習領域不可太偏狹在知識增長領域而已。

今日教育有一個迷失，太重視升學主義，相信考試可引導教學，相信一個人唸了明星高中、明星大學，未來一定就有比別人更好的出路發展。因此，從小學開始，到大學，一路上只重視智育教學，對智育以外，學習活動參與，則通常興趣缺缺，培養一個會唸書的書呆子，並不是我們社會所期待的。教改過程中，社會希望多元入學方式，但仍然阻力不小，父母的升學主義觀念，教師因考試引導教學，而失去活化教學之挑戰，都是今日教育發展變革中要去省思之盲點。

三、教育在追求全人格發展，而非只在追求文憑證書

民國元年教育總長蔡元培即提倡美育，指出「德智體群美」五育均衡發展的全人格教育思維，但是迄今，此一理念仍然有待大家再努力推動，才有實現可能。

美國哈佛大學著名教育心理學者迦德納（H. Gardner）提出多元智慧理論（Multiple Intelligences Theory），認為人類的智慧是多元的，有語文智能、數理邏輯、空間、視覺、肢體動作、人際的、自然觀察的和自我省思的八大智能。每一種智能，都可加培訓成就各領域的人才，對社會也均有其重要貢獻性。可是過去我們只重視語文和數理智能，因為此二者是升學上的優勝者，最有機會取得亮麗文憑的人。

其實，教育在追求的，是全人格的教育發展，是身心健全、五育兼重、文武合一的全人教育發展。學術上成就，固然社會有期待，體育、音樂、美術、舞蹈上的成就，社會上也會給高度的肯定。在職技領域，創業有成，發明有專利貢獻者，更是人人稱羨。士農工商，行行出狀元，教育全人發展的價值觀，正在深受歡迎和推動。

四、教師、家長和行政人員，都要為孩子成長而共同付出

　　教育發展過程中，爲了孩子的健全發展，國家和社會、學校和家庭、教師和家長、教育行政人員，都要共同負擔起其應負擔的責任。

　　一個孩子的成長，從小到大，從家庭，到學校，再到社會，都會面臨各種學習情境改變之挑戰。常言「孩子的偏差行爲，種因於家庭，顯現於學校，惡化於社會」，可見，爲了孩子的健全成長，任何一個人都要負起其相對性的責任而付出。

　　基本上，在少子女化的社會中，父母更會「望子成龍，望女成鳳」，對孩子之殷殷教導期望有加，此乃正常；但是，任何一位教師，也都有「名師出高徒」之期待，永不放棄任何一個孩子，是當今教師的共同心念；而政府教育行政人員也都希望傾全力，集中教育資源，幫助學校辦好教學工作，教育傑出的下一代。因此，我們可說，教育工作是一種全民的工作，人人都關心，人人有期望，人人願付出。

參　教育發展的反思─教育社會學思維

一、教育發展應適應社會變遷，教育發展亦可導引社會變遷

　　從教育的本質的內省，我們看到了教育的重要和希望；但若從教育的發展，進一步去反思，我們將會發現，教育工作在當前，充滿了不少挑戰和衝擊，正有待我們齊心共力去加以克服。

　　教育發展和社會變遷，是表現相互輝映和呼應的。當社會有了變遷發生，教育就要去培養人才，以適應社會變遷之需要。例如：國家經濟由農轉工商發展時，教育人才之培育也要由農業人才培育，轉而加強培育工商人才之需求；當地球環境不斷發生溫室效應或氣候異常時，學校教育就要加強環境永續保護教育的實施，當然，政府也要有應變救災的緊急作爲。

　　同樣地，教育發展也可完全被動在因應社會變遷；它亦可主動去引導社會變遷。建立一個「富而好禮」的社會，這是近年來臺灣有識之士之共同心聲，希望我們的社會，因爲經濟生活水準提升後，相對地，禮儀文化、文明生活也能同步建立。成功透過教育，教導學生及社會

人士，上車排隊、禮讓老弱、公共場所不抽菸、不丟紙屑、不隨地吐痰、不闖紅燈……等等良好生活規範之養成，在在說明了教育確可主動引導社會變遷。

二、當前社會變遷對教育發展的衝擊

臺灣社會變遷急劇快速，當前對教育的衝擊，不外下列七大方面：1.少子女化與高齡化的趨勢；2.教育M型化的影響；3.氣候變遷與環境永續的關注；4.全球化時代的競爭；5.本土化意識的興起；6.網路時代的學習衝擊；7.校園生態環境的轉變。

(一) 少子女化與高齡化的趨勢

1.臺灣少子女化之情形，日趨嚴重，將對教育之長期規劃發展，造成影響。1981年，新生兒每年有41萬人，1998年新生兒只有27萬人，2010年更降至最低點，只有17萬新生兒，2011年有19萬人，2012年因龍年新生兒回升到23萬人。因新生兒之減少，已造成國小教育空間及教師不敢新聘，有減班調校或辦理代課代理教師之情形。

2.臺灣高齡化之情形，也正日漸明顯。1993年臺灣65歲以上人口占7%；2012年，65歲以上人口占10.72%；若人口老化情形依此發展，到2025年，臺灣65歲以上人口，將占20.3%。亦即到民國114年，臺灣每四個人就要扶養一位銀髮族老人家，經濟負擔加重，社會長照問題要重視，老人終身學習和安養問題，將是必須要嚴肅面對的挑戰。

(二) 教育M型化的影響

教育M型化的發展，已漸趨明顯。這種兩極化、雙峰化的現象，出現在城鄉教育資源分布的不均衡，各校教學品質不一，各班學生學習亦存在好壞兩端集中之情形。

家長社經背景高的小孩教育，備受關注；但家長社經背景較低的學生，其家庭教育及學校教育之互補加強，仍留有很大可努力之空間。「有教無類，因材施教」之教育理想，在面對教育M型化情形下，確實值得再加關注和努力落實。

(三) 氣候變遷與環境永續的關注

地球村的觀念，在今日臺灣，普遍被接受；環境保護永續發展的教育，也如火如荼被提出。事實上，臺灣沒有天然資源，但天然災害卻不少。2005年世界銀行「天然災害熱點：全球危機分析」指出，臺灣是世界上天然災害頻繁出現的地區之一，每年都有地震、颱風或土石流之災害會出現。因此，加強環境教育，保護地球，重視生態保育，便成為臺灣當前教育發展不得不重視的課題。

(四) 全球化時代的競爭

面對全球化時代的來臨，天涯若比鄰，交通工具之發達，許多國際間之交流活動，都可成為一日生活圈。人與人之間的互動更頻仍，競爭也更激烈。由於全球性人口流動之頻繁，教育交流之活動機會增加了；全球性市場競爭愈演愈激烈，全球環境和金融災難的連鎖反應，也更直接相關；冰島火山爆發，歐陸飛機停飛；美國雷曼兄弟連動債，造成全球經濟大恐慌。知識經濟的全球化，也刺激教育人才培育的國際移動化被重視。教育發展在全球化時代的競爭下，已不可能閉關自守，加強國際化教育發展之政策乃因應產生。

(五) 本土化意識的興起

臺灣本土化意識，這些年來大大被提倡。基本上，課程設計發展是由近及遠，由具體到抽象。讓學生認識國際觀固然重要，讓學生瞭解自己生活周遭環境也很有必要。因此，臺灣主體意識的論述—在地國際化及國際在地化，也逐漸受到學術探討的關注。因此，如何弘揚本地的文化傳統和價值觀念體系，如何保護在地文化資產及風俗習慣，都是教育上應加重視的課題。

(六) 網路時代的學習衝擊

網際網路的興起，對教育發展是一個大大的教材教法革命性挑戰。傳統上，師生面對面的教育活動，將逐漸被網路遠距教學和虛擬情境教學所取代。網路上教材教法，大大有別於傳統面授教材教法，師生之角色扮演和師生之關係疏離，均造成教育理念之重新建構。學生因網路學

習，新的網路倫理和隱私法律觀念，都要更新建立，不少挑戰都正等待面對眼前，增加了教育輔導管教的難度。

(七) 校園生態環境的轉變

臺灣教育校園生態環境，近年來有大大的轉變。早在1987年政府政治解嚴後，社會開放多元，校園民主意識高漲。學校教師會成立，教師工會也先後加入，大中小學校長實施定期遴選制度，師資培育多元化，家長參與校務，整個校園生態大大改變。少子女化後，學校代理代課教師增加，家長對教育的積極要求參與，教師大部分已無昔日公費師資培育的熱忱，教育的師生對立，家長教師對立事件，偶會出現，教育之挑戰，壓力愈來愈大。

肆　從內變革─當前教育政策的創新作為

因應當前社會環境的快速變遷，教育政策當然亦要有所創新調適。作為一個國家教育政策決策和執行推動者，必須秉持前瞻教育專業的理念和理想，採取主動積極的擔當和作為，創新政策以利國家教育的永續卓越發展。本人自民國98年9月10日接任教育部長職務，至民國101年2月6日卸下教育部長工作，二年五個月任期，其實有不少工作之推動，皆來自從內變革，自己主動要求去創新改革作為的，今舉其中之部分政策創新作為析論於下列：

一、幼托整合─免學費教育向下延伸至5歲

幼托整合教育政策，係民國86年行政院長蕭萬長院長在行政院會議之決議，希望6歲學齡前兒童之教育權益，政府應一體照顧，不可因2-6歲托兒所托育由內政部負責，4-6歲幼稚園教育，則由教育部負責。托兒所和幼稚園分屬中央不同部會主管，其學前兒童之受教權益乃有所不同，誠非有為政府所該接受之事實。但是，因為政府、民間業者、學者之看法不容易溝通，一拖十四年之久，到民國100年，本人任內才總算達成共識，一律整合為幼兒園，由教育部主管，且5歲幼兒入幼兒園一律免收學費。期盼能有優質、平價、近便之幼兒教育環境，並可減輕

年輕家長之子女教育經費負擔。

　　免學費教育政策，向下延伸到學前教育，除可提升幼兒就學幼兒園之比率，充分提供弱勢或偏鄉幼兒之學前教育機會外，對學前幼兒教育品質之提升和保障，也大有助益。

　　本人也向政府高層建議，未來若政府財政狀況良好，應可逐步延伸至4歲、3歲；必要時，可辦理2歲公托，則必可鼓勵國人生育率提升。

二、適性揚才－實施十二年國民基本教育

　　十二年國民基本教育，自民國103年8月1日開始實施，這是中華民國教育史上一大里程碑。回顧民國11年，新教育制的頒行，奠定了我國六年國民教育的基礎；四十六年後，民國57年8月1日實施九年國民義務教育；又四十六年後，民國103年8月1日實施十二年國民基本教育。

　　其實，十二年國民基本教育政策延長，始自民國72年朱匯森部長就開始規劃延長國民教育年限，中間歷經李煥、毛高文、郭為藩、吳京、林清江、楊朝祥、曾志朗、黃榮村、杜正勝、鄭瑞城到本人任內，才建議馬英九總統在民國100年1月1日元旦文告宣布延長十二年國民基本教育年限，並自103年8月1日開始由蔣偉寧部長去推展正式實施。

　　十二年國民基本教育的發展期程，自萌芽到實施，歷經十三任教育部長，不分政黨執政、不分政府民間，均對其有期待，這是近年來國內藍綠對立政治氛圍下，難得的一件公共政策的共識交集。

　　十二年國民基本教育有三大願景：1.提升中小學教育品質；2.成就每一個孩子；3.厚植國家競爭力。有五大理念：1.有教無類；2.因材施教；3.適性揚才；4.多元進路；5.優質銜接。有六大目標：1.培養現代公民素養；2.引導多元適性發展；3.確保學生學力品質；4.舒緩過度升學壓力；5.均衡城鄉教育發展；6.追求社會公平正義。

　　為了達成上述三大願景、五大理念及六大目標，教育部將七大面向，推動二十九個執行方案：

面向一：全面免學費（三個執行方案）

1.5歲幼兒免學費、2.高中職、五專前三年免學費、3.財務規劃

面向二：優質化、均質化（八個執行方案）

4.高中優質化、5.高職優質化、6.高中職教育資源均質化、7.高中職學校資源分布調整、8.大學繁星、技職繁星推薦、9.高中評鑑、10.高職評鑑、11.高中職發展轉型及退場輔導

面向三：課程與教學（五個執行方案）

12.建置十二年一貫課程體系、13.國中教學正常化、適性輔導及品質提升、14.國中小補救教學、15.高中職教師教學品質提升、16.國中小學生輟學預防與復學輔導

面向四：適性輔導國民素養（六個執行方案）

17.國中與高中職學生生涯輔導、18.國中職學生學習扶助、19.產學攜手合作、20.技職教育宣導、21.國中畢業生未升學未就業青少年職能培訓輔導、22.提升國民素養

面向五：法制（一個執行方案）

23.制定高級中等教育法，並微調專科學校法

面向六：宣導（二個執行方案）

24.家長參與推動十二年國民基本教育、25.十二年國民基本教育政策宣導

面向七：入學方式（四個執行方案）

26.規劃免試就學區、27.免試入學、28.特色招生、29.身心障礙學生就學輔導

十二年國民基本教育的規劃和實施，前後歷經近三十年，相信這是一個符應世界國民教育延長發展之趨勢，未來成敗關鍵在教師的教，和學生的學。均盼能創新、主動、積極的教與學，而不再是教師被考試引導教學，學生也不再以考試準備為學習動機。相信十二年國民基本教育的實施，適性揚才，可培育更有競爭力的下一代。

三、精緻師培—創設師資培育與藝術教育司

中興以人才為先，良師可以興國，師資培育教育一向為人所重視。

但是，建國百年來，卻未有專業的教育司來負責師資培育工作。本人擔任教育部長，恭逢其盛，乃利用教育部組織法修訂之機會，彙集各方之專業意見，設立師資培育與藝術教育司。以利師資培育工作，能專業化之推動。

此外，爲精緻化師資培育工作，乃研訂「師資培育白皮書」，以揭櫫良師典範教師圖像；建立精緻特色師資培育網，有系統推動教師職前導入和在職教育；同時，發展教師專業學習社群及專業組織等支持系統；也推動藝術教育教學，重視教育美學，強調美育的重要，這是多年來美學教育的一大步。過去因升學主義盛行，只重視智育掛帥，今後十二年國民基本教育實施後，免試入學可讓教育回歸正常化，德智體群美均衡發展的教育，是可期待的。

四、修訂陸生三法—推動兩岸大專生教育交流

兩岸和平永續發展，必須從教育著手。提供教育交流平臺，讓年輕人提早接觸，建立民族情感，增進相互間認識，確有必要。民國81年9月，我政府即通過「兩岸人民關係條例」，賦予兩岸人民教育交流之法源依據。但是，因爲國內政治環境政黨對立因素，直到民國99年8月，立法院才正式通過《兩岸人民關係條例》、《大學法》、《專科學校法》（陸生三法）之修訂。前後中間有十八年的時間，教育交流被迫中斷。

民國100年8月，兩岸大學生學位交流正式開始，雖然，前三年之正式學位生，分別只有928人、951人、1,822人；但無學位之交流生，卻分別有11,227人、15,590人及21,233人。目前，我方去大陸求學之學生，也多達8,000餘人，雙方學生及教師之交流，甚爲積極和諧，彼此均受到非常好的照料，顯示兩岸教育交流之政策是受肯定的。

五、高教輸出—打造臺灣成為東亞高教重鎮

留學政策是外交內政的延伸，任何一個國家，若能吸引各國菁英青年學子前往留學，則對該國的國際影響力，必能提升。且留學教育政策，漸漸可成爲一種產業，澳洲留學產業的收入，已成爲該國第三大產

業的收入。

　　臺灣這些年來，由於政府對教育的投入甚多，教育環境品質大大改善，世界五百大的優質頂尖大學，臺灣也有十二所入列；在技職教育之發展，臺灣更與澳洲、德國、日本並列四大領先群。東南亞國家、非洲和中國大陸均對臺灣技職教育，顯示強烈交流意願。

　　事實上，臺灣高教生源減少，高教資源充裕，高教品質良好，有條件對外招生。且高教輸出，已奉行政院核定為第十大服務產業。臺灣保持有完整的中華文化，是世界學習華語文最佳環境，在招生上有優勢。目前，越南、印尼、泰國、印度、馬來西亞雙邊高教論壇及招生展，成效可觀。本人在教育部長任內，和上述各國教育部長，均有交流經驗之開創里程見證。

六、提倡孝道─首創推動祖父母節

　　我國素有禮儀之邦，但迄無祖父母節之設置。反觀歐美國家，則有祖父母節之設置，以闡揚孝道及發揚老人價值尊嚴。如：美國每年祖父母節為9月第一週日，英國為10月第一週日，俄國為10月第四週日，新加坡為11月第四週日，波蘭祖母節為1月21日，祖父節為1月22日，葡萄牙為7月26日……。

　　中華文化傳統一向強調百善孝為先，發揚孝道、尊敬長者，確有必要。因此，本人在部長任內，乃廣徵博議，察納雅言，選定每年八月第四週日為祖父母節，用以表彰對祖父母的感恩。因為第四週日，勞工階級均放假，可像母親節一樣，大家會記得且有閒來慶賀，且隔天小孫子就要上學開學，提前一天之慶賀，更有意義感覺。目前已進入第四年頭了，教育部各社教館所，和民間團體均會聯合辦理祖孫同遊慶祝活動。為了擴大宣導效果，教育部乃邀請全國商業總會共同辦理，藉由餐廳、旅館、渡假村、民宿、超商、量販店……等商業活動之促銷，來達成祖父母節之宣導和孝道孝行之落實推廣。

七、專業研究─成立國家教育研究院

　　成立國家級教育研究機構，一向為教育界所共同期待。早在本人民

國58年進入臺灣師範大學教育系就讀時，就發現每一年全國教育學術團體聯合年會，均會有共同決議，建議教育部要重視教育專業發展，成立國家級教育研究機構，以利課程教材教法及教育專業之研究進行。

民國89年5月，政府首次政黨輪替，本人卸下教育部政務次長之職務，接下國立教育研究院籌備處主任之工作。從本人掛牌籌備，到本人擔任部長在民國100年3月30日，正式掛牌成立，國家教育研究院，前後共計十一年之久。

此間國家教育研究院，先後整併了臺灣省中等學校教師研習會、臺灣省國民學校教師研習會、國立教育資料館、國立編譯館。國家教育研究院的成立，可扮演教育部智庫功能角色，可進行課程長期研究發展、教科書審核、心理測驗評量、教育政策制度研究、教育人員在職進修培訓……等工作。

八、教育平權—齊一公私立高中職學費

追求教育機會均等，一直是教育行政主管機關責無旁貸的任務。過去學校教育發展上，雖有公立私立學校之別，但是，人才並沒有公立私立之分，都是在蔚為國用。

我國憲法上有保障私人興學之規定，惟過去政府對私立學校之關注和補助，則仍覺有所不足。學費是影響學生學校選擇之重要影響因素，如：100學年度時，公立高中職學生學費只要繳交5千元左右，但私立高中職學生則要繳交2萬4千元左右，將近五倍左右。所以，過去優秀學生會優先選擇公立高中職就讀，不少人確是受到學費差距因素所左右。

大體上，私立學校學生家長之社經背景，普遍比公立學校學生家長低，但卻要繳交高達四倍多學費，實有違公平正義原則。因此，本人擔任部長任內，乃決定自99學年起，所有私立高中職學生學費，比照公立高中職學生學費繳交，其中差額則由政府補貼，101學年度起，公私立高職學生更在家庭年收入110萬元排富前提下，一律免繳學費。103學年度，政府開始實施十二年國民基本教育，所有公私立高中學生，在家庭收入148萬元排富前提下，均和公私立高職學生一樣，免收學費入

學，達成教育平權之目標。

九、關心考生－大考及基測考場開放冷氣

夏天考場開放冷氣，雖不是一件可大寫特寫的事件，但是，六十年來，自有全國性大學聯考和高中職聯考（國中基測）實施以來，考生均因公平因素及經濟條件不足，未真享有冷氣開放待遇。造成陪考者在禮堂吹冷氣，應考者卻要揮汗應考，倍極辛苦。

本人擔任教育部長後，接受家長之反映，也考量考生之實際需要，乃決定全國性之大學聯考及國中基測，皆在試場裝有冷氣，以嘉惠應試學子，並自民國100年夏天開始實施。

或許，有人覺得這不是什麼重要教育政策，但是，都反應在考試取才盛行之國家中，對莘莘學子應考同理心之決策考量。經由本人下達要達成目標之決心，由部次長召集小組，調查要添置冷氣之考場數量，評估經費來源及鼓勵社會捐獻，終於試辦完成，沒有任何爭議發生。為與不為，其實只是一念之間而已。

十、尊師重道－恢復全國師鐸獎教師表揚

尊師重道是中華文化的核心價值，應予維護。臺灣是全世界保留中華文化最完整的地方，「師者，所以傳道、授業、解惑也」教師一向受人尊敬，自古以來，天地君親師五位一體。每年教師節政府都有表揚「師鐸獎」之活動。惟因政黨輪替關係，臺灣在2000年後即停止中央師鐸獎表揚的活動。

本人在民國98年9月10日上任部長職務後，乃向馬英九總統建議，希望能恢復中央對「師鐸獎」頒獎表揚活動。馬總統一向禮賢下士，尊師重道。因此，乃自民國99年9月28日再度恢復中央對「師鐸獎」表揚之活動。此事雖小，但能讓全國教師感覺被尊重，對傳承中華文化之師道精神，確實值得肯定。

十一、組織改造－修頒教育部組織法

組織改造，是中央政府多年來努力目標，期望組織縮編，人事精

實，但卻能提升行政效率。可是，此項行政改革工程，確是一件艱辛的工作，進展不易。

教育部組織法，自民國62年修正公布後，歷經四十年未曾再修訂過，確有因時空環境改變，要再修訂之必要。當然，修訂組織法規，要有前瞻性、可行性、歷程倍極辛苦。

教育部因組織改造，由原來十餘司精簡爲八司，其中，高等教育司、技職教育司未變動。社會教育司改名爲終身教育司，新成立師資培育及藝術教育司、國際及兩岸教育司、資訊及科技教育司、學生事務及特殊教育司、綜合規劃司。另中等教育司及國民教育司合併爲國民及學前教育署；行政院體育委員會併入教育部，改爲體育署；行政院青年輔導委員會亦併入教育部，改爲青年發展署，新修訂組織法，自102年1月2日正式施行。

修法要建立共識很難，尤其，要兼顧組織精簡、人事和諧、同仁權益，確有高度之困難性。這是三十八年未做成的工作，本人任內完成，實在值得欣慰。

十二、召開全國教育會議—提出中華民國教育報告書

全國第七次教育會議，於民國83年7月召開，當時，本人爲教育部中等教育司長兼教育研究委員會執行秘書，負責全國教育會議之議事組長工作。深知全國教育會議之召開，有集思廣益、前瞻教育未來發展之價值。因此，乃在上任教育部長工作後，決定在民國99年8月28、29日二天，召開第八次全國教育會議，前後共事隔十六年之久。

本次全國教育會議召開，分十個子題，各分北、中、南、東四區，召開分區座談，共計召開分區座談四十一場次，另首創設網路論壇，蒐集各方建議。全國教育會議之會前會，前後歷經將近一年，參與人數超過1萬人次，可充分蒐集各方之意見。會議結束後，於民國100年3月31日提出「中華民國教育報告書」，定位爲未來黃金十年教育發展藍圖，有三十六個行動實施方案，是未來十年國內教育發展之施政依據。

「中華民國教育報告書」，強調「精緻、創新、公義、永續」四大

目標，發展策略有十項，包括：

　　1.推動十二年國民基本教育與幼托整合

　　2.健全教育體制與厚植教育資源

　　3.精緻師資培育與專業發展

　　4.促進高等教育轉型與發展

　　5.培育知識經濟人才與創新教育產業

　　6.發展多元現代公民素養

　　7.推動全民運動與健康促進

　　8.尊重多元文化，關懷弱勢與特殊教育族群權益

　　9.拓展兩岸、國際教育與海外僑教

　　10.深化終身學習與學習社會

伍　結語—教育發展、止於至善

　　追求優質、卓越、精緻、創新、公義、永續，這是當前教育發展的目標。其實，教育發展，不僅在求有、更在求好；不僅在求量的擴充，更在求質的提升。教育發展的歷程，是止於至善的，好還要更好。當然，教育發展若能兼重內省和反思，從內變革，將可有利優質卓越教育目標的達成。本文所述各項教育政策之創新，均是本人在行政工作執行過程中，兼重內省和反思，主動要求創新作為，有些是十年、二十年，甚至四十年來想做而未做的行政革新作為。相信事在人為，如有教育專業知能經驗，厚植根基，再求其用心投入，任何行政工作之困難挑戰，皆有迎刃化解之一刻到來。

第二章

我國十二年國民基本教育的發展條件

張國保

「古之教者，家有塾，黨有庠，術有序，國有學。比年入學，中年考校，一年視離經辨誌，三年視敬業樂群，五年視博習親師，七年視論學取友，謂之小成；九年知類通達，強立而不反，謂之大成。夫然後足以化民易俗，近者說服，而遠者懷之，此大學之道也。記曰：蛾子時術之，其此之謂乎！」

～摘自《禮記‧學記篇》

壹　古代國民接受教育的理念思維

　　教育是人類特有的活動。《說文解字》有云：「教，上所施也，下所效也；育，養子使作善也。」上施下效成為自古以來重要的教育活動。而士農工商是我國的傳統，也因此價值觀的影響，各界將讀書視為士子修身、齊家、治國、平天下的第一要務，也是自身修養生息及求取功名、服務社會、兼善天下不可或缺的重要步驟。讀書求學，修養品性，陶冶身心，形塑優質高雅的人文涵養，成為人與人接觸、溝通、通經達理、貢獻所學、服務社會的基本條件。因而學習為學、做人、處世的道理，也就成為家長關心下一代成材成器的願望。例如「窮不能窮教育，苦不能苦小孩；望子成龍，望女成鳳；性相近，習相遠……等等」，無不彰顯家長勉勵及鼓勵後代認真讀書學習，等待學優則仕，光宗耀祖的期望。《漢書》有云：「遺子黃金滿籯，不如一經也。」即提醒家長需積極提供後代教育學習的機會，始能完成書中自有千鍾粟，書中自有黃金屋的美夢。

　　《禮記‧學記篇》開宗明義：「發慮憲，求善良，足以謏聞，不足以動眾；就賢體遠，足以動眾，未足以化民，君子如欲化民成俗，其必由學乎！玉不琢，不成器，人不學，不知道。是故古之王者，建國君民，教學為先。」可知教導民眾接受教育學習，乃為政者立國教化百姓不可迴避之責。而「比年入學，中年考校，一年視離經辨誌，三年視敬業樂群，五年視博習親師，七年視論學取友，謂之小成；九年知類通達，強立而不反，謂之大成。」又是要求學生必須透過不同教育階段的洗禮，方可達成離經辨誌、敬業樂群、博習親師、論學取友，進而知類

通達，強立而不反。因此，學習者須不斷透過以學習的基礎，產生回饋成長（Race, 2005）。由此可知，古代就有九年教育學習的課程規劃目標，以及依不同階段進德修業的具體課程，用以培育成材成器良好國民，甚而擔任領導服務生民的遠見。

在農業發達的社會，日出而作、日落而息，讀書受教成為農閒的重要活動。受到「勞心者治人，勞力者治於人」的觀念及春秋戰國時代的儒家思想與漢朝董仲舒的影響，促使士子飽讀儒家思想為先，歷代設官學，對入學、教授、課考、修業期限、學規等均逐漸明確，以培育領導與治理人才，維繫社會安定發展，但始終未有訂頒正式學制的規範。隋唐的科舉取士，更誘導青年學子唭讀《詩經》，謀求一官半職的捷徑，唐太宗有「天下俊秀，盡入吾甕矣！」的話語，可見科舉在上層領導統治的手段；而「十年寒窗無人問，一舉成名天下知」更乃低下士卒的美夢。宋朝王安石雖有太學三舍法之變革，終仍抵不過科舉而失敗收場。宋明理學昌盛，明太祖曾令頒「治國以教化為先，教化以學校為本」，卻因科舉的誘因，學校名存實亡。清代，科舉八股造成機械、空虛的教育，乃於光緒31年（西元1905年）正式廢止（王鳳喈，1986；毛禮銳、邵鶴亭、瞿菊農，2001；陳青之，2010）。

綜觀古代教育的發展歷程與願景，已能清晰瞭解「玉不琢，不成器；人不學，不知道」的原理。然古代科技尚欠發達，仰賴勞力密集為主的民工務農，且經濟能力不足以提供人人接受教育的機會，但重視教育以及依不同受教年限提供不同教育課程，達成不同教育目標之理，值得肯定。歷朝雖設官學，鼓勵士族透過讀書做為治國平天下的要道，因社會風氣保守，民瘼未開，經濟條件不足，真正有機會受教的，大皆官宦世家後裔，平民百姓欲接受教育機會相當渺小。隋唐之後，科舉用人之策，政府僅重視取材而乏完整培育人才的整體規劃，欠缺人民接受國民教育的前瞻願景，在教育學制與義務教育的推展上自屬不足，致教育未能普及平民百姓。而科舉之弊甚於鴉片，乃有近代新學校教育制度（簡稱學制，school system）及國民教育（national education）的啟蒙，也是我國教育史上的重要轉捩點。

貳　近代新學制的啓蒙

　　過去在討論國民教育延長時，經常拘泥於傳統「國民教育」的觀念，認爲「國民教育」就一定是強迫、義務、免費的教育，且每個學生學習的內容必須一致（楊朝祥，2013）。林新發、鄧珮秀（2013）則指出，國民教育具有「義務教育、免費教育、強迫入學、就近入學及等量同質」等特性。以美國而言，學校教育制度的建立也是到19世紀方較明確（Labaree, 2010）。而我國的相關法規中，對於國民教育、義務教育、基本教育、免學費教育、強迫教育等之相關規範，也是歷經多年才發展出來。

一、清末新學制的緣起

　　甲午戰後，滿清政府體認育才救國的重要性。清光緒28年（西元1902年）頒布《欽定學堂章程》之後，始有正式明文規定之學制（教育部，2013a），但該學制並未實施。光緒29（西元1903年）頒布癸卯學制《奏定學堂章程》，計畫就學章第三節明定「東西各國兒童有不就學者，即罰其父母，或任保護之親族人，此時初辦，固遽難一概執法以繩，而地方官紳及各鄉村紳耆，要當認定此旨。」（引自陳青之，2010）該章程沿用至1911年，注重幼兒教育、初等教育、實業教育和師範教育，已有義務教育的精神。光緒31年（西元1905年）設立「學部」，負責統籌教育行政推展事宜（王鳳喈，1986；毛禮銳、邵鶴亭、瞿菊農，2001）。女子教育至光緒33年（西元1907年）頒《女子師範學堂章程》與《女子小學堂章程》，才有合法地位。宣統3年，全國聯合會議，有「實行義務教育預備方法」，學部訂定籌備教育事宜清單，亦明訂於宣統3年（西元1910年）擬定試辦義務章程，預定宣統4年（西元1911年）正式推廣義務教育（陳青之，2010），後因國民革命而緩。

二、民初義務教育的規劃

　　1911年國民革命成功，滿清政府退位，中華民國肇建，設立教

育部，訂頒壬子癸卯學制，分三段四級制，以小學、中學、大學為直系，師範及實業學校為旁系，7歲入小學，24歲大學畢業，義務教育（compulsory education）定為小學校四年畢業。民國元年7月蔡元培召集之中央教育會議，於《小學教育令》第五章第29條明定「兒童自滿6歲之翌日起，至滿14歲止，凡八年為學齡。學齡兒童保護者，自兒童就學之始期，至於終期，負有使之就學之義務。」（王鳳喈，1986；毛禮銳、邵鶴亭、瞿菊農，2001；陳青之，2010）。可知，民國初年，我國已提出6-14歲學齡兒童接受九年義務教育的前瞻規劃。

　　民國11年（西元1922年）壬戌學制採美國6-3-3-4學制，強調個性發展與分組選課，修訂學制之標準，其特色有六：1.適應社會進化、2.發揮平民教育精神、3.注重國民經濟、4.強調生活教育、5.使教育易於普及、及6.多留地方伸縮彈性。義務教育以四年為准，各地方至適當時期得延長之，義務教育入學年齡，各省區得依地方情形自定之（引自陳青之，2010）。由此可知，清末民初，新學制的引進及訂頒，已有施行義務教育的萌芽，惟民初之政局不穩，歷經北伐、對日抗戰之戰亂與不安，雖有國民接受教育之理念，義務教育之實施尚未普及。

三、義務教育的推行

　　民國21年（西元1932年）教育部為推行義務教育，制定《第一期實施義務教育辦法大綱》，以民國21年8月起至24年7月為實施義務教育第一期（陳青之，2010）。民國33年（西元1944年）公布《國民學校法》，國民教育為六年，義務教育期能達四年目標（教育部，2014a）。為落實國民接受教育的權利，民國33年（西元1944年）7月18日國民政府制定公布《強迫入學條例》，以為適齡國民之父母或監護人有督促子女或受監護人入學之義務。

　　綜上，民初的新學制歷經清末的醞釀，在國勢不穩，社會欠安的環境下，國民政府推動國民教育的決心，未曾中斷。在艱困中，反而更積極因應潮流持續規劃，透過立法保障，研擬強迫措施，在第二次世界大戰及中日抗戰的同時，猶公布《國民學校法》、制頒《強迫入學條例》，雖未能全面施行，但這些努力，奠定憲法保障及邁向全面普及的

基礎，功不可沒。

參　九年國民教育的普及情形

國民教育的實施一般由政府由上而下規劃，落實對人權的尊重及賦予父母的職責暨政府的強力介入，使教育正常發展（Stanfiefld, 2010）。我國自古重視教育的實施，但眞正有能力全面普及國民教育的推動，可說醞釀於清末，奠基於民初，眞正落實於臺灣。以下說明憲法保障國民接受教育機會、義務教育六年延長到九年及九年國民義務教育的就學分析。

一、憲法保障國民接受教育機會

民國36年（西元1947年）1月1日《中華民國憲法》第21條明定「人民有受國民教育之權利與義務。」第159條「國民受教育之機會，一律平等。」第160條「6歲至12歲之學齡兒童，一律受基本教育，免納學費。其貧苦者，由政府供給書籍。已逾學齡未受基本教育之國民，一律受補習教育，免納學費，其書籍亦由政府供給。」可知，政府透過憲法明確規範6至12歲之學齡兒童，一律受基本教育的決心，而接受國民教育則是國民的權利也是義務。因此，國民教育、義務教育、基本教育的精神，均於憲法中昭然宣示。

二、義務教育六年延長到九年

民國38年（西元1949年）政府播遷來臺之初，爲振興經濟，培育人才，厚植反攻大陸的實力，政府積極改善教育環境，投資教育建設，使國民所得日漸成長，國民義務教育是六年（教育部，2014a）。民國55年（西元1966年）國民小學（簡稱國小）達2,175校、初級中學271校，國小就學學生人數2,307,955人，初級中學生456,090人，政府乃於民國56年（西元1967年）在金門試辦九年國民義務教育，由於評估成效卓著，爰於民國57年（西元1968年）正式實施，初級中學三年改爲國民中學（簡稱國中）三年，連同國民小學六年，合稱九年國民教育（教育部，2013a）。

基於受教的人權，如何讓教育普及全民（education for all）是國際社會共同關注的焦點（Stanfiefld, 2010）。為落實國民教育之施行，政府於民國68年（西元1979年）5月23日令頒《國民教育法》，制定公布全文22條。民國71年（西元1982年）修訂《強迫入學條例》，明訂6至15歲國民（稱適齡國民）之強迫入學，第6條明定「適齡國民之父母或監護人有督促子女或受監護人入學之義務，並配合學校實施家庭教育；收容或受託監護適齡國民之機構或個人，亦同。」民國88年（西元1999年）6月23日令頒《教育基本法》，第2條明定人民為教育權之主體，以保障人民學習及受教育之權利，為實現前項教育目的，國家、教育機構、教師、父母應負協助之責任。第11條明定「國民基本教育應視社會發展需要延長其年限；其實施另以法律定之。」至此，有關國民教育、義務教育、基本教育、強迫入學之規範更趨完備，其實施也相當務實嚴謹。

三、九年國民義務教育的就學分析

國民教育的成功與否，可從就學率（又稱在學率）加以檢核。一般以淨在學率（各該級教育相當學齡學生人數÷各該相當學齡人口數×100）及粗在學率（各該級教育學生人數÷各該相當學齡人口數×100）作為學生在學的衡量參據。我國國民教育6-14歲階段，屬於九年國民義務教育的範圍，12-17歲則屬於中學教育階段，15-17歲屬於高級中等教育階段。換言之，6-17歲乃十二年國民基本教育（basic national education）的學齡範圍。自民國65學年（西元1976-1977年） 至101學年（西元2012-2013年）之各教育階段學生淨在學率與粗在學率整理如表1。

由表1可知，6-14歲九年國民義務教育的淨在學率自65學年度的92.63%成長到101學年度的97.90%；粗在學率自65學年度的97.06%成長到101學年度的100.76%，已達人人接受教育的情形。12-17歲中等教育階段的淨在學率自65學年度的43.17%成長到101學年度的93.15%；粗在學率自65學年度的73.55%成長到101學年度的98.96%。15-17歲高級中等教育階段的淨在學率，自65學年度的77.33%成長到101學年度的

97.82%；粗在學率自65學年度的56.54%成長到101學年度的98.33%。這些高在學率的成長，代表家長支持小孩就學，教育資源充沛，且學校善盡教導之責，讓學生正常就學上課，以提高教育品質與國民素質，更顯示我國高級中等教育階段的就學情形相當良好，已接近100%，足為十二年國民基本教育奠定更扎實的推動基礎。

表1
民國65至101學年度我國中小學教育在學率　　　　　　　　　　　單位：%

學年度		國民教育6-14歲			高級中等教育15-17歲			中等教育12-17歲		
		計	男	女	計	男	女	計	男	女
65	淨在學率	92.63	94.13	91.05	77.33	81.60	72.82	43.17	46.08	40.11
	粗在學率	97.06	98.66	95.36	56.54	59.92	52.98	73.55	77.59	69.28
70	淨在學率	95.13	95.44	94.80	84.41	85.26	83.52	52.58	52.03	53.17
	粗在學率	99.95	99.89	100.01	68.03	67.57	68.52	82.54	82.60	82.48
80	淨在學率	97.97	97.95	97.98	91.70	91.49	91.93	72.93	69.34	76.71
	粗在學率	100.73	100.07	101.42	90.28	87.09	93.62	95.40	93.58	97.32
90	淨在學率	97.32	97.29	97.35	93.53	93.42	93.65	88.21	86.00	90.56
	粗在學率	99.53	98.67	100.46	99.66	98.39	101.02	99.44	98.31	100.64
100	淨在學率	97.86	97.94	97.76	97.52	97.56	97.48	93.24	92.50	94.04
	粗在學率	100.62	100.01	101.28	99.11	98.84	99.41	100.02	99.61	100.47
101	淨在學率	97.90	97.98	97.82	97.82	97.83	97.80	93.15	92.28	94.10
	粗在學率	100.76	100.21	101.35	98.33	97.90	98.80	98.96	98.51	99.44

註：1.淨在學率＝各該級教育相當學齡學生人數÷各該相當學齡人口數×100
　　2.粗在學率＝各該級教育學生人數÷各該相當學齡人口數×100
資料來源：整理自教育部（2013b）。

🌑 肆　十二年國民基本教育的條件分析

加拿大各省已將義務教育年齡（compulsory age）提高到16歲，Ontario和New Brunswick地區則為18歲（International Business Publications, 2012）。教育部（無日期）之所以規劃以民國103年8月1日起全面實施，主要理由有五點：1.為達成十二年國民基本教育而訂定之各重要工作要項關鍵指標值，大部分可於103學年度達成；2.為顧及與尊重利害關係人權益，於當事人入學前公告未來實施方式，讓100學年度國一新生提早因應；3.配合學齡人口減少趨勢，政府有能力負擔所需經費；4.反映民意需求，積極回應社會期待；5.穩健緩解當前中小學教育問題，提升高級中等教育品質。影響國民教育能否成功的重要因素許多，但經濟條件、就學機會與規模暨教育相關準備度等最為重要，茲分析如下：

一、經濟條件

　　依據行政院主計總處（2014）的資料顯示，民國40年（西元1951年）我國平均每人GDP約154美元，民國57年約298美元，102年已達18,358美元。亦即實施十二年國民基本教育的國民所得經濟基礎，較57年實施九年國民教育當時的平均每人GDP已成長近62倍之多。換言之，隨著國民所得的提升，家長更有能力提供子女就學，期望子女接受教育的需求相對大增，政府也更具有充足的教育經費投資教育環境，改善教學所需的軟硬體能力，使得延長國民基本教育的條件臻於成熟階段。

　　以中小學每生平均分攤教育經費的情形，我國65至100學年度中小學平均每生分攤經費整理如表2。由表2可知，國小於民國65學年度的3,660元成長到100學年度的130,203元，成長約35.57倍；國中於民國65學年度的5,669元成長到100學年度的130,203元，成長約22.97倍；高中於民國65學年度的9,067元成長到100學年度的108,299元，成長約11.94倍；高職於民國65學年度的10,479元成長到100學年度的114,240元，成長約10.90倍。

　　綜上，從國民所得成長的經濟負擔能力，以及每生平均分攤教育經費的教育投資成長可知，我國中小學教育階段的教育環境、經濟能力均較實施九年國民義務教育當時，更趨成熟穩定，實施十二年國民基本教育的經濟條件已具可行。

表2

民國65至100學年度我國中小學平均每生分攤經費　　　　　　　　　單位：元

學年度	總計	國中小		高中	高職
		國小	國中		
65	6,889	3,660	5,669	9,067	10,479
70	20,395	10,075	15,594	25,085	29,216
80	56,533	34,745	49,562	64,897	72,909
90	111,852	75,845	115,182	88,553	96,246
95	133,794	91,402	127,391	94,434	103,513
96	136,251	95,223	125,188	101,160	107,324
97	147,297	101,684	122,951	101,326	109,831
98	155,081	107,419	122,542	103,228	110,279
99	160,315	113,823	128,107	102,581	112,497
100	167,582	130,203		108,299	114,240

資料來源：整理自教育部（2013b）。

二、就學機會與容量

(一) 就學規模

在現有教育學制下，國民中學九年級畢業之後，是否具備延長為十二年國民基本教育的條件，可從學校數及學生人數的規模加以分析比較。民國39至102學年度學校及學生人數，整理如表3。由表3可知，民國57年開始實施九年國民教育時的國中學校數約487校，學生617,225人，迄102年國中數增加為740校，學生增加到844,884人，學校數約成長1.52倍，學生數成長1.36倍。以此學校數及學生人數成長推估高中職學校可以容納的規模發現，57學年度的高中177所、高職134所，高中學生152,877人、高職學生150,131（含初職33,925人）；迄102學年度高中340所、高職155所，高中學生402,688人、高職學生369,432人。在就學規模成長方面，高中增加1.92倍、高職增加1.16倍；高中學生增加2.63倍、高職學生增加2.46倍（若扣除57學年度的初職約增加3.18

倍）。另57學年度的高中高職學生人數只占國中人數約49.09%，到102學年度高中高職學生人數約占國中人數約91.39%。相較於57學年度時，每年平均國中學生約205,742人，國小平均約397,200人，則每年國中約僅占國小的51.80%，顯示目前高中高職人數規模容納國中畢業生的比例已趨接近，對於招收國中畢業學生延長三年的入學容量，已能滿足需求，不致產生供需間的落差現象。

表3

民國39至102學年度我國各級學校及學生人數

教育別＼學年	39		57		102	
	學校	學生	學校	學生	學校	學生
國小	1,231	906,950	2,244	2,383,204	2,657	1,373,375
國中	初中併高中		487	617,225	740	844,884
高中	62	18,866	177	152,877	340	402,688
高職	77（含初職44）	34,437（含初職23,211）	134（初職併國中）	150,131（含初職33,925）	155	369,432
專科	3	1,286	63	79,456	14	101,418
技術學院	-	-	-	-	22	本科529,610
科技大學	-	-	-	-	55	碩士36,840 博士3,229
大學校院	4（含獨立學院3）	本科5,374 碩士5	22	本科80,255 碩士1,531 博士95	73	本科506,165 碩士140,465 博士28,246

註：1.本表高中職以下不含補校數及學生人數。
　　2.大專校院不含軍警校院、空中大學。
　　3.技術學院自1964年之後才設；科技大學自1996年之後才改名。
資料來源：整理自教育部（2006，2013a，2014b）。

(二) 畢業學生升學率與就學機會率

從畢業學生的升學率及就學機會，可以瞭解學校教育機會及國民教

育是否普及的情形。實施十二年國民基本教育需探討國中畢業生升學率〔高中高職（含進修學校、實用技能學程）、五專新生中屬國中應屆畢業者÷國中畢業生人數×100〕。民國39-101學年度我國中小學畢業生升學率，整理如表4。由表4可知，民國50學年度國小平均升學率53.97%，101學年度已達99.91%；50學年度國中平均升學率78.60%，成長到101學年度的99.15%；50學年度高中平均升學率44.65%，101學年度成長到94.75%；高職則自80學年度的13.68%，成長到101學年度的83.51%。由此可見，國中畢業生升學率之高，已達人人有校可升學的比率，亦顯示教育資源充足，推行十二年國民基本教育已趨成熟。

表4
民國39至101學年度我國中小學畢業生升學率　　　　　　　　　　　　單位：%

學年度	國小平均	國中平均	高中平均	高職平均
39	31.78	51.15	39.76	
50	53.79	78.60	44.65	
60	80.85	69.62	43.47	
70	96.77	68.11	45.39	
80	99.28	86.09	51.94	13.68
90	99.15	95.97	77.13	42.72
100	99.91	97.67	94.67	81.91
101	99.91	99.15	94.75	83.51

註：國中畢業生升學率=高中高職（含進修學校、實用技能學程）、五專新生中屬國中應屆畢業者÷國中畢業生人數×100
資料來源：整理自教育部（2013b）。

　　從國中畢業生的就學機會率，可以瞭解有無實施十二年國民基本教育的可能。所謂國中就學機會率，係指國中適齡兒童就學人數÷國中適齡兒童人數×100，亦即實際就學人數和所有適齡兒童人數的百分比值。民國39至101學年度國中畢業學生就學機會率整理如表5。從表5可知，民國39學年度國中男生就學機會率70.11%、女生46.26%，整

體平均63.08%；60學年度國中男生86.01%、女生83.21%，整體平均
84.86%；70學年度女生90.18%首度超過男生的89.56%，顯示男女教育
機會均等。而75學年度以後，男女生及總平均都已超過100%，更顯示
每位學生都有超過一個以上就學機會的選擇權，此時，實施十二年國民
基本教育的條件與時機應屬合宜。

表5

民國39至101學年度我國國中畢業學生就學機會率　　　　　　　　單位：%

學年度	平均	男生	女生
39	63.08	70.11	46.26
50	96.35	107.38	78.55
60	84.86	86.01	83.21
70	89.86	89.56	90.18
75	103.14	101.25	105.15
80	105.24	106.20	104.26
90	107.51	108.57	106.39
100	105.28	106.03	104.46
101	106.11	107.56	104.56

註：1.就學機會率＝（國中適齡兒童就學人數÷國中適齡兒童人數）×100
　　2.75年起國中就學機會率含實用技能班。
資料來源：整理自教育部（2013b）。

三、十二年國民基本教育的相關準備度

　　十二年國民基本教育在國中學生升學率及就學機會方面已趨成熟，
而法源依據、經費來源及相關配套，更是成敗的關鍵。

　　(一) 法源依據

　　政府為加速十二年國民基本教育的推動，將《高級中學法》及《職
業學校法》加以整併，於民國102年7月10日制定公布《高級中等教育
法》，明訂最後生效日期為民國103年8月1日。依據《高級中等教育

法》第1條「高級中等教育，應接續九年國民教育，以陶冶青年身心，發展學生潛能，奠定學術研究或專業技術知能之基礎，培養五育均衡發展之優質公民為宗旨。」第2條第1項「九年國民教育及高級中等教育，合為十二年國民基本教育。」第2項「九年國民教育，依國民教育法規定，採免試、免學費及強迫入學；高級中等教育，依本法規定，採免試入學為主，由學生依其性向、興趣及能力自願入學，並依一定條件採免學費方式辦理。」

同法第35條第1、2項「為發展多元智能、培育創新人才，高級中等學校應採多元入學方式辦理招生。多元入學，以免試入學為主；經各該主管機關核定者，得就部分名額，辦理特色招生。前項免試入學，103學年度各就學區之總名額，應占核定招生總名額75%以上，並逐年提升，至108學年度，應占核定招生總名額85%以上。」

綜上，政府訂頒《高級中等教育法》，作為十二年國民基本教育的法源，規範九年國民教育及高級中等教育，合為十二年國民基本教育，以接續九年國民教育，以陶冶青年身心，發展學生潛能，奠定學術研究或專業技術知能之基礎，培養五育均衡發展之優質公民為宗旨，且訂明十二年國民基本教育採免試入學為主，由學生依其性向、興趣及能力自願入學，103學年度各就學區之總名額，應占核定招生總名額75%以上，並逐年提升，至108學年度，應占核定招生總名額85%以上。並依一定條件採免學費方式辦理。可知，十二年國民基本教育的目的、免試入學、名額比例等，均有明確的法源依據，有助十二年國民基本教育的落實推動。

(二) 經費來源

政府為籌措十二年國民基本教育之經費來源，以穩健達成十二年國民基本教育之實施，於102年12月11日修正公布《教育經費之編列與管理法》，以維護教育健全發展之需要，提升教育經費運用績效。該法第3條第1至3項「中央及直轄市、縣（市）政府（以下簡稱各級政府）應於國家財政能力範圍內，充實、保障並致力推動全國教育經費之穩定成長。各級政府教育經費預算合計應不低於該年度預算籌編時之前三

年度決算歲入淨額平均值之22.5%。中華民國101年1月1日修正施行之前項規定所增加之教育經費預算，應優先用於推動十二年國民基本教育。」

由上可知，推動十二年國民基本教育的經費，業於《教育經費之編列與管理法》明訂規範，使《高級中等教育法》依一定條件採免學費方式辦理的十二年國民基本教育，將有穩定的經費來源保障而易於實施。

(三) 相關配套

1970年代由於青年失業的增加，1979年學者提出ABC（A Basic Choice）的呼籲，主張於義務教育階段提供職前的課程訓練（pre-vocational curriculum），以減少學生的失業（Avis, 2009）。政府為推動十二年國民基本教育，訂頒「十二年國民基本教育實施計畫」，其配套措施如表6。由表6可知，該實施計畫配套措施，計有十一項子計畫及十九個執行方案。各方案包含學前教育、課程連貫統整、生涯規劃、資源分布、師資人力、技職教育與產業發展等相當完整，且能兼顧不同層面的教育需求，若能確實執行列管，當有助十二年國民基本教育之推動。

在國外，不少學者探討後期義務教育（post-compulsory education, PCE）的相關議題，含教師的學習發展、學生學習、教學管理、教學資源、學習評量、課程改革、課程設計發展和評估等議題（Armitage, Bryant, Dunnill, Hammersley, Hayes, Hudson, & Lawes, 2001）。我國十二年國民基本教育的實施條件，由於政府的政策已相當清晰明確，攸關教育實施的經濟條件、就學機會與規模及教育相關準備度方面，不但較民國57年推動九年國民義務教育時更加成熟，政府的政策宣導與準備，亦都較推動九年國民義務教育當年更為嚴謹，尤其是訂頒《高級中等教育法》明確十二年國民基本教育的重要規範，更修正《教育經費編列與管理法》立法保障十二年國民基本教育的經費來源，相關條件具足，其實施時機，已達可行階段。

表6

十二年國民基本教育實施計畫配套措施一覽表

配套措施	方案	主政單位
1.學前教育免學費	1-1 5歲幼兒免學費教育計畫	國民及學前教育署
2.中小學課程連貫與統整	2-1建置十二年國民基本教育課程體系方案	國家教育研究院
3.學生生涯規劃與國民素養提升	3-1國中與高中職學生生涯輔導實施方案	國民及學前教育署
	3-2國民小學及國民中學補救教學實施方案	國民及學前教育署
	3-3高級中等學校學生學習扶助方案	國民及學前教育署
	3-4國中小學生輟學預防與復學輔導方案	國民及學前教育署
	3-5國中畢業未升學未就業青少年職能培訓輔導方案	青年發展署
	3-6提升國民素養實施方案	國家教育研究院
4.學校資源分布調整	4-1高中高職學校資源分布調整實施方案	國民及學前教育署
5.精進高中職師資人力發展	5-1提升高中職教師教學品質實施方案	國民及學前教育署
6.高中職評鑑與輔導	6-1高級中學學校評鑑實施方案 6-2高職學校評鑑實施方案 6-3高中職發展轉型及退場輔導方案	國民及學前教育署
7.技職教育與產業發展	7-1教育部推動產學攜手合作實施方案 7-2技職教育宣導方案	技職司
8.推動大學支持高中職社區化	8-1擴大辦理「大學繁星推薦、技職繁星」—引導就近入學高中職	高教司、技職司
9.高中職身心障礙學生就學輔導	9-1高中職身心障礙學生就學輔導發展方案	國民及學前教育署
10.促進家長參與推動十二年國民基本教育	10-1促進家長參與推動十二年國民基本教育實施方案	國民及學前教育署
11.政策宣導	11-1十二年國民基本教育宣導方案	國民及學前教育署

資料來源：教育部（無日期）。

伍　結論

　　我國自古重視教育的價值，提供子女接受教育是家長的共同願望。憲法保障人民接受國民教育的權利與義務，也明定國民接受基本教育的規範。教育的發展在保證學生的學習績效和提高學習水準（Fullan, 2007）。依據《教育基本法》第2條第2項「教育之目的以培養人民健全人格、民主素養、法治觀念、人文涵養、愛國教育、鄉土關懷、資訊知能、強健體魄及思考、判斷與創造能力，並促進其對基本人權之尊重、生態環境之保護及對不同國家、族群、性別、宗教、文化之瞭解與關懷，使其成為具有國家意識與國際視野之現代化國民。」同法條第3項「為實現前項教育目的，國家、教育機構、教師、父母應負協助之責任。」又，第1項「人民為教育權之主體。」政府實施十二年國民基本教育的對象為全體適齡國民，由政府全面提供優質的基本教育機會，但不強迫接受的措施，其最後的選擇權還是歸屬受教的學生及家長，不但符應國際發展趨勢，也尊重家長及學生的教育選擇權。冀十二年國民基本教育的正式實施，為臺灣的未來，培育出更具有競爭力的新一代優秀國民。

參考文獻

(一) 中文部分

王鳳喈（1986）。**中國教育史**。臺北市：國立編譯館。

毛禮銳、邵鶴亭、瞿菊農（2001）。**中國教育史**。臺北市：五南。

行政院主計總處（2014）。**中華民國統計資訊網：國民所得統計常用資料**。2014年3月26日取自http://ebas1.ebas.gov.tw/pxweb/Dialog/Saveshow.asp

林新發、鄧珮秀（2013）。十二年國民基本教育關鍵議題與解決策略。**教育資料與研究**，119，25-51。

教育部（無日期）。**十二年國民基本教育實施計畫**。2014年4月6日取自http://12basic.edu.tw/Detail.php?LevelNo=654

教育部（2006）。中華民國教育統計。2014年3月24日取自https://stats.moe.gov.tw/files/ebook/Education_Statistics/95/95edu_10.pdf

教育部（2013a）。中華民國教育統計（民國102年版）。臺北市：作者。

教育部（2013b）。教育統計指標（102.03.27）。2014年3月30日取自http://www.edu.tw/pages/detail.aspx?Node=1052&Page=19985&Index=3&WID=31d75a44-efff-4c44-a075-15a9eb7aecdf

教育部（2014a）。十二年國民基本教育―十二年國教實施計畫草案。2014年3月28日取自http://12basic.edu.tw/Detail.php?LevelNo=8

教育部（2014b）。全國大專校院分布圖，2014年3月25日取自http://ulist.moe.gov.tw/Home/UniversityList

陳青之（2010）。中國教育史（上、下）。長沙：岳麓書社。

楊朝祥（2013）。釐清十二年國教政策爭議。教育資料與研究，119，1-24。

(二) 英文部分

Armitage, A., Bryant, R., Dunnill, R., Hammersley, M., Hayes, D., Hudson, A., & Lawes, S. (2001). *Teaching and training in post-compulsory education.* Buckingham; Philadelphia: Open University Press.

Avis, James (2009). *Education, policy and social justice: Learning and skill.* London; New York: Continuum.

Fullan, M. (2007). Educational reform as continuous improvement. In Willis, D. Hawley, Donald, L. Rollie, Michael Fullan, [et al.] (2007). *The keys to effective schools: Educational reform as continuous improvement.* Thousand Oaks, Calif.: Corwin Press.

International Business Publications (2012). *Canada: Education system and policy handbook. Vol. 1, Strategic information and selected regulations.* USA Washington, DC : International Business Publications.

Labaree, David F. (2010). *Someone has to fail: The zero-sum game of public schooling.* Cambridge, Mass: Harvard University Press.

Race, Phil (2005). Making learning happen: A guide for post-compulsory education. London: Sage Publications.

Stanfiefld, James (2010). Education for all: A freedom-based approach. In Geoffrey Elliott, Chahid Fourali, & Sally Issler. (2010). *Education and social change: Connecting local and global perspectives*. New York: Continuum International Pub. Group.

問題與討論

一、我國古代對國民接受教育的理念思維為何？對21世紀知識經濟時代有何啓示？

二、清末民初為何不斷的進行學制改革？其對國民教育與義務教育的奠基有何影響？

三、試比較國民教育、義務教育、強迫教育、基本教育之異同？並略述於我國發展的重要歷程？

四、民國57年（西元1968年）我國正式延長國民義務教育為九年之後，依您的觀察在國民素質、經濟發展、社會進步及學生就學等方面，是否達成哪些進步成效？

五、何謂十二年國民基本教育？試析103學年度正式實施十二年國民基本教育之相關準備度與條件？

第三章

臺灣中小學海洋教育政策評析

吳靖國

壹　前言

在《海洋教育政策白皮書》中指出「政策意旨係立足於強化各級學校學生之海洋素質基礎上，以培育產業界所需優質人才為主軸」，而整體海洋教育政策發展的目的，「首先，培育產業界所需優質人才，並積極投入海洋產業，提升國家海洋產業競爭力；次以，促使全民認識海洋、熱愛海洋、善用海洋及珍惜海洋」（教育部，2007：3-4）；由此可以看出，前者是海洋專業教育的範疇，後者則是海洋普通教育的範疇。這樣的劃分與聯合國1988年的文件報告中，將海洋教育分為培養海洋科學專業人才的專門性海洋教育及對全體國民實施的普通海洋教育（羅綸新、吳靖國，2007），具有一致性的界定。

臺灣的教育體系中，海洋專業教育係指海洋專業人才的培育，在學制中包括設有海事水產相關職類的高中職及設有海洋相關系所的大學；海洋普通教育則在讓民眾獲得正向的海洋意識，以建立人與海洋之間的和諧互動（吳靖國主編，2011），包括從國小、國中、高中職到大學的通識教育及民眾的社會教育等。也就是說，本文將討論範圍放在國小、國中、高中職等教育階段，是屬於海洋普通教育的範圍。

從國家政策來看，海洋普通教育納入國民教育的議題，最早出現於行政院2001年頒布的《海洋白皮書》中，並接續反應在2004年頒布的《海洋政策白皮書》，教育部為了回應行政院的政策，也在2004年提出《教育部2005-2008教育施政主軸》，其中〈確立海洋臺灣的推動體系〉行動方案已經將海洋普通教育做為學校教育的發展方向，但當時提出的海洋教育只是附隨在教育政策中的一小部分，真正將海洋普通教育視為一個教育核心議題，則是在2007年頒布《海洋教育政策白皮書》，此時才真正突顯出海洋教育的主體性。

之後，教育部進一步執行四年（96-100年）「海洋教育先導型中綱計畫」及公布第一期（96-100年）「海洋教育執行計畫」，並於2008年頒布中小學海洋教育課程綱要及公布三年期（2008-2010年）「教育部補助辦理國民中小學海洋教育推廣計畫作業要點」。一直到目前為止，中小學海洋教育政策係以此為鵠的，六年來沒有其他進一步的政策

發展。

　　回顧這十年（2004-2014年）的海洋教育發展情形，由於受到2008年政權轉移而國家政策發展有所調整，也讓海洋教育的推動產生了某程度的變化；事實上，在臺灣的教育發展中，海洋教育的出現帶有濃厚的政治意味，是「海洋國家」意識下的發展，也因此其推動方式具有明顯由上而下的模式（吳靖國，2012a），也就是由教育部制定海洋教育政策，並主導將海洋教育推動於各地方政府及各級學校，其中雖然基隆市政府早於教育部規劃、試辦及推動海洋教育，但在2007年頒布《海洋教育政策白皮書》後，也隨之併入全國的推動體系之中，因此，掌握教育部的海洋教育政策也就容易瞭解臺灣的整體推動情形，故本文因而將討論之重點聚焦在中央層級的海洋教育政策上。

　　在十二年國教課綱總綱草案（國家教育研究院，2014a）中，除了技術高中分類裡頭的海事水產職類之外，內文中其他陳述找不到任何有關「海洋」的字詞[1]，這似乎意味著海洋教育在政黨輪替執政過程中可能只是曇花一現。但不管如何，海洋教育政策的發展是很值得探討的一個議題，為對此議題進行評述，本文先說明政策發展情形，再進一步提出檢討與省思。

貳　政策發展情形

　　為呈現國內海洋教育政策發展情形，乃先說明政策發展階段，再針對影響目前發展的重大法案內容進行討論。

---

[1] 此處引自2014年2月公告總綱草案之版本。該版本公告之後，經臺灣海洋教育中心主任於2月21-22日召開之「2014第三屆海洋與臺灣研討會」中以「海洋教育體系建制」專題向教育部綜規司司長建議海洋教育應納入總綱草案並獲司長允諾循程序簽呈部次長，以及該會議最後討論決議將「海洋教育納入十二年國教課程總綱」乙案放入「2014海洋臺灣行動綱領」（2014第三屆海洋與臺灣研討會，2014）呈報給參加結業式的副總統，之後由國立臺灣海洋大學持續向教育部提出建議，終於2014年5月公告之版本（國家教育研究院，2014b）業將海洋教育納入內文列舉之重大議題。

一、政策發展階段

《海洋教育政策白皮書》是國內首度標舉以海洋為核心的教育政策文書（教育部，2007），而由於白皮書的頒布，教育部據以進行全國海洋教育的推動，故先後執行了96-100年「海洋教育先導型中綱計畫」、96-100年「海洋教育執行計畫」及97-100年「教育部補助辦理國民中小學海洋教育推廣計畫作業要點」，由此可以看出，在2007年至2011年之間是教育部對海洋教育積極主導的時期。

2011年中小學海洋教育課程綱要正式納入九年一貫課程，而上述三項執行計畫與要點同時在2011年結束，雖然在第一期「海洋教育執行計畫」結束之後延續了第二期計畫（101-105年），其帳面上編列11億8千6百多萬元經費，但並不是被框列為推動海洋教育的專款，而是對各單位原來年度計畫中可加入海洋教育內涵的部分進行匯總而產生的數字，並且目前教育部依「海洋教育執行計畫」各執行項目編製「執行績效表」，定期彙整各相關學校填寫之情形，以提至年度召開之「教育部海洋教育推動小組會議」中進行推動成果報告，也就是說，過去積極主導推動的情形已經逐漸消褪，轉而是一種對學校執行資料的彙整。

據此，本文將國內海洋教育的推動情形劃分為三個時期：第一期在2007年頒布《海洋教育政策白皮書》之前，稱為「政策醞釀期」；第二期是白皮書頒布之後到海洋教育正式納入九年一貫課綱，稱為「中央主導期」；第三期是各項重要推動計畫結束後，教育部將政策發展重點轉移，稱為「政策消褪期」。

從「政策醞釀期」到「中央主導期」，主要的關鍵點在於海洋教育是否成為一個具有主體性發展的政策，最明顯的是《海洋教育政策白皮書》的訂定和頒布；從「中央主導期」到「政策消褪期」，主要在於教育部逐漸退出主導的角色，而將海洋教育併入其他教育經費的申請補助中。以下依三個時期分別進行說明：

(一) 政策醞釀期（2007年之前）

在臺灣的教育政策發展中，「海洋教育」一詞最早出現於民國60年代，當時被界定在培育專業人才的範疇（臺灣晚報，1969；光復大

陸月刊社，1977；謝君韜，1971），在概念上等同於「海事教育」
（maritime education），屬於高職與大專院校中有關海事、水產、漁
撈等相關專門科系進行的教育，並未賦予一種國民基本海洋素養的意
涵，一直到民國80年代後期，才有出現將全民海洋素養結合到「環境
教育」與「鄉土教育」的看法（張子超，1998；黃嘉郁，1999），
以及主張應該融入九年一貫各學習領域的課程綱要中（黃嘉郁，
1999）。

　　然而，海洋教育在國家教育政策的出現和發展，並不是因為受到學
者主張或教育理論的影響，而是受到政權轉移因素的影響。

　　2000年總統選舉由民進黨取得政權，在國家意識上想跳脫大陸思
維，故相對地將臺灣視為一個「海洋國家」，因而積極為臺灣提出了
海洋相關政策。從國家海洋政策來看，海洋教育概念最早出現在行政
院2001年頒布《海洋白皮書》，其中第十細項「海洋文化與人才培
育」提出「普及海洋知識，加強人才培育」、「建立公眾參與機制」及
「建立宏觀、前瞻及有持續更新能力的海洋文化」，並指出「強化海
洋高等教育與技職教育內在架構，以吸引優秀人才流向海洋發展」及
「加強中小學教育、高等教育、技職教育、社會成人教育有關基礎海洋
生態、本土環境、海洋科學技術等教育課程和教材內容，以提高各級教
育體系中對海洋的瞭解」（行政院研考會，2001），而這些主張也反
映在2006年頒布的《海洋政策白皮書》第五及第六主軸中。

　　2004年1月設立「行政院海洋事務推動委員會」，並於2004年10
月通過《國家海洋政策綱領》，指出「既是海洋國家，自當喚起國民
海洋意識，振作國家海洋權益，積極保護海洋生態，為子孫萬代，立
永續家園」，並進一步提出「建立生態、安全、繁榮的海洋國家」之
願景（行政院海推會，2004）。其中有關海洋教育方面，包括第8條
「推動以國家為導向之海洋科學研究，引導各級水產、海事、海洋教
育發展，以利海洋人才之培育」及第9條「提供安全、穩定之海洋環
境，鼓勵民眾親近海洋，培養海洋意識與文化」，據此，行政院進一步
在2006年頒布《海洋政策白皮書》，揭示六大發展主軸，其中第五主
軸「深耕海洋文化，形塑民族特質」及第六主軸「培育海洋人才，深

耕海洋科研」（行政院海推會，2006）都反映在教育部2007年頒布的
《海洋教育政策白皮書》，其內涵也對應了上述的「海洋普通教育」與
「海洋專業教育」兩大主軸。

　　從《海洋白皮書》、《海洋政策白皮書》到《海洋教育政策白皮
書》，一貫地以「臺灣是一個『海洋國家』，必須以『海洋立國』」做
為國家海洋政策發展的核心理念，而海洋教育只是推動這個核心理念的
途徑之一，也就是說，海洋教育扮演著達成海洋國家的角色，而附屬在
國家海洋政策之中。

　　有關海洋教育政策的發展，雖然在2001年的《海洋白皮書》中便
可以看到海洋普通教育的相關主張，但當時並未真正反映在教育政策
中。從教育部的「2.1.2確立海洋臺灣的推動體系」（教育部，2008a）
文件中可以看出，2002年開始教育部便回應《海洋白皮書》提及有關
「海洋普通教育」的相關內容，但只是屬於教育部內部組織工作內容上
微幅的增加與調整，而是從2005年開始的四年教育施政主軸才真正被
納入教育政策發展中。

　　也就是說，《教育部2005-2008教育施政主軸》是最早提出較具
整體性海洋教育政策的文件，其在具體作為上從編製各級學校補充教
材、加強師資培育與進修、強化海洋研究及海事人才培育、辦理海洋
文化活動及展演、推動海洋運動等項目進行逐年追蹤考核（教育部，
2004），但是，這些都是因應行政院發展國家海洋政策而在教育政策
中提出的補充和調整，並沒有真正以「海洋教育」為主體而成為國家的
教育政策。

　　(二) 中央主導期（2007-2011）
　　經由《海洋政策白皮書》及教育部四年教育施政主軸進而促發了
2007年頒布《海洋教育政策白皮書》及2008年公布「國民中小學九年
一貫課程綱要重大議題（海洋教育）」，而這是讓海洋普通教育成為正
式課程的重要政策發展。

　　在《海洋教育政策白皮書》中指出五項發展方向，其中直接關係於
中小學教育與社會教育的部分，包括第二項「培育學生海洋基本知能

與素養」及第三項「提升學生及家長選擇海洋教育與志業之意願」。因應白皮書中第二項第一點「增列高中職及國中小課程綱要的『海洋教育』重要議題」，教育部逐於2008年公布「國民中小學九年一貫課程綱要重大議題（海洋教育）」，並明訂於100學年度正式將之納入課綱中的第七重大教育議題，融入各學習領域。據此，帶動了各縣市教師增能研習及海洋教育教案設計等相關活動，尤其自2008年開始，教育部除了輔導各地方政府成立海洋教育資源中心，也在師資培育開設海洋教育學分班、設立海洋教育在職碩士學位班，並補助教師海洋體驗活動、學生海洋遊學課程……等。

　　再者，教育部為落實《海洋教育政策白皮書》，乃擬訂具體策略及編列預算，規劃與實施96至100年度「海洋教育執行計畫」，以課程規劃與設計、師資培訓、教學革新、設備改進、學生能力的養成或培養、教學評量或證照、宣導活動、其他配套措施等八個教育主軸來建構執行項目，並逐年檢討執行情形；另外，教育部顧問室也啟動四年期（96-100年）「海洋教育先導型中綱計畫」，主要目標在於「因應國家推動尖端科技、前瞻產業發展之需，配合規劃『實驗性』、『先導性』之人才培育計畫，累積相當實務成果後再推廣到其他學校，導引學校課程教學創新發展，以提升人才培育素質，銜接國家所推動之尖端科技及前瞻產業發展，科技與人文並融兼具發展」（教育部顧問室海洋教育先導型計畫辦公室，2007），並提出三項發展重點：「培育『海洋科技新貴』計畫」（誘導學校之專業課程回應科技產業需求）、「跨領域人才培育計畫」（推展海洋科學、海洋生物科學、海洋人文法政等相關通識課程與學程）、「『大手牽小手』海洋教材分級建構」（由大學教師或公立社教館所研究人員帶領基層教師組成海洋教材編撰團隊，建立高、中、小教師持續學習機制）。

　　教育部國教司2007年發布三年期的「教育部補助辦理國民中小學海洋教育推廣計畫作業要點」，其主要目的包括：1.蒐集整合在地海洋教育資源，營造國中小海洋教育環境；2.提升教師、家長海洋教育知能，發展在地海洋教育課程；3.結合大學、社教機構策略聯盟，建構海洋教育支援網絡；4.加強海洋教育活動及交流參訪，培養學生海洋基本

素養。每年補助各縣市海洋教育資源中心約一百萬經費，除了建置資源中心所需圖書、教學、資訊及器材等軟、硬體設備之外，也辦理海洋教育相關活動，包括：1.縣市海洋教育資源中心之運作及服務；2.在地海洋教育資源之調查、蒐集及建置；3.縣市本位海洋教育課程、教材及教學媒體之發展；4.校長、教師及家長海洋教育知能研習（包括戶外踏查）；5.海洋教育成果發表會、研討會及策略聯盟之運作；6.海洋教育資源分享平臺與諮詢專線之建置及運作；7.交流參訪及其他海洋教育推廣活動。

　　以上可以看出，在這段時期中從教育部將海洋教育融入各司處業務及成立跨部會的海洋教育推動小組，一直到各縣市成立海洋教育資源中心，透過行政職權及經費補助來貫徹海洋教育的執行力，所以帶動了中小學老師與大學教授之間的互動、各地海洋資源的盤點並提供中小學運用、中小學老師的海洋教育增能（研習活動、進修學分班、在職碩士學位班等）及海洋教育推動成果的交流等，尤其鼎盛與活絡的時期是在2008至2010年之間。

　　(三) 政策消褪期（2012-）

　　「海洋教育先導型中綱計畫」、第一期「海洋教育執行計畫」及「教育部補助辦理國民中小學海洋教育推廣計畫作業要點」三個重要的推動計畫同時實施到100年度，而100年度之後便未再出現進一步創發性或進階性的推動方案，也就是說，從101年度開始有關海洋教育的推動進入了消褪時期。

　　其中，第一期「海洋教育執行計畫」結束之前，在2010年10月12日召開的「99年教育部海洋教育推動小組會議」中，吳靖國委員鑑於海洋教育持續推展的必要性，乃提案延續執行第二期（101-105年）「海洋教育執行計畫」，獲得當時會議主持人吳清基部長之認同，並經委員會討論通過後，以專案委請國立臺灣海洋大學規劃第二期執行計畫。可以看出來，第二期計畫並非教育部主動要推展的構想，之所以會通過，乃是因為推動小組之成員幾乎都屬海洋背景，理所當然會贊同，值得關注的是，提出延續執行計畫背後所隱藏的深層憂慮：

行政院2008年核定教育部的「海洋教育執行計畫」期限到100年度，而教育部國教司公告的中小學海洋教育課程綱要預定100學年度納入九年一貫課程綱要中，這個時間點的出現應該是一種有意的銜接，但也因而不免讓人產生擔憂，海洋教育在100學年度移入中小學教育體系之後，教育部的政策推動與經費補助是否就相應停止了呢？而地方教育行政機制是否已經有所準備要接手規劃呢？或者中小學的海洋教育熱潮將如曇花一現？教育部是否已經有永續推動海洋教育的配套策略？或者將隨著轉移到校園中而任其發展呢？這裡的根本疑惑乃是：海洋教育是不是會永續發展下去？（吳靖國，2009a：125）

這個憂慮也恰恰符應了100年度之後教育部退去主導的角色。其實，面對海洋教育逐漸消褪的這種深層憂慮，進一步反應在2012年12月26日召開的「101年教育部海洋教育推動小組會議」，會議中由張清風委員提案設置全國性海洋教育中心，經過委員討論一致贊同，並決議將其定位為結合部會及各地方政府相關機構與中心資源之全國性機構，並由國立臺灣海洋大學提出設置規劃書，經教育部核定於2013年9月1日成立「臺灣海洋教育中心」，成為國立臺灣海洋大學編制內正式組織一級學術單位，將其性質界定為係由教育部輔導而處理全國性海洋教育相關業務之單位。

事實上，在2009年及2010年都曾提出設立全國性海洋教育中心之主張（吳靖國，2009a；吳靖國，2010a），而在執行「101-105年海洋教育執行計畫」規劃案的歷程中，曾經依大學通識與師培教育、中小學教育、地方教育行政、業界用人單位、大學專業教育、海洋教育資源中心、社教機構、高職專業教育、高中職教育等不同團體分別召開九場焦點團體訪談，都支持設置兼具研究、統整、推廣的「國家層級海洋教育中心」，但是當時經教育部會議討論後，由於位階、人力與經費上的種種考量而被刪除，最後只能在結案報告書的「建議」中希望教育部能夠「透過相關會議和管道，讓行政院瞭解設置該中心之必要性，並能主動爭取設置和營運，以期協助教育部統整、分析、研究、擬定、推動各項

海洋教育政策」（教育部，2011；吳靖國，2012a）。據此可以看出，「臺灣海洋教育中心」的設置仍然不是來自教育部主動的作為；而該中心成立之後，103年度約500萬元的補助經費用於支應一位博士後研究人員及三位專任計畫助理之外，要用於研發、統整、推廣全國性業務的經費實在極為有限，也就是說，該中心一成立便馬上面臨必須逐年想辦法籌措經費來安定人力及維持業務的推動。

再者，2011年5月19日以臺國(二)字第1000071832C號函廢止「教育部補助辦理國民中小學海洋教育推廣計畫作業要點」，而自100年度起海洋教育推廣作業納入縣市「精進教學計畫」辦理，而為了延續運作各縣市海洋教育資源中心，教育部訂定了「國民中小學海洋教育資源中心維運計畫」，然而年度補助款已經從100萬元縮減為不到30萬元，尤其縣市整併之直轄市更面臨雙重經費縮減的窘境。而由於教育部主導角色的消褪，各縣市海洋教育的推動也不斷衍生出許多問題，但卻無力解決。在「101-105年海洋教育執行計畫」規劃案當時召開的焦點團體訪談彙整出中小學推動海洋教育面臨的困難問題，包括：

> 海洋教育經費不斷縮減，對教育行政單位推動海洋教育造成很大影響；海洋教育資源中心承接學校不斷轉換、缺乏固定人力編制、設在海邊小校人力不足；主事者調動之後，工作不能銜接；目前的發展較無法提供非臨海學校參考；教育行政單位內部欠缺統合協調機制，模糊海洋教育的主政單位。（教育部，2011）

這是2011年蒐集的問題，經過三年之後仍然存在，也就是說，教育部對海洋教育的推動已經退出主導的角色，經費補助逐年降低，各縣市逐漸出現的問題無法解決，由上而下的推動模式逐漸在消褪，教育部轉而期待「臺灣海洋教育中心」能夠扮演輔導各縣市海洋教育中心之任務（臺灣海洋教育中心，2013），但在權力錯位與資源有限的情況下，能否真正解決各縣市出現的問題，恐怕還是充滿疑問。

二、政策發展重點

　　教育部在推動海洋教育的政策發展上，歷經2005年的四年教育施政主軸，正式將海洋普通教育納入中小學教育體系，拓展了「海洋教育」的內涵，讓海洋教育的發展進入新的里程碑；2007年公布《海洋教育政策白皮書》讓海洋教育的發展有了明確方向，奠定了海洋教育的發展基石，並據以規劃96至100年度「海洋教育執行計畫」，讓海洋教育具有可行性，落實推動海洋教育的具體措施；2008年公布「國民中小學九年一貫課程綱要重大議題（海洋教育）」，讓海洋普通教育得以進入中小學成為正式課程的一部分，而讓海洋教育成為全民的基本知能。其中最關鍵的文件資料是《海洋教育政策白皮書》及「中小學海洋教育課程綱要」，其奠定了目前海洋教育發展的政策內容，以下分別說明其內涵：

(一) 海洋教育政策白皮書

　　《海洋教育政策白皮書》中主要的政策目標有五項（教育部，2007：23）：

　　1.各級教育行政機關因應區域發展需要訂定海洋教育推動計畫及健全推動制度，提升人才培育績效，以促進國家海洋社會、產業及環境保護的發展。

　　2.各級學校加強海洋基本知能教育，培育學生具備認識海洋、熱愛海洋、善用海洋、珍惜海洋及海洋國際觀的國民特質。

　　3.建立學生家長對海洋的正確價值觀，且對海洋有充分的瞭解，並輔導依其性向、興趣選擇適性的海洋所系科及行職業。

　　4.各級海洋校院配合海洋科技及產業發展，創新海洋教育人才培育制度內涵。

　　5.整合產官學研界共同的海洋教育資源，合作培育符合業界需求的技術專業人才，提升學生就業率及產業競爭力。

　　對應於該五項政策目標，白皮書進一步提出五項發展方向，包括「建立推動海洋教育之基礎平臺」、「培育學生海洋基本知能與素養」、「提升學生及家長選擇海洋教育與志業之意願」、「提升海洋產

業之基層人才素質」、「提升海洋產業之專業人才素質」，其中與中小學教育相關的是前三項，以下乃就有關中小學海洋教育的具體策略進一步提出說明：

第一、「建立推動海洋教育之基礎平臺」方面，包括（教育部，2007：24）：

1.各級教育行政機關訂有海洋教育計畫，寬列專項經費，視需要成立專責單位，進用優質的海洋專長教育人員，並定期考核績效及辦理成果發表。

2.由教育部邀集相關部會、學界、民間非營利組織及業界代表組成海洋教育推動委員會，建立合作平臺，整合相關資源，共同進行合作計畫，包括開發課程教材、培育專業人才、推動海洋體驗、辦理競賽與研習活動及研究發展等。

3.建立海洋教育資訊交流平臺及各類資料庫，包括產業界、學校體系、政府機構及民間非營利組織等之資源與成果資訊。

其中第一項已經在各縣市成立海洋教育資源中心及成立高中海洋教育資源中心，負責海洋教育發展計畫及辦理成果發表，但是否「寬列專項經費」則難有標準，而有關「進用優質的海洋專長教育人員」與「定期考核績效」則仍未看到執行情形；第二項由教育部組成「海洋教育推動小組」定期開會，但目前仍然無法達到「建立合作平臺，整合相關資源，共同進行合作計畫」的目標；有關第三項，在成立「臺灣海洋教育中心」之後，教育部希望透過其網頁來達成該項目標，但一方面該中心剛成立，另一方面無法提供建置網路系統之經費，故目前尚未看到具體成果。

第二、「培育學生海洋基本知能與素養」方面，包括（教育部，2007：25-26）：

1.設立海洋課程研發中心，研究發展高中職及國中小銜接一貫的海洋教育課程與教材：

(1)研訂國民12歲、15歲及18歲所應具備的海洋能力，並納入各級課程綱要中，其比例依領域別特色訂定合理比例，其總數占國中小課程綱要總數及高中職課程綱要共同核心科目總數各以10%爲原則。

(2)研訂高中職及國中小教科書有關海洋基本知能審查注意事項。

(3)發展高中職及國中小海洋課程教材及教學媒體。

(4)進行外國高中職及國中小海洋補充課程教材之比較研究，研訂高中職及國中小學生應具備海洋能力指標。

2.各級地方行政機關成立專家諮詢輔導團，輔導濱海或位置適中學校，發展具有特色的海洋教育，並成立區域海洋教育核心學校，結合社區各種海洋資源，支援區域內其他學校的海洋教育教學或提供觀摩。

3.規劃充實教師海洋基本知能之培育課程，強化教師「海洋融入教學」之能力，透過職前與在職進修增進教師海洋教育素養。

4.各級教育行政機關依相關或增訂獎補助辦法，支援各級學校發展具有學校本位特色的海洋教育：

(1)補助各級學校發展具學校特色的海洋鄉土教材與活動以及大專校院開設海洋通識相關課程。

(2)鼓勵各級學校設立海洋體驗與海洋活動的場地及辦理海洋體驗與競賽活動，開設海洋海象之觀察與資訊運用課程、海洋生活技能與安全研習活動。

(3)補助各級學校參與國際海洋活動與交流參訪及大專校院辦理海洋國際學術研討會與參與海洋國際組織。

(4)補助大專校院結合中等以下學校組成策略聯盟，加強海洋環境保護、科學教育及其他提升海洋基本知能的教育。

在第一項中執行最徹底的是頒布中小學海洋教育課程綱要，具體訂定了海洋教育能力指標（高中職階段未訂定），其他或多或少都有執行，但無法完整與持續，而是否達課綱總數10%的目標也未曾檢視；第二項至第四項主要在發展課程、教材、教法及教師增能等，綜合觀之，各項策略都有執行，但都無法普遍與持續，尤其非臨海學校在課程、教材、教法及教師增能等方面都仍然相當缺乏，尚未建構適切的推動方式，另外有關教師職前教育、國際交流、策略聯盟等，也都無法持續辦理。

第三、「提升學生及家長選擇海洋教育與志業之意願」方面，包括（教育部，2007：26）：

1.編撰海洋教育試探教材，包括職業之性向與興趣、海洋所系科特色及海洋產業發展遠景、勞動環境與勞動條件，並支援國民中學、高中職、綜合高中學程及大專加強學生海洋職業生涯試探課程活動。

2.檢討現行國民中學海洋類技藝教育、各級海洋專業教育課程內涵，融入正確海洋職業價值觀，並積極落實教學成效。

3.建立多元宣導策略，鼓勵海洋校院及產業機構提供學生、家長及大眾參訪的機會。

4.編撰海洋教育宣導資料，利用各種傳播管道及海洋校院組織推廣策略聯盟，加強對社會宣導；國民中學以上各級學校加強對家長宣導。

本發展方向主要關於學生海洋職業試探與家長海洋意識宣導兩項重點，乃是推動海洋教育最弱的部分，尤其是家長宣導方面，到目前很難看到具體措施與成效。再者，雖然教育部曾編製向學生宣導的職業試探資料，但一方面因為由海事水產職校編製，容易不自覺地傾向於招生意味，另一方面未能顧及中學教師實際執行的條件與需求，故資料上網提供使用卻無法真正達成效果。

整體而言，《海洋教育政策白皮書》頒布之後，曾經透過「海洋教育先導型中綱計畫」及「海洋教育執行計畫」促發中小學在教材、教學、教師增能等方面熱絡發展，為臨海學校建立了某些基礎。而執行至今，在組織運作上較明顯留下來的是：教育部設有「海洋教育推動小組」定期開會，及提供各縣市海洋教育資源中心部分維運經費，並每年召開一次各縣市海洋教育成果觀摩；有關「海洋教育先導型中綱計畫」開發的素材，仍未見有推廣之情形。

(二) 中小學海洋教育課程綱要

頒布海洋教育課程綱要讓「海洋教育成為全民的基本素養且必須從基礎教育做起，故不管學校在都市或在山中，不管靠海或不靠海，每所中小學都必須推動海洋教育」（吳靖國，2010b：94），而課綱中指出「課程規劃、設計以融入國民中小學九年一貫課程相關學習領域為原則」（教育部，2008b：10），以及《海洋教育政策白皮書》中也指出「強化教師『海洋融入教學』之能力」（教育部，2007：25），很明

顯地，「推動海洋教育採融入各學習領域的方式，即表示各領域教師都必須將海洋教育融入自己的教學活動中，所以每位中小學教師都必須具備從事海洋教育的能力」（吳靖國，2010b：94）。然而，這種全國中小學教師參與海洋教育的理想，是到目前還難以達成的目標。

就課綱的內容來看，可以歸納出幾個關鍵要點：

1.達成建立海洋國家的理想

> 臺灣是個被海洋環繞的海洋國家，國民應具備充分認知海洋、善用海洋的能力。海洋教育應強化對整體自然環境的尊重及相容並蓄的「海陸平衡」思維，將教育政策延伸向海洋，讓全體國民能以臺灣為立足點，並有能力分享珍惜全球海洋所賦予人類的寶貴資源。（教育部，2008b：1）

這是課綱「基本理念」第一段內容，其強調臺灣是一個海洋國家，應該建立海陸平衡的思維，讓全體國民能夠以臺灣為立足點，進而有能力分享珍惜全球海洋所賦予人類的寶貴資源，可以看出這段陳述並非針對中小學教育，而是對整體海洋教育的期許，真正針對中小學的陳述是在第二段的下半段：「國民中小學海洋教育應以塑造『親海、愛海、知海』的教育情境，涵養學生的海洋通識素養為主軸，進而奠立海洋臺灣的深厚基礎」（教育部，2008b：1），也就是強調透過塑造「親海、愛海、知海」的教育情境來涵養學生的海洋通識素養。而在第二段上半段也突顯制定海洋教育政策時的關注焦點—達成「臺灣以海洋立國」的理想。據此，也可以較明顯地看出課綱中呈現出一種以「國家意識」為出發的海洋教育政策思維（吳靖國，2010b）。

2.強調「親海」的優先性

延續基本理念中「塑造『親海、愛海、知海』的教育情境」，進一步在「課程目標」中將「親海、愛海、知海」界定為「親近海洋、熱愛海洋、認識海洋」，並指出教學進展的程序—從親海、愛海、到知海，故強調從「海洋休閒或參與生動活潑的海洋體驗活動」著手。

為了達成「建立海洋意識與積極關心國家海洋發展」的目標，乃透

過兩個途徑：一是「活動與省思」（親海、愛海）、另一是「增長知識」（知海）。前者的目標包括「熱愛海洋情操，善用海洋、珍惜海洋的各項資源，並維護海洋的生態平衡，積極保育海洋資源，涵養人與海洋和諧共處的價值觀，培養熱愛家鄉，熱愛海洋的思想情感」（教育部，2008b：1）；後者的海洋知識內容包括「瞭解海洋的生物與生態、海洋文化、海洋自然科學、海洋資源與海洋相關法律，覺察海洋與社會發展的相互關係，以及認識國家所處海洋環境與遠景」（教育部，2008b：1）。

課綱強調「親海」的優先性，係呼應於白皮書中「海洋教育的學習計畫應以海（水）上體驗為核心」（教育部，2007：21）的具體作為，而可以在課綱的文本中找到出現了九次「體驗」概念，其中在陳述「教學方法」時出現了五次（吳靖國，2010b）。

3. 以海洋專業出發的主題軸

在「課程目的」中所提及的海洋知識內容（海洋的生物與生態、海洋文化、海洋自然科學、海洋資源……）大部分都反映於課綱的主題軸與細項（見表1），因此也讓主題軸顯現出從海洋知識內容為出發的基本架構。

> 課綱揭示海洋休閒、海洋社會、海洋文化、海洋科學、海洋資源五項主題軸是對「海洋內涵」的分類，它可以用來檢視和分析教科書中出現的海洋概念，若將它做為海洋教育的主題軸，不但容易落入海洋專業範疇，也容易落入認知導向的海洋教育。（吳靖國，2010b：101）

從「海洋專業」出發來進行海洋教育與從「教育專業」來進行海洋教育，會產生不太相同的焦點。「海洋專業」所關注的是海洋學科內容，所以從「海洋專業」出發來思考海洋教育，其重視的是：如何透過教育歷程來建構與傳遞海洋學科知識？如果從「教育專業」出發來思考海洋教育，其重視「學習主體的成長」，所以關注的是：學生能夠從海洋教育歷程中獲得什麼成長？

表1　中小學海洋教育的架構

主題軸	細　類
海洋休閒	水域休閒
	海洋生態旅遊
海洋社會	海洋經濟活動
	海洋法政
海洋文化	海洋歷史
	海洋文學
	海洋藝術
	海洋民俗信仰與祭典
海洋科學	海洋物理與化學
	海洋地理地質
	海洋氣象
	海洋應用科學
海洋資源	海洋食品
	生物資源
	非生物資源
	環境保護與生態保育

資料來源：引自教育部，2008b：2。

參　中小學海洋教育政策的檢討

在《海洋教育政策白皮書》中已經對國內以往海洋教育的發展情形，從三個面向進行檢討（教育部，2007：15-20）：

第一、在「海洋素養問題」方面，包括：傳承陸地思維文化的影響、長期施政以陸看海及嚴格管制海域活動、國人未積極參與海洋社會。

第二、在「教育政策問題」方面，包括：教育政策偏重由陸看海、國民海洋素養課程偏低、海洋體驗場所及活動不足、海洋職業生涯試探教育未落實。

第三、在「人才與產業落差問題」方面，包括：人才培育類別與產業供需在量的落差、人才培育與產業供需在質的落差、學校研發能量未

能落實於產業界、海事學校面臨發展困境。

　　從白皮書頒布至今七年，這三個面向檢討出來的問題已經解決了嗎？可以肯定地說：都還沒有解決。然而，為何教育部不再繼續主導海洋教育的推動？是改變推動模式與策略嗎？事實上，至今尚未看見教育部對海洋教育政策執行情形進行整體檢討與評估，也沒有看到進一步積極的推動方案或策略，所以當前海洋教育政策發展的消褪，不可能是教育部有意要改變的推動模式，而應該是一種無力繼續推動所產生的狀態。

　　海洋教育政策發展到目前的狀態，很值得進一步進行檢討，以供反省、思考與再進。以下乃從政策制定到政策執行，彙整提出以下四項檢討：

一、政策形成受政治因素影響甚大

　　海洋教育議題的形成，並沒有學者大聲疾呼，也不是社會氛圍造成教育部不得不去面對和處理，但教育部卻對這個主題頒布了白皮書，也透過各種計畫的執行和投注經費補助各縣市成立海洋教育資源中心，可想而知必然另有蹊蹺。

　　從文獻資料中大致可以隱約看出促發形成「海洋教育」的脈絡：從1996年彭明敏參選總統提出「海洋國家，鯨神文明」的旗號（邱平，2006：164）之後，逐漸出現在學者對「海洋立國」的主張（邱文彥，2000：30）與國家政策對「海洋國家」的確認（行政院研考會，2001：26），以及呂秀蓮前副總統2002年在龜山島的「海洋立國宣言」（邱平，2006：148，164）之呼籲，於是逐漸引發出透過教育途徑來建立全民意識（教育部，2004，2007）的主張和呼籲。也就是說，「臺灣以海洋立國」是民進黨執政時最核心的施政主軸，在這個主軸脈絡中，有關國防海權、經濟價值、國際法規、環境保護等相關議題都包含其中，而教育是達成海洋立國的一個途徑，也由此可以更明顯地看到中小學海洋教育課綱中為何會揭示達成「臺灣以海洋立國」的理想。

　　再者，從政府出版的海洋相關政策文宣中，很明顯地可以發現

是以「海洋國家」與「海洋立國」這個思考主軸爲出發點（李坤崇，2007；行政院研考會，2001；行政院海推會，2006；蔡錦玲，2006），進而闡述「海洋是海島型國家賴以生存的環境」（教育部，2007：2）；事實上，這樣的論述蘊含著政治性的意涵，因爲「臺灣獨立」的政治主張，可以在這些海洋議題的論述之中（即臺灣是海洋國家、臺灣要海洋立國）獲得正當性（吳靖國，2007）。

「海洋立國」這個主張好不好或對不對，並不是本文要討論的問題，而本文所關注的是，以政治意圖而透過「海洋教育」來達成「海洋立國」，會讓海洋教育工具化，於是學習主體的成長需求及永續發展的特質也就被掩蓋或取代了，所以「海洋教育的重要性」只是一種附隨的工具性價值而已，並未顯現海洋教育自身的主體價值。

> 由於政權輪替的時代背景，啓動海洋教育本來就充滿著政治味兒，「臺灣以海洋立國」明顯反映在中小學海洋教育課綱中……。這樣的時代背景突顯了海洋對臺灣未來前途發展的重要性，強力地將海洋意識植入教育領域，其是與非的問題，或許再過幾個世代來反省，會有更精準的評價，如果以當前的發展來看，政權再度轉移之後，行政機關的政策關注點也跟著轉移了，海洋教育不再是五、六年前的翻紅……。（吳靖國，2012a：68）

由於海洋教育的出現與政治發展有密切關連性，所以由上而下的推展模式十分明顯，但政治因素的不穩定性很高，只要上層推動力量消褪，下層的執行力量也就隨之退隱（吳靖國，2012a：69），所以，在2008年政權再度輪替之後，海洋教育只能在既定的執行計畫與實施要點中繼續維持推動，等到這些措施的期程結束，也就慢慢消褪了。

二、推動之前未能釐清海洋教育概念

「海洋教育」是什麼呢？教育部制定政策時將海洋教育分爲海洋專業人才的培育（海洋專業教育）及全民海洋意識的提升（海洋普通教

育）兩方面，這是「範圍」上的界定，而有關實質內涵上的討論和界定，在政策制定之初並未深入探討與明確提出，所以讓中小學在推動海洋教育時，總是處在模糊的意識之中。在〈海洋教育的概念分析〉（吳靖國，2007）一文中，曾試圖釐清海洋教育相關概念，文中提出一連串對「海洋教育」的疑惑：

沒有海洋教育，學生會怎樣？

海洋教育在學生的全人發展中的角色是什麼？

沒有海洋教育，學生就無法全人發展嗎？

增加海洋教育，能為學生帶來什麼益處？

海洋教育所提供的目的和學習內涵，是學生從其他地方無法獲得的嗎？

到底靠山的人需要海洋教育？或是靠海的人需要海洋教育？兩者的需求會相同嗎？如果不相同，又要如何區別呢？用什麼基準來做判斷呢？

能力指標是從理想的知識體系出發？或是從實務的條件出發？是從社會需求來訂定？或是從學生的需求來訂定？

當前學生的海洋意識為何？他們已經有了什麼能力？還欠缺什麼？

現今的教科書中已經包含哪些海洋教育內容？到底還欠缺什麼？如何來檢視出這些欠缺的內容呢？

教師已經準備好要推動海洋教育了嗎？目前我們知道教師的海洋意識嗎？目前我們對教師的意願瞭解了多少？教師為什麼願意？又為什麼不願意？他們的需求是什麼？海洋教育的基本知能是不是已經是一種被教師內化的知能？

到現今這些問題仍然無法在官方資料中獲得回答，尤其在海洋教育形成之前已經存在「環境教育」這個重大議題，而許多學者和現場教師認為環境教育可以包含海洋教育，但教育部為何還要讓海洋教育成為另一個重大議題？兩者的關係和區別為何？教師如何同時面對這兩個重大

議題？這些問題到目前都仍然沒辦法獲得釐清。

　　事實上，「臺灣以海洋立國」做為海洋教育目的是有待商榷的，在海洋教育課綱的基本理念中並沒有「學習主體」的相關論述（吳靖國，2010a），海洋教育成為一種達成「海洋立國」的工具性途徑，並不是從「學習主體」的角度來論述海洋教育，所以對中小學教師而言，海洋教育的目的是模糊的，無法真正感受到海洋教育可以帶給學生的成長和幫助，因而無力將海洋教育落實在教室裡的師生互動中。

　　再者，另一個困擾中小學教師的問題是無法釐清「海洋」與「海洋教育」之間的差異（吳靖國，2007，2009a，2009b，2009c，2010b，2012b）。

　　　事實上，擁有「海洋意識」的人不一定擁有「海洋教育的意
　　　識」，「海洋內涵」與「海洋教育內涵」並不相同，這兩者的
　　　差別如果沒有被辨識，未來中小學海洋教育必然有所扭曲。
　　　（吳靖國，2009c：30）

　　從中小學教育來看，只強調「海洋的內涵」將容易落入一種「知識」的範疇，事實上「海洋教育的內涵」更包含了態度與行動，海洋內涵提供了學習上的素材，但透過這些素材要帶給學生什麼樣的成長呢？這才真正進入教育的範疇。如果中小學的海洋教育在「建立『人與海洋』之間的適切互動」（吳靖國，2007，2009a，2009b，2009c，2010b），那麼，僅僅提供「海洋的內涵」並無法產生「適切互動」的內涵。

三、課綱內容偏於海洋專業思維

　　教育部為因應國家海洋政策發展，必須在短時間內建構出海洋教育相關政策，例如海洋教育課程綱要草案乃是「研究團隊為趕上中小學課程修訂進度，以半年時間焚膏繼晷的完成海洋能力指標」（李坤崇，2007：229），而在當時的教育環境中，具有海洋專業背景的學者專家並沒有教育專業知能，而具有教育專業背景的學者專家並沒有海洋專業

知能，因此必須匯集海洋專業背景與教育專業背景兩個領域的學者專家進行討論。而可以明顯看到，最後是以海洋的內涵為主軸，故課綱呈現的是海洋專業內涵所劃分出來的主題軸和細項。

教育部的《海洋教育基本知能融入中小學課程綱要計畫期末報告》中，在詮釋「海洋教育」及「海洋能力指標」時，出現了上述「海洋內涵」與「海洋教育內涵」的錯置：

> 廣義的「海洋教育」乃以海洋為主題的一門教育科學，含括海洋休閒、海洋社會、海洋文化、海洋科學、海洋資源等基本教育素材。（教育部，2008c：3）

> 中小學學生所應具備可觀察、可反映於學習表現的能力，包括海洋休閒、海洋社會、海洋文化、海洋科學、海洋資源等五大主題軸的能力。（教育部，2008c：3）

由於海洋休閒、海洋社會、海洋文化、海洋科學、海洋資源等五項分類屬於「海洋內涵」，是教學活動中提供給學生的學習材料，故第一段引文將之視為海洋教育的「基本教育素材」是合理的；但是，第二段引文進一步將之轉變為發展學生能力指標的主題軸時，便將「海洋內涵」與「海洋教育內涵」混淆了。

也就是說，海洋休閒、海洋社會、海洋文化、海洋科學、海洋資源等五項分類是海洋的面向，不是海洋教育的面向，而共同參與會議討論的教育學者，同意了從「海洋專業」劃分出來的面向來做為中小學教育的主軸，因而讓主題軸少了「教育味兒」。也就是因為如此，進而產生了另一個問題：課綱比較適合提供給臨海學校實施海洋教育，非臨海學校是難以達成五個主題軸、十六細項所建構出來的能力指標。

四、缺乏永續推動海洋教育的思維

> 「海洋教育」概念尚未釐清，還欠缺各項基礎研究，尚未瞭解

教師是否具備執行的條件，也還沒有整體的配套規劃……，那
麼爲何要這麼急切地推展呢？會造成急迫的原因何在？眞的從
學習者的需要來看嗎？（吳靖國，2007：59-60）

　　教育部從2004年開始透過政策模式來規劃與推動中小學的海洋教
育，但在2004年之前並沒有多少基礎研究和系統性的討論，所以缺乏
對實際狀況和基礎理論的理解（吳靖國，2007：60）；就基礎教育階
段的海洋教育而言，其出現的問題包括「缺乏系統性教材」，「海域相
關之研究成果不足，致教學資料形成不易」，幼教、國小、國中、高
中、大學「各階段間缺乏連結性」，「高中、國中、國小教師在養成過
程缺乏海洋相關知識之養成」，而在全民教育上「缺乏海洋哲學論述
的思考，亦缺乏與海洋相互依存的認知和能力」等（蔡錦玲，2007：
124-125），這顯示出尙未針對整體教育體系如何配套而得以獲得永續
推展海洋教育的情形進行深入的思考和規劃，所以，還來不及理解這麼
龐雜體系中的各種問題，便開始推動全國中小學海洋教育，這也正是因
爲配合政治發展而不得不爲的任務。

　　在這樣的條件下，推動歷程必然要透過一種由上而下的模式，政令
與績效才能達到各地方，並且透過經費補助讓各縣市教育局和各級學校
願意配合辦理，而掌理推動海洋教育的領導者也同樣處在這種不得不爲
的任務下，也就是說，推動海洋教育這件事，從上到下到底有多少人是
眞正感受它的重要性？而眞正有熱情有理想來從事推動海洋教育的任務
呢？

教育政策擬定者及教育行政領導者是否眞正領會了海洋教育對
臺灣未來發展的影響？又如何讓基層教育工作者感受到海洋在
生活周遭的眞實存在？又如何讓民眾看見海洋產業未來的榮景
以及海洋對臺灣立足世界的影響？這不是透過這幾年辦理一些
活動就可以達成的……。（吳靖國，2012a：68）

　　這些年來教育部所投入的人力與經費，大都用於活動性質而非基

礎建設性質的事項上，並沒有建立起永續營運的推動組織與機制，所以，一旦教育部停止主導角色，所有經費與人力的投入將馬上煙消雲散。

　　事實上，推動海洋教育面臨的真正問題是傳統文化與價值上的包袱，它影響著主政者的思維慣性，以及影響國人的生活眼界，要讓民眾對海洋意識的覺察與海洋價值的轉變，至少需要有三個世代的持續努力，必須要有長遠的眼光（吳靖國，2010a）：

> 由於全民海洋教育的普及化工作才剛剛起步，而海洋專業教育的發展與深化則必須長期追蹤與評估，故臺灣在推動海洋教育上，乃是一項持續性與長遠性的任務，因此，教育部應該從「永續發展」的角度來規劃、發展和推動海洋教育。

　　也就是說，應該要建立一個永續的組織與機制來持續進行反省、改善與深化。據此，教育部輔助國立臺灣海洋大學成立了「臺灣海洋教育中心」，主要目的在於「秉持國家海洋教育政策，整合國內外海洋教育資源、調查海洋專業人才供需情形、建置海洋教育推動平臺、提升全民海洋意識，並協助政府推動海洋教育，及結合社會各界永續發展海洋教育」（臺灣海洋教育中心，2013），並提出四個發展主軸，包括「海洋教育統計調查與網路建置」、「輔導各縣市推動海洋教育」、「海洋教育成果彙整與傳播」、「共構海洋教育學習圈」。可以看出，預期執行全國性的海洋教育研究發展、資源整合、產學連結與傳播推廣等相關任務。

肆　對中小學海洋教育的展望：代結語

　　海洋教育走過十年的歲月，確實為臺灣社會帶來了某些影響，例如海洋教育政策推動之後，其內涵從培育專業人才的海事教育，擴展為一種全民海洋素養的概念，逐漸讓國人對「海洋教育」一詞的認識轉變為全民基礎教育的一環；其次，透過政策性的主導過程，明確地讓地方政府與中小學校認知到海洋教育議題乃是勢在必行的既定教育政策，而逐

漸讓各校進展教師增能活動，也讓家長開始接觸這個議題；再者，由於海洋教育政策的推動，讓民眾逐漸關注到海洋相關產業，也讓從事海洋職業相關人員與學校教育有更多的接觸，甚至成為中小學推動海洋教育的社會資源（吳靖國，2014）。

如果不希望這些初步建立的成果在政策推動無法延續的情況下再度消失，就有必要好好正視上述所檢討之問題，並且進一步提出改善策略。以下歸納上述檢討之相關問題，進一步提出下列五項建議：

第一、政策主導者，要用永續發展的眼光擺脫政治因素的束縛：要能真正理解海洋與臺灣發展的長遠關係，擺脫政治帶來的極不穩定之影響，而在基礎研究、機制建置、經費投入、課程發展、師資能力等面向，都需要用永續發展的思維來進行規劃、推動、檢討與修正。

第二、政策推動者，要跳脫場域侷限建構非臨海學校發展模式：過去的思維和規劃幾乎都從臨海學校擁有的資源來進行思考，而在環境條件差異下卻無法轉移教學經驗，故應該進一步從非臨海學校的獨特性來建構和發展適合的教學模式，才能真正讓海洋教育普及於不同區域的學校教學活動中。

第三、學校經營者，要促發教師體認海洋蘊含以引發教學熱忱：海洋中蘊含著海洋之知、海洋之用、海洋之美，但以往師資培育並未提供海洋教育相關課程，致使教師普遍缺乏理解海洋的蘊含，故學校中應該營造教師的海洋意識，並讓教師體認海洋教育為學生帶來的成長，教科書中的海洋內容才得以被覺察與應用。

第四、教學工作者，要以學生真實的需求轉化海洋專業的內涵：雖然課綱從海洋專業面向提出主題軸與建構能力指標，但教師在教學時應該要能夠從實際條件來彈性運用能力指標，並透過教師增能來強化教師蒐集海洋素材及對海洋專業知識進行教學轉化的能力。

第五、教育研究者，要協助釐清概念並深化海洋教育理論基礎：在海洋教育政策推行之後，教育部極少針對海洋教育進行基礎研究，專家學者也鮮少針對海洋教育中容易混淆的概念撰寫相關論文，這些基礎性研究應該積極被鼓勵，以能建構出發展海洋教育的深厚基礎。

教育部在政策消褪期才核定成立的臺灣海洋教育中心，到底是真正

領悟海洋的重要而準備讓海洋教育朝向永續經營的初發點？或者只是在海洋教育消褪之際幾個「頑固分子」所做的奮力抵抗呢？由於這些「頑固分子」是既已存在的事實，所以關鍵在於「政策主導者，要用永續發展的眼光擺脫政治因素的束縛」此項建議是否真正能夠被重視和實踐。教育部未來應該有意識地支持和輔導臺灣海洋教育中心走向永續推動海洋教育之路，讓這個中心能夠發揮存在的最大功能，而不至於澆熄這些「頑固分子」對海洋教育的熱情。

教育部的《海洋教育政策白皮書》中提及：「前瞻未來，教育策略應更發揮臺灣的海洋環境特色，塑造具海洋風味的精緻文化，發展海洋思維的全民教育，讓臺灣成為擁有文化美感與文明質感的現代海洋國家。」（教育部，2007：4）這個理想是海洋教育最終要達成的境界：讓海洋存在於我們的生活裡、讓海洋存在於我們的思維中，進而讓我們可以和海洋產生和諧的互動，共存於生態之美的環境中。

如果真正要達到這個理想，不但需要建立一個永續推動的組織與機制，而且還必須用百年基業的眼光，更系統性地思考海洋教育在整體教育中的角色，思考不同層級學校應該要如何實踐海洋教育內涵，一點一滴慢慢地將海洋意識融入教材、深入教學工作者的內心，才能逐步地真正營造出臺灣的海洋精緻文化。

參考文獻

(一) 中文部分

2014第三屆海洋與臺灣研討會（2014）。2014海洋臺灣行動綱領。2014 8月20日，取自http://2014ocean.ntou.edu.tw/index.php?id=final。

光復大陸月刊社（1977）。發展海洋教育之研究案。光復大陸月刊，128，37-44。

行政院研考會（2001）。海洋白皮書。臺北市：行政院研考會。

行政院海推會（2004）。國家海洋政策綱領。2005年2月17日，取自http://www.cga.gov.tw/ocean/page-4.htm。

行政院海推會（2006）。海洋政策白皮書。臺北市：行政院研考會。

吳靖國（2007，12月）。海洋教育的概念分析。載於國立臺灣海洋大學（主辦），「親海、愛海、知海攜手合作論壇」會議手冊（頁53-73）。基隆：國立臺灣海洋大學。

吳靖國（2009a，10月）。我國中小學海洋教育的發展與省思。載於國立臺灣海洋大學（主辦），「2009海洋教育國際研討會」論文集（頁111-131）。基隆：國立臺灣海洋大學。

吳靖國（2009b）。海洋教育：教科書、教師與教學。臺北市：五南。

吳靖國（2009c）。推廣海洋教育，先談海洋意識。海洋高雄，22，30-34。

吳靖國（2010a，8月11日）。臺灣海洋教育的困境與突破。第一屆兩岸「海洋暨海事大學藍海策略」海洋科學與人文研討會－海洋人文與管理學術研討會宣讀論文。基隆：國立臺灣海洋大學。

吳靖國（2010b）。中小學海洋教育課程綱要的檢討與重構。教育資料與研究雙月刊，92，91-114。

吳靖國（2012a）。當前臺灣海洋教育的關鍵問題。臺灣教育評論月刊，1（12），68-69。

吳靖國（2012b）。李秋梅整理，焦妮娜撰寫，吳靖國審訂。專訪海洋教育推手—吳靖國教授。新北市環境教育輔導團電子報，69（2012年6月1日出刊，http://www.sdec.ntpc.edu.tw/epaper/10106/4.htm）。

吳靖國（2014，2月）。海洋教育體系建制－國民教育與社會教育的面向。載於財團法人臺灣研究基金會、國立臺灣海洋大學（主編），「第三屆海洋與臺灣研討會」論文集（頁440-451）。臺北市：行政院公務人力發展中心。

吳靖國（主編）（2011）。海洋教育：海洋故事教學。高雄市：麗文。

李坤崇（2007，10月）。臺灣中小學海洋教育能力指標之建置。載於教育部（主編），「海洋教育國際研討會」論文集（頁204-230），高雄市。

邱文彥（2000）。永續臺灣、海洋國家－開創二十一世紀海洋管理的新紀元。研考雙月刊，24（6），29-36。

邱平（編著）（2006）。走向海洋－臺灣的出路所在。中和：新文京。

國家教育研究院（2014a）。十二年國民基本教育課程綱要總綱（草案，103年2

月）。2014年2月12日，取自http://www.naer.edu.tw/files/14-1000-4671,r13-1. php。

國家教育研究（2014b）。十二年國民基本教育課程綱要總綱（草案，103年5 月）。2014年5月23日，取自http://www.naer.edu.tw/files/15-1000-6033,c639-1. php?Lang=zh-tw。

張子超（1998）。從環境教育觀點談中小學海洋教育之目標與推行。載於國立臺灣海 洋大學（主編），「1998國際海洋年海洋之心」研討會論文集（頁62-70）。基 市：國立臺灣海洋大學。

教育部（2004）。教育部未來四年施政主軸行動方案表。2004年12月25日，取自 www.edu.tw。

教育部（2007）。海洋教育政策白皮書。臺北市：教育部。

教育部（2008a）。2.1.2確立海洋臺灣的推動體系－97.01.14修。2008年9月12日，取 自www.edu.tw。

教育部（2008b）。國民中小學九年一貫課程綱要重大議題（海洋教育）。2008年9月 15日，取自http://www.edu.tw/eje/content.aspx?site_content_sn=15326。

教育部（2008c）。海洋教育基本知能融入中小學課程綱要計畫期末報告。2009年1月 10日，取自http://140.111.34.34/docdb/files/dma7fffffff0f2.pdf

教育部（2011）。「101-105年海洋教育執行計畫」規劃案結案報告書（計畫主持 人：吳靖國）。執行單位：國立臺灣海洋大學。

教育部顧問室海洋教育先導型計畫辦公室（2007）。教育報顧問室海洋教育先導型計 畫：97-100中程綱要計畫。2009年2月18日，取自http://www.meep.nsysu.edu.tw/ proj11/index.html。

黃嘉郁（1999）。大高雄地區海洋教育芻議：從環境教育、科學教育及21世紀議程談 海洋教育的實施。科學教育研究與發展季刊，15，39-48。

臺灣海洋教育中心（2013）。中心發展方向。2013年11月30日，取自http://tmec.ntou. edu.tw。

臺灣晚報（1969，9月17日）。海洋發展與海洋教育。臺灣晚報，2版社論。

蔡錦玲（2006，11月24日）。海洋立國應有的行動。自由時報，A19版。

蔡錦玲（2007，10月）。臺灣的海洋教育：推動海洋科技教育與產業的連結。載於教

育部（主辦），海洋教育國際研討會論文集（頁120-133）。高雄：國立科學工藝博物 。

謝君韜（1971，2月7日）。海洋教育與科學的發展問題。中央日報，2版。

羅綸新、吳靖國（2007，8月30日）。臺灣需要全民海洋教育。自由時報，A15版。

問題與討論

一、臺灣海洋教育政策的發展大致可以分為幾個時期？主要劃分的依據是
　　什麼？

二、教育部2007年頒布的《海洋教育政策白皮書》中，有關中小學海洋
　　教育的內容主要有哪些發展重點？

三、您對教育部2008年公布的「中小學海洋教育課程綱要」有何評價？

四、臺灣中小學海洋教育政策的發展，面臨比較大的問題是什麼？

五、請說明您對臺灣民眾海洋意識的觀察，並提出促進全民正向海洋意識
　　的方法。

第四章

大學經營文化創意產業園區之研究

黃美賢

文化創意產業為21世紀蓬勃發展的新興產業，被視為繼第三波資訊產業後的第四波經濟動力。文化創意產業園區為文化創意產業聚集培育的基地。大學以其人才與學術的優勢，可為文創園區經營的主體或協同夥伴，不僅有助於產業的創新與經濟發展，亦可促進教育與產業的橋接。

壹 緒論

檢視臺灣近年來高等教育的發展狀況，教育部早自2008年就已正式指出：「學生所學與業界之契合程度不足」是當今高等教育的三大問題之一。因此提出呼籲：大學教育應開始注重學生的就業面需求，例如加強產學合作、提早實習等等（教育部，2008）。又2012年雅虎（Yahoo）「網友微革命」與《遠見雜誌》聯合調查「大學校園最需要改善的問題」，在4,835份的網友回應意見中，以「教師教學內容與產業實務脫節」的校園問題排行第一，再度突顯出高等教育與產業脫節的嚴重性，亟待提出解決對策。

就文化創意產業而言，係為21世紀蓬勃發展的熱門新興產業，被視為繼第三波「資訊產業」後的第四波經濟動力（文化部，2012）。Alvin Toffler曾指出：誰占領了創意的制高點，誰就能控制全球，主宰21世紀商業命脈的將是創意（郭輝勤，2008）。在全球不景氣的情況下，文化創意產業仍能持續穩定的發展，成為各國競相投入的新產業領域（盛治仁，2010）。

溯源文化創意產業的培育基地，主要在於產業聚集培育的文化創意產業園區。Porter（1990）即認為：產業群聚是一個國家競爭優勢的主要來源，政府有義務主動建構良好的外部環境，以促成產業群聚相關成員和機構組織的廣泛參與。世界許多主要國家積極設置與發展文化創意產業園區，臺灣政府也於2002年開始推展文化創意產業，並設立五大文化創意產業園區（行政院經濟建設委員會，2002），期能達成產業整體區位發展，以及人才與產值全面提升的目標（行政院文化建設委員會，2009a）。

　　大學以其人才與學術的優勢，可為園區經營的主體或協同夥伴，不僅有助於產業的創新與經濟發展，亦可促進教育與產業的橋接。目前國內外均有大學獨立經營文化創意產業園區的成功案例，例如澳洲昆士蘭科技大學（Queensland University of Technology）、中國人民大學、國立臺灣藝術大學等；然而，大學有其身分與資源上的限制，如何才能成功經營文化創意園區呢？筆者認為可從整體性與個案性兩方面來探討。整體性而言，當掌握大學經營文化創意產業園區的關鍵成功因素及其相對重要程度；就個案性而言，可由瞭解重要大學文化創意產業園區個案的實際營策略為借鑑。因此，研究者於2012年先後進行大學經營文化創意產業園區的關鍵成功因素及跨國三所大學文化創意產業園區的經營情形二向度的研究（黃美賢，2012a, b），茲將由研究成果概述於後。

貳　大學經營文化創意產業園區之關鍵成功因素

一、大學經營文化創意產業園區的關鍵成功因素的意涵

　　「文化創意產業園區」的概念，常因國家文化與劃設方式的不同而各有不同的稱呼，例如：culture quarter, creative center, cultural zone, cultural industry district, cultural creative park, cultural and creative industry park, cultural district, art district, avenue of the arts, artists' district等。單就臺灣地區的用詞也不一致，常用的名稱如：文化園區、創意園區、創意文化園區、文化產業園區、文化創意產業園區等。我國文化部於2012年發函統一所轄五大園區名稱為「文化創意產業園區」，本文係以臺灣官方統一的名稱稱之（行政院文化建設委員會，2011）。文化創意產業園區源自於Frost-Kumpf（1998）提出「文化特區」（cultural districts）的概念，指一都市中具備完善組織、有明確標示、以及供綜合使用的區域，是文化產業的聚落化現象。Wynne（1992）認為，文化創意產業園區是文化生產與消費的結合，是工作、休閒與居住等各種使用功能的結合，常成為居民與遊客聚集，從事城市文化與娛樂業生活。本文界定文化創意產業園區的定義為：「文

化或創意關聯的系列產業群聚於特定地理區域，進行創作、生產、研發、行銷、消費等產業營運及網絡建構，以促進文化創意產業之發展。」

有關文創園區的學理論述，Porter（1998a）提出「產業群聚」（industrial cluster）的論點，他認為：產業群聚是指在特定領域當中，一群在地理上鄰近而有交互關聯的企業或法人機構，連結彼此共通性或互補性的資源。產業群聚能增加當地企業的產能、驅動正向的創新活動以及促進新商業的形成，不僅有助於企業競爭的優勢，也是國家競爭優勢的主要來源（Porter, 1998b）。Landry（2000）從「創意生活圈」（creative milieu）的概念出發，強調：「創意人才的聚集」是經濟的基本資源。Florida（2002）提出「創意資本」（creative capital）的論述，認為社會階層中的創意階級，具有創意資本與創新能力，其聚集能帶動城市與地區的經濟成長和發展（鄒應媛譯，2003）。

至於關鍵成功因素（Key Success Factors, KSF；又Critical Success Factors, CFS）的定義，Aaker（1984）認為係指企業經營成功所必須具備的競爭能力及資源，透過進行產業分析，可辨認產業內各策略群組的關鍵成功因素。吳思華（2000）則認為：在特定產業內成功與他人競爭，必須具備的技術或資產，藉由分析企業之優勢與關鍵成功因素配合之情況，即可判斷其是否具備競爭力。換言之，企業須掌握產業的關鍵成功因素，方能建立持久性的競爭優勢。De Vasconcellos & Hambrick（1989）也指出：關鍵成功因素存在於產業當中，能夠幫助某一企業在競爭環境中生存並且成功的重要因素。本文茲界定「文化創意產業園區經營關鍵成功因素」的定義為：影響文化創意產業園區營運具有市場競爭優勢的能力與資源。

二、大學經營文化創意產業園區關鍵成功因素之研究設計與實施

研究者於102年進行大學經營文化創意產業園區關鍵成功因素之探討，目的旨在探討大學經營文化創意產業園區的關鍵成功因素，期能提供大學與政府的參考。研究問題有二：其一，大學經營文化創意產業園區關鍵成功因素為何？其二，大學經營文化創意產業園區關鍵成功因素

的相對重要程度爲何？

　　研究主要使用層級分析法（AHP），至於研究流程，首先確定研究目的與問題，再進行基礎理論、國內外實際案例、以及相關研究三方面的文獻討論，歸納研擬出大學經營文化創意產業園區的關鍵成功因素主要構面及評估指標，並建立整體層級架構初稿。之後，經由個別訪談，透過見面、電話與EMAIL等多元溝通方式，修正原擬架構，再以此確定之架構，設計問卷及進行問卷調查。收回問卷經內部一致性檢定，去除無效問卷，進而計算有效問卷填答之構面及構面下指標權重，以及整體指標權重，再將研究結果分析討論，提出結論與建議。

　　研究的工具，係從基礎理論、實際案例及相關研究三方面探討，以建構大學經營文化創意產業園區關鍵成功因素的指標層級架構。基礎理論方面，整理歸納產業群聚與創意資本、策略聯盟與產學合作以及資源基礎論的學理；實際案例方面，以澳洲昆士蘭科技大學創意產業園區、中國人民大學文化科技園、以及國立臺灣藝術大學文化創意產學園區三案例之經營策；相關研究方面，一般類相關研究，包括Bianchini（1993）、Montgomery（2004）、楊敏芝（2009）、辛晚教、周志龍（2003）的論著；個案類相關研究，則包括溫肇東（2007年9月5日）、孔建華（2008）、彭翊（2009）、李斌、謝瑋莉、謝旻儒（2009）、中國虹口區市人大代表專題調研小組（2011）、黃美賢（2011a）、黃光男（2011）等著作，歸納大學經營文化創意產業園區關鍵成功因素，劃分爲五個主要構面，包括政府支持、學校投入、產業聚落、環境設施、以及管理行銷。每個構面下，擬出五至個評估指標（如表1）。

表1

大學經營文化創意產業園區關鍵成功因素初稿

第一層 目標	第二層 主要構面	第三層 評估指標	相關文獻
大學經營文化創意產業園區關鍵成功因素	A.政府支持	a.增（修）訂相關法規 b.補助經費 c.給予租稅優惠 d.協助園區土地取得 e.協助建置周邊公共設施	Bianchini（1993）、辛晚教、周志龍（2003）、溫肇東（2007）、楊敏芝（2009）、彭翊（2009）、黃美賢（2011）、王美雅、張倪綸（2010）、QUT Creative Enterprise Australia（2012b）、中國人民大學文化科技園（2009, 2011）、國立臺灣藝術大學（2012a, 2012b）、國立臺灣藝術大學文創處（2012）
	B.環境設施	a.學校與園區距離 b.園區基地規模 c.學校有園區土地權 d.硬體基礎設施 e.創意氛圍塑造	Montgomery（2004）、吳思華（2000）、經建會（2003）、孔建華（2008）、黃光男（2011）、楊敏芝（2009）、李斌等（2009）、黃美賢（2011）、王美雅、張倪綸（2010）、QUT Creative Enterprise Australia（2012b）、中國人民大學文化科技園（2009, 2011）、國立臺灣藝術大學（2012a, 2012b）、國立臺灣藝術大學文創處（2012）
	C.學校投入	a.校長理念與作為 b.各部門主管支持 c.文化創意人才 d.師生認同與與參 e.學校資源投入	Landry（2000）、Florida（2002）、溫肇東（2007）、孔建華（2008）、黃美賢（2011）、黃光男（2011）、虹口區市人大代表調研小組（2011）、王美雅、張倪綸（2010）、QUT Creative Enterprise Australia（2012b）、中國人民大學文化科技園（2009, 2011）、國立臺灣藝術大學（2012a, 2012b）、國立臺灣藝術大學文創處（2012）

續表1

第一層 目標	第二層 主要構面	第三層 評估指標	相關文獻
大學經營文化創意產業園區關鍵成功因素	D.產業聚落	a.建立產學合作機制 b.建立異業聯盟機制 c.建立廠商育成機制 d.提供廠商優惠誘因	C. Landry（2000）、R. Florida（2002）、劉大和（2004）、吳清山、林天祐（2001）、辛晚教、周志龍（2003）、溫肇東（2007）、楊敏芝（2009）、黃美賢（2011）、彭翊（2009）、虹口區市人大代表調研小組（2011）、王美雅、張倪綸（2010）、QUT Creative Enterprise Australia（2012b）、中國人民大學文化科技園（2009, 2011）、國立臺灣藝術大學（2012a, 2012b）、國立臺灣藝術大學文創處（2012）
	E.管理行銷	a.經營團隊能力 b.行銷宣傳推廣 c.財務籌措管理 d.建立服務支援系統 e.形塑品牌	吳思華（2000）、辛晚教、周志龍（2003）、孔建華（2008）、李斌等（2009）、黃美賢（2011）、虹口區市人大代表調研小組（2011）、張倪綸（2010）、QUT Creative Enterprise Australia（2012b）、中國人民大學文化科技園（2009, 2011）、國立臺灣藝術大學（2012a, 2012b）、國立臺灣藝術大學文創處（2012）

資料來源：作者自行整理。

　　個別訪談的研究工具，係為前述關鍵成功因素架構初稿，請受訪者表示修正意見。問卷調查的研究工具為自編問卷。問卷內容包括：問卷填答方式介紹、問卷題目、以及填答者基本資料三部分。其中，以問卷題目為研究重心，其內容架構係前述專家訪談修正確訂的層級因素架構。將此層級架構項目分層兩兩比較其相對重要程度，每題左右兩邊各有一個因素，填答者填寫其相對重要性的強度。

　　個別訪談的對象，以具有園區研究、行政或公司進駐的豐富經驗者，共有13位，包括學者6人、政府官員4人、產業界3人。就與本研究

相關性而言，受訪者具有相當的重要性與代表性。主要答覆修正與確認大學經營文化創意產業園區關鍵成功因素的構面與指標的層級架構。

　　問卷調查的對象，以具有園區經營之研究、行政或公司進駐的豐富經驗者30名，進行問卷施測。回收問卷27份，回收率90%。經整理計算分析，其中23份為有效問卷（C.I.<0.1），包含學者（含園區行政主管）10名，政府官員7名，進駐園區不同領域產業的負責人6名。

　　問卷調查的研究工具效度，採用內容效度，經過相關理論、案例、研究等文獻探討，建構問卷架構初稿後，訪談13位具有園區研究、行政與進駐豐富經驗的專家，獲致修正意見，再據以修正原擬架構，進而設計成問卷。因此，本問卷具有足夠的專家內容效度。

　　至於研究工具的信度，則以分析AHP的內部一致性指標（Consistency Index, C.I.）作為判斷準則。依Saaty（1990）看法，一致性指標C.I.值=0表示前後判斷完全具一致性；C.I.≦ .1為可接受範圍，仍具有信度；反之，C.I.≧ .1則表示前後判斷不一致，信度不足。本研究發放30份，其中4份C.I.值大於 .1，信度不足，視為無效問卷；其餘27份C.I.值小於 .1，信度足夠，視為有效問卷。

　　問卷調查資料，本研究使用層級分析法進行資料分析，採用Expert Choice 2000決策資源軟體，計算各構面與評估指標的相對權重，以瞭解其相對重要程度，並檢驗其一致性。本研究回收的27份問卷，經Expert Choice 2000運算，發現4份未具一致性信度（C.I.≧ .1），23份為有效問卷（C.I.≦ .1）。

三、大學經營文化創意產業園區關鍵成功因素之研究結果

　　經個別訪談專家，修正大學經營文化創意產業園區關鍵成功因素之層級架構之意見。復進行附進行問卷調查獲致23份有效問卷，獲致研究結果顯示：大學經營文化創意產業園區關鍵成功因素構面的相對重要性，依序為：1.管理行銷（0.3130）、2.產業聚落（0.2227）、3.學校投入（0.1978）、4.政府支持（0.1415）、以及5.環境設施（0.1248），各構面下之指標因素與相對權重詳如表2。

表2

大學經營文化創意產業園區關鍵成功因素及權重排序表

第一層目標	第二層主要構面	第三層評估指標	分層權重		整體權重		C.I.值
			數值	排序	數值	排序	
大學經營文化創意產業園區關鍵成功因素	管理行銷		.3130	1			
		經營團隊能力	.2103	1	.0658	1	C.I. = .0124
		行銷宣傳推廣	.1713	2	.0536	2	
		財務籌措管理	.1484	3	.0464	4	
		園區功能定位明確	.1388	4	.0434	6	
		建立服務支援系統	.1281	5	.0401	8	
		進行產官學合作	.1196	6	.0374	11	
		與園區周邊居民互動	.0838	7	.0262	20	
	產業聚落		.2227	2			
		提供進駐廠商優惠誘因	.2048	1	.0456	5	C.I. = .0124
		建立廠商育成機制	.1737	2	.0387	10	
		引進文創關鍵產業	.1613	3	.0359	12	
		建立產學合作機制	.1607	4	.0358	13	
		引進領頭羊廠商	.1578	5	.0351	14	
		建立異業聯盟機制	.1417	6	.0316	16	
	學校投入		.1978	3			
		文化創意人才	.2679	1	.0530	3	C.I. = .0112
		師生認同參與	.2082	2	.0412	7	
		學校財物資源投入	.19632	3	.0388	9	
		校長理念與作為	.1703	4	.0337	15	
		各部門主管支持	.1574	5	.0311	17	
	政府支持		.1415	4			

續表2

第一層目標	第二層主要構面	第三層評估指標	分層權重		整體權重		C.I.值
			數值	排序	數值	排序	
大學經營文化創意產業園區關鍵成功因素		協助園區土地取得	.2102	1	.0297	18	C.I. = .0124
		協助建置周邊公共設施	.1892	2	.0268	19	
		給予租稅優惠	.1813	3	.0257	21	
		提供輔導計畫措施	.1469	4	.0208	24	
		相關法規增修	.1396	5	.0198	27	
		補助經費	.1329	6	.0188	28	
	環境設施		.1248	5			
		創意氛圍塑造	.1921	1	.0240	22	C.I. = .0132
		園區區位條件	.1771	2	.0221	23	
		學校有園區土地權	.1617	3	.0202	25	
		空間規劃運用	.1609	4	.0201	26	
		硬體基礎設施	.1434	5	.0179	29	
		園區基地規模	.1045	6	.0130	30	
		學校與園區距離	.0602	7	.0075	31	

註：C.I.= .0112表中各項C.I.值均小於 .1，顯示內部具一致性，具足夠信度。

四、大學經營文化創意產業園區關鍵成功因素之研究結論

本研究旨在探討大學經營文化創意產業園區的關鍵成功因素，運用層級分析法（AHP），透過專家訪談與問卷調查，獲得以下四項主要結論如下：

(一) 關鍵成功因素有政府支持、環境設施、學校投入、產業聚落、及管理行銷五大構面與三十一項指標

關鍵成功因素有政府支持、環境設施、學校投入、產業聚落、管理行銷五大構面。政府支持構面的指標，包括增（修）訂相關法規、補助

經費、給予租稅優惠、協助園區土地取得、協助建置周邊公共設施、以及提供輔導計畫措施六項；環境設施構面的指標，包括學校與園區距離、園區區位條件、園區基地規模、學校有園區土地權、硬體基礎設施、空間規劃運用、以及創意氛圍塑造七項；學校投入構面的指標，包括：校長理念與作為、各部門主管支持、文化創意人才、師生認同與參與、學校資源投入五項；產業聚落構面的指標，包括：引進文創關鍵產業、引進領頭羊廠商、建立產學合作機制、建立異業結盟機制、建立廠商育成機制、以及提供進駐廠商優惠誘因六項；管理行銷構面的指標，包括：園區功能定位明確、經營團隊能力、行銷宣傳推廣、財務籌措管理、建立服務支援系統、進行產官學合作、以及園區周邊居民互動七項。

(二) 人才能力資源因素重要於資產資源因素

歸納所有的大學經營文化創意產業園區的關鍵成功因素指標的相對重要程度發現：軟體實力比硬體設施更重要；能力資源因素比資產資源因素更重要。能力資源因素包括管理行銷、文化創意、財經三方面的能力，也突顯出團隊與個別人才的重要。

(三) 五大因素構面中，以「管理行銷」構面最重要

在整體五大因素構面中，最重要者為「管理行銷」，次重要者為「產業聚落」，之後依序為「學校投入」、「政府支持」；反而「環境設施」最不重要。這突顯行銷管理在大學經營文化創意產業園區的重要性。

(四) 整體因素的最重要指標以及「管理行銷」構面的最重要指標均為「經營團隊能力」

「管理行銷」構面的七項評估指標中，最重要者為「經營團隊能力」、次重要者為「行銷宣傳推廣」，之後依序為「財務籌措」、「園區定位」、「服務支援」、「產官學合作」；「周邊居民互動」最不重要。又在整體的三十一項因素指標中，前五大最重要的指標為：經營團隊能力、行銷宣傳推廣、文化創意人才、財務籌措管理、提供進駐

廠商優惠誘因，「經營團隊能力」的重要程度仍位居第一，可見經營團隊能力爲大學經營文化創意產業園區的火車頭，是決定成功與否的最重要關鍵，此結論再度呼應了前述的第二項結論。

(五)「產業聚落」構面中，以「提供進駐廠商優惠誘因」指標最重要

「產業聚落」構面的六項評估指標中，最重要者爲「提供進駐廠商優惠誘因」、次重要者爲「廠商育成」，之後依序爲「引進文創關鍵產業」、「建立產學合作」、「引進領頭羊廠商」；「異業聯盟」最不重要。提供進駐廠商優惠誘因使吸引優秀產業進駐園區及鼓勵創意研發的最重要策略。

(六)「學校投入」構面中，以「文化創意人才」指標最重要

「學校投入」構面的五項指標中，最重要者爲「文化創意人才」、次重要者爲「師生認同參與」，之後依序爲「學校資源投入」、「校長理念與作爲」；「各部門主管支持」最不重要。文化創意人才是文化創意產業園區的靈魂，學校師生是最基本的人才資本，是爲學校投入的最重要資源。

(七)「政府支持」構面中，以「協助園區土地取得」指標最重要

「政府支持」構面的六項指標中，最重要者爲「協助園區土地取得」，次重要者爲「周邊公共設施」，之後依序爲「租稅優惠」、「輔導計畫措施」、「相關法規增修」；「補助經費」最不重要。園區土地取得爲大學自主經營文化創意產業園區的要件，一般大學沒有財力購得，政府支持是最重要的力量。

(八)「環境設施」構面中，以「創意氛圍塑造」指標最重要

「環境設施」構面的七項指標中，最重要者爲「創意氛圍塑造」，次重要者爲「園區區位條件」，之後依序爲「學校有園區土地權」、「空間規劃運用」、「硬體基礎設施」、「園區基地規模」；「學校與園區距離」最不重要。創意氛圍塑造不僅包括硬體，也需要軟體的配合，以形成整體的創意氛圍。

參　澳中臺三大文化創意產業園區的經營現況與比較

　　當今全球化的國際競爭環境中，跨國性的比較研究尤為必要。本文旨在以澳洲昆士蘭科技大學（Queensland University of Technology，簡稱QUT）創意產業園區、中國人民大學（簡稱人大）文化科技園及國立臺灣藝術大學（簡稱臺藝大）文化創意產學園區三個代表性的個案，比較澳大利亞、中國及臺灣的大學文化創意產業園區經營情形。運用G. Z. F. Bereday比較研究法進行，資料來源以文獻分析為主，個別訪談三園區主管為輔。從設立背景、經營資源、經營目的、經營策略、及經營困境五方面探討QUT、人大與臺藝大三園區的經營現況。

一、QUT園區的經營現況

(一) QUT園區的設立背景

　　QUT園區的設立背景，其基本思考係為增進昆士蘭創意企業的經濟附加價值及文化價值。QUT配合當時政府「教育振興、城市改造、智慧之州（Smart State）」的政府三大政策，與昆士蘭政府合作，取得緊臨校園的舊軍營區及閱兵場，於2001年納入都市建設規劃案開始興建，2004年開始營運 （Harttley, 2010），成為澳大利亞第一家大學創意產業園區。

(二) QUT園區的經營目標

　　QUT園區的經營目標，定位在提供創意產業的各類相關人員（如創作者、研究人員、教育人員、商業、產業等）一個於易於連結合作的場域，成為創意產業的創意實驗與商業發展基地（QUT Creative Industries Precinct, 2012）。

(三) QUT園區的經營資源
1. 經營團隊

　　QUT園區的經營團隊為澳大利亞創意企業（Creative Enterprise Australia, CEA）。該公司由QUT及昆士蘭政府共同設立，為澳大利亞第一家輔助創意產業發展的公司，員工7人（A. Rooke, personal communication, December 19, 2012）。公司營業範疇包括新媒體、電影、電視、設計和音樂等，提供產業工作空間、資金、及經營新知等協助（Creative Enterprise Australia, 2012a）。

2. 產業群聚

QUT園區進駐的產業，主要是在數位內容和應用的創意產業，包括數位藝術、表演和視覺藝術、設計、電影、電視及多媒體。2012年12月止，計有28家（Rooke, 2012）。

3. 大學投入

QUT是澳洲優質大學（Australian Education Network, 2012），QUT約有4萬名學生（Queensland University of Technology, 2012），6,000多名的國際學生。QUT以實際應用導向，著重培養學生「現實世界」的能力（徐中孟、李季，2012）。該校設有創意產業、法律、管理、教育、健康、及工程與科學六大學院。其中，創意產業學院為全球首創，設立於創意產業園區中，致力於創意實踐在商業應用的教育與研發，尤其是借助數位技術 （Keane, 2010）。為培養跨領域人才，創意產業學院也其他學院連結，提供雙學位學程，該學院現有學生2,000多人，年度預算高達2,000萬澳幣（Keane, 2010），師生為園區的重要人才資源。至於建園總經費6,500萬澳幣（約新臺幣19.5億元），學校投資5,000萬澳幣（約新臺幣15億），約占總經費的77%，其餘為昆士蘭政府補助（Hartley, 2010）。

4. 政府支持

澳洲政府積極推展創意產業的政策，並以創意數位產業為主（文化部，2012b）。2001年昆士蘭政府資助1,500萬澳幣（約新臺幣4.3億元），與QUT合作建立園區（Hartley, 2010）。營運後，昆士蘭政府又提供創業貸款金，提供創業5年以內的創意企業貸款達15,000澳幣，以協助其發展（A. Rooke, personal communication, December 19, 2012）。2004-2010年間，園區協助超過25個新的初創企業，並投資超過800萬澳幣在140個以上的創意企產業（Johnson, 2010）。

5. 環境設施

QUT園區為第二校區，占地16公頃，在昆士蘭州都市發展計畫

下，將教育、研究、商業、住宅、文化等設施整合於一個創意環境—凱文格羅夫都市村（Kelvin Grove Urban Village），目的在聚集人才，稱之爲「昆士蘭模型」（Queensland Model）。園區距市中心僅有2公里，成爲創新的空間與商業中心（Hartley, 2010）。

園區設施可分爲五類：(1)教學設施：創意產業學院（Creative Industries Faculty）、電視和新聞工作室、表演和畫廊空間、計算器和生產實驗室以及時尙和動畫設計工作室等。(2)研究設施：目前設有澳大利亞國家研究理事會創意產業與創新卓越中心（ARC Centre of Excellence for Creative Industries and Innovation, CCI）（M. Keane, personal communication, January 8, 2013）。(3)公共設施：有咖啡廳、大螢幕、展示區、La Boite劇院、電影院、展覽空間及表演空間。(4)產業育成中心與進駐產業：澳大利亞創意企業（QUT CEA）與進駐產業28家。(5)凱文格羅夫都市村（Kelvin Grove Urban Village）：包括國民住宅、高級公寓、超商、購物中心、餐廳等（Harttley，2010；溫肇東，2007）。

(四) QUT園區的經營策略

1. 教學實習

(1)設立全球首創的創意產業學院：該學院將研發、創意實踐和產業結合，提供了豐富的人才與產業連接，學院包括大傳、設計、舞蹈、視覺藝術、音樂、創意寫作、廣告、新聞、電視媒體、動畫等大學科系及相關研究所。

(2)著重創意與商業的結合：QUT以在「現實的世界（for the real world）」中爲方向，進行教育與研究。教育更新的方向著眼於如何創意產業如何能增加區域與全球的經濟價值與文化價值，因此創意人才的培育，直接導向市場端與商業端（Hartley, 2010）。

(3)建置軟硬體兼備的優質學習環境：QUT除設立創意產業學院，QUT致力軟體設備（人才和創意）與硬體設備（技術和設備）的結合。QUT建置尖端高科技的教學設施，例如無線電視廣播室、互動展示空間、表演空間、電腦動畫工作室、電影電視工作室、後製設施等

（Johnson, 2010）。

　　(4)課程設計著重跨領域結合：QUT以跨領域學科連接、理論實踐平衡、卓越學科三原則進行課程設計。另創意產業學院與其他商學、教育、健康、法學、科學與工程學院合作提供雙學位課程（QUT Creative Industry Faculty, 2012）。

　　(5)經由實習連結教學與產業：課程設計為產業與教學跨學科連結導向，職場工作學習納入學生最後一年的核心課程內容，學生畢業前一年須到公司實習（Johnson, 2010）。

2. 研究創新

　　(1)設有澳大利亞國家研究理事會創意產業與創新卓越中心，為政府經費支持。（Hartley, 2010；王美雅、張倪綸，2010）研究範疇包括：基礎建設、生產計畫、創意內容、傳播、文化、政策六大面向並進行國際研究，尤其是亞洲（Johnson, 2010）。

　　(2)以實用為研究導向：研究引導教育更新與經濟文化融合。例如2009年QUT有37個教師職員和研究生進行實用導向的研究計畫，進行創意產品生產的研究（Hartly, 2010）。

　　(3)發展亞洲地區的國際研究：QUT發展國際性研究，著眼於亞洲，特別是中國，也提供許多高額獎學金給亞洲學生到QUT求學研究。

3. 產業育成

　　(1)設立產業育成專業公司：園區進駐廠商的輔導育成，委由澳洲創意企業（QUT Creative Enterprise Australia, CEA）執行。該公司原主要辦理園區的建設開發，園區開始營運後，主要輔導進駐的文創產業，提供商業技術以及尖端科技辦公空間與設施，為澳洲第一家培育文創產業的育成公司（Rooke, 2010）。

　　(2)政府提供創業基金：昆士蘭政府提供每個營業5年以下的文創企業貸款金15,000澳幣，並提供支援創新研發、商業指導和專業發展的計畫費用（Rooke, 2010）。

4. 其他—都市村資源的連結

　　QUT園區為社區型態，在Kelvin Grove都市村中，以QUT創意產業

園區爲核心，帶動企業、商業、教育、研究、文化生產與展示等各行業工作者的連結與合作（Hartley, 2010; Pincus, 2010）。透過校區與社區連結，創造了一個「現實世界」的大學。

(五) QUT園區的經營困境

QUT園區的困境，依該園區創意產業與創新卓越中心研究員Michael Keane（2010）指出以下三項：

1. 經營人才的挑戰

園區經營面對變動不確定又複雜的外在環境，須協調學校與各文創產業，考驗領導者的知識能力與智慧。因此，經營人才是一大挑戰。

2. 跨學科溝通與合作困難

園區強調跨學科合作，共同願景的溝通是進行跨領域合作與互動的關鍵；但實務上，很多不同領域的學者並不容易溝通對話與進行合作，也是園區經營者的困難之處。

3. 協同合作資源有限

在複雜的組織與規模中，協同合作資源有限。如在昆士蘭模式的運作中，資源的投入仍然有不足與限制。

二、人大園區的經營現況

(一) 人大園區的設立背景

人大園區設立的背景主要是配合政府推展「加快文化產業園區和基地建設」與發展「科技與文化相結合的文化創意產業」的政策（中國人民大學文化科技園，2009；2011）。依中國教育部與北京市人民政府共建人大協議，2003年人大開始籌建（曾繁文，個人通訊，2013年1月12日），2004年揭牌營運，成爲中國第一家文化創意特色的國家大學科技園、第一家文化創意特色的留學人員創業園、第一家依託大學建設的國家文化產業示範基地、以及第一家國家版權貿易基地（彭翊、王國成，2007）。

(二) 人大園區的經營目標

人大園區的經營目標，定位在依託人大學科特色，建設以文化與科

技融合特徵、核心競爭力突出、有國際影響力、專業化優勢明顯的文化
科技特色園區，為國家文化產業發展提供理論支撐、服務支援和實踐典
範（中國人民大學文化科技園，2012a）。

(三)人大園區的經營資源

1.經營團隊

人大園區的經營團隊為北京人大文化科技園建設發展有限公司，
人大於2007年獨資設立，目前有員工40人（曾繁文，個人電話受訪，
2012年12月20日）。該公司主要經營業務包括：園區的開發經營與管
理服務、創業投資、產業創業服務、房地產經營以及國家版權貿易基地
的運作等（中國人民大學文化科技園，2012b）。

2.產業群聚

人大園區的文創產業政策，著重在資訊技術為基礎的內容產業和新
媒體產業及文化內容領域（中國人民大學文化科技園，2013），包括
出版發行、版權交易、動漫、多媒體、軟體及網路、電影電視、設計創
意等。至2011年底止，進駐廠商共170餘家，約85%為文創產業，從業
人員4,100餘人，企業年收入總額超過人民幣200億元（彭翊、王國成，
2007）。

3.大學投入

人大為中國以人文社會科學為主的綜合性研究型重點大學，法學、
新聞傳播學、商學、經濟學、哲學、社會學等學科在中國居於領先地
位，被譽為「中國人文社會科學高等教育領域的一面旗幟」。又該校的
資訊學院、法學院、商學院、新聞學院、藝術學院融入文化科技園的
合作服務體系（中國人民大學文化科技園，2011）。至於建園經費，
全由人大出資，約人民幣4億元（約新臺幣18.2億）（曾繁文，個人通
訊，2013年1月2日）。

4.政府支持

人大園區是依照教育部與北京市人民政府共建人大的協議，2003
年由人大籌設園區。2009年教育部與科技部共定為國家級大學科技
園。

5. 環境設施

人大園區位居北京市中關村國家自主創新示範區核心區，背靠中國人民大學，周邊高等院校與科研院所林立，高科技企業、出版社、報紙期刊社遍布，創業氛圍非常活躍，文化底蘊深厚（鍾萍，2010）。人大園區為文化與興發兩棟大樓，文化大廈以辦公、商務互動為主；興發大廈主要由30至200平方公尺的小戶型組成，適合初創企業使用；兩棟樓建築面積共有6.7萬平方公尺。園區內設有留學人員創業園、大學生創業園、企業入駐、國家版權貿易基地、文創產業研究院、創意產業技術研究院等（中國人民大學文化科技園，2009；2012a）。

(四) 人大園區的經營策略

1. 教學實習

(1)師生承接產業實務專案：園區成為各系所與產業橋接合作的平臺，透過系所承接各類實務項目。如藝術學院與園區合作成立「景觀藝術部」，承接各類實踐專案，提高學生實踐能力，也增加部門的收入（彭翊、王國成，2007）。

(2)開辦產業人才培訓：以人大的人力資源和教學場地設施進行高端培訓，例如以「人大講堂」、「動漫人才培養計畫」、「執業資格考試驗證培訓」等，著重培養內容創意及經營

(3)學生實習與創業：園區提供學生實習的場域，可申請入駐大學生創業園，從創業中實習。園區提供工作實習空間、一對一的老師輔導（中國人民大學學生創業實習基地，2012）。

2. 研究創新

(1)設立文化產業研究院：人大文化產業研究院是人大直屬的科研機構。以文化產業全領域為研究重點，服務於中央及各級地方政府，致力於文化產業標準體系制定、新興理論研究和政府決策諮詢。其下設有文化產業公共服務、文化統計與指數、文化消費、區域文化產業規劃、文化產業園區規劃、文化產業人才、文化科技、特色文化、動漫產業、創業孵化等10個研究中心（中國人民大學文化創意產業研究院，2012）。

(2)設立創意產業技術研究院：2010年北京市府與人大共建，致力於孵化基於創意產業科技成果的創業企業，推動人文社會科學研究成果的知識轉移、創意產業技術的產業化、與創意產業複合型人才的培養。研究院設有創意企業孵化中心、知識轉移中心、技術轉移中心和文化產業人才培養基地（中國人民大學創意產業技術研究院，2012）。

3. 產業育成

(1)設立創業種子基金：園區設立了300萬人民幣元基金，對於無法獲得融資的初創企業，提供種子期投資和專業服務（中國人民大學文化科技園，2012d）。

(2)設立留學人員創業園：為吸引與協助外國留學人才返國開創文創企業，園區提供創業服務、創業投資、及創業導師的綜合育成服務（中國人民大學留學人員創業園，2012）。截至2011年止，輔導創業企業超過80家，吸引200多人歸國創業（中國人民大學文化科技園，2011）。

(3)設立大學生創業園：該園提供該校學生（含畢業兩年尚未就業者）申請入駐，免費提供辦公空間以及創業與營運的相關服務，每學生配有專門創業導師，給予三年的創業追蹤輔導（中國人民大學文化科技園，2012d）。2011年上半年止，園區計有大學生創業企業21家（中國人民大學學生創業實習基地，2012）。

(4)舉辦創業之星大賽鼓勵學生創業：人大與園區舉辦「創意之星大賽」，提供專案評估、創業培訓、創業導師、創業公共服務、創業資金支援等「零成本」創業育成服務。進入決賽的隊伍，優先可進入人大學生創業園創業（中國人民大學學生創業實習基地，2012；中國人民大學文化科技園，2012e）。

(5)建立文創特色公共服務體系：園區結合法學院、商學院、金融證券研究所、圖書館、出版社，建立專業服務平臺，包括知識產權、投融資、人才培養、資訊交流、技術服務等，並積極參與各項國家建設。（彭翊、王國成，2007）

4. 其他策略—版權貿易

鑑於人大園區周邊出版機構密集，數位版權企業和技術集中，加上

人大出版社與書報資料中心帶動，2007年國家版權局設立國家版權貿易基地於人大園區，推展中國版權交易與國際版權貿易（中國人民大學國家版權貿易基地，2012）。

(五) 人大園區的經營困境

人大園區的經營困境，依該園區主任彭翊（2009）的論述，看法以下四項（彭翊，2009）：

1. 園區理想與現實生存的矛盾

由於相應產業政策不明確具體，園區實施企業化運營，須配合大學科技園的評價體系，實施軟硬環境建設，但也須保證園區運作公司的現實生存。這博弈的過程，考驗著園區經營者的經營能力，以及大學對園區的支持程度。

2. 文創產業的融資體系不健全

目前中國只有少數地方建立文創產業的融資體系，而初創產業的融資服務，在實際操作難度、風險分擔方式、以及利潤取得方式等方面尤為困難。

3. 內容創意與經營管理人才缺乏

文創產業產業鏈上游的原創智慧缺乏，內容創意人才的不足；又能將創意內容進行產業化和市場化延伸的經營管理人才，也極為缺乏。

4. 園區的媒體管道不足

園區由於依附大學，媒體管道較為不足，對於園區行銷有限，園區對服務社會的功能也受影響。

三、臺藝大園區的經營現況

(一) 臺藝大園區的設立背景

臺藝大園區設立的背景主要有四大原因，即配合臺灣文化部推展文創產業政策、配合教育部「大學與產業連結」的高教政策及評鑑措施、鄰近該校的公有的舊臺北紙廠閒置多年、以及該校教學空間不足（國立臺灣藝術大學文創處，2012a；教育部，2008），因此臺藝大於2006年著手籌劃協調無償借用鄰近臺北舊紙廠廠房，整修開發為文創

園區，2007年開始營運（國立臺灣藝術大學文創處，2012a），成為臺灣第一家與目前唯一的大學文創園區。

（二）臺藝大園區的經營目標

臺藝大園區的經營目標，定位在透過產學合作的機制，國家培育文創產業人才與發展文創產業的示範基地（國立臺灣藝術大學文創處，2012b）。

（三）臺藝大園區的經營資源

1. 經營團隊

臺藝大園區的經營團隊是由一級行政單位文創處主管，其下設有管理組與行銷組，團隊成員主要為學校職員與教師，員工計5人。學校研發處另設有創新育成中心，協助園區進駐產業之輔導及學校合作事宜。園區設有發展指導委員會，成員包括臺藝大五大學院院長，以及全校各行政單位主管，不定期召開文創委員會議共同規劃園區事務（國立臺灣藝術大學文創處，2012b）。

2. 產業群聚

目前進駐臺藝大園區的廠商共有25家，均屬文創產業類，包括工藝產業、設計產業、數位內容產業、綜合型文創產業，其中工藝產業類最多，有17家，占總數的64%。

3. 大學投入

臺藝大為臺灣第一所藝術專業學府，是臺灣地區歷史最悠久、師生數最多的藝術人文大學，設有設計、美術、表演、傳播及人文五大學院，系所領域幾乎含括所有文創產業，均園區合作，尤以設計學院為主（國立臺灣藝術大學，2012a）。2006年積極爭取協調借用土地建物開發為文創園區，陸續投資修繕與設備經費，至2011年逾新臺幣4,600萬元（國立臺灣藝術大學，2012b；2011c）。

4. 政府支持

臺灣政府自2002年起，文化創意產業列入國家發展政策重點，規劃全臺設立五大文創園區（行政院文化建設委員會，2009b），但並未包含臺藝大的文創園區；因此，中央與地方政府對該園區的政策支持及

經費補助並不積極。

5. 環境設施

　　臺藝大園區位於新北市板橋市郊，距市政府2.7公里，與臺藝大校本部相隔只有450公尺（Google Inc., 2012）。近年來政府逐漸規劃開發園區周邊的環境，如設立火車站、興建國宅、開發動漫中心等（黃美賢，2011a）。園區占地約2.7公頃，空間規劃運用主要有行政大樓、25間進駐廠商工坊、10家藝術家工作室、1間文物維護研究中心、3間工藝教學暨研究工坊（金屬、陶瓷、版畫）、以及1間戲劇排練場（國立臺灣藝術大學，2012b）。

(四) 臺藝大園區的經營策略

1. 教學實習

　　(1)加設文創產業導向課程：臺藝大以培育藝術家與藝術工作者為宗旨，近年來，著重教學與產業銜接，各學院開設文創產業相關課程，例如：美術學院開設藝術事業經營與行銷講座、展演策劃專題；傳播學院開設數位內容產業分析與加值應用、文創產業管理與行銷等（國立臺灣藝術大學，2011a）。

　　(2)邀請業界擔任講師：配合大學文創相關課程，邀請產業界擔任課程講師。另舉行多場專題演講，分享進入職場的經驗。園區進駐廠商其中重要的邀請對象（國立臺灣藝術大學，2011a）。

　　(3)建立專業實習制度：臺藝大實習課程列為必修科目，園區廠商須提供學生實習的協助，幫助學生在其公司實習，指導其就業上的知能（國立臺灣藝術大學，2011b）。

2. 研究創新

　　(1)設立文物維護研究中心與工藝教學暨研究工坊園區設有文物維護研究中心與3個工藝教學暨研究工坊（陶藝、版畫、金工），主要提供教學與研究教學之需要。

　　(2)以工藝產品設計為主：園區研究以內容創意的創作產出，加上園區產業多為工藝類，提供產品設計研發的場域，並與該校文創產業設計研究所博士班接軌（國立臺灣藝術大學，2011a）。

3. 產業育成

(1)輔導中小文創產業：目前有25家產業工坊進駐，在文化部藝文產業創新育成中心計畫的支援下，學校提供廠商多元的服務，包括提供空間設備、商務支援、技術人才支援與商務資訊傳達等，並舉辦各種產業講習及進行產學合作。產業也回饋學校，諸如提供教學協助、實習輔導、回饋金等（國立臺灣藝術大學，2011c）。

(2)輔導學生創業：配合教育部「圓夢計畫」，每案補助大學畢業三年內的學生創業新臺幣50萬元整，並安排輔導老師協助專業技術與公司營運（國立臺灣藝術大學，2011d）。

4. 其他—文創體驗教育推廣與行銷

臺藝大以其藝術特色優勢，推展文創教育，開放予社會大眾入園參觀體驗，包括園區導覽參觀文創工坊、創意DIY學習體驗、觀賞展覽與藝術表演活動，並提供整合性與客製化的文創行銷服務（國立臺灣藝術大學，2011e）。

(五) 臺藝大園區的經營困境

臺藝大園區經營的困境，依該園區企管組長黃美賢（2011a, b）看法，歸以下四項：

1. 政府借用園區土地建物法規限制多

臺藝大園區之廠房建物，係以教學需用為由向國有財產局借用，法規限制包括：三個月學校須辦理借用手續一次、園區不得用於收益使用、園區隨時可能被收回、收回時不得請求補償增建或修繕之費用（國有財產法，2012）。這些限制對園區經營發展有很大的負面影響，致使學校無法自主運用，投資程度也有所考量。臺藝大雖陸續協調各政府相關單位，期能無償撥用或補助價購，但仍無法突破。

2. 政府補助經費不穩定

臺藝大為公立大學，行政運作有既定的規範。園區經營仍需倚賴政府補助。目前政府對園區的經費補助，只有進駐中小企業的育成項目，且須提出計畫申請獲准才有。但補助進額度時多時少，時有時斷，形成園區運作的困境。

3. 園區內外資源整合協調不易

園區的發展需要園區內外資源的連結整合。對外而言，園區外圍的交通、觀光、文化、生活機能等區域發展，政府雖已陸續著手規劃化，如建設國民住宅區、增加火車站、設立動漫中心等，但能否加速園區發展，仍變數大，非臺藝大所能做主。對內而言，臺藝大多數教師為藝術創作者，對於教師產學合作與學生合作意願均不高。整體而言，園區內外的資源整合協調不容易。

4. 進駐產業與系所連結度及其回饋度低

目前進駐產業，工藝產業占總數的64%，園區廠商與學校合作的系所多集中於設計學院，與另外表演藝術、設計、美術、傳播與人文等學校互動少，即使設計學院，因廠商規模小，產值不高，學生實習與老師產學合作意願低，產業對於園區的回饋額度低。整體而言對學校貢獻小。

四、澳中臺三大文化創意產業園區經營比較的結果

本研究運用G. Z. F. Bereday比較研究法進行，資料來源以文獻分析為主，個別訪談三園區的主管為輔，就澳洲QUT、中國人大、以及臺灣臺藝大三園區的設立背景、經營資源、經營策略以及經營困境進行歸納比較，研究發現如下：

(一) 大學文化創意產業園經營的共同處

園區設立背景的共同處包括：1.為國家第一個創設的文創園區、2.具有大學的學術與人才優勢、3.配合政府發展文創產業政策、4.成為教育與產業連結的平臺。園區經營目標的共同處，在於：結合大學的學術與人才優勢發展文創產業。園區經營資源的共同處，包括：1.結合大學學術及人才資源、2.設有營運、育成與研究的單位、以及3.招募文創人才與產業進駐園區。園區經營策略的共同處，包括：1.發展園區成為大學特色、2.教育與研究為實用導向、3.輔導學生於園區實習與創業、4.培育進駐產業成長、5.跨領域連結、6.產官學合作。園區經營困境的共同處在於：均有經營管理人才方面的困境。

(二) 文化創意產業園經營的相異處

文化創意產業園經營的相異處，包括設立背景、經營資源、經營策略以及經營困境五方面，茲就值得注意處概述如下，其餘詳如表3。

1. 園區設立背景之比較方面

園區設立背景之比較值得注意處有二項：其一，籌設單位不同：QUT園區為QUT與昆士蘭政府共同主辦；人大園區係依中國教育部與北京市人民政府協議，由人大籌設，二者均有政府介入與支持；惟臺藝大園區由臺藝大獨立籌設，政府為被動同意申請借用舊廠建物，且僅限教學用途。

2. 園區經營目標之比較方面

園區經營目標之比較值得注意處有有二：其一，三園區均朝實用導向發展，以園區為基地平臺，培育文創產業人才與發展文創創產業；其二，QUT與人大側重產業發展，臺藝大兼顧大學人才培育與產業發展兩方面。

3. 園區經營目標之比較方面

園區經營資源之比較，值得注意處有五項：其一，經營團隊的組成機制不同：QUT、人大二園區的經營，為設立專業經營公司運作；臺藝大則為學校設立專責行政單位運作。其二，大學院系與園區合作不同：QUT主要與園區合作的院系為創意產業學院，次之為法律、商業、科學工程、及教育學院；人大有資訊、法學、商學、新聞、藝術、及金融五個學院納入合作體系；臺藝大以設計學院為主，美術、表演藝術、人文、傳播學院為輔。其三，大學建園經費投入不同，QUT投資建立園區經費約新臺幣15億元，占總經費77%；人大投資建設園區約新臺幣18億元（獨資）；臺藝大投資新臺幣4,600萬元修繕舊廠與增添設施。其四，政府支持度不同：QUT園區為昆士蘭政府與QUT共同籌建；昆士蘭政府投資約新臺幣4.5億元，占建園總經費23%；人大園區為中國教育部與北京市人民市政府主動協議後，由人大籌設。臺藝大園區為臺藝大提出申請借用舊紙廠建物後，政府同意無償出借，但以教學用途為限。其五，園區環境不同：QUT園區為多功能的社區型；人大園為商辦大樓型；臺藝大為廠房型。

4. 園區經營策略之比較方面

園區經營策略之比較值得注意處有四項：其一，輔導創業機制方面，人大園區特別著重鼓勵與輔導學生創業，策略包括設立留學人員創業園及大學生創業園、辦理創業競賽、設立創業種子基金、採取創業「導師、服務、融資」的三合一輔導機制。其二，發展的重點產業方面：QUT與人大園區均側重發展數位內容產業；臺藝大園區則傾向發展工藝設計產業。其三，研究組織與方向方面，QUT園區設有國家級研究中心（CCI），為政府經費所支援，研究範圍廣，並跨國際合作；人大園區設有文化產業與創意產業技術兩研究院，也均為政府支持，研究範圍主要在於產業標準體系制定、尖端理論、政府決策諮詢及創新知識技術移轉等；臺藝大設文物維護研究中心及三個工藝類的教學研究工坊，未獲政府經費支持，研究方向傾向紙質文物修復與工藝創意內容。其四，國際化方面：QUT園區國際化傾向強，設有高額獎學金吸引國外研究員及學生。人大園區開設留學人員創意園，並設有國際合作獎金，吸引海外青年回國創業；並另有國際版權貿易業務。臺藝大園區的經營，搭配著國際化的學校教育政策導向，但具體策略尚未顯著。

5. 園區經營困境之比較方面

園區經營困境值得注意處有三項：其一，經營管理人才的挑戰大是三個園區的共同問題。其二，人大與臺藝大均因政府政策與支持度問題致使園區經營理想與現實生存產生矛盾兩難；其三，QUT與臺藝大均有跨學科溝通合作與資源連結的困難。

以上相同與相異的分析比較，茲整理如表3。

表3
QUT創意產業園區、人大文化科技園、臺藝大文化創意產學園區比較表

大學 比較項目		QUT創意產業園區	中國人民大學文化 科技園	國立臺灣藝術大學文化 創意產學園區
設立背景	設立年代	‧2004	‧2004	‧2007
	籌設單位	‧QUT與昆士蘭政府聯合	‧人大	‧臺藝大

續表3

大學 比較項目			QUT創意產業園區	中國人民大學文化科技園	國立臺灣藝術大學文化創意產學園區
	大學優勢		・創意產業學科 ・屬綜合實用導向型 ・創意產業學院為全球首創	・人文社會學科 ・屬研究型 ・中國人文社會科學高等教育領域的一面旗幟	・藝術人文學科 ・屬教學型 ・臺灣歷史最悠久、師生數最多的藝術學府
	政府政策		・推展創意產業 ・教育更新、都市更新、智慧之州	・加快文化產業園區和基地建設 ・發展結合科技與文化的文創產業	・發展文創產業 ・推展大學與產業連結
	土地來源		・軍營及閱兵場舊址重建	・人大土地興建辦公大樓	・借用公有舊臺北紙廠修繕使用
經營目標			・定位成為創意產業的創意實驗與商業發展基地	・定位為國家文化產業發展提供理論支撐、服務支援和實踐典範	・定位為培育文化創意產業人才與發展文化創意產業的示範基地
經營資源	經營團隊	組織名稱	・澳大利亞創意企業（QUT CEA）	・北京人大文化科技園建設發展有限公司	・臺藝大文創處
		設立單位	・昆士蘭政府與QUT共設	・人大獨資設立	・大學行政單位
		成員	・7人	・40人	・5人
	產業群聚	進駐產業家數	・28家文創類產業	・綜合產業1965家，文創類產業約98家	・24家文創類產業，10家綜合藝術工作室
	大學投入	合作系所	・創意產業學院為主，商業、教育、健康、法律、及工程與科學學院為輔	・資訊、法學、商學、新聞、及金融學院	・設計學院為主，美術、表演藝術、人文、及傳播學院為輔
		建園經費	・5,000萬澳幣（約新臺幣15億）	・人民幣4億元（約新臺幣18億元）	・新臺幣4,600萬元園區修繕建物

續表3

大學 比較項目			QUT創意產業園區	中國人民大學文化 科技園	國立臺灣藝術大學文化 創意產學園區
經營資源	政府支持	參與開發	·昆士蘭政府與QUT聯合	·教育部與北京市人民協議，由人大開發	·政府同意無償出借舊紙廠給臺藝大，但以教學用途為限
		投資經費	·昆士蘭政府投資澳幣1,500萬（約新臺幣4.5億元）		
	環境設施	占地面積	·16公頃	·6.7公頃（建築）	·2.7公頃
		位置	·離市中心2公里	·位於市中心	·離市中心2.7公里
		型態	·社區型	·商辦大樓型	·廠房型
		經營公司	·澳大利亞創意企業	·北京人大文化科技園建設發展有限公司	·文創處 ·另設育成中心於校本部
		教學設施	·創意產業學院、電視工作室、新聞工作室、電腦教室、生產實驗室、動畫設計工作室、高科技教學設備、表演空間、畫廊、		·工藝教學暨研究工坊（陶藝、版畫、金工） ·戲劇排練場
		研究設施	·澳大利亞國家研究理事會創意產業與創新卓越中心（CCI）	·文化產業研究院 ·創意產業技術研究院	·文物維護研究中心 ·工藝教學暨研究工坊（陶藝、版畫、金工）
		產業	·進駐產業工作室	·進駐產業工作室	·產業進駐工坊
		其他	·咖啡廳，大螢幕、展示區、劇院、Kelvin Grove 都市村（有國民住宅、高級公寓、超市、購物中心、中小學、餐廳等）	·國家版權貿易基地	·藝術家工作室

續表3

大學 比較項目			QUT創意產業園區	中國人民大學文化 科技園	國立臺灣藝術大學文化 創意產學園區
經營策略	教學實習		· 設立創意產業學院 · 結合創意與商業的 · 建立優質軟硬體環境 · 以實習連結教學與產業 · 跨領域學科課程設計	· 師生承接產業實務專案 · 開辦產業人才培訓 · 學生創業與實習	· 加設文創產業課程 · 邀請業界擔任講師 · 建立專業實習制度
	研究創新	組織	· 澳大利亞國家研究理事會創意產業研究中心（CCI）	· 文化產業研究院 · 創意產業技術研究院	· 文物修復研究中心 · 3間工藝研究暨教學工坊（陶藝、版畫、金工）
		研究方向	· 發展亞洲地區的國際研究 · 以實用為研究導向 · 包括基礎建設、生產計畫、創意內容、傳播、文化、政策等	· 文化產業標準體系制定、新興理論研究、政府決策諮詢、創意產業知識技術移轉	· 紙質文物修復、工藝產品創意內容等
	產業育成	組織	· 設立產業育成公司	· 設立留學人員創業園 · 設立大學生創業園	· 校本部設立育成中心
		策略	· 政府提供創業基金 · 輔導產業發展	· 舉辦創業之星大賽 · 設立創業種子基金 · 建立文創特色公共服務體系	· 輔導中小型文創產業 · 輔導學生創業 · 輔導產業申請政府創業貸款
		重點產業	· 數位內容產業	· 數位內容產業與新媒體產業	· 工藝設計產業
	其他		· 以社區連結創意產業相關之創作、研究、教育、商業、產業人才	· 發展版權貿易	· 文創體驗教育推廣與行銷

續表3

大學 比較項目		QUT創意產業園區	中國人民大學文化 科技園	國立臺灣藝術大學文化 創意產學園區
經營 困境		・經營管理人才的挑 戰 ・跨學科溝通合作困 難 ・協同合作資源有限	・園區理想與現實生 存的矛盾 ・文創產業融資體系 統不足 ・內容創意與經營管 理人才缺 ・園區媒體管道不足	・政府出借園區建物 限制嚴 ・政府補助經費不穩 定 ・園區內外資源整合 協調不易 ・進駐產業與系所連 結度及回饋度低

資料來源：作者整理自前述相關文獻及訪談聯繫專家M. Keane, A. Rooke及曾繁文紀錄
　　　　　（2012, 2013）。

肆　大學經營文化創意產業園區的省思

一、大學經營文化創意產業園區關鍵成功因素方面的建議

　　經由前述運用層級分析法，經由專家訪談及問卷調查獲致的研究結論，就學校、政府、產業及學術界四方面提出以下建議：

(一) 對學校的建議

1. 以本研究結論的因素構面、指標及相對重要程度為經營園區的藍本

　　本研究結論提出大學經營文化創意產業園區關鍵成功因素的5大構面與31項指標，以及其相對重要程度，係透過專家訪談、問卷調查等實證研究，具有參考價值，建議大學規劃與執行文化創意產業園區經營時，可以為之藍本，從最重要的構面與指標加強著手，並強化園區人才培育與產業發展契合市場的需求。

2. 形塑培養軟實力重要於投資硬體設施的理念

　　綜合歸納大學經營文化創意產業園區的關鍵成功因素，能力資源因素比資產資源因素重要。大學文化創意產業園區的經營，首先須從團隊的理念思想改變著手，對學校教師職員宣導與形塑「人才為先」、「能力資源重要於資產資源」、「軟實力重要於投資硬體設施」的理

念，以爲落實提升管理行銷效能之基礎。

3. 加強園區管理行銷與經營團隊能力

在關鍵成功因素構面中，以「管理行銷」最爲重要。又該構面中以「團隊經營」最爲重要。另就整體指標權重來看，仍以「經營團隊能力」位居第一。因此建議：大學經營文化創意產業園區，最重要的方針是：加強管理行銷。以增強經營團隊能力爲第一優先要務，其次依序再顧及行銷宣傳推廣、財務籌措管理、園區功能定位明確、建立服務支援系統、進行產官學合作、以至於園區周邊居民互動等層面。學校經營團隊的成員，若缺乏管理行銷專才，建議可聘用業界具相關經驗的專才專職管理，以加速園區管理行銷效能之發揮。

4. 加強提供進駐產業的優惠誘因

「提供進駐產業的優惠誘因」爲「產業聚落」構面的最重要因素指標，也居整體關鍵成功因素指標排序的第六位。因此建議學校加強提供進駐產業的優惠誘因，諸如低價租金、低比率回饋金、免費輔導申請政府補助與協助撰寫申請計畫書等。

5. 強化文創人才的培育

「文化創意人才」爲「政府支持」構面中最重要的因素指標，也居整體關鍵成功因素指標排序的第三。因此建議學校加強學校師生及進駐園區的文創能量的培育，增加建置創意表現與交流的平臺，建立鼓勵創意激發與研發創新的措施，並引導更多師生校友人才投入園區發展。此外，運用各種資源進行產業育成，協助進駐廠商成員的在職訓練，以及提升創意、美感與技術，也是學校的任務。特別是加強人才培育方向與市場需求的契合，學校宜積極建立機制，促進學生在園區有效實習與參與各種產業實務訓練，期能達到教育產業的銜接，以因應市場的需求。

6. 加強園區的創意氛圍塑造

「創意氛圍塑造」爲「環境設施」構面最重要因素指標，因此建議學校同時強化軟體與硬體。在硬體方面，園區建築造型、景觀布置、室內空間裝潢、用具設施功能與造型的設計與建置，多考量具有引發創意的設計元素。在軟體方面，提供創意對話與競賽的機制，鼓勵教師增加

創意教學，於園區舉辦創意展演活動，建立創意對話空間與建置網路平臺，以塑造園區創意氛圍。

(二) 對政府的建議

1. 增加規劃與篩選大學為經營文化創意產業園區的主體

　　經由QUT、人大及臺藝大三個大學文化創意產業園區的案例探討，可見大學以其人才及學術上的優勢及特色，是很好的文化創意產業園區經營主體：惟目前臺灣地區僅有國立臺灣藝術大學文化創意產學園區一個，建議政府可以增設以大學為經營主體的文化創意產業園區，並提供輔導計畫措施，不僅有助於教學與產業的橋接，也有助於文化創意產業的研發與創新，並可帶動國家文創產業的發展，提升國際競爭力。

2. 協助解決大學園區土地問題

　　「協助大學園區土地取得」為「政府支持」構面中最重要的因素。因此建議政府協助大學取得園區土地，諸如變更大專用地地目、無償撥用國有土地，或是補助大學經費申請有償撥用。若有困難撥用，建議從修改鬆綁借用國有財產的相關法令的限制，以能落實大學能自主經營園區。

3. 協助建置園區周邊環境設施

　　「協助建置周邊公共設施」為「政府支持」構面中的第二重要指標。又「園區區位條件」為「環境設施」本研究中「產業聚落」指標中位居第一與第二項，然而園區周邊環境設施的建置，涉及很多層面與單位，常非學校所能掌管；又學校資源有限，往往經費不足，因此建議政府在建置園區周邊環境設施方面，多予以經費補助及資源整合上的行政協助，諸如交通設站、引導路標建置、周邊帶狀文化觀光景點的連結、都市發展規劃等。

(三) 對產業的建議

1. 建議優秀廠商進駐大學文化創意產業園區

　　「產業聚落」是關鍵成功因素的第二個重要構面，僅次於「管理行銷」，顯示文創產業聚集重要性。由於文化創意產業園區，多有提供進

駐廠商優惠誘因與廠商育成的機制，並常透過產學合作進行各種產品創新的研發與技術輔導，對於公司的發展幫助很大。另一方面學校經營文創園區，也需要引進文創關鍵產業與引進領頭羊廠商的進駐，以提高園區的競爭力與產值，常有諸多優惠措施。因此，鼓勵文化創意產業積極申請進駐大學經營的文化創意產業園區，產業與學校將互蒙其利。

2. 加強與學校進行產學合作

「建立廠商育成機制」與「建立產學合作機制」分別為「產業聚落」構面中第2及第4個重要指標。大學既有廠商育成的服務，又學校有其豐沛的師生人才及創意研發氛圍，透過產學合作，有利於產品研發及技術。合作的方向，建議可朝向技術研發、申請政府計畫、圖像授權、整合行銷、教育推廣等層面。

(四) 對後續研究者的建議

1. 可階段性多次進行園區經營關鍵成功因素研究

本研究運用層級分析有其限制，所進行為橫斷面徵求當今專家的意見，但是長期而言，隨著時代環境的改變，專家們的觀念也會跟著改變，所以本研究的結果，無法永久運用。建議在3-5年之後，再做一次類似的調查，可能有不同的研究結果，也更能因應環境時代脈動而經營更為成功。

2. 可運用AHP以外的研究方法進行研究

本研究主要是以問卷調查及AHP建立大學經營文化創意產業園區的關鍵成功因素，對於類似的研究主題，建議未來可以用其他的方法再進行研究，如德爾惠層級程序法（Delphi Hierarchy Process, DHP）、資料包絡分析法（Data Envelopment Analysis, DEA）等方法。

3. 可進行相關研究主題探討

鑑於大學經營文化創意產業園區契合產業市場需求為當今發展文化創意產業與培育文創人才的重要課題，建議可增加臺灣文創產業市場發展需求與文化創意產業園區經營相關之研究，以及基於文創產業研究探討大學經營文創園區效益。

二、QUT、人大與臺藝大三園區比較後之建議

前述運用G. Z. F. Bereday比較研究法，對澳洲QUT、中國人大、以及臺灣臺藝大三大園區之經營進行比較所獲得的結論，針對學校、政府、產業及學術界四方面提出以下的建議：

(一) 對大學經營文創園區的建議

1. 以本研究結論的因素構面、指標及相對重要程度為經營園區的藍本

本研究結論提出大學經營文化創意產業園區關鍵成功因素的五大構面與三十一項指標，以及其相對重要程度，係透過專家訪談、問卷調查等實證研究，具有參考價值，建議大學規劃與執行文化創意產業園區經營時應營，可以之為藍本，從最重要的構面與指標加強著手，並強化園區人才培育與產業發展契合市場的需求。

2. 形塑培養軟實力重要於投資硬體設施的理念

綜合歸納大學經營文化創意產業園區的關鍵成功因素，能力資源因素比資產資源因素重要。大學文化創意產業園區的經營，首先須從團隊的理念思想改變著手，對學校教師職員宣導與形塑「人才為先」、「能力資源重要於資產資源」、「軟實力重要於投資硬體設施」的理念，以為落實提升管理行銷效能之基礎。

3. 加強園區管理行銷與經營團隊能力

在關鍵成功因素構面中，以「管理行銷」最為重要。又該構面中以「團隊經營」最為重要。另就整體指標權重來看，仍以「經營團隊能力」位居第一。因此建議：大學經營文化創意產業園區，最重要的方針是：加強管理行銷。以增強經營團隊能力為第一優先要務，其次依序再顧及行銷宣傳推廣、財務籌措管理、園區功能定位明確、建立服務支援系統、進行產官學合作、以至於園區周邊居民互動等層面。學校經營團隊的成員，若缺乏管理行銷專才，建議可聘用業界具相關經驗的專才專職管理，以加速園區管理行銷效能之發揮。

4. 加強提供進駐產業的優惠誘因

「提供進駐產業的優惠誘因」為「產業聚落」構面的最重要因素指標，也居整體關鍵成功因素指標排序的第六位。因此建議學校加強提供

進駐產業的優惠誘因，諸如低價租金、低比率回饋金、免費輔導申請政府補助與協助撰寫申請計畫書等。

5. 強化文創人才的培育

「文化創意人才」為「政府支持」構面中最重要的因素指標，也居整體關鍵成功因素指標排序的第三。因此建議學校加強學校師生及進駐園區的文創能量的培育，增加建置創意表現與交流的平臺，建立鼓勵創意激發與研發創新的措施，並引導更多師生校友人才投入園區發展。此外，運用各種資源進行產業育成，協助進駐廠商成員的在職訓練，以及提升創意、美感與技術，也是學校的任務。特別是加強人才培育方向與市場需求的契合，學校宜積極建立機制，促進學生在園區有效實習與參與各種產業實務訓練，期能達到教育產業的銜接，以應映市場的需求。

6. 加強園區的創意氛圍塑造

「創意氛圍塑造」為「環境設施」構面最重要因素指標，因此建議學校同時強化軟體與硬體。在硬體方面，園區建築造型、景觀布置、室內空間裝潢、用具設施功能與造型的設計與建置，都考量具有引發創意的設計元素。在軟體方面，提供創意對話與競賽的機制，鼓勵教師增加創意教學，於園區舉辦創意展演活動，建立創意對話空間與建置網路平臺，以塑造園區創意氛圍。

7. 考量大學評估設立文創園區的可行性

文創園區可說是育成中心擴大規模的運作模式。由上述QUT、人大及臺藝大設立的文創園區案例可知：大學文創園區為基於大學學術與人才的優勢，透過產官學合作，培育文創產業人才與引領文創產業發展，對於學生就業、產業經濟、地方發展、國家競爭力均有積極貢獻，也強化了大學的特色與競爭力。建議設有文創相關系所及資源的大學，可考量評估設立文創園區的可能性。

(二) 對臺藝大建議

1. 設立或委託專業管理公司經營園區

本研究發現：三個園區經營困境的唯一共同處為「經營管理人才問

題」，正呼應本文獻探討所述研究者先前研究的發現：經營團隊能力為大學經營文創園區第一重要的關鍵成功因素。鑑於QUT與人大園區的經營團隊，均設立獨立運作的專業管理公司，相較臺藝大設立行政單位及由教職員專兼任，在人事運用與經營機制上，彈性較大，行政能量較易發揮。因此，建議臺藝大設立或委託專業管理公司經營園區。

2. 經營目標定位為國家先導與影響國際的格局

QUT與人大園區的經營方向與策略，均有明顯國際化導向與具體策略。鑑於大學有學術與人才的優勢，與一般文創園區有別，具有國家先導與國際影響的能量，建議大學文創園區的經營目標應定位在國家先導與影響國際的格局，並規劃國際交流的具體措施。

3. 加強爭取政府支持大學文創園區的營運

本研究發現目前臺藝大園區經營的困境，政府支持度不足是很重要的原因。QUT與人大的園區經營，也來自政府的強力支持。本研究建議臺藝大主動積極申請與協調中央與地方相關政府，尋求協助解決經營困境，爭取特別是鬆綁目前借用國有財產的法規限制，提出具體說帖，以獲得各方政府單位的支援。

4. 調整進駐文創園區的產業類別比例

QUT與人大園區發展的重點產業，均為資訊技術相關的數位內容產業與新媒體產業，這與其產值較高有關。臺灣政府推展電視、電影、流行音樂、工藝、設計及數位內容六大旗艦產業，臺藝大的五大學院也含括旗艦產業人才，但進駐園區產業以微型為型的工藝產業為多（占總數的64%），不僅能學校師生合作的範圍窄，獲利回饋學校額度也少。因此，建議臺藝大調整接受進駐產業類別的比例，且增加領頭羊的關鍵廠商與提高他類產業進駐的比例，以利園區與學校教育發展。

5. 加強跨領域的連結與合作

園區的經營需有多元的資源與能力。QUT園區的經營，以科際整合與跨領域連結為主軸，不論是教育、研究或是產業育成，均有相關的具體策略；人大園區也以連結人文與科技連結為導向；臺藝大為藝術人文類型學校，對於科技、管理、法商、金融等領域人才與資源較為欠缺，建議加強跨領域的連結合作，主動拓展與產業、官方及其他學校的

策略聯盟，進而擴展到國際層面。

6. 增加投入園區的經營資源

由本研究結論可知：相較於QUT與人大對建園經費或系所投入園區服務的程度，臺藝大相形之下顯得不足。建議增加對園區資源的投入，一方面向政府爭取園區自主經營的合法性，以降低園區投資的風險；一方面強化園區軟硬體的建設及系所與園區的連結，擴展經營團隊能量，以確實發揮園區的功能

(三) 對政府的建議

1. 增加規劃與篩選大學為經營文化創意產業園區的主體

經由QUT、人大及臺藝大三個大學文化創意產業園區的案例探討，可見大學以其人才及學術上的優勢及特色，是很好的文化創意產業園區經營主體：惟目前臺灣地區僅有國立臺灣藝術大學文化創意產學園區一個，建議政府可以增設以大學為經營主體的文化創意產業園區，並提供輔導計畫措施，不僅有助於教學與產業的橋接，也有助於文化創意產業的研發與創新，並可帶動國家文創產業的發展，提升國際競爭力。

2. 協助解決大學園區土地問題

「協助大學園區土地取得」為「政府支持」構面中最重要的因素。因此建議政府協助大學取得園區土地，諸如變更大專用地地目、無償撥用國有土地，或是補助大學經費申請有償撥用。若有困難撥用，建議從修改鬆綁借用國有財產的相關法令的限制，以能落實大學能自主經營園區。

3. 協助建置園區周邊環境設施

「協助建置周邊公共設施」為「政府支持」構面中的第二重要指標。又「園區區位條件」為「環境設施」為本研究中「產業聚落」指標中位居第一與第二項，然而園區周邊環境設施的建置，涉及很多層面與單位，常非學校所能掌管；又學校資源有限，往往經費不足，因此建議政府在建置園區周邊環境設施方面，多予以經費補助及資源整合上的行政協助，諸如交通設站、引導路標建置、周邊帶狀文化觀光景點的連

結、都市發展規劃等。

4. 規劃與支持大學設立文創園區

本研究發現：QUT、人大與臺藝大園區設立背景的共同之處，包括大學的學術與人才優勢、配合政府發展文創產業政策、以及成為教育與產業連結的平臺，這也是大學設立文創園區的特色功能，具有提升國家競爭力的高度能量。鑑於「大學與產業未能連結」已是當今高等教育的三大問題之一（教育部，2008），以及文化創意產業具有高度經濟價值與前景，不僅全球主要國家積極發展文創產業，我國大學專校院也相繼設立許多文創產業相關系所，建議政府考量將大學設立文創產業園區案納入政策，予以全盤評估規劃。

5. 將臺藝大園區列為國家層級

本研究結論可知，澳大利亞政府及中國政府，對大學文創園區設立與經營的支持程度高。人大園區也在經營四年後，認定為文科特色的大學國家科技園。相較之下，臺灣政府對於大學文創園區的支持較為不足。盱衡臺藝大園區，為臺灣目前唯一由大學設立的文創園區，校方也具有高度的人學術優勢與人才資源，以及積極的經營意願，經營五年來也有相當的經驗與成果，可說是臺灣大學文創園區的示範與指標，但因學校資源有限，獨立經營仍有很大侷限。建議政府考量將臺藝大園區列為國家層級，擴大園區的規模與格局，提高對園區的政策支持與經費挹注，以提升國家競爭力。

6. 將臺藝大文創園區及週邊列入都市建設計畫

澳洲昆士蘭政府將QUT園區併入都市建設發展計畫中，連結創意產業相關的商業、產業、教育、研究、文化、生活等各種資源，成為馳名國際的「昆士蘭模式」。臺藝大園區位於市郊，周邊文創產業創意與生活機能市郊周邊新北市政府雖已開始著手進行連結園區周邊資源，但積極度與整體度仍有不足，建議參考QUT園區，將臺藝大區及週邊納入都市發展計畫中整體規劃與建設，以提升經濟、教育、文化的整體都市品質。

7. 支持臺藝大文創園區增設研究單位

研究是園區發展不可或缺的功能，不僅是大學文創園區的基本優勢

與資源，也是文創產業發展與國家政策參考的依據。QUT與人大園區設有相當規模的研究單位，且均有政府的經費支持，其研究多為實用導向，研究成果也常成為文創產業運用與政策制定的參考；相較之下，臺藝大園區的研究組織顯得薄弱。鑑於臺藝大為當今臺灣文創產業相關系所最完整的大學，並設有創意產業設計、表演藝術、書畫藝術、藝術管理與文化政策博士班，研究人才多元，建議政府考量於該園區設置國家研究單位，或支持臺藝大園區設立文創產業研究單位，給予政策支持與經費補助，以結合該校的學術能量，以強化國家在文創領域方面的研究水準與實務應用。

(四) 對產業的建議

1. 建議優秀廠商進駐大學文化創意產業園區

「產業聚落」是關鍵成功因素的第二個重要構面，僅次於「管理行銷」，顯示文創產業聚集重要性。由於文化創意產業園區，多有提供進駐廠商優惠誘因與廠商育成的機制，並常透過產學合作進行各種產品創新的研發與技術輔導，對於公司的發展幫助很大。另一方面學校經營文創園區，也需要引進文創關鍵產業與引進領頭羊廠商的進駐，以提高園區的競爭力與產值，常有諸多優惠措施。因此，鼓勵文化創意產業積極申請進駐大學經營的文化創意產業園區，產業與學校將互蒙其利。

2. 加強與學校進行產學合作

「建立廠商育成機制」與「建立產學合作機制」分別為「產業聚落」構面中第二及第四個重要指標。大學既有廠商育成的服務，又學校有其豐沛的師生人才及創意研發氛圍，透過產學合作，有利於產品研發及技術。合作的方向，建議可朝向技術研發、申請政府計畫、圖像授權、整合行銷、教育推廣等層面。

(五) 對後續研究者的建議

1. 可階段性多次進行園區經營關鍵成功因素研究

本研究運用層級分析有其限制，所進行為橫斷面徵求當今專家的意見，但是長期而言，隨著時代環境的改變，專家們的觀念也會跟著改變，所以本研究的結果，無法永久運用。建議在3-5年之後，再做一次

類似的調查，可能有不同的研究結果，也更能因應環境時代脈動而能經營更爲成功。

2. 可運用AHP以外的研究方法進行研究

本研究主要是以問卷調查及AHP建立大學經營文化創意產業園區的關鍵成功因素，對於類似的研究主題，建議未來可以用其他的方法再進行研究，如層級程序法（Delphi Hierarchy Process, DHP）、資料包絡分析法（Data Envelopment Analysis, DEA）等方法。

3. 可進行相關研究主題探討

鑑於大學經營文化創意產業園區契合產業市需求爲當今發展文化創意產業與培育文創人才的重要課題，建議可增加臺灣文創產業市場發展需求與文化創意產業園區經營相關之研究，以及基於文創產業研究探討大學經營文創園區效益。

參考文獻

(一) 中文部分

中國人民大學文化科技園（2009）。大學創意產業園區拓荒者－中國人民大學文化科技園特色大學科技園的建設實踐。中國高校科技與產業化，21，50-53。

中國人民大學文化科技園（2011）。人大文化科技園：高校文化創意產業園區的開拓者。中國高新技術企業，23，82-85。

中國人民大學文化科技園（2012a）。人大文化科技園人力資源服務平臺介紹。2012年10月5日，取自：http://www.cspruc.com/yqfw.do?id=4af0f8cc21aaa2ca0121c7944ce40009

中國人民大學文化科技園（2012b）。大學生創業園。2012年10月10日，取自：http://www.cyruc.com/chuangyeyuan/daxueshengchuangyeyuan/2012/1022/5.html

中國人民大學文化科技園（2012d）。創業園介紹。2012年9月28日，取自：www.edu.tw/files/list/B0039/ 附件-http://www.cspruc.com/about.do?id=12

中國人民大學文化科技園（2012e）。創業之星大賽。2012年10月2日，取自：ttp://

www.cspruc.com/yqfw.do?id=4af0f8cc25e299980127b81af90d01c9，2012

中國人民大學文化科技園（2013）。戰略布局。2012年12月20日，取自：http://www.cspruc.com/more.php?cid=251&note=295&type=4

中國人民大學留學人員創業園（2012）。優惠政策。2012年10月1日，取自：http://www.ospruc.com/7_more.php?CategoryID=240&note=240

中國人民大學國家版權貿易基地（2012）。中國人民大學國家版權貿易基地簡介。摘自網路：http://www.intctc.com/aboutWe.rd;jsessionid=3AFB77B8

中國人民大學創意產業研究院（2012）。研究院簡介。2013年1月3日，取自：http://www.ctto.org/more.php?cid=266

中國人民大學學生創業實習基地（2012）。園區介紹。2012年10月1日，取自：http://www.cyruc.com/more.php?CategoryID=234&note=234

孔建華（2008）。北京文化創意產業集聚區發展研究。文化建設，2，90-96。

文化部（2012）。點石成金在念頭—文化創意產業策略的探討。2012文化國是論壇會議資料。

文化部（2012）。簡述澳洲創意產業及發展。2012年10月2日，取自：http://www.cci.org.tw/cci/cci/market_detail.php?sn=4108

王美雅、張倪綸（2010）。論文化創意產業育成—以澳洲昆士蘭大學育成中心為例。創業管理研究，5（3），29-52。

行政院文化建設委員會（2009a）。2009臺灣文化創意產業發展年報。臺北市：行政院文化建設委員會。

行政院文化建設委員會（2009b）。創意臺灣—文化創意產業發展方案。2012年6月1日，取自http://cci.culture.tw/cci/cci/c/980514.pdf。

行政院文化建設委員會（2011）。行政院文化建設委員會所轄五大文化創意產業園區更名函文。文壹字第1002002278號公文。

行政院經濟建設委員會（2002）。挑戰2008：國家發展重點計畫（2002-2007）。2012年6月10日，取自http://www.cepd.gov.tw/m1.aspx?sNo=0001568&ex=2&ic=0000153。

吳思華（2000）。策略九說。臺北市：臉譜。

李斌、謝瑋莉、謝旻儒（2009）。應用模糊層級分析法於閒置空間再利用為文化園區

之經營關鍵成功因素分析。文化事業與管理研究，3，45-63。

辛晚教、周志龍（2003）。全球化趨勢下文化產業園區發展策略之研究成果報告書。行政院經濟建設委員會委託研究。2012年4月25日，取自：http://www.cepd.gov.tw/m1.aspx?sNo=0009038

中國虹口區市人大代表專題調研小組（2011）。上海文化創意產業園區發展瓶頸及對策。上海人大，12，28-29。

徐中孟、李季（2012）。世界文化創意產業園研究。臺北市：秀威。

國立臺灣藝術大學（2011a）。藝術大學校院教學發展策略前瞻論壇會議手冊。未出版。

國立臺灣藝術大學（2011b）。國立臺灣藝術大學專業實習實施要點。2012年10月2日，取自：http://portal2.ntua.edu.tw/ccid/about.html

國立臺灣藝術大學（2011c）。國立臺灣藝術大學文化創意產學園區營運計畫書。未出版。

國立臺灣藝術大學（2011d）。國立臺灣藝術大學文化創意產學園區簡介。未出版。國立臺灣藝術大學（2012a）。組織成長。2012年5月1日，取自：http://www.ntua.edu.tw/about/current2.aspx

國立臺灣藝術大學（2012a）。組織成長。2012年5月1日，取自：http://www.ntua.edu.tw/about/current2.aspx

國立臺灣藝術大學（2012b）。國立臺灣藝術大學多元創藝典範－文化創意人才培育旗艦計畫。未出版。

國有財產法（1969年1月27公布，2012年1月4日修正）

教育部（2008）。第二期獎勵大學教學卓越計畫。2012年5月1日，取自：www.edu.tw/files/list/B0039/附件-2

盛治仁（2010）。2010臺灣文化創意產業發展年報序文。2010臺灣文化創意產業發展年報。臺北市：行政院文化建設委員會。

郭輝勤（2008）。創意經濟學。臺北市：我識。

彭翊（2009）。「文化＋科技」點燃經濟新亮點－文科特色大學科技園建設的機遇與實踐思考。中國科技財富，15，98-101。

彭翊、王國成（2007）。發揮學科優勢建設特色大學文化科技園。中國高校科技與產

業化，12，65-68。

雅虎公司（2012）。網友微革命—網友最不滿大學校園：教學與實務脫節。2012年6
　　月1日，取自：http://yahoo-mypower.net/life_article.php?aid=70

黃光男（2011）。詠物成金—文化創意產業析論。臺北：典藏藝術家庭。

黃美賢（2011a）。文化創意園區之發展策略—以國立臺灣藝術大學文化創意產學園
　　區為例。教育資料與研究，5，91-12。

黃美賢（2011b）。文化創意產業與大學產學合作之探討—以國立臺灣藝術大學文化
　　創意產學園區為例。經營管理論叢，7（2），73-86。

黃美賢（2012a）。大學經營文化創意產業關鍵成功之探討。教育研究與發展期刊，8
　　（3），163-198。

黃美賢(2012b)。澳中臺三大學文化創意產業園區經營之比較研究。文化事業與管理
　　研究，10，27-55。

楊敏芝（2009）。創意空間：文化創意產業園區的理論與實踐。臺北市：五南。

溫肇東（2007年9月5日）。創業家精神—昆士蘭創意產業園區的產官學合作模式。工
　　商時報，D3版。

鄒應媛（譯）（2003）。創意新貴：啟動新經濟的精英勢力（原著：R. Florida）。臺
　　北市：寶鼎。

鍾萍（2010）。探索文化與科技結合的園區新模式—訪問中國人民大學文化科技園管
　　委會辦公室主任彭翊。中國高新技術企業，20，50-53。

(二) 英文部分

Aaker, D. A. (1984). Strategic Market Management. New York: John Wiley & Sons Inc.

Australian Education Network (2012). Excellence in research for Australia (ERA) Rankings.

Bianchini, F. (1993). Culture, Conflicts and Cities: Issues and Prospects for the 1990s, in
　　Cultural Policy and Urban Regeneration: The West European Experience, ed. by F. Bi-
　　anchini and M. Parkinson. Manchester: University Press, 199-213.

De Vasconcellos, J. A., & Hambrick, D. C. (1989). Key success factors: Test of a general
　　theory in the mature industrial product-service. Strategic Management Journal, 10,
　　367-382.

Florida, R. L. (2002). The Rise of the Creative Class: And How It's Transforming Work,

Leisure. Community and Everyday Life. New York: Basic Books.

Google Inc. (2012). Maps. Retrieved September 30, 2012, from http://maps.google.com.tw/

Hartley, J. (2010). Research-led educational renewal and economic-cultural convergence.

Johnson, L. (2010). Queensland government leads on creative industries. The QUT Creative Industries Experience. Brisbane: QUT Creative Industries Previnct., 2010, 24.

Keane, M. (2010). The uncertain journey. The QUT Creative Industries Experience (pp. 61-62). Brisbane: QUT Publications.

Landry, C. (2000). The creative city- A toolkit for urban innovators. Landon: Earthscan.

Montgomery, J. (2004). Cultural Quarters as Mechanisms for Urban Regeneration Part1: Conceptualizing Cultural Quarters. Planning Practice and Research, 18(4), 293-306.

Pincus, S. (2010). KGUV: A creative and clever community (pp.43-46). The QUT Creative

Porter, M. E. (1990). The Competitive Advantage of Nations. New York: The Free Press.

Porter, M. E. (1998a). Clusters and the New Economics of Competition. Harvard Business Review, 76(6), 77-90.

Porter, M. E. (1998b). On competition. Boston: Harvard Business School Publishing.

Queensland University of Technology (2012). QUT home-overview. Retrieved September 30, 2012, from http://www.ciprecinct.qut.edu.au/about

QUT Creative Enterprise Australia (2012). QUT Creative Enterprise Australia. Retrieved September 20, 2012, from http://www.ciprecinct.qut.edu.au/about/partners/qcea.jsp

QUT Creative Enterprise Australia (2012). Service. Retrieved May 20, 2012, from the World Wide Web: http://creativeenterprise.com.au/

QUT Creative Industries Precinct (2012). Overview. Retrieved September 28, 2012, from http://www.ciprecinct.qut.edu.au/

QUT Creative Industry Faculty (2012). Home- creative industry. Retrieved October 27, 2012, from http://www.qut.edu.au/creative-industries

Rooke, A. (2010). Creative Enterprise Australia: A model for growing the creative economy. The QUT Creative Industries Experience (pp.21-22). Brisbane: QUT Creative Industries Precinct.

Wynne D. (1992). The Culture Industry. Hampshire: Ashgate Publishing Company.

問題與討論

一、大學經營文化創意產業園區的優勢與限制為何？

二、本文所提的研究結論指出：大學文化創意產業園區的經營關鍵成功因素有哪些構面與指標？其相對重要性依序為何？您認為這對園區經營有何啟示？

三、昆士蘭科技大學創意產業園區、中國人民大學文化科技園及國立臺灣藝術大學文化創意產學園區的經營策略，有何異同？

四、經由前述對昆士蘭科技大學創意產業園區與中國人民大學文化科技園的經營介紹情形後，您認為二園區對臺灣的大學設立與經營文化創意產業園區有何啟示？

第五章

我國美感教育政策的擘劃與實踐：邁向協力共美[1]

張明文
洪詠善

1 本文是「教育部美感教育中長程計畫：第一期五年計畫（103年至107年）」研究成果之一部分。兩位筆者分別爲教育部美感教育中長程計畫主政單位司長，以及本計畫協同主持人；在此特別感謝國家教育研究院潘文忠副院長，以及研究團隊陳瓊花教授、丘永福教授與阮凱利助理教授對於完成本計畫之卓越貢獻。

美感是天賦的本能，人人都有認識美的潛能；美感的本能需要
培養才能發揚光大。美育與智育一樣，應該全民化。

～漢寶德，2004

國民美感素養提升需要以「協力共美」為理念，人人都能為美
感教育貢獻所長分享所學。

～張明文

使美感學習成為國民生活需求與基本的學習權，人人得以於日
常生活中感知並體驗美的事物，這無疑是當代美力的新生活運
動。

～洪詠善

壹　緒論

中華民國教育報告書（教育部，2011）指出面對社會急遽變遷與
日新月異的趨勢與挑戰，未來所需的人才必須兼具在地關懷與全球視野
的現代公民素養，具體行動方案包括健全藝術與美感教育制度與研發課
程學習內涵。近年來，受到經濟發展與全球競爭力的壓力下，美感教育
漸漸地隱沒於各類數字排比中，讓我們忽略了它是創造文明的基石，具
有轉化文化的力量，尤其文化中所蘊藏之美感特質更是內在生命的動
力泉源，與促成社會接納、互動、合作、衝突解決的價值（漢寶德，
2004；洪詠善，2012a）。

今日談論美感教育，多視之為未來趨勢與國家軟性競爭力，一如趨
勢學者Daniel H. Pink於《未來在等待的人才》這本書中也提到，新經
濟時代中，人們必須：

不只有功能，還重設計；不只有論點，還說故事；不只談專
業，還須整合；不只講邏輯，還給關懷；不能只正經，還會玩
樂；不只顧賺錢，還重意義。（查修傑譯，2008）

　　他更指出所有產業終將成為「藝術創意產業」，而「設計」是當前最重要的能力。尤其在商業領域中，不美，無法說服人；不美，不能得到共鳴；不美，也無法得到信賴。美感教育就是凝練精神與理性的基礎，激盪人們「高感性」與「高體會」的表現，也正是「美力國民」所應具備的基礎能力。

　　美感教育目標在於培育美感素養，漢寶德（2004、2006、2010）提出美感是人的本能，美感之培養以清潔整齊為始，進而理解秩序之美感，美感教育必須從生活周遭之器物中認知與欣賞蘊藏之美感，他以自然、建築、器皿、家俱……為例說明美感之所在與所養。將藝術與生活為落實美感教育之內容與形式，並將國民美感素養視為國家競爭力，正也是當前世界主要國家積極推動美感教育的緣起與共識；綜言之，美感教育能夠協助個人與社會之發展與進步，發展個人的創意、想像、表達、自信、毅力、批判的特質；美感教育能夠發展文化認同、多元文化的差異包容、並促進文化對話；美感教育能夠提升社會競爭力，包括包容、互動、合作、解決衝突、社會公民培育。因此，落實美感教育即提升國家競爭力。

　　《國民教育法》第1條明示國民教育依中華民國《憲法》第158條之規定，以養成德、智、體、群、美五育均衡發展之健全國民為宗旨。教育部在民國69年修訂《國民中小學加強美育教學實施計畫》中明示美育功能在於促進德、智、體、群均衡發展，並調和個性與群性之發展，培養學生思考、想像、創造力，及其審美情操與高貴氣質，美感教育內容除了藝術，亦包括生活經驗，在教學方面，美感教育教學重視鑑賞與創作，並以發表、創造、展示、表演等活動。該計畫說明了美感教育的目標、內容、與教學活動，對於學校美感教育實施發揮指導作用；然而，由於美感教育並非為學習領域之正式課程，其審美之認知論與價值論需要經由理論之釐清，並轉化為可感知、可經驗、可運作之具體策略，方能於當今社會及學校發揮其本質作用，不致將美感教育往往窄化為藝術教育，忽略了美感認知與促進文化發展及創造的本質價值。

　　教育部在「挑戰2008：國家發展重點計畫（2002-2007）滾動式檢

討－E世代人才培育計畫」中即提到：「知識世紀的競爭早已炙熱展開，但人文美學的素養卻猶待開發。美之於國家、企業到個人係屬看不見的競爭力，而美育更是一切教育的核心。聯合國教科文組織大力宣導將藝術與美感導入教育體系，亞洲比鄰新加坡已不再高喊科技經濟，而是從淨化人民心靈，提升社會整體文化活力以打造一個『文藝復興城』爲願景。放眼世界，美學教育已是未來人才培養必走之路，臺灣也必須認識到以美學教育來鞏固競爭力的重要性。」（教育部，2005）從教育部政策面可窺知對當前美學素養提升之焦慮與宣誓，並隨即於2008年提出教育施政藍圖（98-101年），其中將落實美學教育列入爲推動策略，在中小學階段具體作爲則以推動國民中小學藝術與人文教學深耕計畫爲主。回顧美感教育目標與政策，發現美感教育之實施主要以「藝術」爲內容，以「藝術教育」爲途徑，容易混淆美感教育與藝術教育之關係，影響政策規劃與實施之成效。

民國101年政府組織改造，教育部成立「師資培育及藝術教育司」，下設「藝術教育科」綜理藝術與美感教育之規劃與推展；此外，因應民國103年實施十二年國民基本教育計畫，爲落實中小學教學正常化與五育均衡發展之教育理念，奠基於既有之藝術與美感教育政策基礎上，教育部著手研定「美感教育中長期計畫：第一期五年計畫」，釐清美感教育與藝術教育之關係與定位，分析現行美感教育實施現況與問題，據以提出美感教育政策藍圖與實踐策略，期能提升國民美感素養與生活品質，共創美善社會使臺灣成爲美力福爾摩沙。

 文獻探討

一、美感教育與藝術教育之關係

臺灣論及美感教育往往追溯自1906年蔡元培《教育之宗旨》，在「對教育方針之意見」一文中，他認爲：「美感教育爲康德所創……在現象世界，凡人皆有愛惡驚懼喜怒悲樂之情，隨離合生死禍福利害之現象而流轉。至於美術則即以此等現象爲資料，而能使對之者，自美感以外，一無雜念。……人既脫離一切現象世界相對之感情，而爲渾然之美

感，即所謂與造物爲友，而已接觸實體世界之觀念矣。故教育家欲由現象世界而引以到達實體世界之觀念，不可不用美感之教育。又今日教育……其內容則軍國民主義占10%，實利主義當占其40%，德育當占其20%，美育當占其25%，而世界觀則占其5%。」在蔡元培的極力倡導下，國民政府於1912年公布《教育宗旨令》宣布：注重道德教育，以實力教育、軍國民教育輔之，更以美感教育完成其道德（陳學恂，1986）。美育在蔡元培的力倡下，至今成爲培育健全人格之國民必備素養。

　　細究其論述理路，蔡元培繼承德國哲學家康德（Kant, 1724-1804）、席勒（Schiller, 1759-1805）的美學理論，民初提出美感的三種定義：美感者，合美麗與尊嚴而言之；美感者，神遊於對象中之時的感受；美感者，對於現象世界無厭棄而亦無執著者也。並提出四點功能：培養道德心、陶冶情感、完成世界觀教育、代替宗教。因此，他進一步提出「凡是學校所有課程，都沒有與美育無關的。」（李雄揮，1979）。分析蔡元培對於美感的定義，是情感陶冶的教育、是關注感知情意的教育、更超越藝術教育的範疇，強調生活美感與心靈的美化。然而，民國初年蔡元培的「美感教育」[2]思想推衍至今，爲何社會仍普遍呈現偏智輕美的現象？李雄揮（1979）認爲民國初年經濟困頓、社會解體、內憂外患的時代，蔡元培「時時懸一無方體無終始的世界觀以爲鵠」的美育理想過高，因此漸被遺忘，然而對於美育普及於家庭、學校、社會之洞見著實發揮積極引導的作用。隨著社會變遷與學校課程之改革，今日一般人總以爲美感教育即藝術教育，而忽略美感經驗與審美能力的本質意涵，更遑論其文化傳承與文明創造的積極意義，因此，漢寶德（2004）感嘆，我們累積千年以上的生活文化已經爲我們的現代生活所拋棄，不同的是西方產品有一種我們做不到的內在品質，就是西方文明傳承的美感。文化是累積與傳遞、創新與活化，更重

2　美感教育（Aesthetic Education）係指培育人類對於美感價值之敏銳感受力，以完成人格之統整與文化之發展。許多學者以「美育」言之，本文則依文脈交互使用，如從教育目標則採「美育」，若強調美感經驗則採「美感教育」。

要的是需要審美素養的詠嘆與內化，時至今日，經歷農業、工業、資訊科技、乃至文化創意的社會經濟轉型，然而整體教育與社會，計較文盲，忽略美盲，追求實利勝過美力。

論及美感教育與藝術教育之關係，從學校課程研究趨勢發現，美感教育係透過感官的感知教育，「美感」課程重視培養對於文化價值的自我表達，美感課程研究則包括藝術教學及各學科中美感的特質（Bresler, 2010）；美國實用美學家Dewey（1859-1951）在《藝術即經驗》（1934/1980）一書中更深入地闡釋美感教育即使擁有美感經驗之教育歷程，Dewey從日常生活經驗中區分美感經驗，他指出人類透過主動的改造與被動的調節適應自然與人文環境，每個人將過去的意義以不同程度與層次進行自我統整，美感經驗和藝術不能從日常生活經驗中分離，而是個人在做（doing）與受（undergoing）歷程中，認知與情感交融地專注於參與活動並獲得完滿自足感的「完整經驗」，當此完整經驗具有鮮明集中的強度往往實現和諧統一的美感性質，此為美感經驗的極致表現（Dewey, 1934/1980: 46, 71）。綜言之，美感經驗來自日常生活經驗，此一觀點擴展美感教育之範疇。

美國心理學家Csikszentmihalyi與Robinson（1990）與美國Getty博物館合作，進行美感經驗之實徵研究，分析相關理論與研究後歸納出美感經驗包括四個層面，感知層面、情感層面、智識層面、以及溝通層面，並以此為研究架構進行質性與量化的研究，該研究最重要的貢獻在於提出美感教育的內涵，並進行問卷調查與深度訪談瞭解人們美感經驗的品質，尤其重視博物館的美感教育的重要性。確實，從近年世界各國學校美感教育實施調查中發現，儘管各個國家都認同美感教育重要性，然而，多面臨在課程教學、教學資源、教職知能等方面的困難，如教學時數不足、課程設計與教材教法的問題、教學資源不足等。

聯合國教科文組織公布全球六個區域[3]學校美感教育課程的教學時間與場域調查研究（Amadio, Truong, & Tschurenev, 2006），報告中指

3　六個區域包括阿拉伯聯合公國、亞洲太平洋地區、中歐與東歐、拉丁美洲與加勒比海、北美與西歐、非洲。臺灣並未參與該調查研究。

出各國美感教育在學校正式課程中以實施於藝術領域為主，跨科際統整為輔。以藝術教育課程為美感教育實施主要範疇係當前趨勢，然而分析藝術教育思潮轉向，自20世紀以來後現代思潮中，藝術教育亦經歷前再概念、再概念與後再概念的階段，在前再概念的課程中，藝術教育在傳統DBAE扎根，重視作品，在再概念化的課程中，漸漸地形成喚起社會意識的課程美學，然而，然而進入後再概念化的美學思潮中，對於視覺文化與社會責任更批判的、歷史的、政治的、自我省思的課程觀，學生的創作轉化為多元型式與行動（Carpenter & Tavin, 2010）。因此，兩者皆強調學習主體之感知力、省思力、想像力、創作力與行動力，不過基於平常經驗之美感教育從東西方美學理論與實踐面而言，更強調朝向公民美學與生活美學之目標。

　　由上可知，藝術教育與美感教育長期存在著糾葛之關係，然而，從康德到蔡元培的美育哲學、美國Dewey實用美學、以及心理學家Csikszentmihalyi與Robinson的分析，美感教育是美感經驗之教育，而藝術是美感經驗最直接最主要的來源，因此美感教育與藝術教育可視為同心圓關係（如圖1）。美感教育係基於個體在生活環境中經由做與受經驗，整合認知與情感並專注投入地參與其中獲得完滿自足感，此一完整經驗係和諧統一的美感性質，例如93年文建會主委陳其南提出公民美學，強調美的實踐是每位公民之責任與義務，其目的在營造一個具有美感、令人愉悅的社會，推展基於社區之美學運動，繼之民國97-101年文建會推動「臺灣生活美學運動」亦是強調全民美學扎根生活之概念，美感教育落實於日常生活，推展於社會，扎根於學校教育。由於美感教育並非學校正式課程，因此在學校教育方面，向來以藝術領域相關課程為實踐路徑，並以跨科際統整為輔實施美感教育。未來，如何透過藝術教育與非藝術教育，實踐美感教育願景與目標，係重要的研究方向。

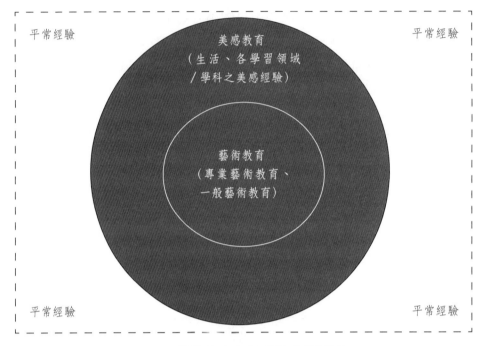

圖1　藝術教育與美感教育關係圖

二、我國藝術與美感教育實施現況與問題分析

(一) 美感教育重要政策概述

　　《國民教育法》第1條即開宗明義宣示：「國民教育依中華民國憲法第158條之規定，以養成德、智、體、群、美五育均衡發展之健全國民為宗旨。」《國民教育法》係自民國68年從原有的德、智、體、群四育加入美育，才形成我國五育均衡發展之法定教育目標，民國96年教育部委請學者專家編撰《德智體群美五育理念與實踐》為系統闡明德智體群美五育理論與實踐的專書，以五育融通為教師於教育工作之「特識」，在闡述中係「以美育為表裡可資以豐富人存」為其精義，美育專章主要內容的建構，均能兼顧美育教師和一般教師所需共同必要與基礎性的美感知能。歷年來教育部規劃多項政策推展美感教育，民國69年修訂「國民中小學加強美育教學實施計畫」，明示美育功能在於

調和個性與群性之發展，培養學生思考、想像、創造力，及其審美情操與高貴氣質；民國86年制定《藝術教育法》為推展一般藝術教育、專業藝術教育及社會藝術教育建立法源基礎，對推行美感教育，如：開設藝術課程及有關藝術欣賞課程等實有助益。民國94年公布《藝術教育政策白皮書》，規劃為期四年（民國95至98年）之國家藝術教育發展藍圖，藉由五項推動目標（「三位藝體」：建全藝術教育行政及產學支援體系、「藝教於樂」：堅實藝教師資人力素養、「快藝學習」：發展優質藝術學習環境、「城鄉藝同」：促進藝術教育資源合理分配運用、「創藝人才」：加強專業藝術教育及藝術領航人才培育）、22項發展策略及84項行動方案，編列66,900萬元之經費預算，以達成「創藝臺灣、美力國民」的願景，一方面培育開發文化創意產業、具備美感競爭力的各類藝術專業人才，同時，藉由一般藝術教育之深化，涵養新一代國民的美感素養與宏觀視野，促進在地與國際文化的交流與融合，為全球化的發展謀求最大的福祉。民國97年擘劃教育施政藍圖（98-101）則提出「補助國民中小學藝術與人文教學深耕實施要點」，提供偏遠及非偏遠地區，資源不足、缺乏藝術師資等有意願之學校提出計畫補助，引進藝術家或專業藝文團體等協同教學，使學生能獲得美感知覺的體驗，以豐富其生活與心靈；民國98年成立藝術教育會，例行性徵詢專家學者相關的議題與推動的策略；民國100年公布《中華民國教育報告書》，對落實現代公民素養之培養，將藝術與美感教育納入，其中「提升藝術與美感教育方案」再次重申「健全藝術與美感教育制度，落實學校藝術與美感教育」和「獎勵藝術教育與美感教育研發，充實課程學習內涵」的兩大目標，並擬訂出十七項具體措施；100學年度全國公私立大學院校教務主管聯席會議，宣導各校規劃開設藝術教育相關通識課程；民國101年頒布《幼兒園教保活動課程暫行大綱》，「美感」正式成為課程領域之一，讓K-12的美感教育出現嶄新的契機。至於美感教育的學術耕耘，國家教育研究院自98-100年間進行「美感取向課程與教學」的系列計畫，除探究美感教育的經典論述之外，並進行美感課程的系列實驗研究，釐清美感經驗與課程教學之間互動連結的意義。

　　此外，為了致力於實現「培育新時代良師以發展高品質教育」及

「創意臺灣、美力國民」的任務，在101年配合政府組織改造，成立「師資培育與藝術教育司」，統籌相關業務之規劃與推動。同時，配合「國民小學師資培用聯盟計畫」，於102年舉辦教師加註藝術與人文專長公聽會，以作為擘劃前瞻性的師培政策參考。

　　在這一系列不斷精進的策略推動中，美感教育已經逐漸落實在藝術教育上，包括強化學校藝術教學、鼓勵教師發展亦能發展第二專長、成立藝術才能班、演藝社團；在社會資源聯結方面，為了增進學生藝術欣賞及創作能力，部分學校也會引進並結合藝術家或專業藝文團體資源，以提供師生多元藝術學習管道。在公私協力機制上，藝術機構（如故宮、生活美學館、美術館、博物館）與民間文教基金會（例如廣達、紙風車、金車文教、宜蘭博物館家族等）發展各種協作案例，持續推展美感對個人、家庭與社會的重要性與永恆價值，不斷地發展多元且富創意的課程與展演活動，期望提升國民美感素養。

(二) 美感教育現行政策內涵構面分析

　　自各項政策推動以來，「創藝臺灣、美力國民」的願景，已逐漸產生效益，無論是國民中小學藝術教學深耕計畫，所帶動藝文教學的活潑多彩；或是藝文素養指標的教學應用，所影響教學成效的評估；各級學校學生參與國內外藝術或設計類競賽的佳績頻傳；且為突破教師員額上的限制，積極推動國民中小學增置專長教師專案，對於教師的聘任已朝向多元及彈性化的理想邁進，逐漸舒解偏遠學校及小校專長教師缺乏之困境。然而，94年的《藝術教育政策白皮書》主要著力於藝術教育政策，對於一般民眾的美感素養、藝文相關活動的主動參與、人與人之間的良善互動與溝通、以及臺灣整體大環境的生活品質提升等等，仍存在著相當大的成長空間，有待進一步的強化。同時，94年的《藝術教育政策白皮書》已於98年執行完畢。因此，在科際整合、文創產業引領全球經濟發展的關鍵時刻，以美感為核心，培養各行各業創新人才及具有品味的消費人民，必須藉由各類及各階段藝術與美感教育的持續扎根。美感教育中長程計畫的推動，可延續「創意臺灣、美力國民」的願景，在當前國家社會的發展上，必然扮演著舉足輕重的角色。

　　近年來，綜觀分析教育部各署司相關教育措施中，可整合並協力推動美感教育的相關要點或計畫，可以分爲「課程與教學」、「教職知能」和「支持資源」等三大構面，在「課程與教學」構面上共有十八項，在「教職知能」方面則有九項，在「支持資源」構面上則有二十七項，上述合計五十四項，透過美感教育願景目標，以及整體論述的架構整合之後，納入教育部擘劃之美感教育政策方案中，以達資源整合與連結，以擴大美感教育的影響力。

　　在課程教學方面：

1.教育部補助大學校院辦理跨領域學位學程及學分學程要點

2.教育部補助技專校院遴聘業界專家協同教學實施要點

3.教育部補助辦理樂齡教育活動實施要點

4.教育部補助及獎勵社區大學要點

5.教育部補助辦理原住民教育實施要點

6.補助辦理藝術教育活動

7.辦理補助人文社會科學應用能力及專長培育計畫

8.辦理補助大專校院、高級中等及國中小學未來想像與創意人才培育計畫

9.教育部補助國民中小學藝術與人文教學深耕實施要點

10.補助高級中等學校申請設置原住民藝能班

11.教育部國民及學前教育署補助高中及高職優質化輔助方案經費作業原則

12.高中職適性學習社區教育資源均質化實施方案

13.教育部補助高級中學提升學生素質原則

14.教育部補助辦理高級中學教育活動處理原則

15.教育部國民及學前教育署補助高級中等以下學校推動國際教育計畫要點

16.教育部補助辦理十二年國民基本教育精進國中小教學品質要點

17.教育部補助辦理國民教育課程與教學事項要點

18.教育部補助直轄市縣（市）政府辦理國民中小學校外教學要點

　　在教職知能方面：

1.教育部獎勵大學教學卓越計畫

2.教育部獎勵科技大學及技術學院教學卓越計畫要點

3.教育部補助師資培育之大學精緻特色發展計畫作業要點

4.教育部補助師資培育之大學精進師資素質計畫作業要點

5.補助人文社會科學相關領域專案計畫教學人員

6.教育部補助直轄市縣（市）政府推動學前教育工作實施要點

7.教育部補助國民中小學興建教學游泳池實施計畫

8.全國學生舞蹈比賽實施要點

9.教育部補助學校設置樂活運動站實施要點

在支持資源方面：

1.教育部鼓勵學生參加藝術與設計類國際競賽獎勵要點

2.教育部補助藝術與設計菁英國際進修實施要點

3.教育部補助大學校院學生出國參加國際性學術、技藝能競賽及發明展作業要點

4.教育部補助技專校院學生出國參加國際性技藝能競賽及發明展作業要點

5.教育部補助推動產學攜手合作計畫要點

6.媒體製作刊播終身學習節目或內容補助作業原則

7.教育部補助所屬社教機構推展終身教育實施要點

8.教育部補助辦理終身學習活動作業原則

9.教育部補助辦理國際學術教育交流活動實施要點

10.教育部補助大專校院推動臺灣研究國際合作計畫實施要點

11.教育部補助辦理兩岸（含港澳）學術教育交流活動實施要點

12.師資培育之大學申請辦理地方教育輔導工作經費補助要點

13.遴選及獎勵全國傑出通識教育教師

14.補助地方政府辦理環境教育輔導小組計畫

15.教育部補助辦理環境教育推廣活動處理原則

16.教育部補助永續校園局部改造計畫作業要點

17.教育部獎補助私立大專校院學生事務與輔導工作經費及學校配合款實施要點

18.教育部補助辦理學生事務與輔導工作原則

19.補助辦理教育優先區中小學生營隊活動要點

20.教育部國民及學前教育署補助辦理藝術教育終身學習體育及衛生教育作業原則

21.教育部國民及學前教育署補助高中職學校推動海外教育旅行經費審查原則

22.教育部補助國民中小學整建老舊危險校舍及充實設備作業要點

23.教育部獎勵國民中小學推動閱讀績優學校團體及個人評選實施要點

24.教育部教學卓越獎評選及獎勵要點暨教育部校長領導卓越獎評選及獎勵要點

25.教育部補助直轄市縣（市）政府增設公立幼兒園（班）及改善幼兒園教學環境設備作業要點

26.教育部體育署運動發展基金辦理學生參與觀賞運動競技或表演補助作業要點

27.辦理全國師生藝術競賽

四、我國實施美感教育相關問題分析

美感教育，是精煉個體的美感認知，強化感性與理性整合的教育，必須從生活中做起。長年以來，因為藝術教育是學校必修的課程，藝術教育是美感教育的重要取徑，因此，一般人以為藝術教育等同於美感教育，導致美感教育與藝術教育的概念與知能彼此交錯糾葛，並經常產生互換使用的情形。藝術教育所提供的是較為完整而連續性美感經驗的體驗與學習，其所強調者，在於藝術、文化與生活的本質、知識與價值的探索、思辨與表達，從單純而至複雜的人、事、物的形式與內容的感受、理解、詮釋、評判、表現與反思，但並不全然或特別關注形式或內容上的美點，舉凡形式與內容所錯綜產生的衝突、悲哀或醜惡等等的特質，也都是在討論之列。藝術教育是美感教育的核心，但並不是唯一的取徑，家庭、生活、各學科領域的教學都是美感教育可以發生之處。

首先在學校課程與教學方面，九年一貫「藝術與人文」的課程目

標強調美感教育，根據洪詠善（2012b）的發現：九年一貫的課程綱要中，在媒材方面，藝術與人文領域主要以自然物、人造物等藝術作品為媒材，其他領域則依相關知識從古蹟、民俗文物、飲食、童玩、民俗、體育等素材作為相關的教學媒材。其次，在教學形式方面，各領域的美感教學形式主要以體驗、欣賞、認識、討論為主，至於關乎審美判斷、美感轉化的鑑賞、創作等則以藝術與人文領域為主。最後，在表現分析方面，藝術人文領域重視美感經驗、想像力與創造力的表現，其他領域則強調文化多樣性的瞭解與參與、欣賞與尊重。由此可見，九年一貫課程中，仍以「藝術」作為達成「美感教育」的主要途徑，而在素材、形式與表現上則具有多元認知表徵之特質。至於美感教育落實在學校各學習領域與生活實踐方面則較受忽略。國家教育研究院自2009-2011年間進行「美感取向課程與教學」的系列研究計畫（陳伯璋、歐用生、周淑卿、范信賢、洪詠善，2011）探究中西方美感教育的經典論述，並進行各學習領域中美感經驗之課程實驗研究，研究過程中，發現當前學校實施美感教育主要問題，包括課程教學與教師專業知能等，分述如下：

(一) 美感教育課程教學問題分析

1. 美感教育邊陲化

長久以來，因為升學主義的導向，讓智性教育成為教學與課程的發展重心。臺灣的學校教育就像Eisner（2002）的形容：把認知一直化約為「以語言文字來認識事物」，於是，其他有關知識與心靈的觀點都被省略了，學校中只注重語文和數學推理，嚴重誤導了大家對人類智能的觀念，妨礙其他有價值的社會興趣與態度的發展。如此一來，不但產生學科巴爾幹化，更窄化了教師的教學視野。大多數的學校教育著重邏輯思考與知識的獲得，以它作為評估學生表現的主要途徑，而忽略感知、想像、鑑賞、質疑與創造等能力，漠視藝術或美感的存在。這情形誠如漢寶德（2001，2004）的觀察：臺灣國民教育法明定，美感教育為五育之一，然而，美感教育卻常偏置學校教育邊緣或被誤視為某特定學科知識，長此以往忽略美育之培力，國民之審美與文化素養令人憂

心。

　　就此言之，推動美感教育首須釐清美感教育的明確地位，包括不同學科專業發展的價值觀，與不同專業發展體系的融合，讓美感教育形塑自身在課程與教學的旨趣與論點。此外，美感教育應該融入學生生活，美感體驗必須與生活結合。就誠如Greene（2001）所主張，以「想像」作爲核心，以「知覺」爲進路，以「生活經驗」作爲立論的場域，開啓感官知覺能力，留心身旁隱而不顯的事物，重新挑戰生活中視爲「理所當然」、「司空見慣」的經驗。這種有別以往的慣性想法，不僅跨越了任一學科，亦納入社群意識，讓美感教育在課程與教學上均有著力的地方。

　　再者，宥於專業發展的本位思考，學科領域之間壁野分疆，在教學與課程論述中經常各說各話，產生價值分歧與斷裂的疏離現象，教師也無法發揮課程統整的能力，致使在國小生活課程中爲時數多寡而紛紛擾擾，國民中學則是爲了回應升學壓力，藝術與人文課程常會淪爲基測考科「借課」的對象。

　　因此，對於美感教育之旁置，實質忽略人類認知途徑的多元性，窄化智能的開展，輕忽美感經驗對生命開展的重要性與人性意義的啓發（劉千美，2001）等，這些問題正待吾人重視。

2.學科教學流失藝術性

　　Dewey（1934）是第一個倡議「教學即藝術，教師即藝術家」的人，他認爲教學是一種獨特的藝術，不是技術的、機械的或可預測的工作，教師需要有前瞻、熱忱，並有一系列複雜的暗默理解與學習（tacit learning），才能用大指揮家的技巧統整忙碌的學習和學校生活。

　　然而，科學發達以來，教育領域借用社會科學的方法建立各類教學原理，發展系統客觀的教學模式與方法，培育師資教學能力，以確保教學目標實現，同時也鞏固「教育科學」的地位。在大量的操作觀與測量觀的論述下，嚴重漠視學生複雜的經驗特質；學校教育窄化了人的心靈，將「認知」化約爲「以語言文字來認識事物」（Eisner, 1994）；於是其他有關知識與心靈的觀點都被忽略了，學校中只注重語文和數學推理，每個教師都要學習系統化的教學，客觀的預測與可控制的程

序，誤導了大家對人類智能的觀念，妨礙其他有價值的社會興趣與態度的發展。

　　實際上，教學是師生互為主體的活動，交織著各種學習風格與文化習性。Schwab（1969）就強調每一間教室都是獨特的，教學就是處理每一間教室內構成的情境、教師、學生、教材等問題，所以他認為教師要能掌握這四個要素的特質，做立即性的判斷與決定，才是教學的要義。是以，學生有無限開放的所知所感，教師必須回應學生不同的特質與需求。教學不是教師的獨腳戲，是師生共鳴的交響詩，它的展現是多元的、驚奇的；師生相逢是流動的、充滿可能性的。教學要像畫家面對一張畫布，可以沒有預設的意象，在畫布上進行設計、分析、表達、創作，最後呈現的意象則是畫家與媒材邂逅後迸發出的結果，也就是強調教學過程中的即興能力（Eisner, 2002）。歐用生（2008）亦言：在一首曲子中，能同時給橫笛、銅管、小提琴表演機會，教師扮演的角色則是判斷何時進場、轉場，如何主導、調配，這全賴教師的教學判斷，教師猶如一位指揮家，在課堂上發揮其藝術才能，掌控教學的節奏與韻律。

　　但是目前無論是師資培育或在職進修課程，大都偏重科學觀原理、系統化方法與客觀性評量的學習，教學常在固定的模式兢兢業業進行。或是礙於教改效果不彰、規定的教科書、教學環境限制等問題上，教學皆以考試競爭為取向，無法顧及那些如同藝術一般具有想像、彈性、細微、關注、經驗感受等特質。洪詠善（2010）就指出：「當『課程美學』、『教學即藝術』、『教學批評與鑑賞』等觀點被廣泛討論時，有愈來愈多的研究者與教師嘗試在教育現場實踐，然而當教育學業測驗分數等主流語言駕馭時，『美感經驗』的聲音顯得幽微無力。」

　　如何讓教學展現其藝術性，是推動美感教育的當務之急。

(二) 美感教育教師專業知能問題分析

　　美感教育是培養美感經驗，提升美感素養之教育歷程，因此實施美感教育不只是美術或音樂教師的事，各學習領域教師都可以將美學原理

原則融入各門各科教育中（楊忠斌，2009）。但國內學校教育體制向來是以藝術教育作爲美感教育的主要取徑，讓一般人都誤認藝術教育即是美感教育，漢寶德（2005）甚至認爲把這兩者相混是造成今日國民審美水準低落的一個主要原因，該現象影響我國師資培育課程內涵。

　　教育部頒定之中小學師資培育課程基本架構中並未將美育原理、美學之類的課程列爲必修或必選，再加上目前美感教育的願景與目標尚未有階段性的課程與教學規劃。所以，中小學一般類科的教師確實多未受過美感教育陶養，更遑論美感經驗之課程設計與教學實施之培育，因此普遍欠缺美感的認知與教學的能力，一談到「美感」，總以爲那是神秘的、看不見的、沒法說明的；對於美感教育要「教什麼？」、「怎麼教？」缺乏信心與覺知。而各類藝術教師則又因爲社會大衆視藝術教育等同於培育藝術家，或因爲考試科目的引導，促使藝術教育之美感認知的學習實踐概念過於狹隘，往往強調藝術類別技術層面的訓練，較缺乏人文、歷史、地理及哲學等面向的關懷、認知與聯結，使得藝術與日常生活產生距離，也未能充分發揮美感陶養的工作。至於學校行政相關人員忙於程序化的例行工作，對於「什麼是美？」、「美在哪裡？美從何處尋？」亦經常感到混淆不清。是以，在美感教育的推動上，顯得躊躇不定。

　　如同奈特（G. R. Knight, 1941-）所言，人類是美感的動物，想避免在學校、家庭、社會機構中教授美學是不可能的，即使教師未意識到其美學的責任，還是會不自覺、零碎地給予學生一些美學印象。正式的藝術課程固然能培育學生創造力、鑑賞力等，整個教育環境包括學校建築、校園氛圍、個人整潔等皆是美感教育的一環。因此，如果我們同意美感教育是今後學校教育的焦點，那麼每一位教職人員都負有美感教育的責任，從教師、主管及執行公務人員美感的素養，是影響美感建構的關鍵推手。一位有生活美學素養的教職人員一定願意以本身之素養爲美化學校環境盡心盡力，並將美學觀點帶入班級經營、行政領導之中，有效地帶動學生對生活美感的追求、體驗。

　　美學更應從小開始，不能等到溫飽後才來講藝術與公民美學，因爲美是需要長期薰陶，需要從日常生活中慢慢培養。我們相信學校必須

持續用心培育學生的美感素養，教師、主管及公務人員美感的素養，更是影響推動美感教育的關鍵推手。王恭志（1997）曾應用問卷調查法探討臺灣地區756位小學教師對於美感教學信念與實務的情形；其中有12位又進一步採用質性訪談，以瞭解他們對美感教育的觀點。研究發現：這些教師對美感教育持有正面的看法，同時也認為提升教師美涵養、改善學校美感實際教學是必要的。在我國藝術教育現況與發展策報告中（林炎旦、朱美玲、李賢輝、裘尚芬，2003）也指出：視覺、聽覺、動覺和綜合藝術教育中共同的問題重點是師資、教材和教法的不健全。這個問題現在依然存在，尤其是藝術與人文領域的教學，面臨的問題是授課者為非專業的教師。陳文菁（2001）、林青津（2004）等人的研究也發現，教師進行美感教學受到個人信念、價值、生活經驗、教學經驗、研習經驗與人格特質之影響。因此，師資的確是美感教育實施關鍵因素，教師美感的經驗會影響美感教育的實踐。對於「什麼是美感教育的原則原理？」、「美感教什麼？如何教？」、「美感對教師思考與觀看方式有什麼作用與可能性？」、「教師要如何在課程與教學中展現美感？」這些問題都是教師在美感教育專業知能中必須研修的課題。

五、各國實施美感教育案例分析

(一) 美國紐約林肯中心美感教育計畫

美國紐約林肯中心學苑（Lincoln Center Institute, LCI）期許自己在培育年輕人的心靈世界中扮演一個積極、充滿活力的角色。多年來致力於提倡想像力與藝術應是美國教育的核心，而他們也透過各種舉措往這個方向努力。

教育哲學家Maxine Greene受邀為林肯中心學苑長駐哲學家，他們共同推動美感教育（Greene, 2001; Holzer & Noppe-Brandon, 2005）。在「藝術教育方案」（Arts-in-Education Program）中，將美感教育目標視為審美素養的發展，而此素養係指將藝術品內隱價值釋放的能力。因此，美感教育則是在與藝術的交會中培育欣賞、省思、文化與參與力，讓學習者能「覺知」，能看到以往所看不到的，而藉此途徑賦予

藝術品多樣的生命意義。如此一來，人們從探究藝術品的特質與意蘊中深層覺醒，成為藝術品的存價值，也成為一種人們對日常生活與自然現象的想像與感知，更是一種個人自由的釋放。

　　Greene（2001: 5-8）認為教育是一個培育具有「差異性」個人的歷程，對所有事物能創造不同觀點與多元意義。無論你是站在哪一個領域的觀點上，學習者都必須打破那些被別人稱為「合乎常理」的理所當然，透過各種認知、觀看與感受途徑，致力於拓展不同的經驗境況。也因為這些「差異」，破除某些人認為的理所當然才有可能性。延續「差異」教育學的理念，Greene繼而發展她的美感教育觀：人們以不同的方式觀看，引發不同的共鳴；美感教育乃是養成具有辨別性的鑑賞（discriminating appreciation）與理解多樣態藝術素養的教育。是以，美感教育首要關注在培養學生更積極的感性（sensibility）與覺察（awareness）。為了達到此一目的，教師可運用多元方法引導學生入進音樂、繪圖、雕刻與詩詞的世界，沈浸於其中的蘊義與意境。

　　基於Greene的建議，林肯中心學苑推廣了藝術相關課程及活動之暑期工作坊，每年與當地的學校（從學前到高中）、學生和教育人員，經由課程設計，由藝術家指導將這些藝術學習轉化為課堂教學，其中更隱含了對於教師角色的省思，因而她的作品受到教學社群的莫大支持。

　　Greene還將其美感教育中的另一個論點—「實踐美學」（do aesthetics）體現於林肯中心學苑。她指出「將自我置入藝術空間這個實境（reality）時，即是實踐美學；當人們思索自身的審美經驗，並以獨特方式將某物轉化為審美對象，描繪這個特殊的、且值得珍惜的審美經驗，這即是實踐美學（Greene, 2001）。」她意圖將美學作為一種生活實踐，透過多元現實的理解、知覺的開展，跨越習以為常的生活經驗，以自己的觀點和聲音來命名生活世界（Greene, 1995）。於是「實踐美學」結合了「想像」與「社群」的概念，Greene（1995）指出，「想像是一種認知能力，是一種思索社會、生活以及學校理想圖像願景的能力。」這樣的思維傳達出Greene對於當代社會、生活與學校的關注，同時也可看到她將美感實踐視為一種自由意識的開展與民主社群的建構。

　　林肯中心學苑將Greene的美感教育觀點運用於師資培育的改革上，期以提升在職教師或職前教師的審美素養（Holzer & Noppe-Brandon, 2005），逐漸開展出可觀的成效。其中2005年與紐約High School for Arts, Imagination and Inquiry（HSAII）中學合作推動的「想像力學習」計畫（The Capacities for Imaginative Learning），[4]具體地提出教學實踐策略。在此計畫中，著力於培養學生三層次的九種能力（Holzer, 2007: 5）：

　　第一層次包含深層注視（Noticing Deeply）、體現（Embodying）、質問（Questioning）三種能力。這一層次希望學生深層注視後能夠以各種表徵形式，或說、寫、畫、演等表述出藝術品的多層次蘊義，而提出「如果是……」的詰問以深化學習。

　　第二層次則包含多向連結（Making Connections）、辨識型態（Identifying Patterns）、移情（Exhibiting Empathy）等能力。在此層次，逐步探索由前三項能力所引發形塑成的心智圖之間的關係與型態中，以及與個人個別經驗的關連，並能區辨自我與他人經驗中的差異（Holzer, 2007）。

　　第三層次係指創造意義（Creating Meaning）、採取行動（Taking Action）、反思評價（Reflecting/Assessing）。在這個層次，學生反覆地進行著前述六種能力，而產生個人的、社會的、政治的行動方案，或是創造一個新物件、理念。這些方案可能是多種藝術或其他領域。例如：書寫或編製戲劇、舞蹈創作、結合服務學習或科學方案而栽種社區花園；或為社區流浪人士組織一個衣物提供機制等等。而「反思評價」（Reflecting/Assessing）的能力則是強調學習者反思自身的學習，持續評價所習得的內容，以及需再延伸的學習，它是貫穿整個學習經驗歷程的。

　　因為推展「想像力的學習」，LCI不斷地探究、精進關於想像力的

4　該計畫本稱「美感能力的學習」（Capacities for Aesthetic Learning），後更名為「想像力的學習」（Capacities for Imaginative Learning），使其更直接與「想像」產生連結。

學習方法，而這個方法最根本是奠基於藝術。

　　林肯中心學苑認為其所推動的美感教育既非「為藝術而藝術」（art for art's sake）的教學，亦非「藝術工具論」—藝術成為其他學科的工具，而是第三種歷程：統整兩者的某些要素，並涵括知覺、認知、情意與想像（Holzer, 2005）；亦即已漸漸開展出超越視「美感教育即藝術教育」的立場，而關注於本質與環境的感知鑑賞與日常生活藝術，從藝術或美感觀點理解教育現象（Smith, 2005）。而其與美感教育學者合作，形成a/r/t、理論／實踐的夥伴關係，讓理想從研究室走入民間機構，再藉由民間機構推廣的能量挹注學校，形成「大學—中小學—民間機構」的美力聯盟，這樣的模式值得我們借鏡。

(二) 香港美感教育機構計畫

　　香港美感教育機構（HKIAE, Hong Kong Institute of Aesthetic Education）為「美感教育計畫」，由香港藝術中心藝術學院及明日藝術教育機構於2001年10月成立，以紐約林肯中心（Lincoln Center Institute）的美感教育實踐模式為基礎，將美感教育引入中小學校園。現在已正式註冊為香港的慈善團體—「香港美感教育機構」，以提供卓越藝術教育為使命。2009年得林肯中心為顧問機構，及美感教育協會（Association of Institutes for Aesthetic Education）的直接協助。目前該機構是這個協會在東南亞地區唯一實踐美感教育的機構。

　　香港美感教育機構以「美感教育：一個獨特的教育模式」為其美感教育的藍圖，以「合作夥伴」、「越界策略」、「藝術作品」及「專業培訓」四個核心為作為長遠發展的目標。

　　他們深信每個人不論年齡，都具有參與藝術活動的能力，都能接觸不同類型的藝術作品，並能對所接觸的經驗進行反思。是以，在推廣美感教育的教學策略上，以藝術作品作媒介，經歷「探索、反思、瞭解」這樣的循環探索。在過程中，個人與藝術作品被聯繫起來，事物會出現不同的角度與視野，而無數想像之門亦被打開，加強人們對知覺感受的能力，啟發創意思維、協作和批判性思考，同時讓每個人都能透過不同的藝術形式，進行表達及創作，孕育對藝術的欣賞能力及對不同文

化的包容，擁有情感及滿足的生活。

香港美感教育機構每年提供不同範疇的藝術項目，資深教學藝術家會與教師緊密合作，設計及推行以學生為中心的活動，在課程設計上則包括綜合藝術日、美感教育課程、不同主題的創藝工作坊及訓練營等。而教學上則採用綜合藝術的教學模式：涵蓋視覺藝術、音樂、表演藝術與其他綜合形式藝術等的鑑賞與創作，重視個別藝術的特色同時著重連結組合，透過實際討論、探究、重構、分析、綜合的過程，讓參加者建構更高層次的創造能力和解難能力。

例如：為了配合香港新高中課程發展的需要，該機構即與藝術推廣辦事處於2011年6月至2012年5月期間策劃「教與學推廣計畫（試驗計畫）」，舉辦一系列的藝術及歷史活動，包括藝術工作坊、歷史講座及導賞，為老師及學生提供有效的教與學機會。活動中並結合藝術、文化、歷史、自然科學等不同元素，讓參加老師靈活地採納和運用各種素材，設計並實行合適的校內、外教學活動，從而讓學生在新學習經歷中，學習藝術欣賞、進行創作，並獲得跨學科知識，促進多元發展。同時也會協助學校將工作坊內容延伸應用至其他學習領域或科目，發展成為該校校本與通識課程。

而為了將藝術融入社區，機構採用「跨越邊界」及「合作互動」的策略，每年均會策劃夥伴學校聯展於暑假期間舉行，藉以向家長及社會大眾展示學生們的創作，分享他們的學習經歷並認識各校於美感教育課程的特色。另一方面，致力於推廣藝術、空間和民眾之間的互動性，在2010與2011年聯合康樂及文化事務署、藝術推廣辦事處共同合作，進行大型公共藝術計畫—「藝綻公園」，把藝術帶入不同年齡、階層的社群，讓市民更貼近藝術，其間也依展覽活動內容，編寫中小學教育小冊供師生參考；而「校園Go Green！」則是以「FOTOMO」為主題[5]，鼓勵親子、師生共同展現創意，推廣環保校園。

---

5 FOTOMO這個詞，其實是由Fotografie（德語的Photograph）和Model（模型）兩個詞組成，是獨特相片模型藝術，其製法是圍繞景物拍攝不同角度的相片，然後再將相片剪合成坐式立體模型。

(三) 法國

法國的美感教育以藝術教育為核心，充分體現在社會生活與文化活動中。根據2002年法國文化部的統計資料顯示，一年內參觀各類博物館人數達1,300萬人次，且有高達70%民眾是付費入場的。對於法國民眾來說，走進美術館、音樂廳、博物館及歷史古蹟等地，可能就像我們喜愛在夏日傍晚於河堤散步一樣自然。

法國政府在1982年開始即將藝術納入課程中，兒童從6歲接受正式教育，也開始接觸藝術，每星期要上1.5小時的視覺藝術及綜合性課程（戶外教學），中學開始強化音樂與美術，鼓勵學生每週有1小時音樂、美術，2小時合唱與3小時工作室創作。到了高中，文化藝術則是正式的課程。其教育目標即在培養學生的創造能力，促進學生整體素質的發展，使學生有一定的藝術涵養。法國教育部培育教師必須「要教會學生準確而優美地唱歌，引導學生對小段音樂作品進行分析，參加歌曲創作和即興演唱，學會基礎樂譜和會使顏色和圖像相協調，能進行美術的構圖想像，逐步熟悉人物像和其他不同風格的圖畫作品」等美感教學素養（駐法文化組彙編，2003）充分落實對藝術教育的要求。

2007年，法國總統宣示將藝術教育列為國家重要政策，並於2008年開始增加學校的藝術課程（蔡美玲、李潔明，2012）。並且，因為擔心與母國傳統藝術文化疏離，藝術史已成為法國中小學必修科目（駐法國代表處教育組，2008），今後將納入初中歷史科目內容至少1/4、音樂和雕塑藝術科目內容至少1/2。此外，視覺藝術、雕塑藝術、藝術應用、音樂、電影視聽傳播、舞蹈、戲劇之類的藝術教育也已納入小學至高中的教學大綱，將作為輔助教學供學生自行選擇。

格外引人注意的是，現任法國總統歐蘭德（Francois Hollande）推動「讓藝術走進校園」計畫，這是他在競選法國總統時所做的承諾之一。這個計畫於去年已正式啟動，該計畫涵蓋幼兒園到高中，經費預算高達約700萬歐元，將在今後的幾年內陸續挹注於學校的藝術教育。法國政府的主要目的在於「創建一個藝術軌道」，使其遍及學校生活、藝術實踐、與藝術家會面、參觀博物館、傳播地方的優秀措施和開設藝術創造教育等方面。而首要重點將會放在偏遠地區和優先教育區，

因為,這些地區都遠離歌劇院和博物館,相當缺乏美感與藝術教育資源。法國政府表示:「我們不僅要在美感上帶給學生衝擊,也要促使他們對文化和藝術有同等的重視。」(引自冉微,2012)

從以上的脈絡中,不難看出法國的美感教育著重人文、審美、情意之培養,並重視藝術鑑賞能力的增強。

法國哲學家傅柯(Michel Foucault)認為「美學的生活就是把自己的身體、行為、感覺與激情、把自己全然的存在變成一件藝術品。」(引自高宣揚,2004)在體制內外合作無間的努力下,法國或許正走在這樣的道路上!

(四) 日本

日本人的整齊、清潔、乾淨與簡單都讓人留下深刻的印象,即使是小城市給人的第一印象也是市容非常乾淨、整潔,這種特質一定與全體市民生活習慣有關,而這正是美感教育在生活中的落實。日本也有不少家庭十分崇尚藝術情趣,應該與其學校的藝術教育是分不開的。

事實上,日本非常強調美育對兒童健康成長的作用,多數藝術館對孩子和家長都免費開放;學校教育注重實踐,強調學生動手能力、活動能力的培養。美育的實踐活動項目十分豐富,有合唱、器樂合奏、體操、工藝、話劇、舞蹈、剪紙、書法、繪畫、插花等等。學生可以根據自己的興趣愛好,參加各種活動。此外,學校重視培養藝術欣賞與創作的興趣,辦理各種美術展覽和藝術比賽鼓勵孩子們參與,並且不會刻意排名次或進行選拔等[6],而是強調創意與多樣的展現與共賞。

日本中小學藝術教育課程的目標與內容有其一貫性,並且強調創造性的表現力與美的體驗、鑑賞能力的培養,而在國中與高中階段則格外加強指導對日本本國與各外國藝術文化的關心與理解。在藝術教育所使用的教科書及相關教材,品質要求相當嚴謹;所出版的理論、實踐性刊物與雜誌等,在質量的呈現都有一定的水準。

---

6 資料來源:http://big5.china.com.cn/gate/big5/edu.china.com.cn/2013-05/15/
content_28831936.htm

　　近來，日本對美術教育進行省思，體認到學校美術教育忽視傳統文化，造成國民對傳統文化認知不足，以及隨著思潮的遞遭，考量學習課題的內容以及重視學生的生活經驗與直接經驗，分科教學的教育問題重新評估，乃開始著手課程改革。2002年實施的中小學新課程標準即體現上述這樣的思考，明令規定學校教育課程綜合化、地方化，而發展出兩大方針：打破學年界限、給合學科；導入地方資源及重視地方傳統。在此方針下，藝術科學習的內容，重視與其他學習領域的綜合學習，以學生的生活經驗為中心，構成學校教育的內容。例如：有許多幼兒園會將藝術課程融入每天的一般課程裡。而據此兩方針所編撰的美術課程，有下列幾個重點：

1. 重視美術與其他學習領域的綜合學習。
2. 明訂將漫畫、插畫、攝影、錄影及電腦藝術等媒體納入學習內容中。
3. 強調鑑賞教育的重要
4. 重視日本傳統文化的傳承，加強學生對傳統文化的參與和學習。
5. 重視日本國內的地方文化。

　　而日本戰後的文化政策從中央集權趨向地方分權，這使得地方政府擁有正當財政來源，而能夠設置關於地方的文化設施，舉辦地方文化活動；另一個轉變則是從硬體（hard）取向轉為內涵（soft）取向的文化政策，重視藝術人才的培育，豐富了展覽與演出的內容，並提供誘因促使企業資源的投入。這使得政府與地方都重視文化財的傳承與保護，加強學生對傳統文化的參與及主動學習，以及重視對地方文化的認知與賞析，因此，一般國民和學校都相當重視儀式和慶典。以和紙製作聞名的岐阜縣美濃市為例，[7]他們將手工藝和工藝教育結合，希望傳統手工藝能夠存續下去，因而以兒童作為他們推廣活動的焦點，因為兒童不僅是居民、現有消費者及政策制定者的兒女，未來也會長大成人、成為欣賞美濃精緻手工藝的下一代。美濃市的睿智獲得當地政府、日本國內和

---

7 資料來源：湯姆・安德森（2009）。日本報告：藝術教育和社區。國際藝術教育學刊，1（7），頁63-82。

國際性媒體的報導，傳承了在地的文化財，更爲這慶典增添了「與美爲
樂」的精神。

在2000年以後，日本在文化藝術面方面的表現，不因爲經濟的低
迷而有所影響，反而有更貼近生活美學藝術成就，譬如於日本本土出現
許多以社區再造爲主體的藝術計畫或展演活動；東京六本木以「文化都
心」爲主軸，整合辦公室、美術館及博物館等文藝設施，更積極地精練
與培養國民美感。例如「大地藝術祭」和「瀨戶內國際藝術祭」之整合
藝術教育、觀光旅遊、社區參與、自然生態等美感教育之方案，值得我
國推動美感教育之參考。

1. 瀨戶內國際藝術祭

瀨戶內海位於日本本州、四國和九州之間，是日本最大的內海，
以嚴島神社鳥居、鳴門漩渦和國道鐵路兩用的瀨戶大橋等景觀最爲知
名。「瀨戶內國際藝術祭」自2010年開始舉辦就吸引各方注意，第一
屆就約有100萬人前往參與。參觀者乘坐船隻環繞瀨戶內海各小島，一
邊欣賞美景一邊鑑賞藝術作品。如此嶄新的展示方式，爲寧靜的瀨戶內
海地區注入新的活力，讓這片曾經歷過工業污染、人口外移嚴重，彷彿
已經被人遺忘的土地，透過藝術再度被日本，甚至被全世界看見（陳蕙
芬、吳偉綺，2013）。而2013年的「瀨戶內國際藝術祭」，以「海洋
復權」爲主題，結合島嶼文化與現代藝術，活動官方網站指出，全球有
23個國家、210位藝術家共約200件藝術作品參展，包含靜態藝術，以
及讓藝術家或地區民眾現場發揮藝術創作的空間。

日本的「瀨戶內國際藝術祭」，在「島嶼生活與藝術共生」的主軸
中，爲環境、藝術家、在地居民與商業之間，創造了完美的共融共生的
典範。

2. 大地藝術祭

「大地藝術祭」的原構想在1996年由北川富朗所提出，他有感於
故鄉的改變，及對現代公共藝術走向的反思，決心結合六個鄉鎮市役所
的地方振興計畫，進行名爲「藝術項鍊計畫」（The Art Necklace Proj-
ect）。這是一項反思地方特色的創意政策，試圖以藝術與文化的手段
來重振在現代化過程中日益衰頹老化的農業地區，其基本理念爲「人類

與自然的共生」（黃珊珊，2009）。

　　越後妻有距離東京大約2小時的車程，是一塊比東京23區還要廣闊的少有的大雪地帶。這裡人口稀少、高齡化現象嚴重，加上年輕族群外流，徒增空屋荒田與廢棄校舍。北川富朗希望透過藝術的力量、當地人民的智慧以及社區的資源，共同振興當地農村的面貌；但「藝術家不是重點，居民和土地才是主角，讓農鄉找到轉型的契機，也要擺脫格格不入的大型地景藝術。藝術家必須協助當地居民以藝術方式來展現當地生活」（陳國璋，2011）。於是，這三年來他們以農田作爲舞臺，藝術作爲橋樑，本著「投入自然的懷抱」的理念，鼓勵藝術家進入社區，融合當地環境，與農村裡的老人家以及來自世界外地的年輕義工，創造出近200多件散落在村莊，田地，空屋等土地上，而有13所廢棄的學校轉變爲展館或住宿場所。這些充滿當地風土人情，與大自然及社區共生的藝術作品[8]成就了現在世界最大型的國際戶外藝術節——「大地藝術祭」的風貌。

　　大地藝術祭與瀨戶內國際藝術祭藉由藝術活動，重新看見自然與人的關係，重新審視社會的價值。藝術扮演的不再是美化環境的角色，而是激發、連結、思考的觸媒。人類學家紀爾茲（Greertz, 1983）曾說，從藝術品中可看見讓民族文化中的社會關係、規範與價值系統。當遊客或參與者踏上這片雪國土地時，看到的藝術作品不僅是其背景的底蘊，而是其涉入社區的在地脈絡與詮釋的力度，更有許多創造過程中的公共議題。由此產生理性與感性的思辯與調和，是一種「美」的感動。

(五) 芬蘭與ARKKI學園

　　芬蘭有52個國家劇院、25個交響樂團、132個博物館，每年參觀人數高達500萬人次，約等同於芬蘭的總人口數，其觀賞戲劇與欣賞音樂的人數也約有90萬人，據該國教育部指出，2009年是項花費約計新臺

8　資料來源：http://www.echigo-tsumari.jp/b5/about/overview/
　　http://www.echigo-tsumari.jp/b5/about/

幣8,125萬元（溫明麗，2010）。從上述數據顯示出芬蘭不但在科學與數學方面有很好的表現，其對於藝術喜愛的程度和習慣亦令人羨慕，對於美感教育的重視與陶冶也是一項全民運動了。

在美感教育方面，芬蘭本著「以孩子為中心」的思維，將「美感」教育往下扎根，讓孩子從小多動手做、多欣賞、多接觸、多感受，自然而然對藝術、音樂與人文產生興趣與欣賞能力（陳之華，2011）。他們融入「做中學」的元素，強調孩子需要學習工藝和美術課程，1-9年級的學生每週有4-11小時的課程是藝術、音樂、烹飪、木工、金工、縫紉與紡織。這些課程讓孩子學習數學與科學，也學習統合能力，並認識各行各業的工作且尊重彼此（洪意雯，2011）。除了課程以外，在教科書也可以看到美的教育。從封面到內頁的每一頁，頁頁都是精品；文字和表格工工整整，配上生動彩色的精緻插圖，賞心悅目。這就是教育，每一本教科書都可以成為設計、美術和美學品味的初級教本。結結實實，好好做好每一件事的「芬蘭識別」無所不在（吳祥輝，2006）。

特別值得注意的，芬蘭於1998年通過的教育法修正案中，正式將建築教育列為小學美學教育的一部分（陳伯璋、張盈堃，2007），其背後原因就是他們認定建築教育的過程是所有美學與設計教育的基礎，讓下一代從小就對建築、空間、環境與美學有更多的基本認識與實作體驗，也讓一般國民對日常生活中的建築與設計有更多元的視野。

一般孩子白天在學校上課，課後則參加各種不同的學習課程（After school），如果對美學有興趣，晚上還有老師做美學的課後輔導，學生也可以自由選擇音樂學校、美術學校或建築學校等。

在課後學習課程中，ARKKI青少年建築學校（ARKKI-School of Architecture for Children and Youth）的功能與表現非常亮眼[9]。ARKKI

---

9 資料來源：Pihla Meskanen (2012). Get involved! International Symposium 19th and 20th october 2012 architectural & built environment education for young people. International Architecture Exhibition La Biennale di Venezia.

Arkki官網 http://www.arkki.nu/index.php?page=main

基金會於1993年所成立的獨立非營利建築學校，ARKKI的理念是「好的建築與愉悅的環境是人類最基本的需求與權力」（Good architecture and pleasant environment is a basic right of all human），該課程旨在培養孩子的感知、思考、理解、概念化及評估所居住環境的能力，因為建築教育能發展個人的文化身分，有助於培養對當地環境的歸屬感，而且在地身分也是發展全球意識重要的一步，這對個人與國家的環境塑造都是一個關鍵因素。

他們的課程設內容獲得教育部的批准，被定位為「視覺藝術的基礎教育」，課程分為三大主題：自然環境永續教育、文化環境教育與建築與規劃教育。

2012年赫爾辛基市為了規畫城市南方一塊預計重建的「豌豆島」[10]，邀請分別居住在豌豆島鄰近兩個區域的民眾，以及約100位年齡從3到17歲不等的孩子，而這些孩子正是來自ARKKI建築學校的學生。他們參與方式是先從實地走訪、認識區域的歷史環境開始，並且將注意力放在這塊區域自然環境、景觀、空間、以及城市建設的特色上。不同年齡層的孩子有不同的任務：

1.3-6歲的兒童，藉由說故事的方式來思考這塊區域的氛圍，發展出很多不一樣的故事，家長們則扮演協助角色，將這些故事記錄下來，接著大家一起探索不同的主題，比方公共建築、住宅區、綠地、活動空間、以及交通運輸、橋樑。

2.7-14歲的學童，觀察瞭解不同的居住形式，從獨門獨戶的房屋，到一般的公寓，以及豌豆島的氣候環境狀況。他們也同時思考這塊區域的特色，以及該如何運用這些特色在區域的設計規劃上。

3.15-17歲的學生，更深入地參與專案，他們規劃出好幾種不同的設計提案，每一個提案都被提出來分析，從中尋找相同的主題和思考，最後綜合起來，就成為共同提給市政的區域建設規劃。

像上述參與這種真實的工作項目，在過去19年間，ARKKI已經經

---

10 相關資料引自謝婉玲、林小婷、黃玟旗、鄭梨賞（2013）。從芬蘭ARKKI學園參與豌豆島計畫，看臺灣課後學習機構。

歷多次參與城市設計、房屋設計、室內設計和操場設計等項目。

　　整體而言，ARKKI的教育目標是希望透過美感經驗的過程，讓學生有機會探索、覺知並討論己身所處環境建構的特質，學習建築相關的語彙和知識，瞭解環境與社會文化互動的意涵，並能以批判性的眼光分析周遭的美感環境，進而發展其自身和環境的切身關係、參與和責任。此外，ARKKI也體現了芬蘭小學之父希納斯（Uno Cygnaus 1810-1888）的主張：即對於年紀稍大的兒童，應獎勵其從事手工的勞作，除訓練基本技藝外，也俾形成陶冶品德、美育及技藝的完善教育。

　　ARKKI建築學園常與各學校合作，在建築教育裡扮演重要角色；而有一位教學人員還曾對訪客說，他們更希望能培養具有建築與美感概念的政府官員或決策人員呢！因為他們有權決定市政的規劃和未來城市的景觀。[11]

　　芬蘭不管哪個行業、哪個專業、哪個階層，都具備了相當層度的美感與審美觀，提升了整個社會的精神層次，具有欣賞美好事物並提出看法的能力。這正也印證了Daniel H. Pink所提出的未來人才「不只有功能，還重設計；不只有論點，還說故事；不只談專業，還須整合；不只講邏輯，還給關懷；不能只正經，還會玩樂；不只顧賺錢，還重意義。」（查修傑譯，2008）確實，在芬蘭，美是一種生活，是一種態度。

　　綜析各國美感教育案例，美感教育人人擁有的學習權利，除了學校教育外，公私協力的實踐取向是國際美育發展趨勢，從學校正式課程中強化藝術與文化的學習外，到課後由政府與民間組織提供美感體驗實作之美感經驗場域更是重要的推手；此外，公共參與的美感教育是重要的實踐策略，結合各級學校（如大學與中小學、社區、民間組織、藝術家等資源，構成教師、藝術家、研究者、社區居民之社群，共同研發課程與實施美感教育，以充實課程教學以及教學資源，除了精進教師專業知能外，亦提升學生美感素養。

---

11 資料來源：http://www.arkki.net/arkki/arkki.nsf/Ay?OpenFrameset (2013/06/02)

　　在臺灣，同樣有許多公私協力之案例，如紙風車文教基金會推動「紙風車368鄉村兒童藝術工程」，以兒童戲劇帶給孩子創意的啟發、視覺美學的饗宴，以「創意」、「美學」、「愛與關懷」為核心價值縮短美感教育之城鄉差距。如金車文教基金會以「關懷—生命展現永恆的；教育—讓社會保有智慧的品格；讓生活擁有創新的力量」作為其推廣文教活動的宗旨，內容涵蓋美語營、文學、藝術講座、戲劇、自然美學營、影像動畫營等，並且徵集大專青年舉辦志工訓練，為病童服務等公益活動。由於考慮到許多藝術家需要展演的舞臺，因此金車教育基金會推出「藝術史懷哲」活動，成立藝術史懷哲下鄉服務、每年都會請文學、攝影、美術、雕塑、音樂等藝術家，到偏鄉國小駐校一個多禮拜，除了與學童分享創作，更能給予藝術家適合的展演舞臺。如廣達文教基金會從2004年開始啟動《游於藝》計畫。目的是將東西方之藝術作品透過統整課程設計與教學，進而培養教師美感教學知能與學生對於藝術之感知與體驗，其策略係透過與縣市教育局合作，將《游於藝》在校園推廣。參加的學校必須遴選出教師與學生，接受導覽員培訓，教師必須設計課程，融入教學中，以深化藝術作用；而學生擔任藝術小尖兵及小小導覽員，為老師、為同學、也為社區家長進行解說，讓社區與校園在一時之間充滿著藝術氛圍。如果遴選成為導覽達人，還可以免費參加歐洲藝文之旅，充分成為一位藝術達人！最終期能達到「文化均富」的理想。又如宜蘭博物館家族與整合地方資源網絡，將宜蘭視為一座「生態博物館」，涵蓋縣內之山、海、河川、動植物、礦山、牧場、農場、濱港、森林、古蹟、遺址、民屋、聚落等，組織公部門、學校、社區、產業、藝術、基金會等家族，進行博物館與社區之資源調查與規劃建構、宜蘭社區文化之旅、宜蘭縣學童參觀計劃、宜蘭種子教師研習計劃與博物館家族路標設置計劃等等，延申美感教育實施之場域，並肩負社區資源之整合與鄉土教育的使命，讓美感教育在地扎根。

　　美感教育自幼小扎根乃至終身學習，除了學校教育，經由民間組織與公部門資源連結與整合，更能進一步擴展美感教育實施之場域與成效，以營造美善社會達成美感普及之目標。

參 美感教育政策擘劃與行動方案

一、美感教育政策的願景、理念與目標

美感素養需要長期沉浸與培育無法一蹴可及，學校藝術教育是實施美感教育之核心，然而，更需要各學科領域之協力推動，從個人、家庭到社會，漸進地提升國民美感素養、美化家庭與社區之生活環境，以及營造樂善好美之社會，以提升國民生活品質與國家競爭力。綜上，美感教育政策以「美力國民」、「美化家園」與「美善社會」為願景，引導政策、研究與實務之推進。

美感的學習重點與方式係隨著學習者身心發展階段而不同。在教育歷程中必須考量美感如何產生？以及構成美感的要件為何？由於美感來自「人」能充分運用其身心靈，知覺「外界」所存有的特殊性質，而感受與領會到的美好經驗，並進而想擁有它、實踐它。因此，美感產生的要件包括人的身心靈體驗和感知，以及外界所具有能普遍引起美感的特質。

首先，人必須擁有敏銳感知的能力，而且能自由且充分運用其多元感官、心靈、想像與外界互動。其次，由於美感具有普遍性、殊異與獨創性的特質，因此引發美感的人事物必然具有其特殊性質，才能普遍引起多數人心的感動，而這些性質大多是具有美感的成分，讓人產生愉悅、幸福、舒適、激賞、嚮往、崇敬、情緒淨化或省思之情。具體而言，擁有美感特質的人、事物與環境皆具有「整潔」、「秩序」、「條理」、「節制」、「調和」、「色彩」、「節奏」、「均衡」、「輕重」、「簡約」、「韻律」或「意義」等等要素的安排與美感表現。

然而，美感的存在會因人的經驗、教育、文化或年齡等的因素，而有差異，是為美感的殊異性；也會因對象性質的獨特性而引發人對於美感的獨特見解，或是個人為建立其美感的獨特品味，而有美感的獨特性，因此，美感除了具有共通之要素外，也包含情境脈絡化的多元差異性，因此美感教育係一種表現與欣賞、詮釋與包容兼備之素養。

以學校教育為主軸的美感教育，乃著眼於學校教育具有系統性、整

體性、對象明確的特點。學校實施美感教育係透過多元感知的課程設計、教學實施與情境營造，提供學習者能覺察美、探索美、感受美、認識美及實踐美之機會，喚醒五官感知能力使其擁有美感經驗，並能提升對於美的需求與實踐力。綜言之，美感教育政策的理念包括：

(一)強化感知的開發綜效

(二)增加多元生活的體驗

(三)認知美感特色的重要

(四)推動傳統文化的認同

(五)建構具美感的人事物

教育部第一期五年的美感教育計畫以學校為基地，連結其他系統資源，共同達成美力國民、美化家園、美善社會的願景，因此，從學校教育方面，涉及課程與教學、教師與教育行政人員之美感知能、以及美感教育支持資源等三層面。美感教育政策擘畫從點到線到面，從打底、精進到普及，整體計畫目標與發展策略包括：

(一)美感播種：持續推動當前藝術教育相關政策及計畫、宣導並發行美感教育基本論述、強化藝術與美感之課程與教學、提升教師及行政人員之美感知能。

(二)美感立基：建構良性循環之支持系統、藝術專校攜伴共創美感行動、促進現有相關資源之應用、充實藝術與美感教育的學術及實務研究。

(三)美感普及：創造美感教育環境，推廣生活美學運動；城鄉共構美感在地化之認同與獨特性；營造樂善好美的藝文社會，增進生活品質。

從美感教育的播種、立基到普及，教育部第一期五年美感教育計畫包括學校課程與教學之研發與實施、教師與行政人員本身美感素養之增能、以及支持資源的連結整合與運用；以協力共美之理念鼓勵各級學校整合運用公部門與私部門之資源，教育部也展開各署司相關計畫與資源之盤點與整合，積極參與各部會合作，引入各部會資源進入教育系統，擴大美感教育之利基；同時，重視在地傳統文化之傳承與創新，共同營造美感教育的家庭、學校、社區與社會環境，以達美善社會的願

景。

二、推展藝術與美感之課程與教學行動方案

美感教育能否在各級學校中扎根、散播、傳承與發揚,有賴課程與教學的研發與實施。美感學習始於體驗與感受,超越學科本位以及材料包模式,美感學習需要真實體驗,除了正式課程外,非正式與潛在課程也很重要;因此,自幼兒園到大學,學校的課程與教學要能以實作、探究、創造、表現與對話等方法引導學生美感的學習。

大學教育基於學術自由的理想及法令的規定,課程規劃向來有高度的自主權。若能因為體認到美感教育是一個全人教育的藍圖,是國民的文化素養,是國家競爭的軟實力,而於通識課程或相關領域中或與中小學合作共創美感學習方案,都是值得期待的。

如何強化美感教育之課程與教學,從時間軸發展,自幼兒教育開始,強調銜接每一教育階段銜接到松齡,以規劃終身學習課程;從空間軸發展,則以藝術教育為圓心,向外不斷地跨域與統整,使之實踐於每一個學習領域與生活場域中;而教師美感增能與教材教法的研發則可借重A/R/T理念,強調藝術家、研究者與教師三位一體的美育實踐,從事創作、探究與教學。新興規劃之具體行動方案包括:

1.訂定及推動各教育階段美感素養指標,融入十二年國民基本教育課程。

2.補助中小學發展在地與生活化的學校特色課程、各類美感教學示例與教材計畫。

3.鼓勵技專院校普遍開設美感教育通識課程及協助學校研發相關教材。

4.鼓勵大學普遍開設美感教育通識課程及協助學校研發相關教材。

5.引進民間資源推動藝術與美感教育。

6.推動大專院校與中等學校或社區美感教育協作方案。

7.推動各類藝文團體至中小學巡迴展演。

8.推動中等學校辦理美感教育觀摩活動。

9.推動中等學校辦理社區美感生活活動。

三、提升美感教育教師與行政人員美感知能行動方案

　　美感教育落實仰賴於「教師與行政人員」的轉化與實踐；無論學校教師、行政主管與教育主管機關之行政人員等，實質參與美感教育政策之規劃與執行，並在其工作場域中直接影響學習者與社會大眾對於美感的注意與重視，因此，提升教師與行政人員美感素養，俾能使美感教育深耕於教育與生活中。

　　首先，就目前的學校教師，由於過去職前培育系統忽略美感課程之專業知能培育，因此多數教師與行政人員對於美感教育的概念與實施感到困難；關於教師美感增能，可以從職前與在職教師兩方面同時進行，職前師培以各大學的通識課程與師培課程為焦點，建議並鼓勵各大學與師培機構能調整課程架構並納入美感教育相關課程；而在職教師則以研習進修方式提升美感教學能力，然而，不同於以往慣性聽講式、大班式和講義式的研習，應採取結合生活與在地特色，重視實作、真實體驗、表現與欣賞等方式之增能。新興規劃之具體行動方案包括：

　　1.修訂中小學教師師資職前教育課程教育專業科目及學分表，納入「美感教育」相關課程。

　　2.推動教師參與「藝術與美感知能」研習課程。

　　3.推動學校行政人員參與「藝術與美感知能」研習課程。

四、完善美感教育支持資源的行動方案

　　美感教育的推展與落實有賴於完善之支持資源的建置與運用，從中央到地方，由民間組織、社區到家庭，並能兼顧臺灣北、中、南、東區域的均衡發展，美感教育政策需要清楚的論述與傳播，引導國人認同與參與，方能漸進擴展；此外，有鑑於教育資源有限，因此，教育部除了開放教育資源外也要同時引入外界資源，建置友善之資源媒合平臺，以各級學校教育為基地，引入外部資源並協助學校善加整合與運用各方資源，以期縮短城鄉藝術與美感學習落差。

　　此外，美感教育政策需要整體與系統性之實務與研究的累積，並建立成效評估工具與資料庫，為能充實美感教育學術及實務研究，並且累

積國內美感教育系統性與長期性的實驗與研究資料，委請國家教育研究院專案成立「亞太地區美感教育研究室」，作為國家美感教育政策規劃推展與研發基地，除了研發實驗課程與教材教法外，並透過亞太地區美感教育論壇，連結國內外美感教育研究與實務之社群，搭建相互學習與對話切磋的平臺。未來期能透過政策、實務與研究之整體與系統研究發展與實踐，實現美力國民、美化家園與美善社會之教育願景。具體行動方案規劃如下：

1.研擬並推動美感教育宣導計畫。

2.推動「幼兒園美感及藝術教育扎根計畫」。

3.訂定並推動中等教育階段學校感受體驗與實踐應用的美感教育行動方案。

4.研擬中小學藝術與美感教育師資聘任的彈性制度。

5.修訂中小學藝術類專任教育基本授課時數。

6.督導直轄市及縣（市）政府推動美感教育相關策略及成效。

7.強化藝術與美感中央、地方與學校三級課程與教學輔導網絡。

8.成立「教育部大專青年偏鄉藝術教育工作隊」。

9.推動各級學校運用美感教育相關資源。

10.設置北、中、南、東「美感教育大學基地學校」，協助推動美感教育政策及辦理相關活動。

11.委請國家教育研究院專案成立「亞太地區美感教育研究室」。

12.補助中小學辦理校園美感環境再造計畫，發展特色學校。

13.推動各級學校辦理「美感教育」、「藝術創造生活品質」名人系列講座與叢書。

14.辦理各級學校美感教育特色訪查。

15.獎勵長期推動藝術教育有貢獻之個人與團體。

伍　結論：邁向協力共美之美感教育新紀元

走過百年，美感教育在民國元年首先由蔡元培提倡，時至民國68年納入《國民教育法》中，五育均衡全人教育成為我國國民教育之目標。近年來隨著整體經濟與社會環境變遷，國人普遍生活水準提升，同

時國際間文化創意與美學經濟之興起，「美感教育」成爲國家政策與產業發展的重點。然而，美感素養非一朝一夕可以達成，亦非憑一己之力能竟其功。美感教育政策之研定係構築在既有的基礎上持續推動，透過現有教育部各署司的政策與資源的盤點、評估並整合，使美感教育政策擘劃與推動更具整體性、系統觀與脈絡化。

國民美感素養提升需要以「協力共美」爲理念，人人都能爲美感教育貢獻所長分享所學，隨著102年8月公布「教育部美感教育中長程計畫：第一期五年計畫（103至107年）」，隨即積極展開美感教育跨部會合作平臺與運作，以連結與整合公部門跨部會資源，如與文化部、交通部、經濟部、農委會、內政部、環保署等部會，共同協力合作長期深耕美感教育，使美感學習成爲國民生活需求與基本的學習權，人人得以於日常生活中感知並體驗美的事物，這無疑是當代美力的新生活運動。同時，借鏡國際成功經驗，一方面強化美感教育課程與教學、提升教育工作人員之美感素養與專業知能，一方面建置完善支持資源系統，並能夠進行長期系統地研究發展與實踐，以能持續活化創新並累積美感教育實施經驗使能永續發展。

民國103年是十二年國民基本教育實施之元年，亦爲「美感教育年」。希冀從幼兒至耄齡，從家庭、學校、社區到社會，透過課程與教學、教師與行政人員美感知能提升，以及支持資源之整合與推進，全面展開美感教育各項行動方案，落實五育均衡之教育目標，提升國民美感素養與生活品質。

這是協力共美的美感教育新紀元：美感從幼陶養，美力終身學習。

參考文獻

(一) 中文部分

王恭志（1997）。**國民小學教師美育教學之研究**。國立新竹師範學院國民教育研究所
　　碩士論文，未出版，新竹市。

冉微（2012）。兌現大選承諾，法國社會黨實施第19號計畫—讓藝術走進校園，藝術史成為法國小學至高中必修科目。載於中國文化報，2012/11/23。

李雄揮（1979）。蔡元培美感教育思想研究。未出版碩士，臺灣師範大學教育研究所，臺北市。

林青津（2002）。國小視覺藝術美感教育之教學研究。樹德科技大學應用設計研究所碩士論文，未出版。

林炎旦、朱美玲、李賢輝、裘尚芬（2003）。我國藝術教育現況與發展策略。臺北市：國立臺北師範學院。

吳祥輝（2006）。芬蘭驚豔：全球成長競爭力第一名的故事。臺北市：遠流出版社。

查修傑譯（2008）。未來在等待的人才。原著Daniel H. Pink。臺北市：大塊文化。

洪詠善（2010）。教學藝術之意蘊與陶養。載於黃政傑主編，教學藝術。頁481-506。臺北市：五南。

洪詠善（2012a）。跨域SAS（社會／藝術／科學）美感教育的課程發展。教育人力與專業發展，29:01，55-60。

洪詠善（2012b）。文化創意世代中美感教育的課程圖像。教育研究與發展期刊，8:2，61-87。

洪意雯（2011）。國外教育訊息。教育資料與研究雙月刊，99期，166-174。

高宣揚（2004）。傅科的生存美學：西方思想的起點與終點。臺北市：五南。

溫明麗（2010）。芬蘭教育成就的啟示—找回臺灣教育的主體性。臺灣國際研究季刊，6（4），139-75。

查修傑（譯）（2008）。未來在等待的人才。原著Daniel H. Pink。臺北市：大塊文化。

教育部（2005）。挑戰2008：國家發展重點計畫（2002-2007）滾動式檢討－E世代人才培育計畫。臺北：教育部。

教育部（2009）。藝術教育政策白皮書行動方案執行成果。臺北市。

教育部（2011）。100年中華民國教育報告書。臺北市。

陳學恂主編（1986）。中國近代教育史教學參考資料。北京：人民教育出版社。

陳文菁（2000）。一位國小教師美感教育教學決定之研究。國立臺北師範學院課程與教學研究所碩士論文，未出版。

陳伯璋、游盈堃（2007）。來自日常生活的教育學院：社區、課程與美學的探究。**教育與社會研究**，12期，41-72。

陳伯璋，歐用生，范信賢，周淑卿，洪詠善（2011）。**教學中美感經驗的探索與課程建構**。國家教育研究院研究成果報告（報告編號：NAER-99-25-A-2-02-00-2-10），未出版。

陳之華（2011）。美力芬蘭：從教育建立美感大國。臺北市：天下文化。

陳國璋（2011）。公共藝術與社區介入─以「北迴歸線環境藝術行動」為例，看新類型公共藝術的可能性。國立中山大學碩士論文。未出版。

陳蕙芬、吳偉綺（2013）。學者觀點─「瀨戶內國際藝術祭」，載於工商時報，2013/06/07。2013/07/01取自http://money.chinatimes.com/news/news-content.aspx?id=20130607000073&cid=1206

黃珊珊（2009）。一場緩慢的革命─越後妻有藝術三年展：大地藝術祭。載於典藏今藝術，10月刊。

楊忠斌（2009）。美感經驗理論對教師的啟示。**教育資料與研究**，88，49-68。

歐用生（2008）。當教師與藝術相遇─藝術為基礎的教師專業發展。**研習資訊**，26:5，頁25-34。

歐用生、陳伯璋、周淑卿、范信賢、洪詠善（2011）。**教學中美感經驗的探索與建課程建構研究報告**。（報告編號：NAER-99-25-A-2-02-00-2-10)。新北市：國家教育研究院。

漢寶德（2001）。自美感教育談青年的文化素養。**國家政策論壇**，2（4），65-69。

漢寶德（2004）。**漢寶德談美**。臺北市：聯經。

漢寶德（2005)。**漢寶德談藝術**。臺北市：典藏藝術家庭。

漢寶德（2006)。**漢寶德談文化**。臺北市：典藏藝術家庭。

漢寶德（2010)。**如何培養美感**。臺北市：聯經。

蔡美玲、李潔明（2012）。2011年臺灣生活美學運動業務赴歐（法國巴黎）交流訪察計畫出國報告。行政院文化建設委員會。

劉千美（2001）。論人的美感向度。載於**應用心理研究**，9，167-187。

謝婉玲、林小婷、黃玟旗、鄭梨賞（2013）。從芬蘭Arkki學園參與豌豆島計畫看臺灣課後學習機構。**臺灣教育評論月刊**，2013，2（4），頁86-89。

駐法文化組彙編（2003，4月）。從數據看法國社會藝術教育及文化生活。2013/06/27取自http://search.nioerar.edu.tw/edu_message/data_image/BB/2003/5103C.PDF

駐法國代表處教育組編（2008）。**法國全面檢討藝術文化教育**。教育部電子報，209期，2008/01/09。

(二) 英文部分

Amadio, M., Truong, N., & Tschurenev, J. (2006). *Instructional Time and the Place of Aesthetic Education in School Curricula at the Beginning of the Twenty-First Century.* UNESCO: Internationl Bureau of Education. Geneva.

Bresler, L. (2010). Aesthetic Education Research. In C. Kridel, (Ed.) (2010). *Encyclopedia of curriculum studies* (pp.12-16). California: Sage Publications.

Csikszentmihalyi, M; Robinson, R. E. (1990). *The Art of Seeing. An Interpretation of Aesthetic Encounter.* LA: The Getty Education Institute for the Arts.

Carpenter B. S. II, & Tavin, K. (2010). Art Education Beyond Reconceptualization: Enacting Curriculum Through/With/By/For/Of/In/Beyond/As Visual Culture, Community, and Public Pedagogy. In E. Malewski (Ed.). *Curriculum Studies Handbook-The Next Moment* (pp.244-258). New York: Routledge.

Dewey, J. (1934/1980). *Art as experience.* New York: Perigee Books.

Eisner, E. W. (1994). *The educational imagination: On the design and evaluation of school programs* (3rd ed.). New York: Macmillan College Publishing Company.

Eisner, E. W. (2002). *The arts and the creations of mind.* New Haven: Yale University Press.

Greene, M. (1995). *Releasing the imagination: Essays on education, the arts, and social change.* San Francisco: Jossey-Bass Publishers.

Greene, M. (2001). *Variation on a blue guitar: The Lincoln center institute lectures on aesthetics education.* New York: Teachers College Press.

Greertz, C. (1983). *Local Knowledge: Further essays in interpretive anthropology.* New York: Basic Books Inc.

Holzer, M. F. (2005). From philosophy to practice: Asking important questions, reating enabling structures. In M. F. Holzer & S.Noppe-Brandon (eds.), *Community in the making: Lincoln center Institute, the arts and teacher education* (3-11). New York: Teachers College, Columbia University.

Holzer, M. F. (2007). Aesthetic education, inquiry, and the imagination. Retrieved August 7, 2008, from http:// www.lcinstitute.org/ wps/PA_1_0_P1/Docs/495-AEII.pdf

Holzer, M. F. & Noppe-Brandon, S. (2005). *Community in the making: Lincoln center Institute, the arts and teacher education.* New York: Teachers College, Columbia University.

Schwab, J. (1969). The practical: A language for curriculum. School Review, 78 (19), 1-23

Smith, R. A. (2005). Aesthetic education: Questions and issues. *Arts Education Policy Review, 106*(3), 19-34.

問題與討論

一、美感教育的意涵為何？請提出您個人的觀點。

二、我國實施美感教育的利基與機會是什麼？如何掌握並善加運用之？

三、如何提升學校教師與行政人員美感素養？

四、如何整合學校內外之資源，規劃學生美感教育相關課程與教學？請分享您的經驗。

第六章

社會變遷中大學治理體系現代化之挑戰與策略

楊振昇

林孟潔

惟書不問貴賤貧富老少，觀書一卷，則增一卷之益；觀書一日，則有一日之益。

～陸紹珩

大學在創新知識、傳承知識上扮演著極為重要的角色，更是培育人才的重要途徑。然而，隨著社會的快速變遷，對大學的治理產生明顯的衝擊，諸如經濟成長的趨緩、社會價值觀的偏差、大學畢業生就業問題等等，均值得大學經營者審慎面對。本文主要在析論社會變遷中大學治理體系現代化之挑戰與因應策略，首先分析社會變遷之意義；其次，探討大學治理體系現代化在社會變遷中所面臨之挑戰；再者，則嘗試研提大學治理體系現代化之因應策略，期能有助於強化日後高等教育之健全發展。

壹　前言

大學在創新知識、傳承知識上扮演著極為重要的角色，也因此與社會的發展進步息息相關，更是培育人才的重要途徑。尤其隨著知識經濟（knowledge economy）時代的來臨，以及受到全球化（globalization）趨勢的影響，高級人才的培育攸關國家競爭力之提升，誠如Porter（1990）指出，國家擁有豐富的天然資源固然是一種競爭優勢，然在激烈的國際競爭中，高級而專業化的人力資源尤顯重要。

然而，近年來隨著社會的快速變遷（change），對大學的治理產生明顯的衝擊，諸如經濟成長的趨緩、社會價值觀的偏差、大學畢業生就業問題等等，均值得大學經營者審慎面對；換言之，在此情形下大學如何因應，也就成為一項嚴峻的考驗。有鑑於此，本文主要在析論社會變遷中大學治理體系現代化之挑戰與因應策略。全文主要分成三大部分，首先分析社會變遷之意義；其次，探討大學治理體系現代化在社會變遷中所面臨之挑戰；再者，則嘗試研提大學治理體系現代化之因應策略，期能有助於強化日後高等教育之健全發展。

貳　社會變遷之意義

在當今社會上，唯一不變的就是「變」，雖然此乃耳熟能詳的說法，但卻道盡社會快速變遷的事實（楊振昇，2006）。就人類的生活而言，由於快速的社會變遷，與科技的日新月異，使得人類的生活及經濟形態產生顯著的「波動」。一般而言，以農業為主的經濟型態，可說是「第一波」經濟；其後，以工商業生產為主的經濟型態，乃是「第二波」經濟；而以知識為基礎的經濟型態，則是所謂的「第三波」經濟。換言之，知識將成為財富的新基石，逐漸取代過去的土地、黃金、石油、廠房、原料；以往資本家談論自己的財產時，是指其擁有工廠、設備及天然資源，但未來的資本家談到其財富時，則是指其所掌握的知識。因此，知識經濟的時代已然來臨，這是人類在21世紀中所必須加以重視的重要課題。

歸納各家所論（如張明輝，1999；張慶勳，1996；黃乃熒，2001；楊振昇，2006），吾人可知社會變遷係指當社會遭受各種因素的衝擊時，所產生的各種改變；特別要強調的是變遷係屬價值中立（value-free）的名詞，並不必然隱含好或壞的意義。變遷的結果有可能比原來好，但也可能比原來差；變遷乃是一個「過程」（process）而非「突發事件」（event），是一個複雜、非直線性的過程，也是一個未定的旅程，其中將會產生許多不確定性（Fullan, 1999）。

Drucker（1999）曾在《21世紀的管理挑戰》（*Management challenges for the 21st century*）一書中指出，變遷乃是無法避免的時代趨勢，我們無法駕馭變遷，我們只能走在變遷之前；現在開始準備迎接新挑戰的，將會是明天的領袖；反之，那些反應遲滯者，就會被遠遠拋在後面，可能永遠沒有趕上的一天。而湯明哲（2007）也強調，變遷已成為企業或組織進步與發展的DNA，唯有主動式的變遷，才能使組織的生存立於不敗之地。誠如T. L. Friedman（2005）在《世界是平的》（*The world is flat*）一書中也指出，把握時代變遷的*趨勢*，在21世紀才有競爭力（楊振富、潘勛譯，2005），而這也是大學在面對社會變遷時必須加以認清的事實。

參　大學治理體系現代化在社會變遷中所面臨之挑戰

就高等教育的發展而言，當前在多數國家普遍重視高等教育之際，有必要反思高等教育在社會變遷中的定位（謝少華，2010）。基本上，教育屬於社會系統的子系統，難免受到政治、經濟、文化等因素的影響；而高等教育雖被賦予傳遞知識與文化、進行社會服務、及引導社會變遷的功能，然睽諸近年來臺灣的社會變遷，均對於高等教育的發展產生不小的衝擊與影響。換言之，在快速的社會變遷中，大學治理體系的現代化正面臨許多挑戰，以下分別從學校內部治理及社會因素兩方面加以說明：

一、在學校內部治理方面

(一) 行政主管的專業及效率問題

在大學的運作中，校長扮演「促進者」（facilitator）的角色，攸關組織運作的績效與成敗。然校園之大非一人所能獨治，尤其一般國內外大專院校的行政業務概括九大項：1.學校教務與招生。2.學生發展及管理。3.教師發展及評量。4.科系及課程的安排與評審。5.財務的分析及管理。6.教學大樓及其他校園硬體的維修及管理。7.宿舍及膳食的經營及管理。8.永續經營的規劃及管理。9.校務基金的發展及管理等等；囿於篇幅，各項內涵不再申述。在此競爭激烈的潮流中，有關校長及行政主管的專業性及效率問題，自然值得特別關切。

環視世界，一流的大學需要一流的教授，一流的學生也需要一流的行政專業人員。然而，目前臺灣的大學校院校長及行政主管並未有職前的相關研習或培訓，有時無法發揮其應有之角色功能，間接影響大學校務的推動與發展，此種現象不容小覷。

(二) 學校經費問題

就目前大學的治理而言，教師員額與經費往往是校長高度關注的要項，進一步來說，兩者均與經費有關。近年來，由於政府財政緊縮，補助高等教育的經費也受到影響。

就大學校長而言，面對補助經費減少，大學校長便由「籌錢」到

「愁錢」，也因此對於學費的調漲便寄予厚望，因爲學費一旦調漲，總有助於舒緩學校經費不足的窘境。只是每年或每次在討論此項議題時，總有兩方面不同的主張。贊成調漲者主張爲因應物價的調漲，以及維持大學必要的人事及運作支出，學費必須要進行合理的調漲，而不能只是一味要求大學必須體諒在社會大衆薪資所得沒有增加的情形下，予以凍漲學費，否則將影響學生的學習環境以及學習成效。另一方面，反對調漲學費者則主張目前的家長正遭受到「內憂外患」，不僅薪資所得沒有增加，有時還得擔心無薪假隨時上門，在這種情形下，大學生多方打工的現象、及申請就學貸款的人數便不斷增加；倘若在此情形下，政府仍執意調漲學費，對大多數的家長與學生而言，無異於是「雪上加霜」，而政府的社會正義自然會受到強烈的質疑與批判。其結果往往是教育部基於社會觀感與實際情形，而要求各公私立大學緩漲學費。以101學年度爲例，臺灣大學等校早已公開宣稱爲彌補校務基金二億元的缺口，將調整學雜費10%；然而，當時教育部蔣部長囿於輿論壓力，乃於101年4月2日在立法院公開宣示，101學年度上半年的學雜費，將凍漲一學期；此外，原本訂於101年11月要辦理的「常態性學雜費調整方案」公聽會，也因各界尚有雜音而喊卡，充分顯現高等教育學雜費調整之敏感性。再就102學年度而言，部分大學醞釀要調漲學費，是否能如願也值得密切加以注意。

(三) 教師偏重研究、輕忽教學與服務輔導

在目前高等教育的運作與生態而言，有時教師必須負責招生，也面對升等與評鑑的壓力，自然對於備課容易產生時間排擠的效應。尤其在評鑑與升等過程中，往往過度注重SSCI、TSSCI期刊的要求，造成臺灣學術界一片紅海，久而久之，便形成教師普遍重研究、輕教學與服務輔導的現象。

尤其在各級教師中，從高中職、國中、到國小均有一套完整的師資養成教育，唯獨大學教師並未提供教師的職前培訓，多數大學教師往往在取得博士學位後即進行高等教育的教學工作；更值得擔心的是大學教師的專業成長也經常受到忽視，這是大學領導者必須注意的問題。

(四) 學生素質的問題

早期臺灣的高等教育採取「菁英政策」，全國的大專院校總數少，每年大學聯招只有約30%的高中畢業生能考進大學，也就是「嚴進寬出」的政策，學生素質比較整齊，程度比較高；而大學普及化以後，只要想念大學，幾乎每個高中生都有機會進入大學殿堂。例如2002年的聯招（指考）錄取率為80.41%，2012年的錄取率為88.00%。在這十年間，2009年的錄取率甚至高達97.14%。將近九成的錄取率，意謂人人都可上大學，但難道也代表人人都有能力上大學嗎？尤其學生的學習動機與學習成就息息相關，而受到整體社會大環境變遷的影響，學生有時因為外在的人（如交友）、事（如打工、社團）、物（如喜愛名牌）的干擾，未能專心於課業，不僅視學習為營養學分，蹺課之情事也時有所聞。

在高等教育普及化的同時，難免令人擔心進入大學的門檻過低，導致不少學生即使程度不夠，能力不足，卻也能順利完成大學夢。尤其淘汰制度並不是國內校園的文化，所以造成「寬進寬出」的現象，致使大學生素質的問題令人擔心。無怪乎社會各界普遍關注大學生的素質問題，擔心連考試成績甚差的高中畢業生都能就讀大學，則其如何在大學中順利學習？四年以後又如何能將所學貢獻社會？因此，在高等教育普及的趨勢下，如何能夠招收充足的學生，又能夠對學生的素質進行嚴格把關，乃是各大學經營者必須深入思考的議題。

(五) 國際化的問題

近年來，不論是頂尖大學計畫或是教學卓越計畫，均十分重視國際化的指標。臺灣各大專院校的國際化深度及廣度不足問題，也值得關注。反觀歐美先進國家的學生因語言、地利、文化之便，習於在就學期間至不同的地區或國家進行遊學，以擴展自己的國際視野，並增加未來的就業競爭力。如德國的建教合作機制亦有提供學生國外實習的措施，並認可學生在國外接受職業教育的可能性，使停留國外時間亦得併計；而日本的內閣亦有推動國際交流的相關策略，例如「留學生三十萬人」與「全球人才育成推進事業」（楊振昇、蔡進雄，2013）。

　　就臺灣而言，近十幾年來廣設研究所，每年頒發很多碩士及博士學位，多數學生都想留在國內攻讀研究所，這固然一方面是受到國外學費昂貴的影響，也可能是因為不願到國外留學受苦；再加上如果欠缺出國交流的機會或動機，將很難與國外大學和機構建立合作夥伴關係。

二、在社會因素方面

(一) 生源不足的問題

　　生源不足的問題與高等教育過度擴張及少子化關係密切。就高等教育過度擴張的問題而言，臺灣的大學院校從1980年代約27所，急速增加到2014年約162所公私立院校（包括47所公立大學，73所私立大學，42所獨立學院與專科學校）。其中主要為原有的專科升格為技術學院、技術學院升格為科技大學（吳榮文、楊振昇、田劉從國，2013）。若進一步加以比較分析，中國的人口約13億，為臺灣的56倍，而目前中國的公私立大專院校為2,200餘所；香港的人口約700多萬，只有八所公立大學。就臺灣而言，人口約2,300萬，卻擁有54所公立大學，因大專院校數目過多，規模太小，造成資源稀釋分散，雖然錢不是萬能，但是沒有足夠的資金，大專院校聘不到及留不住一流教授及一流行政人才，沒有高額獎學金，也吸引不到國際一流的學生。

　　另一項與高等教育過度擴張息息相關的是少子化趨勢的來臨。2012學年度公私立大學一年級學生數為255,698人。若以平均入學年齡18歲計算，1994年的出生人數為322,938人，進入大學的比率為79.18%。然而，在2012年的出生人數只有229,481人，值得注意的是當年度是受到龍年影響，故出生人數稍有上升，2010年（虎年）的出生人數僅有166,886人。以此數據推估，在2030年，僅約有181,703人會進大學（考量未來高等教育就讀意願減少的問題，推估人數可能還會更少），屆時可能將減少數十所公私立大學。有鑑於此，未來高等教育將面臨生源嚴重短缺，此乃主管教育行政機關與大學領導者必須謹慎處理的嚴肅課題。

(二) 學用落差的問題

有關學用落差的問題，與社會因素關係密切。近年來，新聞媒體大篇幅報導高等教育學用落差的現象，例如博士賣雞排、名校畢業生賣麵、清大畢業生淪為澳洲苦勞等等，引起社會大眾的高度關注。姑且不論個人求職或就業的意願，已有許多大學畢業生反應求職不易、薪資低落、學非所用等種種社會問題，這些問題突顯出目前高等教育所培育出的人才與社會環境的期許存在著嚴重的落差。依據行政院主計處的調查，2002年的大學畢業生失業率為3.89%，低於其他教育程度的失業率（平均為5.17%），而在2012年大學畢業生的失業率為5.90%，高於其他教育程度的失業率（平均為4.24%）。意謂著今日的大學畢業生已經無法像從前頂著高學歷的光環享有較佳的就業優勢，此種現象被社會大眾稱為「畢業即失業」的不良社會趨勢，也代表高等教育所培育的人力，並無法滿足產業界的需求，造成大學畢業生無法順利就業的問題。

此外，依據全國就業e網的統計資料顯示（2013年2月），主要職缺需求以高中職學歷為最多（36.93%），其次為專科（11.66%），再次之為國中（8.61%），其他教育程度皆低於5%。此外，統計資料亦顯示廠商求才時，學歷並非考量進用的首要因素，高學歷的求職者必須面臨與中低學歷者競爭的狀況仍是偏高，這也是大學畢業生不得不屈就低學歷職位的因素。在廠商求才提供的職缺中，以製造勞力工最多（13.93%），其次為工業及生產技術員（6.5%），再次之為商店銷售有關人員（5.62%），其餘皆不足5%。而根據臺灣高等教育整合資料庫的調查指出，2008學年度大專畢業生畢業後一年，在不同行業工作的學用配合情形，最高為醫療保健及社會工作服務業、次之為教育服務業、再次之為專業、科學及技術服務業，最低則是不動產業，但各行業工作的學用配合情形平均數均未超過符合的標準（平均數3表示符合，學用配合情形最高的平均數為2.97）。由這些數據均顯示了大學畢業生就業存在著嚴重的學用落差問題。

肆　社會變遷中大學治理體系現代化之因應策略

針對上述大學治理體系現代化在社會變遷中所面臨之挑戰，以下嘗試研提數項因應策略，期能作為高等教育領導者及研究者之參考：

一、在強化學校內部治理方面

(一) 推動大學行政主管職前培訓、提升領導效能

就大學院校的校長而言，大多數都具有豐富的學術地位，然而少數甫獲遴選的校長，過去並未有充分的行政領導與管理經驗，匆匆上任，單憑過去從事學術研究的執著精神，在面對強調專業自主的高等教育生態與複雜的校務時，有時容易產生適應不良的情形。再就一級行政主管（如副校長、教務長、學務長、總務長、主任秘書、研發長、國際長等）與學術主管（如院長、系主任、所長等）而言，也難免產生類似的情形。

所謂「凡事豫則立，不豫則廢」，故教育部應辦理大學校長及行政與學術主管的職前培訓，要求現任者並鼓勵有志者踴躍參與，藉此機會舉辦三至五天的工作坊或研習活動，透過嚴謹務實的課程設計，傳承辦學經驗，避免重蹈覆轍，尤其應針對上述九大方面進行探討。雖然校長上任後，會遴聘教授負責校內相關業務，但如果校長本身能具備基本的素養與知能，將更有助於日後校長辦學績效的提升。

(二) 有效爭取社會資源、開源節流雙管齊下

誠如前述，高等教育經費的不足，也往往限制了人才的培養，尤其是在教學資源的充實與優良師資的延聘上。為因應學校經費普遍不足的問題，大學領導者應審慎思考自籌經費、廣闢財源之可行性，其中落實產學合作、校辦產業建立創收制度乃是可供參酌的方向。

就產學合作而言，不可諱言地，與大學的屬性有所關連，對綜合性、或具有商學、科技特性的大學而言，其所產生的產學合作效益較高；反之，對於如師範院校、或體育大學而言，產學合作的效益則較為有限。就此而言，如何善用其他諸如推廣教育、場地出租等作法，以增加學校收益，則可一併作為思考的方向。

　　另一方面，大學創收制度的建立也是一項亟待努力的方向，誠如陳維昭（2007）所言，校辦產業的推動並不容易，其中存在著避免校園功利化、維護大學校園純淨自主，以及堅持學術絕對價值等複雜課題亟待克服。有關創收制度的議題，湯堯與成群豪（2003，頁126）曾有深入的論述，兩人指出大學的校務基金制度為大學校院的財務管理提供了自主的空間，但由於臺灣經濟不景氣、銀行利率下滑，這對長期以來以存放金融機構生息為主要投資策略的學校基金而言，產生不利的影響。為能讓學校基金有較高之報酬，交通大學乃於2003年8月，率先以「委託代操」的方式，與投信投顧業者簽訂合約，訂定「投資報酬率優於定存」及「保本不虧損」的投資原則，由業者代為操作，業者則以保守穩健型之投資規劃，在安全性與收益性並重的原則下，運用專業的財務工程計量系統，從事購買國內股票、債券及債券型基金等投資工具進行理財服務。

　　誠如楊景堯（2003）指出，中國大陸大學的校辦產業不僅每校都有，而且相互比賽，看誰賺的錢多。他進一步指出，在1999年，北京北大方正公司收入人民幣為84.28億元，清華大學同方股份有限公司收入為16.68億元，清華大學紫光（集團）總公司收入為7.8億元，瀋陽東北大學阿爾派軟體股份有限公司收入為6.8億元，上海交大產業投資（集團）有限公司收入為6.19億元。當然，也會有虧損的校辦產業，如對外經貿大學於1999年虧損了人民幣2,000萬元，北方交通大學則虧損4,000多萬元。

　　平心而論，就創收制度的建立而言，在當前政府財政緊縮、經費補助難以增加的現實考量下，值得行政院、教育部與各大學深入思考、審慎研議；尤其對於公立大學而言，過去長期仰賴學生學雜費的收入以及政府的補助而維持運作，未來若能善用創收制度，將更能改善學習環境，進而有助於優良師資的延攬。只是這樣的作法在臺灣較為傳統與保守的高等教育機構中，如何在相關法令上取得突破？如何得到大學成員的認同？以及如何進行基金損失的管控等等，均值得行政院、教育部、及各大學領導者共同思考，以免因囿於政府經費，阻礙了高等教育的發展。

(三) 落實多元升等、激勵教師展現教學熱情

前已述及，過度強調SSCI、TSSCI的結果，造成教師重研究、輕教學與服務輔導的偏差現象。就此而言，教育部目前正嘗試推動大學的多元升等制度，提供大學教師較爲多元的升等管道，值得稱許。

另一方面，教師的教學熱情亟待激發。中央研究院院士曾志朗曾於2012年4月11日至國立臺灣師範大學進行「爲人師，就是要學會欣賞學生心靈的成長」的卓越教學講座，他強調最有效的教學就是要有熱情，有熱情才能做好一個老師；如果教師不想教學，只想發展自己有興趣的，應該選擇去中央研究院或其他研究單位。曾志朗進一步指出，教師也要設法引導和理解學生，他在國外任教時，曾受邀幫學校球隊球員上統計學，很多球員從小就被認爲很笨，但其實球場千變萬化，能在球場生存的人怎麼會不聰明，他們只是需要有人把原理拆開，讓他們瞭解，甚至教他們將數學原理應用到球場上。因此，大學教師必須展現高度的教學熱情，才能提升學生學習的動機。

(四) 結合專業與通識教育、提升學生基本素養

當前學生素質低落的問題乃是大學治理體系現代化必須面對的重要課題。首先，應落實大學的通識教育（general education），通識教育是大學生在專業能力之外，最基本的知識涵養課程，期能藉由教育的方式，協助學生拓廣視野，開展美善人格，以適應社會變遷，培養自我發展的能力，它不僅是人文與科技的基礎，更是大學教育的核心。再就通識教育的內涵而言，尤重「人文器識」與「科技素養」（楊振昇，2010，2013）。「人文器識」重視知識的平衡性與通達性，強調立身處世上開闊的胸襟與特質；而「科技素養」則強調處在當前的科技社會中，知識不應偏限於人文學科的範圍，對於日新月異的網路科技、奈米科技、太空科技、環保科技及基因科技等等，亦應有基本瞭解，尤其應關心前述科技的進步，將對人類的日常生活、生態環境與文化產生何種衝擊，而早日共謀因應之道。

其次，爲提升學生素質，應強化適性發展，對於普通大學應放寬轉系的限制，提供學生生涯探索與轉換的機會，對於技職院校，應重視其

定位問題，以避免大學畢業生日後學非所用、或用非所學。再者，建立「寬進嚴出」的機制，例如可在大二升大三時，透過情境模擬、面試等多元方式，舉辦通識教育會考，以重視學生溝通表達、問題解決、人際關係、道德觀念等基本知識與能力的養成。另外，相關課程規劃應結合社會脈絡，避免與社會脫節。例如進行公益服務課程時，教授應要求學生深入社區、擔任志工；而商學院之課程，也應要求學生進行銀行之實習或小額金錢進行股票操作，以及早瞭解職場生態，形塑以學生為中心的校園文化，並重視學生學習成果的提升，進而提升學生日後在職場的競爭力。

　　(五) 編列適度經費、提供校內學生至外國交流及吸引他國學生入學
　　由於培養具有國際視野的學生有助於國際化的推動，因此，各大學每年應編列適度經費，提供學生出國進行學海飛揚等計畫或參加國際研討會；另一方面，在大學開設外語課程（不限英語）以培養學生多語文能力，以及落實雙聯學制也有助於達成國際化的目標。

　　此外，未來的就業市場以及競爭的對象，也必定走向國際化，亦即除了臺灣之外，歐美、亞洲等等都可能是未來就業的地方，而一份就業機會的取得，可能需面對來自各國人才的激烈競爭，這是青年學子必須要深刻體認的事實。值得注意的是根據中央社2012年4月4日的報導，申請美國研究所的中國大陸學生，2012年繼續增加，成長率達18%。目前，申請就讀美國研究所的所有學生中，來自大陸的申請者占了將近一半。美國之音報導，美國研究所評議委員會（Council of Graduate Schools）的一份報告指出，申請2012年秋季就讀美國碩士和研究生專案的大陸學生人數增加18%。這是連續第七年，來自大陸的申請出現兩位數的成長：2011年的成長率為21%，2010年則為20%。大陸對高校生外語的重視以及國外留學人數的增加，在在都值得我們加以檢討與努力。

二、在克服社會因素方面

(一) 形塑學校特色、減緩生源不足問題

生源的減少，無形中形成了高等教育的市場化機制；對於大學的經營而言，彼此的競爭可說更加白熱化，影響所及，大學的分類與排名便成為各校必須面對的課題，有時難免造成學校定位與發展方向的兩難（楊國賜，2006；劉海峰，2010）。也因此，形塑學校特色、強化品牌行銷也就成為高等教育學校經營者必須採行的前瞻作為。就教育部所推動的大學校務與系所評鑑，以及「獎勵大學教學卓越計畫」、「發展國際一流大學及頂尖研究中心計畫」，與「發展典範科技大學計畫」而言，各項結果陸續公布，對於通過評鑑與獲得獎助的大學而言，自應把握宣傳的良機，透過各種管道進行行銷；當然，對於表現欠佳者，則宜進一步省思、檢視，深入檢討，為下一階段而努力。

這樣的作法，與大陸的高等教育政策頗有相似之處。就大陸而言，「211」與「985」工程對大陸的高等教育影響頗大（楊景堯，2003）；以「211」工程而言，主要是希望在進入21世紀以前，能有100所的重點大學。此項宣示，對於各大學均有相當程度的影響；換言之，原來已是重點大學者，期盼獲准進入「211工程」，而對於非重點大學者，則力求振作，以期進入「211工程」。再就「985」工程來說，主要是江澤民於1998年5月4日出席北京大學百年校慶時所提出，要求必須要有若干所具世界水準之一流大學，如美國的哈佛大學、麻省理工學院、史丹佛大學；英國的牛津大學、劍橋大學；日本的東京大學等等。發展至今，包括北京大學、清華大學、南京大學、浙江大學、復旦大學、上海交通大學、西安交通大學、中國科技大學、哈爾濱工業大學等，可說是「重點中的重點」，也是中國大陸的青年學子努力追求的目標。另外，根據大陸「國家中長期教育改革和發展規劃綱要（2010-2020年）」，也特別強調，到2020年，將發展一批國際知名、具有特色水準的高等學校，以作為教學、科研和服務社會等領域的旗艦，發揮排頭兵和領頭羊的指標功能（王戰軍，2010），這充分顯示大陸對發展重點大學的重視。也因此如何形塑大學特色，可說是減緩生源不足問

題中的關鍵途徑，值得大學治理者深思並付諸實踐。

(二) 落實成果導向評鑑機制，必要時進行系所整併或跨領域轉型

　　學非所用、用非所學的現象值得關切，就學校而言，除了應規劃適切的性向測驗機制，讓學生對自己未來的發展取向更有目標外，也應讓學生瞭解各行業所要求的專業知能為何，使學生能夠即早進行規劃準備。這方面應由教育部會同勞委會職訓局共同發展測驗機制或平臺。另外，政府應提供未來產業發展的方向，並且提早公告相關的人力需求，使學校或企業能夠依據這些方向，即早培養學生的能力，使其畢業後能學以致用。

　　其次，大學校務及系所評鑑應落實成果導向的評鑑機制，重視大學畢業生的學習成效與就業情形；尤其若能藉由資料庫的建立，將可發揮即時動態的功能，適時提供畢業生就業資訊，也能提供產業界的選才資料庫。學校應定期追蹤與分析畢業生的就業表現，瞭解學用落差的情形，做為系所轉型的依據。另一方面，也能藉由畢業生的表現，瞭解產業界需要的核心能力，適時進行系所課程規劃，必要時得鼓勵與協助系所跨領域轉型。

　　再者，未來政府應成立跨部會的協商機制，並由行政院院長或副院長擔任該機制的主人，期能藉由主持人位階的提升，彙整各部會的需求與意見，進而發揮整合的功能並提高成效（楊振昇、蔡進雄，2013）。質言之，人才培育政策係長期性、持續性的目標，有賴各大學校長伺機向政府提供建言。

伍　結語

　　組織運作沒有永遠的贏家，也不會有永遠的輸家；其主要關鍵在於組織如何勾勒願景、形塑文化、研訂策略、自我超越、及因應變革。高等教育的發展與人才培育息息相關，然不容諱言地，快速的社會變遷，對於高等教育產生了許多衝擊與影響，誠如周祝瑛（2010）指出，高等教育擴充的結果，可謂利弊參半，不可不慎，一方面固然增加了民眾就學的機會，但卻也造成稀釋政府補助經費，產生「高學歷、高

失業」的現象。而陳維昭（2007）也指出，臺灣的高等教育正面臨經費與資源不足的問題，學生的學習態度消極、基本能力下滑，則同樣令人憂心，因為這都攸關整體軟實力是否能有效提升。

　　社會變遷乃是一個複雜與艱辛的過程，期間難免充滿許多挑戰與不確定性，就大學治理體系現代化而言，尤應抱著「如臨深淵、如履薄冰」的信念，審慎為之，始能達成預期的目標，願共勉之！

參考文獻

(一) 中文部分

王戰軍（2010）。**中國大陸高水準大學50強**。第7屆兩岸高等教育學術研討會，高等教育與未來社會論文集，97-112。

吳榮文、楊振昇、田劉從國（2013）。臺灣高等教育的擴張與系所設置之探討。人文資源研究學報，13，19-34。

周祝瑛（2010）。**臺灣社會變遷中高等教育之挑戰**。第7屆兩岸高等教育學術研討會，高等教育與未來社會論文集，177-186。

陳維昭（2007）。**臺灣高等教育的困境與因應**。臺北：臺大出版中心。

張明輝（1999）。學校教育與行政革新研究。臺北：師大書苑。

張慶勳（1996）。學校組織行為。臺北：五南。

黃乃熒（2001）。從學校組織權力弔詭管理觀點建構學校組織變革模式。師大學報，46（2），145-164。

湯明哲（2007）。組織變革是企業成功的DNA。天下雜誌，369，177。

湯堯、成群豪（2003）。**高等教育經營**。臺北：高教。

楊振昇（2006）。教育組織變革與學校發展研究。臺北：五南。

楊振昇（2010）。**兩岸大學通識課程教學困境與因應策略之分析**。2010海峽兩岸高等學校管理制度研究學術研討會論文集，93-102。

楊振昇（2013）。**高等教育中通識教育的困境與因應策略**。發表於福建師範大學主辦之「2013年兩岸教育學術研討會」，2013, 4, 18-22，福建。

楊振昇、蔡進雄（2013）。**國內外人才培育相關政策之比較分析研究**。國家教育研究院之委託研究報告。

楊振富和潘勛（譯）（T. L. Friedman著）（2005）。世界是平的（*The world is Flat*）。臺北：雅言文化。

楊國賜（2006）。**高等教育的藍海策略：明確定位、有效治理**。2006高等教育國際學術研討會論文集，31-38。

楊景堯（2003）。中國大陸高等教育之研究。臺北：高教。

劉海峰（2010）。高等教育改革與發展中的兩難問題。第7屆兩岸高等教育學術研討會，高等教育與未來社會論文集，201-210。

謝少華（2010）。社會變遷與高校的重新定位。第7屆兩岸高等教育學術研討會，高等教育與未來社會論文集，353-364。

(二) 英文部分

Drucker, P. F. (1999). *Management challenges for the 21st century*. New York: Harper Business.

Fullan, M. (1999). *Change forces: The sequel*. London: Falmer Press.

Porter, M. E. (1990). *The Competitive Advantage of Nations*. New York: Free Press.

問題與討論

一、社會變遷的主要意義為何？

二、在社會變遷中，大學治理體系現代化所面臨的主要挑戰有哪些？

三、針對大學治理體系現代化在社會變遷中所面臨的挑戰，有何因應的策略？

四、對於國內高等教育產生「學非所用、用非所學」、以及「學用落差」的現象，請分析其主要原因？

五、何謂通識教育？國內的通識教育存在哪些問題？

第七章

臺灣高等教育輸出政策探析——以東協國家爲例

林立生

日本漫畫家手塚治虫說過：「孩子是未來。」這個世界正超乎我們想像迅速的變化中，因此教育需要改變，改變更需要勇氣與魄力，吳清基教授在擔任教育部長任內曾說過：「如果是對的事，請所有的教育人員不要害怕改變，因為此刻的我們都在改變未來。」我深深的相信，教育工作者應該用心思考在做法上超越僵化的體制，使教育更能發揮作用，進而更有效地培育健全的孩子，讓我們共同攜手努力吧！

壹　前言

甫於民國100年發布之《中華民國教育報告書－黃金十年、百年樹人》中指出，面臨全球化（globalization）及市場開放的趨勢，我國高等教育必須朝國際化發展以提升國家競爭力。該報告書指出：「為擴增國際交流機會，促成國內外學生進行交流、學習與深造，應增加臺灣國際學生人數，加速高等教育的國際化與全球化」；同時也希望積極擴展國外來臺留學生人數，鼓勵國際學生來臺留學或研習華語文，而在2008年所提出之「萬馬奔騰計畫」推動下，達成國內外籍生人數倍增的目標。

為打造我國成為東亞高等教育之重鎮，必須加速進行與東亞各國間之體系整合，擴大高等教育輸出規模，促進高等教育轉型與發展。此一願景包含了三項重要策略，分別為：1.推動世界一流大學及卓越研究中心計畫，與世界頂尖大學同步發展，學術交流；2.拓展國際與兩岸教育交流，國內大專校院與東亞及大陸地區高等學校締結聯盟比率由目前81%，五年內提升至90%，十年內提升至95%；3.境外學生來臺學習人數由目前4萬4,727人，五年內成長至10萬人，十年內成長至13萬人。為達成上述目的，可從：1.建構大學國際學生語言及學習友善環境；2.鼓勵學生出國留學，拓展國際視野；與3.放寬優秀人才來臺任教規定等三項配套措施加以著手（李建興，2011）。

21世紀以降，各國皆意識到除了推動國內教育的穩健發展外，高等教育國際化為改善封閉、國力衰退的困境，提升競爭力與培養國家需

要的人才之藥方。鄰近我國之韓國、日本、新加坡等國無不提出招收國際學生政策，例如2008年日本整合中央政府，如文部科學省、外務省與法務省等部會提出「留學生30萬人計畫」（Global 30），預計在2020年度時，能達成招收國際學生30萬人的目標（文部科學省、外務省、法務省、厚生勞動省、經濟產業省及國土交通省，2014），另外韓國也於2008年提出「留學韓國計畫」（Study Korea Project）計畫招收更多國際學生（張惠雯，2011）。

陳德華（2004）表示，教育國際化是必然的趨勢，擴大招收外籍留學生，可促進國內高等教育國際化。而高等教育全球化有助於教育服務貿易相關政策制定，吸引外國留學生前來就讀，賺取留學生在國內消費之各式收入。吳清基（2011）認為高等教育受到少子化趨勢威脅，將從「對內提供服務」轉型為「對外交流競爭」；王如哲（2010）也指出，在全球化的趨勢下，大學即是國際性的組織，同時服務本國與外國人，貢獻知識與人類社群，大學跨越了國界，面對他國競爭；高教人才更為全球所用，也與他國人才於同一個砝碼上衡量。大學理應脫離單一國界的思維，並具跨國界的特性。

再者，近年來東南亞各國經濟發展突飛猛進，且與我關係日益密切，為加速進行與東亞各國間之體系整合，輔以我國少子女化及高等教育輸出議題的發酵，我國對東南亞佈局之契機浮現。目前國內之國際學生來臺就學人數以東南亞國家為主要來源（占外國學生55%），惟依該地區出國留學人數所示僅約占3%，此數據顯示我國在高等教育輸出上仍有很大之成長空間，值得進一步加強。此外，由於華僑社群、臺商、留臺校友於東南亞各國之規模已然成形，此一背景更可用以做為深耕東南亞之助力並強化其效力（教育部，2011）。

近年來，東南亞經濟發展突飛猛進已是有目共睹，惟多數新興國家之高等教育發展未能趕上經濟發展腳步，呈現供應不足且學術水準仍有待提升之狀態。此現象也導致這些國家中，多數有能力之青年學子紛紛出國留學以求取更大之成長空間。此外，東協十國於東亞區域留學亦有增加趨勢，東協10國於國內大專校院就學、交換及學習華語之僑外學生，合計約1.8萬人，占國內外籍學生總數37.77%，惟僅占東協十國

出國留學總人數8.42%，顯見我國對東協十國之高等教育輸出市場，仍有很大成長空間。依教育部（2013）資料顯示，其中以馬來西亞（5.4萬）、越南（4.8萬）、印尼（3.4萬）及泰國（2.6萬）等4國之出國留學人數為最。

從高等教育輸出觀點思考，我國對於東協十國之留學生，可透過設立雙邊獎學金或教育中心等教育交流手段，吸引學生前來就讀我國之高等教育學校。因而，東協10國成為擴大招收境外生之重點目標已成必然；首先就高等教育國際化之意涵逕行界定，其次探討臺灣在高等教育國際化相關之政策，以東協主要生源國之案例，包含馬來西亞、越南、印尼、泰國等國，在後文伍、對我國高教輸出政策進行探析，最後再提出相關之建議，供我國高等教育政策輸出推動之參考。

貳　高等教育國際化之定義

在對「國際化」所做的定義上，一般而言，大多數人都以活動的類別或型態來定義國際化，透過這個過程，大學教育的教學、研究與服務等功能愈趨國際性、跨文化而愈少國家中心（楊巧玲，2004）。因此，對「高等教育國際化」之詮釋其實是因人而異的，從事於高等教育的研究人員與協會各有其特定目的與關注焦點（Knight, 1999）。Harman（2004）認為高等教育國際化包括以下活動內容：1.師生之間的國際交流；2.高等教育課程的國際化；3.研究交流及學習活動等方面的國際交流；4.高等教育學歷的雙邊及國際互認；另外，Hsiao（2003）則指出教育國際化包括「招募學生」、「學術交換」、「旅遊學習」、「海外學習和工作」以及「國際化課程」等五項。Harari認為高等教育國際化之內涵除高等教育的國際交流和合作，全球意識、超越本土的發展方向及範圍也應包括在內（引自陳學飛，1997）。Kerr則指高等教育國際化是高等教育不同於其他層級教育的特色之一，國際化促使高等教育的功能往外發展，轉變成具國際性質，包括在教學、研究與服務等方面的功能，它同時也是一種跨文化與減少國家中心的過程（引自蕭霖，2006）。

後來，高等教育國際化的定義逐漸趨向「歷程說」，Teichler已從

過去較屬大學「外掛式」（add-on）而非經常性活動（如交換學生、國際研討會等計畫性活動），轉向成為大學校院經營策略與組織文化變革手段的核心焦點，從過去的合作轉向競爭本質（引自姜麗娟，2005）。其中以Knight於1993年提出的國際化整合歷程說最具代表性，其將高等教育國際化定義為：將國際的、跨文化或全球的面向，整合到高等教育的目的、功能或教育方式的一種歷程（引自姜麗娟，2010）。

綜上所述，高等教育國際化係指高等教育機構透過研究與學習活動的國際交流、課程國際化與學歷的雙邊及國際互認，使教育、研究與服務等方面的功能轉變為國際性質，以進行相互溝通、交流與合作。從歷程觀之，高等教育國際化也是一種跨文化與減少國家中心的過程。茲將高等教育國際化之相關定義，彙整如表1所示：

表1
高等教育國際化定義彙整表

年代	研究者	定　義
1990	Kerr	高等教育國際化是高等教育不同於其他層級教育的特色之一，國際化促使高等教育的功能往外發展，轉變成具國際性質，包括在教學、研究與服務等方面的功能，它同時也是一種跨文化與減少國家中心的過程。
1990	Ebuchi	將國際化視為一個歷程，認為高等教育的教學、研究及服務功能須能兼容文化以趨向國際化。
1993	Knight	將高等教育國際化定義為：將國際的、跨文化或全球的面向，整合到高等教育的目的、功能或教育方式的一種歷程。
2002	Yang	將教育國際化定義為以全體人類利益為優先，可藉由嚴謹的控制雙方或多邊的流動與合作品質並創造平等的關係，突顯各國和高等教育機構的歷史、文化及差異性。
2003	Hsiao	教育國際化包括：招募學生、學術交換、旅遊學習、海外學習和工作以及國際化課程等項目。

續表1

年代	研究者	定　義
2004	Harman	高等教育國際化包括以下活動內容： 一、師生之間的國際交流 二、高等教育課程的國際化 三、研究交流及學習活動等方面的國際交流 四、高等教育學歷的雙邊及國際互認
2009	Hudzik & Stohl	國際化非高等教育目標的附屬物，須與高等教育組織的整體使命、目標、策略有具體的連結。

資料來源：研究者自行整理。

參　臺灣的高等教育國際化

　　我國教育部在2004年提出「擴大招收外國學生來臺留學方案」報告中曾明確的指出：「臺灣高等教育必須朝國際化發展，繼而提升國家競爭力，以因應全球化及市場化開放的趨勢。」同年，行政院將「擴大招收外國學生來臺留學」納入國家發展重點計畫；接著更於2008年推動「萬馬奔騰」計畫，促成國內外學生交流、學習與深造，增加臺灣境外學生人數、擴增我國青年國際交流機會以及加強高等教育國際化發展等為目標，鼓勵境外學生來臺留學或研習華語文（教育部，2011；陳惠美、薛家明，2013）。

　　前教育部長蔣偉寧（2014）在教育部業務概況報告中指出，拓展宏觀視野的國際及兩岸教育是必要的，過去施政以推動國際及兩岸學術交流、鼓勵出國留學、積極推動對外華語教學、擴大與國外簽署教育交流協定、擴大招收國際學生來臺就學、舉辦雙邊教育論壇及參與教育者年會、輔導海外臺灣學校整體發展與邀請國際重要文教人士訪臺為其成果，而未來施政方向則為提升高等教育品質，強化我國文化與經貿之優勢與競爭力，持續厚植大學教學與研究能量，促進大學發展多元特色及提升營運效能。其次，打造優質學習環境，積極吸引國際學生來臺留學或研習華語文，並鼓勵國內學生出國學習與深造，以深化高等教育之國際化程度。以推動高教鬆綁，落實大學自主、多元發展、改革多元入

學，促進社會流動、持續推動「邁向頂尖大學計畫」及「獎勵大學教學卓越計畫」，邁向卓越頂尖、完善大專校院轉型及退場機制、推動大專校院選送在學學生出國研修、推動「高等教育輸出—擴大招收境外學生行動計畫」為主軸實行之，從近年政策實行與願景可觀其高等教育國際化之趨勢。

在全球化的時代中，國際學生的流動是高等教育中不可避免的現象與議題，臺灣對於促進我國與國外大學學術交流有逐年增加的趨勢，表2為臺灣在2007至2012年期間，與國外大學學術交流的統計數字。從簽約總數、國外大學學術交流總數和締結姊妹校總數可知，臺灣在推動高等教育國際化工作上，已獲得一定的成效表現。

表2
臺灣與國外大學學術交流統計數字（2007-2012）

年度	簽約總數	國內學校總數	國外學校總數	姊妹校總數
2007	869	145	603	536
2008	979	137	681	702
2009	976	137	637	714
2010	1017	132	678	670
2011	1407	136	889	1000
2012	1253	122	816	847

資料來源：教育部國際及兩岸教育司（2013）。國內學校與外國學校或學術機構簽署教
　　　　　學術交流合作協約統計表。取自http://www.edu.tw/pages/detail.aspx?Node=22
　　　　　05&Page=8036&Index=4&WID=409cab38-69fe-4a61-ad3a-5d32a88deb5d

而臺灣近十年針對高等教育國際化的相關措施中，其包含獎勵出國與鼓勵外國學生至臺灣留學相關政策，提供就學貸款援助和國外學歷認證，鼓勵跨疆界接受教育；其次，自2007年起，教育部獎助大學優秀學生出國研修，更自2002年2月起，由國際文教處（現國際及兩岸教育司）提供留學服務的相關資料，主動提供留學諮詢服務和資料服務中心（王瑞壎，2013）。

　　招收國際生（含陸生）來臺就學，除了希冀透過此方式在臺灣少子化問題加遽之狀況下，補充高等教育學生生源、增加大學收入，並藉由國際生（含陸生）來臺就學的期間和本國學生透過互動交流文化，增進文化多元性交流；最重要的原因即是透過國際生（含陸生）來臺學習，以擴大高等教育影響力，繼而提升高等教育競爭力和在國際間的能見度。

肆　東協主要生源國之現況分析

　　根據經濟合作與發展組織（Organization of economy co-operation and development）的統計資料（OECD, 2009），目前全球外國學生人數已由2000年的190萬人成長到2007年的300萬人。以亞太地區而言，2007年的留學他國總學生人數超過2萬者有8國，其中東南亞即占4國（馬來西亞、印尼、越南、泰國）。由此觀之，東南亞之留學生廣被各國所重視，此一現象亦為我國不容忽視的課題。

　　東南亞各國與我國關係相當密切，就經濟層面而言，繆振梅（2012）指出我國對東南亞投資累積至2009年達659.8億美元，2011年與東協十國貿易總值843.64億美元，已成為東協之第三大貿易國、第二大出口國、第四大進口國。長久以來東南亞地區的華僑眾多，各國多受儒家思想與佛教文化之影響，與我國文化背景同源；凡此種種均降低臺灣與東南亞國家交流互動難度。

　　行政院於100年5月核定「高等教育輸出－擴大招收境外學生行動計畫」，該計畫係以「精進在臺留學友善環境」（包括：強化全英語授課環境、簡化境外學生申請入學、在校工讀及畢業留臺相關規定）及「強化留學臺灣優勢行銷」（包括：深耕東南亞、於海外設立臺灣教育中心）為推動主軸，以打造臺灣成為東亞高等教育重鎮為計畫願景，計畫目標至110年，境外學生人數成長至15萬人，占國內大專校院學生人數達10%。未來希留用學成表現優秀僑外生，厚植我高階研發人力資源（教育部，2013）。

　　其次，教育部為執行行政院擴大招收外國學生來臺留學方案及推動國家對外華語文教學政策，鼓勵國內大學於境外設立臺灣教育中

心，開設境外專班，拓展華語文教育，擴大招收外國學生來臺就學。於境外設立臺灣教育中心者，得向教育部提出申請經費補助（教育部，2013）。邱世涓（2009）認為境外教育中心對高等教育輸出與招收國際學生來臺就讀有實質助益，並且能強化臺灣對東南亞國家之影響力，應持續長久投入經營，而非只以計劃性質運作。表3為97至102年，設有臺灣教育中心國家之來臺學位生人數。

表3

設有臺灣教育中心國家97至102年來臺學位生人數

學年度	97	98	99	100	101	102	小計
越南	1098	1537	1826	2105	2379	2382	11297
馬來西亞	871	1224	1589	1889	2280	2863	10716
印尼	534	615	740	913	1055	1174	5031
日本	393	445	441	480	518	549	2826
南韓	357	403	416	413	494	490	2573
美國	370	418	373	410	423	408	2402
印度	287	315	347	373	431	492	2245
泰國	252	304	358	405	432	506	2257
蒙古	169	234	299	377	482	578	2139

資料來源：教育部統計處（2014）。大專校院境外學生在臺留學／研習人數—按國別分。取自http://www.edu.tw/pages/list.aspx?Node=3752&Type=1&Code=9001&Index=7&wid=31d75a44-efff-4c44-a075-15a9eb7aecdf

　　李彥儀（2011）認為東南亞國家經濟快速成長，與臺灣多元文化背景相似，華裔人口約占5%。與先進國家相比，臺灣學費相對便宜、地理位置相近、經貿互補性高，在半導體、奈米、農業科學、生態環境等領域，無論在學術領域或產學開發，臺灣都居領先地位。另外，至2014年，可以增加七成東南亞來臺學生，創造新臺幣45億產值。馬英九總統也於2011年宣誓要打造臺灣成為東南亞高教大國，可知爭取東南亞之優秀學生，實為時勢所趨（教育部，2013）。因此本章酌以馬來西亞、越南、印尼、泰國等四國狀況做為研究對象，經由文獻分析方

式，對我國與上述四國的高教交流、輸出狀況進行瞭解並據以做為提升與擴增我高等教育國際化之企圖。以下茲依馬來西亞、越南、印尼、泰國等四國之教育現況分析與教育交流說明如下（教育部，2013）：

一、馬來西亞

(一) 對馬來西亞之教育政策

馬來西亞在臺僑生眾多，兩國教育交流頻繁，臺馬學歷互認在高等教育評鑑中心（Higher Education Evaluation & Accreditation Council of Taiwan, HEEACT）與馬國學術資格鑑定機構（Malaysian Qualifications Agency, MQA）於101年7月20日簽署「互信聲明」後獲重大突破。馬國高教部已於102年1月31日公開宣布承認我國157所經評鑑合格之大學學位，並追溯自100年6月20日以後畢業者均生效。

駐馬來西亞代表處與馬來西亞留臺聯總聯合於每年7月間舉辦「臺灣高等教育展」，於吉隆坡、南馬（與北馬輪流）及東馬舉辦3場，102年馬來西亞臺灣教育中心主辦學校由逢甲大學接辦，該校在馬校友逾5,000名，遍及全馬各地。教育部預計在該校接辦下，華測報考人數將增加（考場及考試次數也會增加）、協助臺灣來馬招生件數將大增、至各校辦理赴臺升學說明會次數亦會增加。相對的，赴臺升學之馬來西亞學生也會增加。

(二) 對馬來西亞教育政策之困境

馬來西亞華人約為23.8%，為全球除臺灣與大陸外華人人口最多的地區，馬來西亞華人普遍對華語文都能應用自如，惟書寫均以簡體字為主；馬來西亞教育體制缺乏培訓華文教師的管道，華文學校缺乏華文教師，嚴重影響華文的基礎教學資源，且馬國政治現實對華語文教育支持度低。未來擬以「文化扎根」為目標，積極推動中學華語文教師華語文教學研習營，預計以年度辦理一次或二次研習會方式，邀請有意願參與之學校，共同規劃相關課程，提供馬來西亞中學華語文教師學習成長之機會（劉霈，2013）。

表4為97-102學年度，馬來西亞在臺灣的各類學生統計人數。

表4

97-102學年度馬來西亞在臺各類學生人數

年度	97	98	99	100	101	102
正式修讀學位外籍生	871	1224	1589	1889	2280	2863
僑生	3196	3564	3818	4118	4616	5245
外籍交換生	24	57	14	14	236	267
大專附設華語文中心	130	336	372	397	442	557
短期研習及個人選讀	12	35	26	31	126	217
合計	4233	5216	5819	6449	7700	9149

資料來源：教育部統計處（2014）。大專校院境外學生在臺留學／研習人數—按國別
　　　　　分。取自http://www.edu.tw/pages/list.aspx?Node=3752&Type=1&Code=9001
　　　　　&Index=7&wid=31d75a44-efff-4c44-a075-15a9eb7aecdf

二、越南

(一) 對越南之教育政策

臺越高等技職教育密切交流，雙方大學陸續簽約推動學術合作、課程聯結或師生交換計畫。至2011年底止，已有我國大學92校與越南大學178校相互簽訂教育學術合作協議書（備忘錄）或締結姊妹校關係。我國大學每年並組團赴越南舉辦大型高等教育展，計有國內43所大學參展。越籍學生來臺攻讀學位人數，已持續高居各國在臺外籍學生（非僑生）人數第一位。2012年度越南在臺留學人數高達3,915人，已較五年前（2008年為1,973人）人數增加一倍。

華語文能力測驗（Test of Chinese as Foreign Language, TOCFL）自2007年於越南開辦，每年於越南北中南三地舉辦定期華測，並配合各大學及臺商企業個別需求，不定期辦理專案華測。透過華測整合行銷，近三年報考人數已大幅成長。華測考試已成為鑑別越南學生及企業員工華語文程度的重要工具，考試規模並已超越大陸漢語水準考試（Hanyu Shuiping Kaoshi, HSK）。

(二) 對越南教育政策之困境

　　然目前雖有TOCFL能力檢定把關越籍學生的來臺品質，但因為規定嚴格，造成部分高中學生無法順利應屆來臺，未來TOCFL的推廣宜由高中生著手，並開放認證機構，授權以修讀華語時數抵免或是因應小班需求考試；編撰對越南學生的華語教材需求長期、專業的編制內人力，尤其需要通曉越南語及華語的人才，但無法取得相對應的資源，造成編撰教材的困難度提升（教育部，2014）。

　　表5為97-102學年度，越南在臺灣的各類學生統計人數。

表5
97-102學年度越南在臺各類學生人數

年度	97	98	99	100	101	102
正式修讀學位外籍生	1098	1537	1826	2105	2379	2382
僑生	71	86	91	139	156	185
外籍交換生	45	96	54	54	46	12
大專附設華語文中心	681	1055	1456	1582	1327	1046
短期研習及個人選讀	4	10	1	15	6	16
合計	1899	2784	3428	3895	3914	3641

資料來源：教育部統計處（2014）。大專校院境外學生在臺留學／研習人數一按國別分。取自http://www.edu.tw/pages/list.aspx?Node=3752&Type=1&Code=9001&Index=7&wid=31d75a44-efff-4c44-a075-15a9eb7aecdf

三、印尼

(一) 對印尼之教育政策

　　第一屆臺印高教論壇於101年4月16日在臺灣科技大學舉行，印尼將臺灣列入公費攻讀博士的四大優先國之一，促進雙方學術交流。駐印尼臺北經濟貿易代表處與駐臺北印尼經濟貿易代表處於100年5月21日簽署高等教育合作瞭解備忘錄，推動高等教育機構交流、交換學生計

畫、研議學歷與專業認證及提供獎學金等項目，增進雙方進一步教育交流合作，在此架構下，臺印雙方交流日漸升溫。

為與印尼有效推動國際學生交流政策，印尼與臺灣簽訂雙邊獎金學專案計畫，詳細計畫說明如下（教育部，2013）：

1. 印尼－臺灣DIKTI 3+1專案

101年，印尼已將臺灣列入公費攻讀博士的四大優先國之一，預計五年內選送1,000名大學講師到海外攻讀博士，並預定於102年起每年選送100位大學講師來臺攻讀博士，由印尼負擔博士生在臺前三年所需費用，我國則提供第四年費用及免學費優惠（3+1 program）。

2. pre-orientation for印尼－臺灣DIKTI 3+1專案

101年11月駐印尼臺北經濟貿易代表處轉知印尼高等教育司訊息，印尼高等教育司欲選派大學講師來臺進行三個月短期銜接課程訓練，並鎖定臺灣優秀科技大學承辦。

(二) 對印尼教育政策之困境

然，來臺留學時所需的學歷及文件認證程序需經過四個單位，不但繁瑣費時（2-4周時間），且所費不貲，影響學生申請來臺留學之意願。未來需簡化學歷及文件認證程序，若為公費生（如DIKTI受獎生），可由DIKTI開具證明簡化之；若為非公費生，可由授予該學歷之學校校長或學院院長開具證明簡化之，以提升其留學意願（教育部，2014）。

表6為97-102學年度，印尼在臺灣的各類學生統計人數。

表6
97-102學年度印尼在臺各類學生人數

年度	97	98	99	100	101	102
正式修讀學位外籍生	534	615	740	913	1055	1174
僑生	819	777	747	764	800	869
外籍交換生	6	8	3	3	2	33

續表6

大專附設華語文中心	1522	877	784	793	868	1009
短期研習及個人選讀	2	15	19	27	45	98
合計	2883	2292	2293	2500	2770	3183

資料來源：教育部統計處（2014）。大專校院境外學生在臺留學／研習人數—按國別分。取自http://www.edu.tw/pages/list.aspx?Node=3752&Type=1&Code=9001&Index=7&wid=31d75a44-efff-4c44-a075-15a9eb7aecdf

四、泰國

(一) 對泰國之教育政策

我與泰國高等教育之交流始於2011年2月教育部組團赴泰國曼谷及清邁兩地舉行三場「2011臺灣高等教育展」，與泰國教育部於曼谷合作舉辦「第一屆臺泰高等教育論壇」。

2012年3月於臺灣科技大學辦理「第二屆臺泰高等教育論壇」，探討如何加強雙方在「高等教育」、「技職教育」、「產學合作」、「師生交換」、「人才培訓」、「大學結盟」等各項領域的交流合作。

2013年11月19至22日續規劃於泰國接續舉辦「第三屆臺泰高等教育論壇」。會前將辦理「臺灣高等教育展」，會後將由泰國教育部安排我國與會代表參觀泰國大學及技職校院以洽談校際合作。

(二) 對泰國教育政策之困境

中國大陸在泰國各大學廣設孔子學院、簡體中文教學普及。國際交流學生的外語流利度不足，部分前往臺灣的泰國學生缺乏修習學業課程及日常生活溝通所需的外語程度；國際學術交流方案及申請條件的英語資訊有限，臺灣各大學資訊仍以繁體中文為主，致使學生對來臺留遊學內容和申請條件認知不足，參與意願難以提升；臺泰國際合作學位課程數量較少，學生傾向至他國留學，另不少學校尚未與臺灣各大學建立交流合作關係，姊妹校數量仍待開拓。

未來我國將朝增加國際宣傳、遠距教學與電腦化施測；補助華語師資培訓；增加來臺留遊學誘因；提高外語成績標準及提供外語課程，或擴大課程調整彈性；提供英語網站資訊，並辦理行前說明會；爭取放寬學生簽證條件；向泰國大學表達合作意願；針對泰國偏遠大學建立合作關係；建立特色領域與教育品質等方向努力（教育部，2014）。

表7為97-102學年度，泰國在臺灣的各類學生統計人數。

表7

97-102學年度泰國在臺各類學生人數

年度	97	98	99	100	101	102
正式修讀學位外籍生	252	304	358	405	432	506
僑生	384	353	322	311	292	291
外籍交換生	38	27	55	55	63	147
大專附設華語文中心	297	333	402	443	382	466
短期研習及個人選讀	51	149	49	73	80	191
合計	1022	1166	1186	1287	1249	1601

資料來源：教育部統計處（2014）。大專校院境外學生在臺留學／研習人數─按國別分。取自http://www.edu.tw/pages/list.aspx?Node=3752&Type=1&Code=9001&Index=7&wid=31d75a44-efff-4c44-a075-15a9eb7aecdf

伍　我國實施高教輸出政策之原因與方向

當前臺灣社會，對內面臨有少子女化、人口高齡化、社會M型化與網路世代興起等社會轉型挑戰；對外則面對中國崛起後的兩岸關係變化、其他區域聯盟如歐盟及東協等新興勢力形成，知識半衰期縮短以及各國產業結構調整等壓力。因此，推動高等教育國際化更是刻不容緩之課題。

我國實施高等教育輸出之政策方向包含「走進臺灣─招收境外學生」，與「走向國際─鼓勵我國學生出國留學」兩大項（教育部，

2011）。其中境外學生所指，則包含有外國學生、大陸學生與僑生。茲依我國高等教育輸出之政策方向論述如下：

一、擴大招收外國學生

教育部修正「外國學生來臺就學辦法」及「僑生回國就學及輔導辦法」，未來大學招生不足額部分可招收僑生或外國學生，不受現行以各校當學年度招生名額外加10%之限制。有關僑生入學管道，海外聯招會規劃於100學年度實施僑生來臺升學多元管道方案，除現行海外聯招制度外，增設申請入學方式，並開放各大學校院得開設僑生專班，及由學校自行辦理招生。

教育部自94年度特訂定「教育部獎勵大學校院擴大招收外國學生補助計畫」，98年修正為「獎勵大學校院推動國際化補助計畫」以達全面推動之目的，並將於100年納入邁向頂尖大學計畫，與獎勵大學教學卓越計畫相關項下持續推動辦理，以因應全球化及我國加入WTO後所帶來之衝擊。

再者，除以專案計畫經費補助大學加強辦理招收外國學生，並鼓勵各校設置外國學生獎助學金及設立華語中心；教育部並與政府相關單位提供外國學生來臺留學專案獎學金，如「臺灣獎學金」、「華語獎學金」等，並鼓勵學校成立外國學生及國際事務專責單位，以提供專業諮詢與生活輔導等服務。

教育部及財團法人高等教育國際合作基金會（Foundation for International Cooperation In Higher Educational of Taiwan, FICHET），近年已辦理國內44所大學校院國際學生學習環境實地訪評計畫，以督促國內主要招收外國學生之大學，能持續強化國際學生學習環境。

二、與國外大學辦理跨國雙聯學制合作

為使我國高等教育與國際接軌，在符合《大學法》、《大學辦理國外學歷採認辦法》以及各校學則等規範之前提下，國內外大學得經由國際學術合作模式，合作辦理雙聯學制，使學生得同時在國內外大學修讀雙學位等，提供學生更多元化出國學習的正規管道與接觸他國文化的機

會。至97學年度止，計有48所大學校院與國外大學建立雙聯學制合作案共198件。

三、開設英外語授課學程與專業課程

　　為於教學方面加強英、外語授課的方式與課程，並提升教學國際化程度，規劃專為外國學生開設學程，開設全英外語授課學程（系所），同時促進本國學生實質英、外語能力，發展為具全球化、專業化的特色課程或學程。

　　國內臺灣大學、清華大學、中央大學、中興大學、國防醫學院、陽明大學、交通大學等7校，自91學年度起與中央研究院合作辦理「國際研究生學程」，針對具有前瞻性、尖端性、競爭力的研究主題進行研究並授予碩士以上學位，以達培養跨領域研究人才。

　　另為吸引國外優秀學生來臺就讀，透過增加簽約姊妹校、加強參與國際組織，與國外學校合作開設國際學程、參與國際認證評鑑、獎勵碩博士生出國研習，及參與國際會議等方式，來營造校園學術國際化之環境，另可藉由師生組團參訪國外一流大學、參與國外教育展宣傳、赴海外國家頂尖學府招生，及協助國際知名大學在臺招生活動等，以增進國際交流合作管道並擴展知名度。

四、加強兩岸高等教育交流與招收陸生

　　立法院於2010年8月19日通過《兩岸人民關係條例》、《大學法》、《專科學校法》之修正案，陸生來臺與承認大陸學歷正式開啟。

　　至於招收大陸學生來臺就學，各主管單位除就其入學及就學規定、入境及停留規定、草擬規範外，尚須遵守「三限六不」，以及陸生不得打工之附帶決議。

　　建立兩岸教育交流長遠發展之根基，應持續推動：1.建立兩岸教育交流之政策管理機制，2.整合兩岸教育交流資源與建立合作平臺，3.適時研修兩岸教育交流之法令與規範，並研擬建置境外學生網頁資訊交流平臺。

五、加強東南亞高等教育輸出

98學年度東南亞外籍學生，占來臺灣就讀外籍生之總數55%；98學年度東南亞僑生占來臺灣就讀僑生之總數46%；此外，我國高等教育赴東南亞開設境外專班、雙聯學制，以及來臺修習華語等加強與東南亞之合作，對於我國高等教育輸出，並逐步邁向產業化，甚具重要性。

教育部刻正規劃「連結亞太，深耕東南亞」計畫，以「透過深化東南亞主要國家對我國之學術依賴，藉以融入東南亞整合體系」為核心目標，規劃三大主軸及十三項推動策略，期以擴大招生、深化對我國學術及人才培育之依賴，強化與東南亞交流互動機制等階段性推動工作，使臺灣成為東南亞高階人才培育之重鎮，以達成融入東南亞體系之最終目標。

陸 結語

我國102學年度大專校院在學僑生人數為1萬7,055人，較101學年度增加了1,851人，102學年度大專校院在學外國學生人數為1萬2,597人，較101學年度增加1,043人。依此數據，顯然國內各大學在國際化的方向已逐漸看到成效，如果國際化是提升大學品質的重要途徑，那麼不管是國內以研究為導向或培育優秀專業人才的優質大學，各大學因其自身歷史和屬性的不同，而在發展需求上亦有不同之方向。況且，招收國際學生和大學國際化不應劃上等號。

臺灣面對國際化與全球化的影響，除了積極推動與特定區域或國家之雙邊聯繫外，建立與加強我國大學學術國際化，才能展現我國高等教育之獨特優勢及學習環境。在招收國際生（含陸生）時，除了教育部等主管機關應堅持及明示大學相關政策方向和重點外，並要求各大學應以自身具備教導國際生的條件與否為前提，再行考量是否招收國際生；再者，大學招收國際生也應以教育和研究的品質為基礎，建立且確實運作完善的國際生教育制度，才能保證招生和學習成效，並落實提升大學競爭力。

最後，本章建議持續推動並強化與特定區域或國家之雙邊聯繫，並

透過相關措施，輔導學校規劃發展國際化之策略與目標，加強辦理國際學術交流、擴大招收僑外學生及建置友善國際化學習環境，增進我國高等教育競爭利基，加入國際高等教育市場之列，如此方能使臺灣在高等教育輸出的政策更加茁壯，並爲臺灣高等教育注入一劑強心針。

參考文獻

(一) 中文部分

王瑞壎（2013）。OECD國家跨疆界教育與高等教育國際化。**臺灣教育評論月刊，2**（1），9-17。

立法院（2014）。**教育部業務概況報告**。臺北市：立法院。

呂苡榕（2011年1月12日）。臺灣高教前進東南亞淘金。**臺灣立報**。取自http://www.lihpao.com

李建興（2011）。黃金十年教育革新之研析。取自http://www.npf.org.tw/post/3/9807

邱世涓（2009）。**臺灣跨國高等教育輸出—以境外臺灣教育中心爲例**（未出版之碩士論文）。國立嘉義大學，嘉義市。

姜麗娟（2005）。論全球化與跨國高等教育對高等教育國際化的新啓示。中正**教育研究**，4(1)，67-98。

姜麗娟（2010）。亞太國家國際學生流動與跨國高等教育發展之探討與啓示。**教育資料與研究**，94，113-138。

張惠雯（2011）。我國高等教育產業輸出：連結亞太—深耕東南亞計畫。**高教技職簡訊**，54，2-4。

教育部（2010）。**中華民國教育報告書—黃金十年百年樹人**。取自http://140.111.34.34/docdb/files/dma7db04060c043a0aa.pdf

教育部（2011）。高等教育輸出—擴大招收境外學生行動計畫。臺北市：教育部。

教育部（2013）。教育部於東協10國教育交流工作計畫。臺北市：教育部。

教育部（2014）。大專校院境外學生在臺留學／研習人數—按國別分。取自http://www.edu.tw/pages/detail.aspx?Node=3752&Page=22203&Index=7&WID=31d7

5a44-efff-4c44-a075-15a9eb7aecdf

教育部（2014）。高等教育輸出―區域策略規劃關鍵問題與因應策略建議表。臺北市：教育部。

陳惠美與薛家明（2013）。全球脈絡下的國際學生流動。**臺灣教育評論月刊**，2（1），4-8。

陳學飛（1997）。高等教育國際化―從歷史到理論到策略。**教育發展研究**，11，59-63。

黃淑玲（2010）。高等教育評鑑全球化下的臺灣版圖。**評鑑雙月刊**，25，52-55。

楊子慧（2012）。深耕東南亞―高等教育產業輸出連結亞太。**高教技職簡訊**，36。

楊巧玲（2004）。高等教育國際化的意義與爭議。**教育政策論壇**，7（1），101-110。

劉霈（2013）。馬來西亞臺灣教育中心業務簡報。取自http://www.fichet.org.tw/wp-content/uploads/2013/12/06.馬來西亞.pdf

蕭霖（2006）。**大學國際化指標建構與運用之研究**。臺北市：國立教育資料館。

戴曉霞與楊岱穎（2012）。**高等教育國際學生市場新趨勢**。臺北市：高等教育。

繆振梅（2012）。**臺灣「高等教育輸出東南亞」政策的形成與實踐**（未出版之碩士論文）。國立暨南國際大學，南投縣。

簡立欣（2011年1月13日）。技職司許願 2014增收7成東南亞學生。**旺e報**。取自http://www.want-daily.com/portal.php

(二) 英文部分

文部科學省、外務省、法務省、厚生勞動省、經濟產業省及國土交通省（2014）。「留學生30萬人計畫」。https://www.uni.international.mext.go.jp/ja-JP/documents/international_students_plan_jp.pdf

Ebuchi, K. (1990). Foreign students and the internationalisation of the university: a view from the Japanese perspective. In K. Ebuchi (Ed.), *Foreign Students and the Internationalisation of Higher Education.* Hiroshima, Japan: Research Institute for Higher Education, Hiroshima University.

Hsiao, C. M. (2003). *Transnational education marketing strategies for postsecondary pro-*

gram success in Asia: Experiences in Singapore, Hong Kong, and Mainland China (Unpublished doctoral dissertation). The University of South Dakota, U.S..

Harman, G. (2004). *New directions in internationalizing higher education: Australia's development as an exporter of higher education services.* Retrieved from ERIC database. (EJ752108)

Hudzik, J., & Stohl, M. (2009). Modelling assessment of the outcomes and impacts of internationalization. In H. d. Wit (Ed.), Measuring Success in the *Internationalisation of Higher Education* (pp. 9-22). Amsterdam, Netherlands: European Associatoin for International Educatoin.

Knight, J. (1999). Internationalization of higher education. In J. Knight & H. d. Wit (Eds.), *Quality and internationalization in higher education* (pp. 13-29). Paris:OECD.

Yang, R. (2002). University internationalization: It meanings, rationales and implications. *International Education, 13*(1), 81-95. doi:10.1080/ 14675980120112968.

第八章

從治理觀點析論我國推動大學自主治理之政策可行性

宋雯倩
陳盈宏

手把青秧插滿田，低頭便見水中天；六根清淨方爲道，退步原
來是向前。

～唐代‧布袋和尚

 前言

「治理」（governance）主要指涉與國家的公共事務有關的管理活
動和政治活動，在詞源學上，緣起於拉丁文和古希臘語，最初涵義爲
舵手，相關概念爲風險，可清楚看出治理與風險的緊密相連性（張源
泉，2012；蔡勝男，2005；Pierre & Peters, 2000））。治理的觀點有
狹義及廣義之分（陳恆鈞，2008；謝卓君，2013），就狹義而言，治
理被視爲從統治概念中所發展出來的一種駕馭社會其他部門的一種手
段，具有上對下的控制意涵（陳恆鈞，2008）；就廣義而言，治理並
非統治的同義詞，其係指各種公共機構與私人領域的個體，管理共同事
務諸多方式之總稱，甚至包含對獨立又相互依存的行動者間之協調，
以使各種不同利益及立場的衝突能夠獲得調和（張源泉，2012；俞可
平，2000；Rhodes, 1997）。據此，廣義的治理觀點有別於科層體制的
統治及新自由主義的公共管理思維，象徵一種公共事務管理方式的改
革，其具有相互主體性的民主化意涵，主張公部門、私部門及公民社
會之間呈現一種協力網絡的夥伴關係，並透過互惠平等的對話合作，
以擴張實踐公共利益的最大可能性（陳恆鈞，2008；Goldsmith & Eg-
gers, 2004; Kickert & Koppenjan, 1997）；進一步言之，從廣義的治理
觀點，由於教育政策屬於公共事務管理的一環，所以政府部門在進行教
育政策規劃時，必須正視治理主體具有多元性質，亦即須關注及回應每
個政策利害關係人的需求，並建構每個利害關係人都能夠平等表達自己
聲音的對話平臺，以實踐最大化的教育公共利益。

國內有關大學治理的改革，教育部自2012年以國立成功大學爲試
辦學校，透過行政契約方式開始推動國立大學自主治理試辦方案，希冀
透過大學治理方式的改變，能夠找出我國高等教育發展的藍海策略，例
如：國立大學自主治理試辦方案改以政府、學校、校友、社會代表組成
的「多元治理」模式，促動大學對社會的呈現績效責任，因應學術發

展、社會及產業變動（梁學政，2012）、朱經武等學者並於2012年提出國立大學自主宣言，呼籲大學自主治理的推動急迫性，顯示大學如再以公務機關經營，將徹底喪失未來國際高教競爭性（胡清暉、林孟婷，2012）。

　　然而這些改革卻也引發各利害關係人的諸多爭論，例如郭添財（2012）提出：「單以一則行政命令即同意讓大學自主管理，違背了法律上的保留原則」、臺灣高等教育產業工會（2012）質疑「最終結果是大學將由產官學利益集團治理，……，這將嚴重傷害大學的資源分配正義、教師的勞動條件和尊嚴，以及教授的學術自由」等。

　　據此，本文將先闡述我國大學自主治理政策的實施特色，並採用廣義治理觀點，從政策可行性分析的角度，說明推動大學自主治理政策的教育政策意義及可能面對的挑戰，並綜合政策可行性分析的結果，提出持續扎根大學自主治理政策可行性的相關建議。

貳　我國大學自主治理政策的實施特色

　　我國《憲法》與1994年修訂之《大學法》授予國內大學自主治理法源依據始自，近年來，雖然大學自治的概念逐漸成為一種共識，高等教育數量也急速擴充，但隨著環境快速變遷，包括全球化、市場化、少子女化、高齡化、數位化等趨勢，加上傳統公共行政取向的大學管理方式、校務會議有權無責、教育資源稀釋、經費縮減、相關法令缺乏彈性等問題，導致我國當前大學治理功能不彰、高等教育競爭力不足等危機，所以，尋找可以有效扎根大學競爭力的大學治理策略，是當前高等教育發展的重點（教育部，2014）。

　　有鑑於此，教育部曾蒐集國外大學法人化相關資料，企圖為我國大學治理尋找扎根競爭力的相關策略（黃怡如，2000）；然而，國立大學法人化政策在研擬之中，便衍生社會各界諸多質疑及爭議，例如：大學去公務員化、取消新任教師公教退輔、國有財產移轉等，導致2001年起行政院核定之「大學法修正草案」增列的「行政法人國立大學」專章，歷經數十次的立法程序討論，2005年12月全數遭到刪除，大學法人化政策被擱置，大學治理方式變革遭遇重大困境（宋宏日，2005；

郭毓雯，2006）。

惟面臨國際教育趨勢的劇烈變化，我國大學治理如不妥善因應，將與國際各大學差距越形擴大；故在2010年，馬英九總統與學術教育類國策顧問座談會指示教育部規劃「大學自主治理方案」，教育部進而於第八次全國教育會議提出「落實大學法人化精神，扎根大學經營與治理效能」方向；在歷經多次跨國顧問會議，並與跨校公法團隊及結合會計師事務所之財會團隊研議，在不牽動現行教職員待遇退撫及國立大學法定定位之前提下，研定「國立大學自主治理試辦方案」，並擇定國立成功大學為試辦學校（教育部，2012）。換言之，我國教育部透過行政契約方式開始推動國立大學自主治理試辦方案，希冀透過大學治理方式的改變，能夠找出我國高等教育發展的藍海策略，以下說明我國大學自主治理政策的實施特色。

一、以行政契約代替直接法令規範

我國教育部於2012年選定國立成功大學作為「國立大學自主治理試辦方案」之試辦學校，教育部和試辦大學之間，係採取行政契約方式推動相關工作項目，並不涉及法令規章的修正與新增（李金振，2012；國立成功大學，2012）。

教育部之所以選擇以行政契約推動「國立大學自主治理試辦方案」的原因之一，在於過去大學法人化推動過程中，涉及大學法等法令之修訂，在立法院中取得共識不易；如果「國立大學自主治理試辦方案」要等待相關法令修正完成後再實施，將造成持續原地踏步之情形，而以行政契約方式進行試辦，若試辦績效良好，對於相關法令的修正過程將可有效降低可能阻力，各大學試辦過程中所面臨的相關質疑及困境，也可作為修正方案的正向回饋（宋宏日，2005；郭毓雯，2006；梁學政，2012）。

二、鬆綁對國立大學之行政管制

因國立大學定位為公務機構，因此會計、人事主任與學校行政人員之聘用，需遵循公務體系之聘用制度。惟相較於私立大學得自由聘用對

校務有深入瞭解或能積極投入校園之人力，國立大學在人事聘用、經費
預算或行政程序上，都受到公務機關之相關法規限制。茲比較國立大學
與私立大學在校長遴選、人事任用、學校經費、校長及教師資格、年度
預算等面向之差異如下：

表1
國立大學與私立大學治理體制之比較

項目	國立大學	私立大學
校長遴選	1.新設立之大學校長，國立者，由教育部組織遴選小組直接選聘。 2.續任或新任者，經公開徵求程序遴選出校長後，由教育部或各該所屬地方政府聘任之。國立者，遴選辦法由教育部訂之。	1.新設立之私立者，由董事會遴選報請教育部核准聘任之。 2.私立大學校長由董事會組織校長遴選委員會遴選，經董事會圈選，報請教育部核准聘任之。
會計、人事任用	依行政院主計總處與人事總處遴選方式辦理，學校無自主權	由校長或董事會決定，大學自主
學校經費	受限政府預算法、會計法與決算法、校務基金條例等法規限制，除自籌經費外，運用缺乏彈性	除政府補助款與學雜費外，其餘運用由董事會決定，較具彈性
校長及教師資格	校長、專任教師為公務人員身分，不得超過65歲。	薪資具彈性、教師年齡較不受限（75歲）
年度預算	需送教育部提立法院審議通過	由董事會公開

資料來源：整理自國立成功大學自主治理試辦方案網站（國立成功大學，2012）。

從表1可知，國立大學具有公務機關屬性，因此在人事、主計、財
政等方面，皆必須受到現行法令的嚴格規範，且由於公務體系之防弊思
維，常造成「法規多如牛毛、動輒得咎、多一事不如少一事」之怠惰心
態，衍生行政效率低落、學術及行政體系隔閡等為人詬病的現象（宋宏
日，2005；郭毓雯，2006；張媛甯，2006）。為改進上述大學治理缺
失，在「國立大學自主治理試辦方案」中，鬆綁對國立大學的行政管
制，授權試辦學校在校長選任、人事聘任、自籌經費之財會管理、招生
系所與招生名額等調整等面向有更大之彈性（李金振，2012；國立成

功大學，2012）。

三、大學自主治理並非大學法人化

　　教育部2004年曾推動大學法人化計畫，重新定位大學自主地位，惟牽涉「去公務員化」、「大學教師退撫」、「國有財產歸屬」等重大議題（華英俐，2009），短期間難以解決，在國立大學諸多疑慮與深怕自身權益受損下（康育斌，2003；曾建穎，2008），並未獲得多數國立大學之支持，因此原計畫乃暫緩推動。

　　為避免重蹈大學法人化的推動困境，在「國立大學自主治理試辦方案」中，以較為彈性折衷之方式推動，例如：以行政契約方式放寬大學自主治理的面向（包括人事、經費與決策等），以減少教師團體的抗爭與修法爭議（李金振，2012；國立成功大學，2012）。另外，教育部也不斷強調「大學自主治理」與「大學法人化」並不相同，大學自主治理與大學法人化之差異如下：

表2
大學法人化與大學自主治理方案之比較

項　目	大學法人化	大學自主治理
國立大學定位	變更為獨立法人	不改變
學校財產處分權	變更為法人所有	不改變
公務人員身分	原有人員不變，但須遷調，新進教職員變更為非公務人員。	新舊教職員都不改變
適用大學法	不適用（要修法）	適用（行政授權）

資料來源：整理自國立成功大學自主治理試辦方案網站（國立成功大學，2012）。

四、自主治理委員會的多元治理結構

　　現行大學校務會議之運作雖然廣納校園成員的意見，惟往往衍生校務會議有權無責、決策效率不彰等問題（張媛甯，2006），尤其校務會議成員流動頻繁、對校務議題非全然瞭解，尤其對財務、工程、稽核

等專業知識，如無長期參與或投入，往往無具體審核或針砭之效益。另外目前國立大學因屬公務機關，經費需依照政府預算之體制編列、支給、核銷，缺乏彈性，雖有自籌經費之運用彈性，惟校內會計人員與中央主計、審計等單位一條鞭，往往流於形式、僵化，甚或比政府部門管控的更為嚴格。

為解決決策不彰與經費運用僵化等問題，大學自主治理方案提出設立「自主治理委員會」與「稽核室」之策略，其中自主治理委員會成員納入社會賢達、校務會議成員，且納入財務會計專業人員，對於學校校園發展、整體經費運用等進行專業建議，另稽核室為常設機構，對於學校整體經費支出運用有全面之瞭解與掌握，對於現行國立大學經費之運用有很大的突破（國立成功大學，2012）。

國立大學自主治理委員會，也不等同於私校的董事會。在負責對象、經費操控與決策過程等均有差異，私校董事會乃校長與校務會議最高指導單位，且經費與財政支出也必須經過董事會的同意，運用上早就具有彈性；國立大學自主治理委員會成員納入校內、校外賢達與專業財會人員及教育部代表，一方面兼顧社會各界與校內意見，另一方面也兼顧整體國家教育政策發展之意見；且校產不屬於學校自身（因不屬於法人化），而是國家財產。茲比較大學自主治理委員會與私立大學董事會之如下：

表3
大學自主治理委員會與私立大學董事會之比較

項目	國立大學自主治理委員會	私立大學董事會
對誰負責	政府、社會	股東或財團
運作過程	透明化	不一定
職權	職權大，但有制衡機制（校務會議、契約終止等）	職權大，但無清楚制衡機制
代表性	多元化	不一定
校產處分權	無	有
校長職權	權責相符	聽命董事會

資料來源：整理自國立成功大學自主治理試辦方案網站（國立成功大學，2012）。

綜上所述，國立大學自主治理方案不等於大學完全商業化，而是經由利害關係人共同參與的多元治理，建構自主的大學治理環境。

參　推動大學自主治理政策之可行性分析

由於國立大學屬於公部門公共事務管理的一環，所以廣義的治理觀點也會影響大學治理方式的變革。從廣義的治理觀點，政府部門在進行教育政策規劃時，必須正視治理主體具有多元性質，亦即須關注及回應每個政策利害關係人的需求，並建構每個利害關係人都能夠平等表達自己聲音的對話平臺，以實踐最大化的教育公共利益。我國推動大學自主治理不僅為教育部推動高等教育鬆綁的措施，更是高等教育政策的創新作法，為瞭解其後續政策是否又會像法人化政策一樣胎死腹中，加上各利害關係人有所疑慮，所以有必要探討「國立大學自主治理試辦方案」之政策可行性，以下茲從廣義治理觀點，就政治面、經濟面、行政面、時間面、法律面、環境面等面向進行分析。

一、政治可行性（political feasibility）

政治可行性係指政策利害關係人支持的情形，例如：政黨、意見領袖、利益團體、選民、傳播媒體等，不同立場的利害關係人對於同一方案往往有不同的主張，支持者多反對者少時，政策較易推動；如相反，則政策推動不易（吳定，2013；丘昌泰，2010；張德銳，2006）。

據此，我國在推動大學自主治理時，也呈現出不同利害關係人有不同的聲音，支持論述包括：在2010年，馬英九總統與學術教育類國策顧問座談會指示教育部規劃「大學自主治理方案」（梁學政，2012）；教育部於第八次全國教育會議提出「落實大學法人化精神，扎根大學經營與治理效能」方向，並進而研定「國立大學自主治理試辦方案」（教育部，2012）；在大學校長會議中，國立大學校長曾多次討論扎根大學經營自主之範圍，要求教育部鬆綁管制，以解決大學治理功能不彰的困境；在2012年，馬哲儒、朱經武等歷屆大學校長共同發表「國立大學自主宣言」，提出應逐步建立國立大學自主權能，讓大學

可邁向真正的民主（國立成功大學，2012）。

然而，亦有許多利害關係人提出反對論述，例如：臺灣高等教育產業工會串聯百名學界人士，偕同成大師生代表，一同表達堅決反對「國立大學自主治理試辦方案」，認為此方案將嚴重傷害大學的資源分配正義、教師的勞動條件和尊嚴，以及教授的學術自由（臺灣高等教育產業工會，2012）；彭明輝（2012）則批評「國立大學自主治理試辦方案」之推動，將嚴重違背國際公認的「學術自由」等。

二、行政可行性（adiministrative feasibility）

行政可行性係指行政機關是否具備執行政策方案的能力，亦即是否能夠妥適運用組織管理、政策對話、政策行銷等策略，有效達成政策目標（吳定，2013；丘昌泰，2010；張德銳，2006）。從廣義治理觀點，教育政策若要具備行政可行性，端視行政機關是否能與各利害關係人進行有意義對話，以化解關於政策內涵的相關歧異，形成政策共識。

據此，我國在推動大學自主治理時，「國立大學自主治理試辦方案」係以試辦先行為前提，由國立大學自身決定是否參與，且參與的學校必須將試辦計畫書經過校務會議通過，因此校內必須先進行溝通協調後，方得進行試辦；以國立成功大學為例，其在2012年共舉辦11場大學自主校內系列溝通說明會，亦有設計網路意見平臺進行意見交流（國立成功大學，2012）；另外，在「國立大學自主治理試辦方案」中，有別於大學校務會議，試辦學校係設置自主治理委員會進行大學治理運作，且委員會成員大幅提升校外代表比例，此象徵多元治理架構的建立及運作，進而有助各利害關係人進行對話（國立成功大學，2012）。

但是，依據「自主治理委員會」運作規則規定：「校務會議若欲否決自主委員會的決議，必須由五分之一代表提案、四分之三出席、出席代表四分之三多數決否決之。」將使得校務會議作為自主委員會的制衡機制蕩然無存（彭明輝，2012；臺灣高等教育產業工會，2012b）。另外，郭添財（2012）指出，教育部雖同意國立金門大學與成功大學試

辦大學自主治理方案，但事前並沒有向學校教職員工充分說明，甚至到校務會議只是單向政令宣導，讓學校教職員工無參與空間。

三、經濟可行性（economic feasibility）

經濟可行性指政策執行時，一般性資源（經費預算等）與特殊性資源（專業性人力、資訊等）之充足性（吳定，2013；丘昌泰，2010；張德銳，2006）。據此，我國在推動大學自主治理時，依據政策現行規劃進度，「國立大學自主治理試辦方案」為試辦性質，係由教育部提供經費鼓勵大學試辦，補助經費係採取分期核給，並配套三年一期之試辦成果評鑑，若試辦成效不佳，教育部可依約定提出停辦或不續辦，所以國立大學自主治理試辦方案的經費基本上是足夠的（梁學政，2012）。另外，國立成功大學亦強調，即使實施自主治理計畫，教育部仍會依照學校的學生數來撥付公務補助，不會因為實施自主治理，擴大產學合作，增加校務基金規模，即縮減對成大的公務預算（國立成功大學，2012）。

然而，「國立大學自主治理試辦方案」之經費投入及產衝是否符合經濟效益，尚待進一步的檢證，例如：大學自主治理後，是否能夠真正扎根經營彈性與績效，是否能夠提升國際知名度及競爭力等。

四、時間可行性（time feasibility）

時間可行性係指考量政策研究、規劃、執行、評估、產生預期結果等時間因素（吳定，2013；丘昌泰，2010；張德銳，2006）。據此，我國為了扎根高等教育競爭力，突破傳統大學管理方式所造成的困境，決定推動大學自主治理政策，希冀透過大學治理方式的改變，能夠找出我國高等教育發展的藍海策略（教育部，2012；梁學政，2012），所以「國立大學自主治理試辦方案」的實施時機點有其合理性。

不過，從試辦學校的角度，從方案規劃、計畫書撰寫、校內溝通、校務會議通過等，需要一段頗長的時間（國立成功大學，2012），且各利害關係人的質疑聲不斷（郭添財，2012）；加上本方案產生預期

效果的時間目前尚無法得知，所以本方案對於時間可行性是否已有充分考量，仍存有爭論。

五、法律可行性（legal feasibility）

法律可行性是指政策規劃及執行是否符合當前憲法或法律的規範，是否涉及制定新法規或修改舊法規等（吳定，2013；丘昌泰，2010；張德銳，2006）。

「國立大學自主治理試辦方案」係在不修法及遵行現行法令的前提下（即不涉及現行人事退撫制度、不變更大學法律定位及國有財產等規定），以簽訂行政契約試辦之方式進行（梁學政，2012）。

有關行政契約試辦亦衍生相關質疑，例如：郭添財（2012）指出教育部在缺乏法源基礎的情況下，僅以一則行政命令便要求學校自行修改組織章程，成立自主治理委員會開始試辦，不符程序正義原則，合法性與適當性也會受到質疑；臺灣高等教育產業工會（2012b）指出自主治理委員會的八大權限，牴觸了現行大學法第15條、16條賦予校務會議的「議決校務重大事項」權限，使校務會議架空、校園民主淪喪等。

六、環境可行性（environmental feasibility）

環境可行性指政策推動時受到環境的影響或對環境造成的影響，包括人、事、物等（吳定，2013；丘昌泰，2010；張德銳，2006）。

隨著全球化時代的來臨，各國高等教育發展趨勢會互相影響，各國大學之間也呈現競合關係；當前世界各國的高等教育治理變革，多強調賦予大學更多的自主治理空間，例如：新加坡推動法人化、香港與馬來西亞將專業的管理制度導入大學、日本國立大學全面法人化、南韓首爾大學將轉型為行政法人，歐洲大學導入企業管理模式等，因此推動我國大學自主治理符合國際高等教育改革趨勢，具有重要的教育改革地位及意義，也有助克服大學環境現存困境（梁學政，2012）。

然而，從環境可行性之觀點，目前大學校內教師最擔心的是：方案實施後是否會影響大學學術自主性，包括經費分配、系所調整與招生

是否會為了迎合市場而犧牲「不熱門」的系所、彈性薪資的分配上，如何定義「最有貢獻」教師或行政人員等，不過這些都是試辦方案中學校必須進行規劃學校績效指標的重要校內溝通事項，因此，環境面向最難達成的恐怕是人的部分（臺灣高等教育產業工會，2012；彭明輝，2012；郭添財，2012；唐碧秋，2013）。

肆　增益大學自主治理政策可行性的相關建議（代結語）

在傳統的教育政策及行政制度中，多以科層體制為主要組織結構，在形成教育政策時，容易僅強調單面向的權力運用，容易引發教育政策的正當性之危機（黃乃熒，1998）；加上大學的科層體制管理模式往往造成高等教育投資無法發揮預期效益，導致世界各國紛紛轉向追求大學治理模式的改變，希望可以增益高等教育競爭力；據此，我國教育部於2012年推動「國立大學自主治理試辦方案」，具有合理性（梁學政，2012）；然而，本文從廣義治理觀點，就政治面、經濟面、行政面、時間面、法律面、環境面等面向進行政策可行性分析，可以發現本方案之規劃執行，具有一定之可行性，但亦可發現各利害關係人對於「國立大學自主治理試辦方案」尚未形成共識，也有許多的質疑及爭論，因此提出下列可進一步增益大學自主治理政策可行性的相關建議：

一、實踐多元利害關係人參與的政策治理觀點

教育政策系統係由不同生態及立場的利害關係人所構成（Hoy & Miskel, 2000），所以公部門在進行教育政策規劃及執行時，必須正視治理主體具有多元性質，亦即須關注及回應每個政策利害關係人的需求；未來「國立大學自主治理試辦方案」之推行，應認可每個利害關係人都擁有參與教育政策形成的相等權利，並可以對每個教育政策問題進行平等開放的討論（陳盈宏，2013）；且善用各種政策工具，例如：公聽會、民調等，實踐多元利害關係人參與的政策治理觀點；

二、建構各利害關係人平等對話的溝通平臺

教育政策系統係由不同生態及立場的利害關係人（stakeholder）所構成，彼此之間會進行不同權力的交互運作，而此不同權力交互運作的動態歷程即稱之為「對話」（Hoy & Miskel, 2000）；在進行教育政策形成時，應透過教育政策對話來增進教育政策的合理性及正當性（黃乃熒，1998；黃乃熒1999；黃宗顯，1999）。未來「國立大學自主治理試辦方案」之推行，應重視各利害關係人的主體地位之處理，避免不當的意識型態傷害彼此間的信任基礎，例如：階級差距、自我中心主義、性別刻板印象等，且應保障每個利害關係人在進行教育政策對話時，都具有相等的發聲機會，並營造平等的教育政策對話空間及氣氛，以實踐互為主體性的教育政策對話原則（陳盈宏，2013）。

三、具體化各利害關係人關注之教育政策議題，並正面因應

在進行教育政策對話時，應具體化及焦點化教育政策議題，並放入教育政策議程之中，方能有助各利害關係人進行合理性的真誠對話，以釐清教育政策問題及形成教育政策共識（陳盈宏，2013）。

例如：各利害關係人對於「國立大學自主治理試辦方案」的最大質疑之一在於自主治理委員會的實施弔詭，包括一方面擔心校長權力過大，自主治理委員會淪為快速決策的「橡皮圖章」；另一方面又擔心委員會成為太上皇，導致校園權力無法共享（彭明輝，2012；康碧秋，2013）；此時，教育部與試辦大學行政單位應持續加強與各利害關係人的溝通，並正面具體回應[1]，且不斷追蹤反對者的反應和疑慮，以使政策能夠順利推行。

---

[1] 針對設置自主治理委員會之質疑，教育部及試辦學校可具體說明：「依據方案內容，自主治理委員會必須在校務會議與教育部授權下方得進行運作，教育部對其進行監督，推動不佳時得終止契約，且委員會仍須遵行現行法規；另校務會議對於委員會之重大決策如有違法情形者具有否決權，因此在決策過程應不至於有獨大、妄為之情形。」

四、依據試辦方案成果評估，逐步進行修法

在法律可行性評估上，部分反對者對「國立大學自主治理試辦方案」無法律授權及無法源基礎提出諸多質疑（臺灣高等教育產業工會，2012；彭明輝，2012；郭添財，2012）。目前教育部係以行政契約方式推動「國立大學自主治理試辦方案」試辦方案，授予試辦大學行使部分教育部權力，此乃因考量憲法業授權大學自主，在司法院釋字中，亦強調大學組織的自主性（釋字第380、450、563、684等號解釋均明揭大學自治之意旨，釋字450號甚至將大學法過於侵害大學核心事項之「組織規定」宣告違憲），因此有關大學內部組織之調整，在未影響外部人民權益下，仍應容許給予大學調整之空間。所以在試辦過程應給予更大的法律彈性；但長久之計如需擴大實施，仍應進行大學法及施行細則的相關修正。

綜上，教育部應針對試辦成果進行評估及分析，並蒐集各界看法意見後，進行溝通研議修法事宜，俾利建立我國國立大學自主治理的永續模式；唯有透過法定程序讓大學自主治理相關規定有法源依據，讓大學在自主化過程不致無所適從，讓相關單位可以依法行政。

參考文獻

(一) 中文部分

丘昌泰（2010）。公共政策：基礎篇。臺北市：巨流。

吳定（2013）。公共政策辭典。臺北市：五南。

宋宏日（2005）。國立大學行政法人化之研究。中原大學財經法律學系碩士論文，桃園縣，未出版。

李金振（2012）。金門大學試行自主治理。高教技職簡訊。2014年1月5日取自：http://www.news.high.edu.tw/index.php?do=news&act=detail&id=99

俞可平（2000）。治理與善治。中國社會科學文獻出版社。

胡清暉、林孟婷（2012）成大試辦自主治理，卸任校長、知名校友背書。自由時報。

2014年3月29日取自：http://www.libertytimes.com.tw/2012/new/jun/26/today-life5.htm

國立成功大學（2012）。**國立成功大學自主治理試辦方案**。2014年1月3日取自：http://nuga.ncku.edu.tw/

康育斌（2003）。公立大學法人化之再思考。國立中正大學法律學研究所碩士論文，嘉義縣，未出版。

康碧秋（2013）。**臺灣高等教育自主治理可行性之研究**。國立臺南大學教育學系教育經營與管理研究所教育行政碩士專班碩士論文，未出版，臺南市。

張媛甯（2006）。企業型大學之發展趨勢、待解決問題與對高等教育經營管理的啟示。**教育政策論壇**，9（4），77-100。

張源泉（2012）。德國高等教育治理之改革動向。**教育研究集刊**，58（4），91-137。

張德銳（2006）。**臺北市中小學教學輔導教師制度可行性研究**。臺北市政府教育局委託研究報告（2）。臺北市：臺北市立教育大學教育行政與評鑑研究所。

教育部（2012）。**重大教育政策發展歷程—高等教育**。2014年3月30日，取自http://history.moe.gov.tw/policy.asp?id=6&friendprint=1

教育部（2014）。人才培育白皮書。臺北市：作者。

梁學政（2012）。政策論述：跨出卓越的第一步—國立大學自主治理試辦方案。**高教技職簡訊**，103年1月3日取自：http://59.125.95.45/~tekezgo/pages_d.php?fn=topic&id=160

郭添財（2012）。大學自主治理方案執行現況與省思。103年1月3日取自http://www.npf.org.tw/post/2/11364

郭毓雯（2006）。**我國國立大學法人化之研究**。國立交通大學教育研究所碩士論文，新竹市，未出版。

陳恆鈞（2008）。協力網絡治理之優點與罩門，**研習論壇月刊**，第92期，40-54。

陳盈宏（2013）。由政治遊戲隱喻思考進行教育政策對話之原則。**國家教育研究院電子報**，72，2014年3月12日取自：http://epaper.naer.edu.tw/

彭明輝（2012）。**大學自主治理方案**。103年1月3日取自：http://mhperng.blogspot.tw/2012/05/blog-post_26.html

曾建穎（2008）。**國立大學行政法人化對暨南國際大學影響之預測性研究**。國立暨南國際大學公共行政與政策學系碩士論文，南投縣，未出版。

華英俐（2009）。**行政法人化之現職員工權益保障問題研究—以國立大學為例**。國立臺灣師範大學政治學研究所國家事務與管理碩士班碩士論文，臺北市，未出版。

黃乃熒（1998）。教育政策對話權力運用的研究。**中學教育學報**，5，165-191。

黃乃熒（1999）。隱喻的意義及其在學校行政問題解決的應用。**教育研究集刊**，42（1），170-201。

黃宗顯（1999）。**學校行政對話研究：組織中影響力行為的微觀探討**。臺北市：五南。

黃怡如（2000）。**中英大學自主之比較研究**。國立暨南國際大學比較教育研究所碩士論文，南投縣，未出版。

臺灣高等教育產業工會（2012a）。反對教育部推動之「大學自主治理方案」連署聲明，2014年3月30日取自，http://2012theunion.blogspot.tw/2012/05/blog-post_25.html

臺灣高等教育產業工會（2012b）。**假自主治理，真出賣大學！**？2014年3月30日取自，http://www.theunion.org.tw/news/99

蔡勝男（2005）。公共行政治理模式的研究：歷史詮釋分析的觀點。T & D飛訊，34，1-17。

謝卓君（2013）。大學治理轉型與政府角色：荷蘭高等教育系統之個案研究。**教育研究集刊**，59（4），113-145。

(二) 英文部分

Hoy, W. K., & Miskel, C. G. (2000) *Educational Administration: Theory, Research and Practice (6th)*. New York: McGraw-Hill.

Goldsmith, S., & Eggers, W. D. (2004). *Governing by Network: The New Shape of the Public Sector*. Washington, DC: Brookings Institution Press.

Kickert, W. J. M. and Koppenjan, J. F. M. (1997). Public Management and Network Management. In Kickert, W J. M., Klijn, Erik-Hans and Koppenjian, J. F. M. (ed). *Mana-

ging Complex Networks: Strategies for the Public Sector (pp.1-13). London: Sage Publication.

Pierre, J., & Peters, B. G. (2000). Governance, politics and the state. London: Macmillan Press.

Rhodes, R. A. W. (1997). Understanding Governance: Policy Networks, Governance, Reflexivity and Accountability. Buckingham: Open University Press.

問題與討論

一、何謂治理？

二、何謂大學治理？

三、何謂大學自主治理？

四、我國推動大學自主治理政策過程中，應關注哪些面向？以增加政策可行性。

II
行政發展與領導

第九章

我國教育部組織再造分析與展望

顏國樑

生生之謂易，天地之大德曰生。

形而上者謂之道，行而下者謂之器。

立天之道，立地之道，立人之道，兼三才而兩之。

～易經

壹　前言

　　近年來，企業組織為因應整體環境經濟的變化，結合資訊科技的發展，以提升企業的競爭力，紛紛進行組織的變革與再造。從1970年代開始，企業組織率先實施組織再造運動。由於企業組織再造，必須打破傳統政策，因此對於傳統組織結構與運作、組織文化、組織工作流程等產生相當大的影響（楊振昇，2006；林海清，2009）。教育行政組織是一國為實現其教育政策，所設立的管理機構。其功能包括計畫、領導、協調、執行、考核等。缺少有效率的教育行政組織，即容易造成無政府狀態（秦夢群，1998）。教育行政組織為因應科技發展、經濟因素、社會結構等因素的影響，必須進行組織再造，讓組織能適應21世紀的社會發展。

　　行政院為提升國家競爭力，以「精實、彈性、效能」為目標，進行組織改造。行政院部會級組織由現行37個精簡為29個，新組織架構自中華民國101年1月1日開始啟動，現行五院及所屬各級機關總編制員額由22萬3千人調降為17萬3千人（行政院，2011）。教育部因應行政院組織的改變，也進行教育組織的再造。

　　謝文全（2004）認為組織再造為透過組織設計原則的重新思考，以及重新檢視組織之目的、運作、結構等問題，來進行組織經營理念的改變、結構的重組（reorganize）或重構（restructure），以及對其作業流程的重整（reengineer）與重新設計（redesign），以不斷適應環境變遷與提升組織績效的過程。組織再造的內涵包括人員、技術、策略、流程、結構的改變（Robbis, 2003）。所以教育組織再造係指組織內部權力的重新分配，教育領導價值觀念、組織文化、課程與教學運作的改變等，不只在突破過去傳統科層體制的束縛，而且具有塑造組織成

員新觀念，建立教育組織運作新機制，轉化教育經營新型態，以提高教育組織的適應力和效能之目標（林海清，2010）。

《教育部組織法》已於2012年2月3日公布，並於2013年1月1日正式實施。至今教育部組織已運作一年多，有必要對其運作相關情形加以檢討，俾供教育部組織再造的參考。本文從教育部組織再造的法源、組織再造的現況、織再造的挑戰、展望等方面進行探討。

貳 教育部組織再造法源分析

一、憲法

《憲法》第108至第110條分別列舉規定，教育制度由中央立法並執行之，或交由省縣執行之；省教育及其他依國家法律賦予之事項，由省立法並執行之，或交由縣執行之；縣教育及其他依國家法律及省自治法賦予之事項，由縣立法並執行之。而如遇有《憲法》第108至第110條未列舉之事項，《憲法》第111條規定依其事務性質劃分，有全國一致之性質者屬於中央，有全省一致之性質者屬於省，有一縣之性質者屬於縣。

從《憲法》第111條之規定，可看出我國對於教育權限劃分具有濃厚的均權色彩，但因第108至第110條條文中之「教育制度」、「省教育」與「縣教育」定義不甚明確，且未列舉事項有時難以區分其性質，甚至尚有涉及中央與地方需共同辦理之事務性質，故在爭議處理上，難謂此具有實質的參考價值，僅明白宣示我國地方自治團體擁有部分教育事務之立法權及執行權，及負擔依國家法律課予之義務，但另方面也代表我國縣教育之自治，享有憲法保障的效力（王貿，2010）。

二、地方制度法

《地方制度法》（2014）第2條第2款規定自治事項：指地方自治團體依憲法或本法規定，得自為立法並執行，或法律規定應由該團體辦理之事務，而負其政策規劃及行政執行責任之事項。另外在《地方制度法》第18、19條第4款規定，關於直轄市與縣（市）之教育文化及體

育的自治事項如下：1.學前教育、各級學校教育及社會教育之興辦及管理。2.藝文活動。3.體育活動。4.文化資產保存。5.禮儀民俗及文獻。6.社會教育、體育與文化機構之設置、營運及管理。

依照《地方制度法》之權限劃分方式，第18條、第19條規定直轄市、縣市之自治事項可辨明，「學前教育、各級學校教育、社會教育之興辦及管理」爲本法所稱之自治事項，已將《憲法》中「縣教育」的概念更形明確，並可推論國民教育階段屬於地方縣市的職權。

三、教育基本法

《教育基本法》乃是爲落實並補充憲法有關教育的原則性規定，並明定教育之目的與基本原則，以作爲有關教育事務之法規及政策的基本指導綱領的法律，可說是一切教育法規的根本大法（顏國樑，2010）。

從《教育基本法》（2013）第9條規定「中央政府之教育權限包括：教育制度之規劃設計、對地方教育事務之適法監督、執行全國性教育事務，並協調或協助各地方教育之發展、中央教育經費之分配與補助、設立並監督國立學校及其他教育機構、教育統計、評鑑與政策研究、促進教育事務之國際交流、依憲法規定對教育事業、教育工作者、少數民族及弱勢群體之教育事項，提供獎勵、扶助或促其發展。前項列舉以外之教育事項，除法律另有規定外，其權限歸屬地方。」顯示中央教育權限的縮減。

由中央政府之教育權限的8項中，教育部的教育權限逐漸萎縮，已從過去的指揮者、主導者及監督者的角色轉變爲協助者、設計者和研究者的角色。整個教育權力已經慢慢下放給地方政府，未來整個教育行政體制，以及中央與地方教育權限勢必有所調整，就教育改革工程而言，也是一項很艱鉅的任務（顏國樑，2010）。

四、行政院組織法

依據《行政院組織法》（2010）規定，行政院設有14部8會。教育部係屬行政院的組織之一。在《行政院組織法》第3條規定，行政院設

下列各部：內政部、外交部、國防部、財政部、教育部、法務部、經濟及能源部、交通及建設部、勞動部、農業部、衛生福利部、環境資源部、文化部、科技部。第4條規定，設下列各委員會：國家發展委員會、大陸委員會、金融監督管理委員會、海洋委員會、僑務委員會、國軍退除役官兵輔導委員會、原住民族委員會、客家委員會。以及3個獨立機關（中央選舉委員會、公平交易委員會、通訊傳播委員會）、1行（中央銀行）、1院（故宮博物院）及2總處（主計總處、人事行政總處）等29個二級機關（構）。

　　《行政院組織法》第3條第5款規定行政院設教育部，復依《中央行政機關組織基準法》第4條第1項第1款及第6條第1項第2款規定，教育部的組織應以法律定之。

五、中央行政機關組織基準法

　　《中央行政機關組織基準法》於93年6月23日公布施行，部分條文並於99年2月3日修正公布，並經行政院定自99年2月5日施行。對於機關組織法規名稱與應定事項、機關權限、職掌及重要職務設置，以至於機關規模與建置標準及內部單位個數等事項皆有所規定。

　　《中央行政機關組織基準法》第2條規定，行政院為一級機關，其所屬各級機關依層級為二級機關、三級機關、四級機關。因此教育部為二級機關。體育署、國民與學前教育署、青年發展署為三級機關。

　　《中央行政機關組織基準法》第14條規定，上級機關對所隸屬機關依法規行使指揮監督權。因此教育部對於體育署、國民與學前教育署、青年發展署、教育部各館可依規定行使指揮監督權。

　　該法第19條規定，二級機關得置副首長一人至三人，其中一人應列常任職務，其餘列政務職務。三級機關以下得置副首長一人或二人，均列常任職務。因此教育可置政務次長2人，常次次長1人，與過去政務次長1人，常務次長2人不同，此項修正可增加用人彈性化。

　　該法第30條規定，各部組織規模建制標準如下：1.業務單位設六司至八司為原則。2.各司設四科至八科為原則。前項司之總數以一百十二個為限。上述規定是教育部設立組織規模建制標準的依據。

參 教育部組織再造現況分析

一、教育部組織與職權

目前教育部置部長1人，政務次長2人，常務次長1人，主任秘書1人，參事、督學若干人，下設8司、6處、3署。茲將教育部設立各單位的名稱及職權簡述如下（教育部組織法，2012；教育部處務規程，2012），其組織系統如圖1。

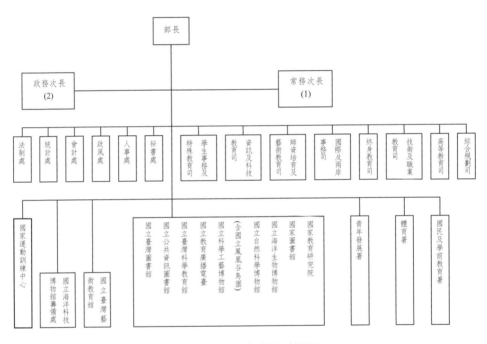

圖1 教育部組織架構圖

資料來源：修正自教育部（2014）。教育部組織圖。
http://www.edu.tw/pages/list1.aspx?Node=3818&Type=1&Index=2&WID=45a6f039-fcaf-44fe-830e-50882aab1121

(一) 綜合規劃司

掌理施政方針與計畫、研究發展、管制考核、原住民族及少數族群教育事項、學校衛生教育、海洋教育政策之規劃及協調、國家教育研究

院之督導、國會聯繫與新聞發布、為民服務等。

(二) 高等教育司

掌理大學教育政策、人才培育與招生、評鑑與產學合作、大學卓越化與國際化、大學、私立學校與學位授予、大學學雜費、學生助學措施等。

(三) 技術及職業教育司

掌理技專院校以上學校技術職業教育政策、技專院校人才培育與招生、評鑑與產學合作、卓越化與國際化、學雜費、學生助學措施等。

(四) 終身教育司

掌理成人教育、家庭教育、社教機構與教育基金會、閱讀語文等。

(五) 學生事務及特殊教育司

掌理學生事務輔導、校園安全、全民國防教育、軍訓教官與護理老師管理等，以及特殊教育政策之規劃、推動及督導等。

(六) 國際及兩岸事務司

掌理國際教育、學術與相關組織交流政策、駐境外單位、國際志工、國際事務人才之培育、外賓邀訪、對外華語文教育政策、兩岸教育交流政策、僑生教育政策、海外臺灣學校等。

(七) 師資培育及藝術教育司

掌理師培政策、師資職前教育、師培大學獎補助與評鑑、教師專業證照與實習、教師在職進修、教師專業組織輔導、教師專業發展評鑑的規劃、輔導與進階制度等，以及藝術教育政策之規劃、推動、督導與藝術教育諮詢機制之規劃及推動。

(八) 資訊及科技教育司

掌理資訊教育政策、臺灣學術網路、教育體系資通訊安全政策、數位學習政策、教育行政資訊系統與資料庫、人文社會科學與科技教育政策、學校環境教育政策、學校防災教育與實驗場所等。

(九) 青年發展署

掌理青年生涯輔導政策、青年就業力政策、大專校院學生就業力、創業力及領導力培育、青年政策參與、大專院校自治組織與學生社團、青年志工參與政策、青年旅遊學習政策、服務學習政策等。

(十) 國民及學前教育署

掌理規劃、推動高級中等以下學校與學前教育政策及制度，並督導、協調、協助各地方高級中等以下學校與學前教育之發展，及執行教育部所轄高級中等以下學校教育事項。

(十一) 體育署

掌理體育與運動政策、運動彩券、運動發展基金、運動產業發展、學校體育發展、全民運動發展、競技運動發展、國際及兩岸運動交流發展、運動設施發展、職業運動、國家運動訓練中心等。體育署設立國家體育場管理處。

(十二) 祕書處

掌理印信典守及文書、檔案、出納、財務、營繕、採購、工友（含技工、駕駛）及駐衛警、學產基金之經營管理及運用等。

(十三) 人事處

掌理教育人事政策，以及教育部、所屬機關（構）及專科以上學校人事事項。

(十四) 政風處

掌理教育部所屬機關（構）及專科以上學校政風事項。

(十五) 會計處

掌理教育部、所屬機關（構）與專科以上學校之歲計及會計事項。

(十六) 統計處

掌理教育部、所屬機關（構）與專科以上學校統計事項。

(十七) 法制處

掌理法規案件之審查、法規之整理及檢討、法規疑義之研議及闡釋、訴願案件之審議、中央級教師申訴案件之評議、其他有關法制、訴願及教師申訴事項。

另外，另外設立所屬機構，包括國家圖書館、國家教育研究院、國立海洋生物博物館、國立自然科學博物館（含國立鳳凰谷鳥園）、國立科學工藝博物館、國立教育廣播電臺（含各分臺）、國立臺灣科學教育館、國立公共資訊圖書館、國立臺灣圖書館、國立臺灣藝術教育館、國立海洋科技博物館籌備處、國家運動訓練中心（行政法人）。

二、教育部組織再造的重點

由上述教育部行政組織的分析，以下進一步說明教育部組織再造的重點：

(一) 學生事務及特殊教育

因應校園霸凌問題，成立專責校園安全的一級單位，以及因應《特殊教育法》規定應該成立專責單位，教育部調整組織架構，成立「學生事務及特殊教育司」，負責學生事務輔導及特殊教育政策規劃與執行等。

(二) 國際文教與兩岸事務

以原國際文教處整併僑教會及大陸工作小組。教育部為全國最高教育行政主管機關，對於「國際教育學術交流」之推動，責無旁貸，而邁向國際化之際，「臺海兩岸教育交流」亦具舉足輕重之地位，因此教育部結合「國際及兩岸」之全球教育事務，規劃成立「國際及兩岸事務司」，將有助於國際文教與兩岸事務政策的推展，符合國際化與務實性的思維。

(三) 師資培育及藝術教育

目前教育部在師資培育業務職權上，由於相互重疊無法釐清，不易整合師資培育資源，凝聚完整之師資培育發展藍圖，亦因權責單位分

散，難與師資培育大學、地方教育局處、中小學發展為培用合作之緊密
夥伴連結，大幅減低組織運作之效能，無法發揮調節師資培育市場失衡
的情形，更難推動師資培育專業化之理想，長期以往，將因為權責單位
分散之政策盲點，導致教育基石崩解，讓師資培育政策的規劃、執行與
管考的陷入危機。另外，重視培養藝術人才，充實國民精神生活，提
升文化水準，因此教育部設立師資培育司與藝術教育司，以有效統合師
資培育業務，帶動師資培育制度專業及永續發展，以及藝術教育政策規
劃與執行。尤其確立負責中小學教師專業發展與評鑑的規劃，讓教師專
業發展評鑑有更明確的法源，消極面對於淘汰不適任教師也有一定影
響。

(四) 政策綜合規劃與研考

教育部為因應新公共行政管理趨勢，著重績效管理、民主參與、掌
握內外環境發展趨勢脈動，強化政府機關之政策規劃、執行、評估及
考核等業務量能，增進整體政策效能，教育部配合行政院組織改造作業
設置「綜合規劃司」，將可增強教育部綜合規劃之策略、研究、管考及
協調，透過整合政府對外服務，增進服務民眾，及強化教育部內部管
理，以提升政府行政效能。

(五) 資訊及科技教育

係整併教育部電子計算機中心（民國71年成立）、顧問室（民國
68年成立）及環境保護小組（民國79年成立）設立「資訊及科技教育
司」。整合資訊及科技教育相關資源、落實推動，以奠定國家未來人才
培育及科技發展之基礎。

(六) 青年發展工作

青輔會現有組織及人員依業務性質分別整併入教育部、經濟及能源
部、勞動部。青輔會青年就業力提升、就業接軌服務、促進青年參與
公共事務、青年國際志工參與及青年壯遊等業務併入教育部；組織員額
併入教育部青年發展署，另國際參與業務及員額則併入國際及兩岸事務
司。其中服務學習業務係整合教育部各單位原辦理之相關業務。青年發

展署的成立，有助於賡續推動青年相關政策，促進青年學生身心健全成長及全方位發展。

(七) 教育部體育署

基於政府組織再造工作，以塑造精實且有效率的組織為目標，行政院體委會與教育部體育司之業務確有重疊及難以精確劃分之部分，因此將兩者業務整併，成立三級機關體育署，以塑造更精實及更有效率的體育運動組織。

(八) 教育部國民及學前教育署

將中教司、技職司、國教司、訓委會、特教小組、中部辦公室等中小學及學前教育的業務，均整合納入「國民與學前教育署」職掌範圍。一方面將國教司、中教司、技職司等所主管的中小學及學前教育事務整合，有助於十二年國民基本教育的推動；另一方面也藉由強化其決策與獨立運作之功能。

肆 教育部組織再造的挑戰

一、組織結構的觀點

組織結構是將組織藉由層級體系、權責分配、工作規範、分工合作等安排，而形成成員間相互間的關係。它是一種各個不同的部門、職位、角色和程序所構成的關係型態。由於組織結構強調層級結構的關係，並運用此種關係型態完成組織任務，所以使得組織活動具有持續性、規律性及持久性（謝文全，2004；Law & Glover, 2000；Silver, 1983）。組織結構牽涉三個層面（謝文全，2004；Robbins, 1992）：1.複雜化：係指單位的分設、單位層級節制、組織單位的區域分布的情況。2.集權化：是指組織權責分配的過程，並釐訂指揮與隸屬關係。3.正式化：組織工作作業程序的程度。

此次教育部組織再造，調整變動並不大，由原本7司、2處、1室，調整為8司、6處、3署。組織的調整仍是呈現科層體制的特性，調整並未以OECD（Organization for Economic Cooperation and Development,

OECD）組織近年來以企業家精神所強調的彈性組織變化、重質不重量、問題解決導向、重視責任績效、大膽實驗與創新等。科層體制雖然有其優點，但要因應快速變化的社會變遷，仍是有待克服的課題。

若以控制幅度來看，組織再造之後，單位並未減少，而且還增加教育青年發展署、教育部體育署、教育部國民教育與學前教育署3個三級獨立運作機關，這在指揮權力運作系統上，未來是否能有效運作，仍有待考驗。例如目前實施十二年國民基本教育，政策規劃決策權仍屬於教育部，但實際執行則在教育部國民教育與學前教育署。而且教育部國民教育與學前教育署設在臺中，雖設有臺北辦公室，但要如何溝通協商，有效實施十二年國民基本教育，仍有一段要努力的過程。此外，新調整的單位、機構及機關，需要制訂新的標準化工作流程，以作為教育業務推動的規範，仍有待考驗。

二、組織文化的觀點

組織文化是組織成員所共享的價值與意義體系，界定了成員的價值觀與行為規範，讓成員表現於日常生活與工作中。組織文化具有促進組織穩定、認同、奉獻，以及提升組織績效的正面功能，但也可能造成內部衝突、阻礙創新及組織間合作的負面功能（謝文全，2004；Hellriegel, Slocum, & Woodman, 1989；Robbis, 2003）。組織文化可以分為開放型與封閉型。開放型組織文化的特徵具有與外界互動頻繁、強調願景與追求卓越、運作均權化與彈性化、重視研究與創作、鼓勵思考與批判、寬容冒險與嘗試錯誤、鼓勵自由討論與知識分享。封閉型組織文化的特徵則與之相反（謝文全，2004）。

教育組織基本上屬於維持性的組織，其組織文化容易趨向穩定及保守，自然不利於組織再造工作的推動。我國教育行政組織較偏向科層體制的運作，往往造成較保守與僵化，無法因應外在環境的變化而適度調整。因此如何營造開放型的組織文化，教育部變成學習型的組織，因應外在環境的變化，是組織改造應該努力的方向。

三、人力資源的觀點

　　教育部組織改造，成功的關鍵在於人員能力的提升與觀念的改變。人員是組織最重要的資產，唯有成員願意進行變革，組織才能有效進行組織再造工程。透過改變組織成員的工作態度、技能及知識基礎，增進工作執行力，藉由團隊合作，共同達成組織所要求的任務與目標。因此組織改造之後，必須對教育行政人員的任用、績效、酬勞、激勵、發展進行人力資源管理，讓人員具有良好的能力，以及運用好的新觀念與態度，面對教育環境的改變。

　　教育行政機關設立的目的，主要以行政服務策略，透過地方教育行政機關與學校系統，讓教師教學有效果，能夠提升學生學習成效。但是目前教育部教育行政人員，多數來自參加公務人員考試通過及格的人員，不一定具實際教學經驗，因而對教學事務較爲陌生。所以，處理業務偏向以行政角度進行取捨或裁量，易發生以行政領導教學與研究，而造成學校與行政機構間之鴻溝。此外，教育行政機關處理研考事項，多數仍以行政導向優先，對於教育專業與教學資源服務之重視程度仍有所不足。而且控管多於協助，監督多於服務，無法發揮其研究發展之功能（教育部，2010）。因此，短期上，新設立的青年發展署與體育署，以及對於較少接觸學校系統的行政人員，宜先擬定進修制度，增進其教育專業素養，以訂定符合學校教育發展的政策。長期而言，建立一套行政人員培育、進修、評鑑的制度，是未來應努力的目標。

四、中央與地方權限劃分的觀點

　　在我國《憲法》第十章中，有關中央與地方的權限分配強調均權制，且在第108條明定由中央立法並執行的只有「教育制度」一項，但從《教育部組織法》中，其教育權有中央集權的傾向。但隨著「地方制度法」的公布實施，整個地方教育文化事業已經成爲地方自治事項的一部分，中央政府的教育權限勢必要有所調整。

　　依據《憲法》相關條文之精神，我國教育行政係採取均權制，事務有全國一致者劃歸中央，有一省之性質者劃歸省，有一縣之性質者劃

歸縣。就前述各級教育行政機職權而言,直轄市、縣(市)之教育局均有擬訂教育政策、方針及計畫的權責,顯示我國教育行政體制的設計,基本上符合均權制的精神。但就近五十年來的現況而言,我國教育行政之運作具有濃厚的中央集權式色彩。就教育政策而言,大多由中央制定,直轄市、縣市地方機關僅負責執行。甚至許多全國性的教育事務,教育部亦無法決定,必須層轉行政院決定。因此,我國金字塔型的教育行政體系,具有十分明顯的中央集權性質。吳清山(2005)指出,目前中央與地方教育權限運作,存在的問題有:1.中央政府權限過於膨脹,影響地方教育功能發揮。2.地方政府過於仰賴中央指示,缺乏自創教育發展特色。3.政府教育權限存有模糊地帶,致使中央與地方產生爭執。例如北北基測、教科書選用權等產生中央與地方權限的爭議,未來成立教育部國民教育與學前教育署,是獨立運作的三級機關,其與教育部職權的劃分,仍有待確定與釐清。因此,如合適切合理劃分中央與地方的教育權限,以避免中央與地方的衝突,發揮教育運作的效果,仍是要繼續努力的方向。

伍 教育部組織再造的展望

一、建立教育行政機關組織再造評鑑機制

政府組織再造已經啟動,其相關配套措施正在積極調配中,有必要建構一套公正客觀的評鑑標準,以提供合理反省的回饋與組織發展的機制。依據《中央行政機關組織基準法》第13條規定:「一級機關應定期辦理組織評鑑,作為機關設立、調整及裁撤之依據」,此項規定確立政府組織應定期辦理組織評鑑的合法性。

教育部應建立自我評鑑制度,以作為改善的參考。至於進行教育行政機關組織評鑑的內涵,可參考林海清(2010)所提出五個構面進行評鑑:1.組織發展力:評鑑指標包括機構設立目的與專長定位、組織發展願景與目標、組織架構與分工、組織短中長程規劃。2.組織適應力:評鑑指標包括政治社會壓力、競爭壓力、資源限制、技術限制、統合限制。3.組織管理:評鑑指標包括規劃能力、法規管理、財務管理、人力

管理。4.組織領導力：評鑑指標包括業務與資源的分配、階層關係、授權程度、員工反應與衝突解決機制。5.成員認同力：評鑑指標包括工作認同、職業生涯認同、組織認同。

二、適切與合理劃分中央與地方的教育權限

目前我國教育權有中央集權的傾向，仍偏向「中央集權制」，在「均權制」或「地方分權制」程度偏低，且「層級隸屬」關係比理想上強，而「獨立對等」關係較弱，且落差較大（林威志，2006）。隨著《教育基本法》與《地方制度法》的公布實施，整個地方教育文化事業已經成為地方自治事項的一部分，而且地方組織變成5都17縣之後，中央政府的教育權限勢必要有所調整。

中央與地方的教育權限要如何劃分，才能夠達成適切與合理，茲提出下列幾點建議（吳清山，2005；林威志，2006；張明輝，2009；劉國兆，2009；顏國樑，2001；2010）：1.修正《教育部組織法》，使其符合《地方制度法》與《教育基本法》的精神。2.落實《地方制度法》，提供地方法定教育權限。3.在中央與地方的國教權限劃分型態，應以「均權制」、「地方分權制」為主，中央集權制為輔，至於相互關係則應兼重「層級隸屬」及「獨立對等」。4.訂定《地方教育組織法》，以建構中央、地方及學校完備的教育行政體制。5.召開「教育行政權責共識會議」。6.地方教育審議委員會組織明確化，落實其法定職權。

三、進行教育政策價值的分析

國家無論帶動發展或制訂政策，均應先能掌握教育的核心價值，方能確保教育政策的制訂，能符合時代和人民的需求，也才能符應全球和社會的變化，進而在促進教育發展的同時，達到教育永續發展的目標。決策者若無法洞識教育的核心價值，則可能導致政策的朝令夕改，更可能導致政策殺人等始料未及的結果（楊國賜、李建興、陳伯璋、溫明麗、蕭芳華，2011），因此進行教育政策價值分析有其必要性。綜合專家學者的看法（胡夢鯨，1991；張鈿富，1995；陳振明

主編，2010；華樺，2010；楊國賜、李建興、陳伯璋、溫明麗、蕭芳華，2011；劉世閔，2005；劉復興，2003；顏國樑、宋美瑤，2013；Nagel, 1987；Zukas & Malcolm, 2007），教育政策價值的內涵包括人本、公平、自由、品質、效能、永續等。

教育政策價值分析的推動方式可從下面幾方面著手（楊國賜、李建興、陳伯璋、溫明麗、蕭芳華，2011）：1.教育決策者應首先就每一個政策或事件進行個案分析，驗證其價值取向，評估其合理性。2.建立與教育政策利害關係人或團體溝通協商的具體步驟。3.進行價值溝通與論證能力的培訓。4.建立一個鼓勵多元價值呈現和公開充足對話的平臺。

四、加強教育行政的專業化

教育行政的專業化是世界各國教育行政發展的趨勢之一，教育行政專業化的趨勢主要在建構完整的專業體系與人才培育系統，奠定教育行政人員專業知能的基礎，配合生涯發展提供長期培育的制度，有自律的專業組織，具備專業倫理與責任，擁有相當的專業自主權，並且有健全的專業證照制度，以促進人員之專業成長（顏國樑，2001）。

加強我國教育行政的專業化，可從下列途徑著手（謝文全，2004）：1.建立教育行政人員專業養成、進修及證照制度：如設立教育行政相關研究所、建立專業證照制度、成立教育行政人員評鑑中心。2.加強教育行政人員專業組織的功能：如制訂專業公約、提供在職進修、從事研究與實驗工作、促進專業與社會的對話合作、協助政府提高教育行政人員資格、建議或遊說政府與立法部門通過有利專業發展的法案。

五、建立教育公共論壇

教育部進行組織再造，因為組織整併與調整，難免造成教育行政、學校機關與人員，以及社會大眾認知落差、運作不順暢、溝通不良等，致使無法達成提升教育行政機關組織績效的目標。因此有必要建立教育公共論壇的平臺，引導教育人員與社會大眾透過教育公共論壇的平臺，表達教育意見與提出建議，彌補菁英決策的不足，以作為教育行政

機關制訂妥適教育政策的參考依據。

　　建立教育公共論壇，可從下列途徑著手（吳清山，2007）：1.設立網路教育公共論壇、平面媒體教育公共論壇、固定場所教育公共論壇，以提供教育相關人員提供意見的管道。2.塑造教育公共論壇有利條件：如民眾必須要從自己利益與公共利益的角度來思考，民眾提出政策主張應有堅強的論述與論證，政府應蒐集教育公共論壇意見。

六、建立完善的教育行政諮詢制度

　　完善的教育行政諮詢制度有助於教育決策的品質，制訂良好的教育政策。目前教育部教育諮詢制度欠缺完善（教育部，2010）：1.相關諮詢委員會尚未發揮決策諮詢功能：目前世界各國非常強調諮詢制度的建立，但從教育部的現況來看，部分教育諮詢制度似未發揮太大的功能。以教育部內部成立的許多委員會而言，偏重於諮詢性質的功能，然而很多教育改革的政策並非出完全自於這些委員會所提出的方案，必須藉由部分學者專家來提供改革的方案，這種作法，實非長久之計。2.相關諮詢委員會成員與性質多有重複：目前教育部以任務編組方式成立之相關諮詢委員會繁多，如高等教育審議委員會、私立學校諮詢委員會、師資培育審議委員會、教育經費分配審議委員會、升學制度審議委員會、中小學教育永續發展委員會、高等教育永續發展委員會等，因以學者專家組成居多，故成員多有其重複性，且在運作性質上亦有其重疊之處，例如：高等教育審議委員會與高等教育永續發展委員會討論議題有相互重疊，有須重新檢討和調整之必要。

　　強化中央層級諮詢委員會功能，可從下列途徑著手（教育部，2010；謝文全，2004）：

　　1.強化現有教育部各諮詢性質之相關委員運作功能：目前教育部雖已設置各個委員會，但因委員參加人數常無法到齊，議題論述亦不足，致使功能受到限制。教育部可就現有的委員會進行檢討，具有功能之委員會繼續存在；若功能不彰者，則可考慮裁撤。2.評估成立中央諮詢委員會，統籌政策諮詢事宜：為發揮有效的諮詢功能，可研議設立中央諮詢委員會，統籌各項政策諮詢分派事宜。至於其他具有特定功能性

質之委員會，亦可視實際需要酌予設置。3.擴大諮詢委員來源：不宜只有行政人員與專家學者，而應擴大層面，增加教職員、學生家長、社會有關人事，甚至學生等方面的代表。

七、採取知識管理，提升組織績效

「知識經濟」是21世紀的重要潮流，而「知識管理」是達成「知識經濟」的重要策略。教育行政組織透過知識管理，可使組織適應力提升、組織效能提高。知識管理是一種過程，是組織面對知識的一連串處理的程序。藉由發覺內部與外部的經驗、知識，經過整理、建檔、儲存等步驟，形成組織知識。再藉由多元的管道進行分享、擴散、轉移，使成員能夠擷取、吸收知識，進而運用知識，形成知識創新的基礎。再依此為起點，開始另一個知識管理的過程，知識與組織因而能生生不息（謝文全，2004）。

教育部組織如何採取知識管理，可從下列途徑著手（吳清山，2007；楊振昇，2005）：1.營造知識管理的環境與文化。2.遴用與培訓知識管理人才。3.營造學習型組織，促進組織成員透過團隊不斷學習與自我實現。4.規劃良好的知識管理系統，發揮資料儲存、分享的功能。5.建立分享式專業學習社群，鼓勵教育行政人員研發與創新服務教師、學生與家長的流程、策略。

參考文獻

(一) 中文部分

中央行政機關組織基準法（2010）。

王貿（2010）。英語教學誰來訂？中央與地方國民教育課程權限劃分之法制分析。發表於臺灣地方教育發展學會、國家教育研究院籌備處主辦：5都17縣後的地方教育治理與發展學術研討會。

地方制度法（2014）。

行政院（2011）。**行政院組織新架構**。取自 http://www.rdec.gov.tw/mp14.htm

行政院組織法（2010）。

吳清山（2005）。**教育法規：理論與實務**。臺北：心理。

吳清山（2007）。**教育行政議題研究**。臺北：高等教育。

胡夢鯨（1991）。**從教育合理性的詮釋與批判論教育的合理轉化**。國立臺灣師範大學
　　教育研究所博士論文，未出版，臺北市。

林威志（2006）。**我國中央與地方教育權限劃分之研究—以國民教育為例**。國立臺灣
　　師範大學教育學系博士論文，未出版，臺北市。

林海清（2009）。中央教育行政組織再造之探討。載於張鈿富主編：**教育行政理念與
　　創新**（25-56）。臺北：高等教育。

林海清（2010）。**教育組織再造評鑑指標研究**。主持人：藍順德，發表於國家教育研
　　究院籌備處、中華民國教育行政學會、臺灣教育政策與評鑑學會、臺中縣教育
　　會、臺中市教育會、臺北市立教育大學、中臺科技大學主辦：2010教育行政創
　　新與組織再造學術研討會。

張明輝（2009）。地方教育發展的新思維，載於國立臺灣師範大學師資培育與就業輔
　　導處主編：**地方教育研究**（1-24）。臺北：高等教育。

張鈿富（1995）。**教育政策理論與實務**。臺北：五南。

陳振明主編（2010）。**政策科學—公共政策分析導論**（第二版）。北京：中國人民大
　　學出版社。

教育基本法（2013）。

教育部（2010）。**教育體制與教育資源**。第八次全國教育會議十大中議題（貳）。臺
　　北：教育部。

教育部組織法（2012）。

教育部處務規程（2012）。

教育部（2014）。**教育部組織圖**。取自http://www.edu.tw/pages/list1.aspx?Node=3818&
　　Type=1&Index=2&WID=45a6f039-fcaf-44fe-830e-50882aab1121

秦夢群（1998）。**教育行政—實務部分**。臺北：五南。

華樺（2010）。**教育公平新解—社會轉型時期的教育公平理論和實踐探究**。上海：上
　　海社會教育科學出版社。

楊振昇（2006）。**教育組織變革與學校發展研究**。臺北：五南。

楊國賜、李建興、陳伯璋、溫明麗、蕭芳華（2011）。**我國教育永續發展之核心價值及推動方式研究期末報告**。教育部教育研究委員會委託，研究單位：財團法人國家政策研究基金會。

劉世閔（2005）。**社會變遷與教育政策**。臺北：心理。

劉復興（2003）。**教育政策的價值分析**。北京：教育科學出版社。

劉國兆（2009）。地方教育審議委員會功能與定位之批判論述分析，載於國立臺灣師範大學師資培育與就業輔導處主編：**地方教育研究**（55-91）。臺北：高等教育。

憲法（1947）。

顏國樑（2001）。教育行政發展與革新。載於吳清基、陳美玉、楊振昇、顏國樑合著：**教育行政**（295-313）。臺北：五南。

顏國樑（2010）。教育基本法的核心價值及其對我國教育發展的啟示。載於國家教育研究院籌備處主編：**教育核心價值實踐之研究**（117-154）。臺北：國家教育研究院籌備處。

顏國樑、宋美瑤（2013）。我國教育政策制定的價值分析。**教育行政研究**，3（2），1-31。

謝文全（2004）。**教育行政學**。臺北：高等教育。

(二) 英文部分

Hellriegel, D., Slocum, J.W., & Woodman, R. W. (1989). *Organizational behavior (5th ed)*. New York:West.

Law, S., & Liover, D. (2000). *Educational leadership and learning: Practice, policy and research*. Philadelphia: Open University Press.

Nagel, S. S. (1987). Series editor's introduction. In F. Fischer & J. Forester (Eds.), *Confronting values in policy analysis: The politics of criteria* (pp.7-9). Newbury Park, California: Sage.

Robbis, S. P. (1992). *Essential of organzational behavior*. Englewood Cliffs, New York: Prentice-Hall.

Robbis, S. P. (2003). *Organizational behavior* (*10th ed*). New Jersey: Prentice-Hall.

Silver, P. E. (1983). *Education administration: Theoretical perspectives on practice and re-search.* New York: Harper & Row.

Zukas, M., & Malcolm, J. (2007). Teaching, discipline, network. In A. Skelton (Ed.) (2009). *International perspectives on teaching excellence in higher education: Improving knowledge and practice* (pp. 60-73). New York: Routledge.

問題與討論

一、教育部組織再造的法源為何？

二、請說明新制教育部組織與職權為何？與舊制有何不同之處？

三、以組織結構與組織文化的觀點，教育部組織再造有何挑戰？

四、以人力資源與權限劃分的觀點，教育部組織再造有何挑戰？

五、如何因應教育部組織再造，提升組織運作的效率與效能？

第十章

國民小學校長毀壞型領導之研究

蔡進雄

校長負面領導行為對於學校發展的影響，遠大於積極正向的領
導行為。　　　　　　　　　　　　　　　　　　　　　～蔡進雄

對於同樣的領導者行為，不同部屬有不一樣的解讀，是以被
領導者宜多採取正向思考，所謂「萬法唯心造」、「境隨心
轉」，例如被責備可視為是一種成長或磨練的機會。
　　　　　　　　　　　　　　　　　　　　　　　　～蔡進雄

毀壞型領導行為可能也有建設性的因素。
　　　　　　　　　　～Einarsen, Aasland, & Skogstad, 2007

 緒論

　　在眾多的領導理論當中，大多數是屬於正面的理論內容，例如轉型
領導、願景領導、真誠領導、僕人領導、靈性領導、情緒領導、教導型
領導及分散式領導等，且這些領導理論的實徵研究結果也大都發現有良
好正向的領導效果（蔡進雄，2009），也就是說，該領導理論運用愈
多，領導效能會愈佳，但另一方面對於領導的黑暗面，也就是有毒害的
領導（toxic leadership）或是毀壞型的領導（destructive leadership）亦
值得吾人加以探究，以免因有毒行為而讓領導失靈。
　　優質且有品質的領導會正向影響組織的發展；反之，不佳的領導也
會影響組織之效能。職此之故，有愈來愈多的研究者開始試圖探討對
組織發展有害的領導素質，其發現可以做為甄選與培育未來領導者的參
考，以免組織花費大量的努力，卻無法培養出有效能的領導者（鄭晉
昌，2010；Hogan & Hogan, 2001）。Conger（1990）也指出當領導行
為變得誇大、與事實脫節及純粹追求個人獲利時，就可能會傷害組織
及領導者自己。由此可見，領導有其黑暗面，有毒害的管理形成負向
的工作環境，而負向的工作環境形成表現不佳之有毒害的組織（Yeo &
Carter, 2008），另外因為領導者的野心及貪婪，也有可能導致組織的
毀滅（Bolden, 2007）。

　　以校長領導而言，幾乎所有的研究均證實校長領導會影響教師的工作態度、組織承諾、學校氣氛及學校文化（蔡進雄，2005）。因此，如果教育領導者能瞭解領導之毀壞型或有毒害行為，就可以提早因應以避免對師生及學校產生負面的影響，亦即除了培養好的領導行為外，也可迴避不當的領導行為。基於此，本文先探討毀壞型及有毒害的領導之內涵，並探究國民小學校長之毀壞型領導，以提供教育領導之學術研究及實務之參考。

 文獻探討

一、毀壞型領導之意涵

　　Bennis指出領導者未來需要的十個要素分別是：1.領導者能把握夢想；2.領導者能容忍差異；3.領導者喜歡對談回應；4.領導者愛聽不同意見；5.領導者具有樂觀、忠誠和希望的素質；6.領導者善用「比馬龍效應」；7.領導者擁有某種「感性」；8.領導者有耐心、看得遠；9.領導者瞭解平衡原理；10.領導者善於建立聯盟和夥伴關係（李元墩和陳璧清譯，2006）。蔡進雄（2010）研究歸納發現關懷體恤、溝通聆聽、以身作則及具有願景目標是教師心目中理想的校長領導行為。而所謂有毒害的領導是指對於組織或成員有所損害影響的領導行為或特質，至於有毒害的領導或毀壞型的領導之內涵，Lipman-Bluemen（2005）指出有毒害的領導者會操弄、有魅力、虐待、軟弱及貶抑他們的部屬。Einarsen, Aasland與Skogstad（2007）表示毀壞型領導行為是領導者或管理者破壞組織效能及部屬幸福感和工作滿意之違反組織合法利益之行為。Padilla, Hogan與Kaiser（2007）認為毀壞型領導者（destructive leaders）的五個特徵分別是魅力、對權力的個人化需求、自戀、負面生活事件及恨的意識型態。Ferris, Zinko, Brouer, Buckley與Harvey（2007）陳述毀壞型領導行為的概念包括濫用監督及無禮。Kellerman（2005）指出七種壞的領導分別為：1.無能的；2.剛愎自用的；3.無節制的；4.冷酷無情的；5貪腐的；6.心胸狹狹的；7.邪惡的。鄭晉昌（2010）陳述一些研究發現某些人格特質對於成為有效率的領導者確實有妨礙作用，這些人格特質包括特立獨行、反社會、陰沉不開

放、難以合作、易被激怒、自我中心、冷酷無情、專斷獨裁等。

就校長領導而言，Blase與Blase（2002）從領導的黑暗面及教師的觀點探討校長對教師的苛待，可分為三個層次，第一個層次包括：1.忽視教師的想法、需求及感受；2.孤立及放棄教師；3.把持資源及拒絕給予機會；4.對特定教師偏心；5.具侵犯的個人行為。第二層次包括：1.監察；2.惡意破壞；3.偷竊；4.破壞教師之教具；5.不合理的要求；6.批評。第三個層次包括：1.說謊；2.爆發的行為；3.威脅；4.不當的譴責；5.不公平的評鑑；6.苛待學生；7.強迫教師離開工作；8.阻止教師離職或升級；9.性騷擾；10.種族歧視。Capelluti與Nye（2004）則指出高度無效能校長的八個習慣，分別是：1.無效能的校長避免衝突；2.無效能的校長不會貫徹到底；3.無效能的校長缺乏計畫和願景；4.無效能的校長不會傾聽；5.無效能的校長不會花時間做改善學校的事；6.無效能的校長不易看得到；7.無效能的校長隱藏事實；8.無效能的校長無法準時完成多項任務。Reed（2004）表示大聲、果斷及命令的領導者不一定是有毒的，具溫柔聲調及表面誠懇也可能是有毒的，不能以單一認定，短視來看，有毒害的領導者可能是能幹及有效能的，但卻會促使不健康的氣氛，有毒害的領導者之特徵有三：1.缺乏對部屬幸福感的關心；2.人格或人際技巧負面影響組織氣氛；3.讓部屬感受到領導者是自利而為。Birkinshaw認為管理的七宗罪分別是：貪婪、欲望、暴怒、無微不至的管理、傲慢、妒忌、懶惰（羅耀宗譯，2013）。蔡進雄（2010）的研究則發現教師不喜歡或不欣賞的校長領導行為是權威專斷及自私自利。

事實上，領導之特質論探究無法找到一組所謂最佳的領導特質，各研究間往往有不同的研究發現（蔡進雄，1993）；同樣地，依前述亦可發現，毀壞型領導之內涵各家看法不一，但皆是負面的特質或行為，如無情、情緒不穩、自我中心、易被激怒、邪惡及隱瞞事實等，所以領導者應該儘量培養優質正面的領導特質或行為，減少負面的領導特質或行為，以免產生毀壞型或有毒害的領導，使成員及組織皆受損失。

如進一步以帳篷之柱子來比喻領導者之特質或行為，一般說來，愈

多的柱子會讓帳篷愈穩固，是以愈多的好特質或行為也會讓領導者有愈好的領導表現。反之，不好的柱子愈少愈好，才不會危害帳篷的穩固，是故負面的領導特質或行為應減少，以免影響領導效能之展現。總之，毀壞型領導可界定為對成員或組織有所損害的負面領導特質或行為。

二、對於毀壞型或有毒害領導之因應策略

有毒害的領導會傷害成員並破壞信任關係（Klein, 2010），針對有毒害的領導之因應策略，首先是如何預防及因應職場霸凌，職場霸凌是一個複雜又隱晦的概念，近年來已成為各職場之重要議題（馬淑清、王秀紅與陳季員，2011）。所謂職場霸凌（workplace bullying）也稱職場無禮（workplace incivility）是指貶損、嘲弄或侮辱工作上另一個人的侵犯、恫嚇或羞辱之行為，包括粗野的行動、辱罵和叫囂（艾昌瑞與陳加屏審閱，2006）；簡言之，職場霸凌就是職場上有時會發生的大吼大叫、語出不敬等情況（林錦慧譯，2011）。如果職場霸凌是來自領導者對部屬的負面行為，則應該也算是一種有毒害的領導。至於職場霸凌的因應策略，在預防霸凌發生方面，應該創造無法容忍霸凌的環境及建立工作倫理守則，在端正職場霸凌方面，主管應該謹言慎行及倡導互相尊重的組織文化，在改善職場霸凌導致的後果方面，個人遭受霸凌後應主動求助並鼓勵成員有話要說，以及建立申訴制度（蔡曉婷、宋雅雯、鄒理萍、黃敏瑢與邱啓潤，2011）。再者，在競爭及快速變遷的工作環境，領導者霸凌行為是一種組織政治之現象（Ferris, Zinko, Brouer, Buckley, & Harvey, 2007），而組織政治行為是組織成員運用權力、影響力、資源或表現出各種行為，以達成個人之目標，是以學校組織宜透過訊息公開、建立明確的角色及工作目標、善用理性說服及以學生利益為最大考量等（蔡進雄，2004），以減少利己損人之組織政治行為，進而避免傷害成員及組織發展。

除了防範職場霸凌外，減少不當督導（abusive supervision）、情緒管理及營造優質學校文化亦值得注意。就不當督導而言，Tepper（2000）認為不當督導是部屬對於主管持續表現出語言或非語言的敵

意行為之知覺程度，並不包含肢體接觸。研究發現主管不當督導不僅會透過部屬正義知覺的中介歷程以預測情緒耗竭，也會透過部屬情緒勞動來預測情緒耗竭（吳宗祐，2008）。主管不當督導會影響工作者的組織挫折（郭建志與蔡育菁，2012），不當督導也會影響部屬的情緒耗竭（Wu & Hu, 2009）。經由不當督導的探究，我們發現主管不當督導對於部屬的工作態度及表現確實會有負面的影響，因此建議學校領導者應儘量避免不當督導之行為；再者，在高壓力之下比較容易產生不當督導行為，是以也建議主任或校長能做好壓力管理及情緒管理，避免暴怒或情緒失控之情形發生。此外，吾人宜營造良好優質的學校文化，亦即校長與成員間彼此尊重、信任及分享，而不是過多的責罵及敵意。

除上述外，教育行政機構也要慎選教育領導者，因為學校領導者影響一所學校的發展甚大，所以應該避免遴選上具有毒害行為或毀壞性之領導者。對於中小學校長遴選，國內已有一套頗為嚴謹的機制，未來可進一步實施校長評鑑制度，此外，校長在安排行政主管亦宜考量人格之健全，因為人格違常是有毒組織行為的來源之一（Goldman, 2006），例如避免提升有自戀型人格的成員，因為自戀型人格違常者常以自我為中心，別人是其利用或剝削的對象，對別人缺乏同理心（李文瑄，2005）。

總括說來，教育職場是一個道德教育的機構，較少出現職場霸凌之現象，且透過校長遴選之機制運作，具毀壞性之領導行為應該不是常見之校園現象，但為避免毀壞型或有毒害領導行為之出現並對成員產生負面影響，吾人可以從職場霸凌之預防、減少不當督導、增進情緒管理、營造良好學校文化及慎選教育領導者等方面加以因應。

三、小結

從相關文獻及研究可知，愈來愈多的領導研究在於關注負面的領導特質或行為（Goldman, 2009; Kellerman, 2004; Klein, 2010; Lipman-Blumen, 2005; Schyns & Hansbrough eds., 2010）。而不管是毀壞型領導或有毒害的領導，都是在提醒學校校長或領導者應該儘量避免有毒害的領導，特別是對於成員及組織發展兩者都不利的領導行為。值

得提醒的是，毀壞型領導行為可能也有建設性的因素（Einarsen, Aasland, & Skogstad, 2007）。Bennis曾指出一個不好相處的老闆可能是一種挑戰，一個令人害怕、高傲、尖刻的人，同時也可能會啓發你（李元墩、陳璧清譯，2006），Ghaemi表示在危機充斥的時代，在精神上患病的領導者之帶領，往往會好過精神正常的領導者（詹雅惠譯，2012）。Rosenthal與Pittinsky（2007）亦認為自戀型領導具誇大、傲慢，行為動力來源是權力的需求而不是關心成員及組織，但自戀者同時也擁有利於領導之魅力及宏大願景的特質。Welch主張個人如果遇到惡主管應先確定自己是不是問題的根源，如果確信問題不在自己後，進一步瞭解組織是否可能留用績效優良的惡主管，之後再決定去留或轉調（羅耀宗譯，2005）。Padilla, Hogan與Kaiser（2007）也表示在強調毀壞型領導的負面結果時，應該同時考量成員生活品質及更大社會組織的前途，而不是只聚焦個別領導者的特徵。因此，不必急於否定有毒害的領導行為，而判斷是否為有毒害的領導之標準在於是領導者的動機、被領導者的認知解讀及對個人及組織的傷害影響情形。

研究方法

一、研究工具

基於蒐集研究資料及本研究目的，研究者自編國民小學校長領導調查問卷，本問卷採開放式的調查方式，在向受試者說明「優質且有品質的領導會正向影響組織發展；反之，不佳的領導也會影響組織效能。領導有其黑暗面，也就是有毒害的領導（toxic leadership）或是毀壞型的領導（destructive leadership）」之後，請受試教師條例描述一至三項「有毒害或毀壞型的校長領導行為」。

二、研究對象與實施程序

本文以新北市27所公立國民小學教師為研究對象，大型學校（50班以上）8所，每所學校發出調查問卷12份，中型學校（25至49班）9所，每所學校發出問卷8份，小型學校（24班以下）10所，每所學校寄出問卷6份，於民國102年3月中旬陸續發出調查問卷總計228份，至民

國102年4月底,回收問卷174份,可用問卷174份,回收率76.3%,可用率76.3%,本研究有效樣本之基本資料分析,如表1所示。

表1
有效樣本的基本資料分析

類　　別	項　　目	填答人數	百分比(%)
教師性別	男性	60	34.5%
	女性	114	65.5%
擔任職務	專任教師	29	16.7%
	導師	67	38.5%
	組長	46	26.4%
	主任	30	17.2%
	遺漏值	2	1.1%
教師年齡	30歲以下	18	10.3%
	31-39歲	74	42.5%
	40-49歲	66	37.9%
	50歲以上	13	7.5%
	遺漏值	3	1.7%
學校規模	大型(50班以上)	79	45.4%
	中型(25-49班)	38	21.8%
	小型(24班以下)	54	31.0%
	遺漏值	3	1.7%

三、資料處理

　　對於一個新構念的探討或是新量表的發展,通常會採取兩種方式:一是演繹法,亦即研究者在對現象予以深入的探查、並對相關理論進行回顧後,從中定義構念,接著編製量表。第二種方法為歸納法,研究者以開放性問題的方式,廣泛蒐集對此一現象之描述,之後以系統化的方法,將所蒐集之反應資料予以整理與分類(徐瑋伶、黃敏萍、鄭伯壎與樊景立,2006:127;Hinkin, 1995)。本研究即是採歸納方法,

經由受試教師對國民小學校長毀壞型或有毒害的領導之質性文字描述中加以歸納整理及分類，萃取國民小學校長毀壞型或有毒害領導的重要層面。

質言之，本研究之問卷收回後，接著進行編號，並分析受試教師所填寫之內容，尋找受試教師所回答之內容語意是否有聚焦之處，並加以萃取歸納形成主題。

肆 研究結果與討論

研究者反覆閱讀所回收之受試者填答的內容，在受試教師所指出之校長毀壞型或有毒害領導約500多條的描述句中，歸納出較為聚焦的觀點，被提出共同觀點之次數超過20次以上，本研究才進行分析討論。茲就研究結果討論如下：

一、剛愎自用、獨斷獨行

經由174位受試教師蒐集約500條校長毀壞型的領導行為之描述句，如表2所示，本研究發現「剛愎自用、獨斷獨行」被最多受試教師所提出，計有66條之多，舉例而言，編號009受試教師指出「剛愎自用，領導人思維一成不變，無法廣納他人意見」是其認為校長毀壞型的領導行為，編號011教師認為有毀壞性的校長領導是「專斷獨裁式作為」，編號035的受試教師亦表示校長毀壞性領導是「權力一把抓，自以為是，高高在上，不聽薦言者」，「無視於教師端的建議，獨裁地決定學校所有事務」是編號084受試者對校長毀壞型領導行為的觀點，編號123的教師陳述「作風強勢，以命令方式領導，忽略老師的意見」是一種有毒害或毀壞型的校長領導行為，「無法接受他人建議、一意孤行的校長」是編號144受試教師認為的校長有毒害的領導行為，問卷編號003、編號016、編號019、編號037、編號043、編號093、編號096、編號143、編號144、編號145、編號146、編號150、編號170、編號171等受試者均有類似的看法；質言之，剛愎自用、獨斷獨行是教師心目中之國小校長毀壞型或有毒害的領導行為。

Blase與Blase（2002）從領導的黑暗面探討校長對教師的苛待時，

其中之一是忽視教師的想法、需求及感受，蔡進雄（2010）的研究亦發現教師不喜歡或不欣賞的校長領導行為之一是權威專斷，因此本研究結果與Blase與Blase（2002）及蔡進雄（2010）的研究發現頗為一致。職此之故，倘若以放任、民主及獨裁三種領導行為來看，目前國民小學教師普遍會認為校長應避免獨裁式的領導行為，放任當然不宜，建議國小校長宜多採取民主式的領導行為，況且一意孤行的領導行為並不符合多元化、去中心化及尊重差異的當今後現代社會之精神。再者，新世紀的教育領導已朝分享式領導及分散式領導之趨勢發展（蔡進雄，2011；Spillane, 2006），更顯得專斷獨裁之反向效果。

二、缺乏溝通及同理心

除了獨裁專斷、一意孤行是較多教師認為的校長毀壞型或有毒害領導行為外，缺乏溝通及同理心亦是許多教師指出校長有毒害或毀壞的領導，例如編號014受試教師直接表示「缺乏同理心」是校長毀壞型的領導行為，編號027之教師亦將「欠缺溝通協調能力」視為校長有毒害的領導，「專制權威，不和老師進行溝通，以瞭解彼此意見及想法」是編號122之受試者陳述的毀壞型領導行為，編號124受試教師表示「缺乏溝通管道太過強勢，未能凝聚學校成員向心力，無法展現領導力」是校長毀壞型或有毒害的領導行為，編號130的受試者亦指出校長有毒害的領導是「欲推行某些政策或活動，或通過某些校內法規，未能給予教師充分討論或表達機會，或不給予全校教師決議」，其餘如編號004、編號032、編號055、編號094、編號125、編號133、編號143、編號150、編號165等受試教師均有同樣的看法。事實上，誠如編號131受試者所言「未能做好與部屬的溝通，彼此心生嫌隙」，因此溝通互動與同理心對於新世紀的校長領導是不可忽略的課題。蔡進雄（2010）研究歸納發現關懷體恤、溝通聆聽是教師心目中理想的校長領導行為，本研究與蔡進雄（2010）的研究結果頗為相符。此外，Capelluti與Nye（2004）亦指出無效能的校長不會傾聽。

表2

「校長毀壞型領導行為」之內容分析

校長毀壞型領導行為	填答問卷內容及編號
剛愎自用、獨斷獨行	1.自我中心領導，否定職權下放（編號003） 2.剛愎自用，領導人思維一成不變，無法廣納他人意見（編號009） 3.專斷獨裁式作為（編號011） 4.獨斷專行（編號012） 5.專斷，自以為是（編號014） 6.固持己見（編號016） 7.無法接受建議（編號019） 8.無法接受部屬的意見（編號020） 9.剛愎自用，無法接受新訊息（編號022） 10.剛愎自用，思維一成不變（編號023） 11.權威式領導使員工無法有向心力（編號026） 12.做自己想做的，一意孤行的領導（無遊說、說服、說理）（編號028） 13.只做自己想做的事，而不做對的事（編號031） 14.權力一把抓，自以為是，高高在上，不聽建言者（編號035） 15.主觀意識強烈，無法廣納諫言（編號036） 16.專制、專權、獨裁（編號037） 17.剛愎自用，不願接受別人意見（編號041） 18.不易接受其他想法，剛愎自用（編號042） 19.主觀意識太強，處理事情對人不對事（編號043） 20.自我感觀良好，不能接受部屬的想法或建議（編號046） 21.一意孤行的獨斷專制領導行為（編號047） 22.權威主觀，必須聽從絕對指令，沒有討論空間（編號048） 23.專制（編號049） 24.易偏執，自我中心（編號052） 25.獨斷獨行（編號057） 26.獨斷（編號058） 27.決斷，一意孤行（編號060） 28.專斷獨行（編號062） 29.專斷獨行、剛愎自用、自以為是（編號063） 30.不尊重校內教師意見，自行決議事項（編號066）

續表2

校長毀壞型領導行為	填答問卷內容及編號
剛愎自用、獨斷獨行	31.獨斷獨行（編號068） 32.一意孤行，不採納下屬意見（編號070） 33.專制獨裁，自我中心，缺乏肯定（編號071） 34.專制而無法與教師以民主方式達成共識，「一言堂」的領導方式（編號082） 35.自我中心，獨斷強行推展政策而忽略部屬其他建議（編號083） 36.無視於教師端的建議，獨裁地決定學校所有事務（編號084） 37.獨斷，不聽取意見者（編號085） 38.固執，不聽取建言建議（編號087） 39.太過專制、自以為是（編號093） 40.剛愎自用（編號096） 41.獨斷的決策行為（編號097） 42.獨裁式的領導方式（編號102） 43.獨裁不聽他人意見，獨斷獨行（編號103） 44.行事獨斷，難接納他人意見（編號106） 45.自專自我，不採納他人意見（編號110） 46.無法傾聽教師的心聲，獨斷獨行（編號115） 47.高度的控制（編號119） 48.專制權威，不和老師進行溝通，以瞭解彼此意見及想法（編號122） 49.作風強勢，以命令方式領導，忽略老師的意見（編號123） 50.過於專制，少傾聽老師想法（編號125） 51.強制規定行事（編號127） 52.權威式領導（編號128） 53.強制要求每位教師一定要做某些事，否則以考績威脅（編號130） 54.專制：把老師們當成「使命必達」的專員，不懂得傾聽（編號137） 55.太過自我，目中無人（編號143） 56.無法接受他人建議、一意孤行的校長（編號144） 57.只有自己的意見才是對的校長（編號145） 58.自我中心的領導，無法接受建言（編號146） 59.獨斷獨行，缺乏溝通（編號150）

續表2

校長毀壞型領導行為	填答問卷內容及編號
剛愎自用、獨斷獨行	60.強烈執行個人意志，但不問目標或方向是否正確（編號153） 61.自我（編號160） 62.一意孤行，獨斷專行，不顧學校、學生權益（編號163） 63.剛愎自用（編號166） 64.過度專制（編號168） 65.獨斷獨行，無法傾聽團體夥伴意見（編號170） 66.一意孤行：不能傾聽教學需求（編號171）
缺乏溝通與同理心	1.忽視教師次文化組織，一律打擊（編號003） 2.漠視對話空間（編號004） 3.行政與教師間未有暢通的溝通管道（編好007） 4.缺乏同理心（編號014） 5.欠缺溝通協調能力（編號027） 6.不與教師專業對話（編號032） 7.決策執行前，未能妥善的溝通（編號044） 8.不能善解人意，高高在上（編號048） 9.無同理心（編號055） 10.不尊重教職員工的意見（編號062） 11.沒有站在老師立場，只以行政做為考量（編號076） 12.領導者對下屬漠不關心或不友善（編號089） 13.不知為老師立場著想（編號093） 14.不會站在老師的立場，沒有同理心（編號094） 15.不用心傾聽教師的心聲（編號096） 16.封閉的溝通管道（編號097） 17.只要求成效，無法傾聽（編號107） 18.專制權威，不和老師進行溝通，以瞭解彼此意見及想法（編號122） 19.缺乏溝通管道，太過強勢，未能凝聚學校成員向心力，無法展現領導力（編號124） 20.過於專制，少傾聽老師想法（編號125） 21.缺乏溝通管道，一意孤行（編號128） 22.欲推行某些政策或活動，或通過某些校內法規，未能給予教師充分討論或表達機會，或不給予全校教師決議（編號130）

續表2

校長毀壞型領導行為	填答問卷内容及編號
缺乏溝通與同理心	23.未能做好與部屬的溝通，彼此心生嫌隙（編號131） 24.強勢己見，無法協調與溝通（編號132） 25.無法溝通（編號133） 26.拒絕採納建言（編號135） 27.專制：把老師們當成「使命必達」的專員，不懂得傾聽（編號137） 28.不直接面對面溝通，常用間接方式，例如：貼單子、修改檔案，減少彼此溝通機會（編號141） 29.缺少傾聽能力（編號143） 30.獨斷獨行，缺乏溝通（編號150） 31.缺乏溝通能力、欠缺同理心者（編號165）

　　進一步探究可以發現，「缺乏溝通及同理心」與前述的「剛愎自用、獨斷獨行」兩者有密切關係，亦即當領導者剛愎自用、獨斷獨裁時，就容易缺乏同理心及溝通；反之，缺乏溝通及同理心也比較容易衍生一意孤行及自以為是之領導行為。再者，值得提醒的是，本研究的發現並不是完全與前述文獻探討之國外學者觀點及研究發現相符，可見本研究採在地扎根的研究方法，可顯示領導之文化差異因素。

伍　結論與建議

　　基本上，領導可分為負向領導、無效領導及正向領導，而探究毀壞型領導、有毒害領導及不當督導之負向領導的價值，在於讓我們瞭解負向領導確實有害於個人或組織發展，而讓我們更堅定相信正面、正向領導行為的必要性，並且避免有損人及傷害組織發展之負向領導行為，所謂從見山是山，到見山不是山，再迂迴到見山是山。因此，本研究目的在於探究國民小學校長有毒害的領導行為，透過教師之質性描述及歸納萃取，本研究結論為「剛愎自用、獨斷獨行」及「缺乏溝通及同理心」是教師普遍認為的校長毀壞型的領導行為，基於上述結論，提出以下建議，供教育領導者及教育相關單位參考：

一、校長應多採民主開放的領導方式

從眾多教師的回應觀之，專斷獨裁、剛愎自用可視為校長毀壞型或有毒害的領導行為，可見專制權威特質或行為並不適宜運用在民主開放的校園環境，因此建議校長在推動校務及領導教師時，儘量多讓教師參與決定，以避免專斷獨行的領導行為。

二、校長宜具同理心並勤與教師溝通

本研究顯示欠缺溝通及同理心是一種負面的校長領導行為，是以建議教育領導者宜具同理心並勤與教師溝通，事實上藉由溝通形成共識，雖然會花費更多時間，但勤溝通會更有助於校務發展，而這也是國小教師普遍對校長領導的期待，值得提醒的是，雖然校長在執行教育政策或推動校務時，有時候不得不堅持教育任務或使命，但經由雙向溝通及理性說服之過程，將可化解不必要的誤解，更利於行政及政策之實踐。

三、校長應避免不當督導

從文獻探討發現主管不當督導會負面影響成員的工作態度及組織發展，且不當督導亦屬於一種毀壞型或有毒的領導行為，因此建議校長避免語言或非語言之具敵意行為之不當督導，以免降低教師工作士氣及影響學校效能。

四、校長、行政人員及教師應共同營造優質正向的校園文化

營造信任尊重、溫馨和諧的正向優質校園文化可以減少職場霸凌及負面領導行為之現象，雖然職場霸凌在校園並不常見，但積極作為上學校應該營造優質正向的校園文化，在此組織環境氛圍下，成員更容易發展積極正面的組織行為，因而減少毀壞型或有毒的領導行為。

五、被領導者宜培養正向認知及自我管理

領導行為是否為有毒害或具毀壞性，被領導者的認知及歸因具重要

因素，對於同樣的領導行為，不同部屬有不一樣的解讀，是以被領導者應該多採取正向思考，所謂「境隨心轉」，例如被責備可視為一種成長的機會，此外，被領導者若能自我管理，則較不易受領導者之負面領導影響，亦值得被領導者加以培養。

六、遴選正向特質的教育領導人

領導品質關係學校組織的發展，故建議教育行政機關宜遴選具有正向優質領導特質或行為的教育領導者，若發現現職教育領導人有嚴重偏差之領導行為，宜適時介入輔導，以免影響校務發展及學生學習，因為校長負向領導對學校的影響遠大於正向領導。

七、領導研究可多採本土扎根的研究

國內在研究領導理論常是引用國外的理論基礎及文獻，但缺乏考量文化差異的因素，而本研究採本土扎根之研究方法，所得結果確實與國外所指陳的有毒害或毀壞型領導有所差異，特別是本研究是以教育職場為研究場域，所反應之研究結果更具有其個殊性及價值性，值得教育領導者及教育行政相關單位在遴選教育領導者之參考。

參考文獻

(一) 中文部分

艾昌瑞與陳加屏（審閱）（2006）。**組織行為：剖析職場新思維**。S. L. McShane, M. A. V. Glinow原著。臺北：美商麥格羅‧希爾。

李元墩與陳璧清（譯）（2006）。**領導者該做什麼**。W. Bennis原著。臺北：大是文化。

李文瑄（2005）。精神醫學講座（四）—自戀型人格。**諮商與輔導**，233，46-48。

吳宗祐（2008）。由不當督導到情緒耗竭：部屬正義知覺與情緒勞動的中介效果。**中華心理學刊**，50(2)，201-221。

林錦慧（譯）（2011）。Power!：面對權力叢林，你要會耍善良心機。J. Pfeffer原著。臺北：時報。

徐瑋伶、黃敏萍、鄭伯壎與樊景立（2006）。德行領導。載於鄭伯壎和姜定宇等人著，華人組織行為：議題、作法及出版。臺北：華泰文化。

馬淑清、王秀紅與陳季員（2011）。職場霸凌的概念分析。護理雜誌，58(4)，81-86。

郭建志、蔡育菁（2012）。組織挫折與職場退縮：主管不當督導與工作內外控之研究。中華心理學刊，54(3)，293-313。

詹雅惠（2012）（譯）。領導人都是瘋子：第一本解析領導特質與精神疾病關聯的機密報告。N. Ghaemi原著。臺北：三采文化。

蔡進雄（1993）。國民中學校長領導方式與教師組織承諾關係之研究。國立臺灣師範大學教育研究所碩士論文，未出版，臺北市。

蔡進雄（2004）。學校組織中的政治行為分析。師說，183，17-21。

蔡進雄（2005）。學校領導理論研究。臺北：師大書苑。

蔡進雄（2009）。國民中小學校長領導之研究：專業、情緒與靈性的觀點。臺北：高等教育。

蔡進雄（2010）。國民小學教師心目中理想的校長領導行為之研究。教育經營與管理研究集刊，6，27-49。

蔡進雄（2011）。教師領導的理論、實踐與省思。中等教育，62(2)，8-19。

蔡曉婷、宋雅雯、鄒理萍、黃敏瑢與邱啓潤（2011）。護理職場霸凌的因應方式。護理雜誌，58(4)，87-92。

鄭晉昌（2010）。淺談領導力之發展活動與有毒害的領導力─組織領導培育的另類觀點。T&D飛訊，100。

羅耀宗（譯）（2005）。致勝：威爾許給經理人的二十個建言。J. Welch原著。臺北：天下遠見。

羅耀宗（譯）（2013）。管理的七宗罪。J. Birkinshaw原著。哈佛商業評論，春季號特刊，39-42。

(二) 英文部分

Bolden, R. (2007). The shadow side of leadership. *Effective Executive, 99*(2), 42-43.

Capelluti, J., & Nye, K. (2004). The eight habits of highly ineffective principals. *Principal Leadership, 4*(9), 8-9.

Conger, J. (1990). The dark side of leadership. *Organizational Dynamics, 19*, 44-55.

Einarsen, S., Aasland, M. S., & Skogstad, A. (2007). Destructive leadership behaviour: A definition and conceptual model. *The Leadership Quarterly, 18*(3), 207-216.

Ferris, G. R., Zinko, R., Brouer, R. L., Buckley, M. R., & Harvey, M. G.(2007). Strategic bullying as a supplementary, balanced perspective on destructive leadership. *The Leadership Quarterly, 18*(3), 195-206.

Goldman, A. (2008). High toxicity leadership: Borderline personality disorder and dysfunctional organization. *Journal of Management Psychology, 21*(8), 733-746.

Goldman, A. (2009). *Destructive leaders and dysfunctional organizations: A therapeutic approach*. New York: Cambridge University Press.

Hinkin, T. R. (1995). A review of scale development practices in the study of organizations. *Journal of Management, 21*(5), 967-988.

Hogan, R., & Hogan, J. (1995). Assessing leadership: A view from the dark side. *International Journal of Selection and Assessment, 9*(1/2), 40-51.

Kellerman, B. (2004). *Bad leadership: What it is, how it happens, why it matters*. Boston: Harvard Business School Press.

Klein, S. R. (2010). Toxic leadership and the erosion of trust in higher education. In E. A. Samier & M. Schmidt (Eds.), *Trust and betrayal in educational administration and leadership* (pp.125-140). New York: Routledge.

Lipman-Blumen, J. (2005). *The allure of toxic leaders: Why we follow destructive bosses and corrupt politicians—and how we can survive them*. New York: Oxford University Press.

Padilla, A., Hogan, R., & Kaiser, R. B. (2007). The toxic triangle: Destructive leaders, susceptible followers, and conducive environments. *The Leadership Quarterly, 18,* 176-194.

Reed, G. E. (2004). Toxic leadership. *Military Review, July-August,* 67-71.

Rosenthal, S., & Pittinsky, T. L. (2006). Narcissistic leadership. *The Leadership Quarterly,*

17(6), 617-633.

Schyns, B., & Hansbrough, T. (eds.) (2010). *When leadership goes wrong: Destructive leadership, mistakes, and ethical failures*. Charlotte, N.C.: Information Age Pub.

Spillane, J. P. (2006). *Distributed leadership*. San Francisco: Jossey-Bass.

Tepper, B. J. (2000). Consequences of abusive supervision. *Academy of Management Journal, 43*(2), 178-190.

Yeo, A. CM., & Carter, S. (2008). Toxic leaders: Inevitable or avoidable? *Accountants Today, June*, 33-36.

Wu, T., & Hu, C. (2009). Abusive supervision and employee emotional exhaustion: Dispositional antecedents and boundaries. *Group & Organizatioan Management, 34*(2), 143-169.

問題與討論

一、請闡述毀壞型領導的意涵為何？

二、對於毀壞型領導或有毒害領導的因應策略為何？

三、國民小學校長應該避免哪些毀壞型的領導行為？

四、教育領導者不當督導或毀壞型領導對於學校發展會衍生哪些影響？請提出您個人的觀點。

第十一章

美國高等教育之遊說

楊淑妃

緒論

　　遊說是利益團體影響政府政策、法案或施政之行動，其本質是一種利益代表的行為，利益團體透過遊說以影響或改變公共政策是民主國家之常態。為了個別大學之利益或高等教育之集體利益，遊說以表明理想、熱望或立場，是高等教育機構不得不然之舉措。

　　美國近年來由於政、經、社會環境之變化，聯邦政府對於高等教育之經費補助逐漸減縮，而各州政府亦未必皆能援助各大學校院設施之花費，以致高等教育機構對於聯邦政府之學生補助與學生貸款政策走向極為關注，同時對於國會特別撥款——「學術留用基金」（academic earmarked fund）之爭取亦趨積極。此外，「高等教育法」（Higher Education Act）之修訂及「平權行動立法」（Affirmative Action Legislations）是高等教育機構在華府積極倡導、遊說之另一焦點。

　　美國因憲法對於人民言論、出版及集會結社自由之保障，其政治文化有利於利益團體之成長，在各州中壓制利益團體活動之作為係憲法所不容的。高等教育是人才培育事業、學術文化事業、非營利事業、是公共財，其本質與國家之人力素質水準密切相關。先進國家對於高等教育莫不積極重視，當高等教育之成效、品質與其他國家相比呈落後頹勢時，為急起直追，在政策上通常會挹注特別之經費於高等教育，以促進各機構在教學、研究、硬體設施及國際合作交流事業上之創新、進展。

　　Waldo（1981）曾從歷史觀察，認為美國政府在高等教育上扮演著關鍵角色，為積極擴充國民之受教機會，政府對於高等教育之支持趨勢是向上的；但亦指出，經歷60年代越戰、70年代經濟的緩慢成長，80年代開始有政府官員在聯邦政府與州政府陸續發生財政危機後質疑，高等教育的大量金錢花費是否道德。相對的，高等教育機構亦意識到政府關係的重要，政府是僅次於產業界最重要的經費來源。

　　正因高等教育對於國家人才之培育與經濟發展之貢獻，使其社會地位備受重視，不僅是國家重要資產，亦是使命高尚、社會全體成員共同受益之公共財，其價值備受重視，是以，高教社群並不特別覺得有向政

府進行遊說之必要。但隨著聯邦政府在高等教育「經費補助」與「法令規定」之演變，高教機構在華盛頓首府是否有適當代表，以為各自之利益或共同利益遊說、倡導，便愈顯重要，但亦陷於矛盾情結，一方面擔心遊說有損教職形象，一方面擔心若未進行遊說，容易失去社會大眾注意，而讓高等教育在公共議程上被排於落後的序位。

　　值得玩味的是，美國憲法並未提及「教育」一詞，僅在憲法第十修正案中陳述：「憲法未賦予聯邦政府亦未禁止各州之權力，保留給各州或人民」（引自Trow, 2000: 39），教育權即是此種保留予各州的權力之一，州政府負有高等教育之基本責任。事實上，州政府是公立大學校院的設立機關，同時提供大部分的經費支持。然而，聯邦政府既無憲法賦予之教育權限，為何高教社群會陸續派代表至華盛頓首府成立辦公室，並進行遊說的活動？這與聯邦政府在高等教育上所扮演的角色有關。

貳　美國高等教育在聯邦層級的遊說活動

一、聯邦政府在高等教育上的角色

　　美國教育行政體制採三級制，分別為聯邦、州與地方，依地方分權原則辦理教育事務（謝文全，1984；林清江，1985；吳清山，1994；謝文全，2000；Waldo, 1981）。聯邦政府在教育政策制定的角色並不明顯，對於教育事務之影響，主要在經費補助與法令規定之影響。憲法制定者雖未將教育權限賦予聯邦政府，然而聯邦政府對於美國高等教育之影響卻是持續存在的。

　　Trow（2000）曾指出，聯邦政府在成立後，對於高等教育機構之擴充、高等教育機會之增進有其貢獻，但這些政策都是在未侵犯學校自主權限或州政府的教育責任情況下完成，雖然它們促成了聯邦政府在高等教育上較積極主動的角色，巧妙的是並未將高等教育的權力往聯邦政府方向拉進，反而有下放給各州、學校、學生與教職員的效果。結果形成一種不斷自我節制的傳統，聯邦政府的行動只是去推動別人所做的決定，而不是將其決定強加在各州、學校或學生身上。聯邦主義的分權化

控制，可以在高等教育資金來源的多元化、學生補助來源的多樣化與各州高等教育協調與補助的不同等面向呈現。簡言之，聯邦主義之影響美國者不僅止於政治、社會、經濟制度，還包括高等教育之規模大小與多樣化，成為美國人生活的本質。

回顧美國高等教育史可以得知，聯邦之介入高等教育始於1787年的西北法令（Northwest Ordinance），是聯邦政府捐贈國有土地首例，它授與新成立的州（原始的十三州除外）各二個鎮區（townships）做為學習院校，同時在莫利爾法案前二年，最少有十七個州接受二個鎮區的贈與，大於400萬英畝，而孵育了大量的州立大學校院，是後來捐地學院的軀幹（Johnson, 1981: 223）；其後陸續有1862年因莫利爾法案而成立的捐地學院（land-grant colleges），聯邦政府贈與土地給各州，做為各州成立大學院校之用，其土地大小約與瑞士或荷蘭的領土相當（大約1萬1千平方哩），而且以極為包容的方式進行，對於學校的類型、研究領域及教學內容，都沒有固定的要求（Trow, 2000: 57）；1887年國會通過The Hatch Act及1890年的第二次莫利爾法案，則是聯邦贊助某些類型大學校院進行研究的例子。

二次大戰以後，基於國家的需要，聯邦政府對於高等教育之援助變得積極與廣泛。杜魯門總統開始一系列的聯邦研究措施，其中有許多與策略性的國防目標相連結，例如1944年的「退伍軍人福利法案」（G.I. Bill Rights）、1945年的「傅爾布萊特法」（Fulbright Act）、1958年的「國防教育法」（National Defense Education Act, NDEA），之後聯邦開始成立系列的機構以支持研究活動，如1949年的國家健康研究院（National Institute of Health, NIH）及其他非科學類的人文、藝術類研究機構與計畫（Cook, 1998: 6-7）。

Gladieux和King（1999）認為聯邦對於高等教育之影響方式包括學生補助、研究補助、徵稅政策及相關法令規定；同時聯邦政府在「學生直接補助」及「研究與發展經費（R & D）」兩項之支出，均遠超過各州、產業界及其他捐助者。1950至1960年代，受1958年蘇俄發射人造衛星影響，國會以國家安全與冷戰競爭為由，設計了許多補助教育的計畫；1970年的聯邦政府已成為學生們籌措大學費用的最大來源，但聯

邦政府的花費仍只是各州政府與私人捐助的輔助；1980年代初期，因聯邦預算緊縮，致令學生之補助金額亦隨之下降；1980至1990年代，聯邦提供了某些特殊補助，以符合國家目標，通常不區分公、私立教育。

Ryan（1993）追蹤聯邦對於高等教育之「介入」後指出，聯邦政府介入高等教育之方式包括：「獎助學金、法令規定、司法及行政單位之活動」。Merrill（1994）認為，私立大學校院已無法免於來自聯邦政府與法院之介入，聯邦憲法及其衍生出之法律、規定、法院判例，均可對公、私立大學校院產生重大影響，聯邦政府可經由憲法中的四種不同條款來規範或約束大學之運作，分別是：「一般福利條款、徵稅權、貿易條款和民權條款」。

Cook（1998: 7-8）認為聯邦在教育上的參與是零碎式的（piece-meal），其角色曖昧。美國各大學校院比起其他國家，享有較多的獨立與自主權，但愈來愈難發現各校的活動會有任何一個面向不受聯邦影響。她指出聯邦政府在高等教育上的影響包括：「學生補助、研究經費、國會特別款——學術留用基金及法令規定。」在法令規定方面他特別指出平權行動立法（Affirmative Action Legislations）對於學生之入學、就讀、財力補助及就業之影響，1964年民權法（Civil Right Act）的詮釋則允許各大學校院將「種族」差異納入學生財力補助考量，是最主要的平權立法。其後的高等教育法亦是藉由聯邦財政補助，而要求各校實現平權行動立法的法案，對於不符合要求者，聯邦會要求刪減補助。

依美國原先聯邦主義之精神與憲法之規定，憲法中並無可供聯邦政府發揮影響力之條文。然而，隨著歷史之演進，藉由聯邦最高法院對於憲法之解釋與判例，國會之立法與撥款，使得聯邦政府取得介入高等教育發展與運作之法源與正當性，以完成某些國家目標，而在美國高等教育的歷史發展中留下聯邦政府的足跡。對於聯邦政府的影響力應該多大才算適當？學者看法未盡相同，然而，隨著社會的進步，生活的複雜及聯邦政府體制的相應擴大，聯邦政府逐漸在高等教育方面發揮影響力卻是不爭的事實。

聯邦主義分權化的精神在高等教育上的影響，不僅因無全國一致之標準與控制力量，訴求於市場自由競爭的機制，促進了大學校院規模、組織、功能、特色的多樣化，也促進了大學校院資金來源的多樣化、學生補助來源的多樣化、以及各州在高等教育協調與補助的不同，是一種無法在其他國家發現的「實驗性精神」。就連學生主體也因種族、性別、年齡（傳統與非傳統學生）及民族別之差異，而呈現多樣的面貌與風格。

綜合Trow（2000）、Gladieux和King（1999）、Cook（1998）、Ryan（1993）及Merrill（1994）等人對於聯邦與高等教育之看法，聯邦政府在高等教育上的角色，可以下列幾點說明：

(一) 聯邦政府在高等教育是輔助角色，但其影響持續存在

依憲法第十修正案的規定，教育的權力在各州或人民，州政府保有對高等教育之基本責任，如機構之核准設立與否。聯邦政府在教育領域扮演的是次要角色；在公立大學的經營補助上，聯邦政府是州政府補助及私人捐助的輔助角色，但其影響持續存在。

(二) 聯邦政府對於高等教育之影響方式，以經費補助及法令規定為主

聯邦政府對於高等教育之影響方式主要爲：學生補助、研究經費、國會特別撥款──學術留用基金及法令規定等，另外在徵稅政策上也對於研究的相關設備、經費產生影響。

(三) 聯邦法院對於高等教育之影響與日俱增

尤其是聯邦最高法院的相關判決，19世紀有達特茅斯學院案件確立私立大學校院的自主權；1954年有「布朗對教育董事會」（Brown vs. Board of Education）廢除種族隔離政策的判決。然而在解釋、適用與執行該項判決的過程中，仍然是動盪不安，充滿種族與民權爭議；1964年民權法案通過後，有關民權執行的問題與法律訴訟案件，也不斷在全美各大學校園中出現。聯邦法院（尤其是最高法院）之判決對於各州與高等教育將造成之影響仍在持續中。

(四) 聯邦政府之補助性質由範圍廣泛演變為零碎

1862年莫利爾法案通過時，聯邦政府基本上只負責核發各州所需的土地，其他的重要事項均留由各州決定，當時的州政府所扮演的是媒介的角色，聯邦政府之補助範圍廣泛，而且限制很少。但20世紀開始，此種型態開始改變，聯邦政府因行政部門與國會之分權化影響，補助變為零碎，並避開州政府直接撥給學校。

(五) 聯邦政府之補助政策轉變：經費增加、對象擴大、法規限制增加

聯邦政府補助政策之轉變，從早期捐地學院對各州之補助方式到「以大學為基礎」（university-based）之研究補助、「以需要為基礎」（need-based）之獎助金補助方式，再到以「學生貸款」（student loan）為主之補助方式演變，足以窺見端倪。而隨著補助經費之增加與補助對象之擴大，相關法規之限制與束縛也跟著增加。

(六) 聯邦政府補助校園研究經費增加

聯邦對於大學校院之研發與科學項目之補助，早於對學生之補助，可追溯至1883年之補助成立農業實驗站（the agriculture experiment station）（Williams, 1991），當時的補助很少，二次世界大戰時才使聯邦以校園為基礎之研究補助大幅增加，並延續至1950年代與1960年代初期。其後幾十年間，此種補助之成長雖不如先前般快速，但聯邦政府在補助校園研究經費上，仍是最大的來源。

二、高等教育社群之遊說

早期高等教育社群在聯邦政策制定之初，因不確定是否需要聯邦資助，以致於對於政治過程之參與零零星星；同時，大學教授一向不屑於向政府遊說，一方面認為有失學術清流形象，一方面認為遊說者之社會地位不高，因而對於遊說活動並未給予太多關注。

曹俊漢（1983：28）曾指出，1960年代可以說是美國代表教育利益的各種壓力團體在華盛頓首府陸續成立的重要時期，這與曾擔任過教師而在其總統任內積極支持三項重要教育法案完成的詹森總統有關，

他大力支持教育事業，共完成：1963年的「高等教育設備法」（the Higher Education Facilities Act of 1963）、1965年的「初等與中等教育法」（the Elementary and Secondary Education Act of 1965）及1965年的「高等教育法」（the Higher Education Act of 1965），由於這些重要立法依據，各類教育利益團體或陸續於華府成立，或喬遷至華府，其中最大的三個團體分別是：全美教師聯盟（American Federation of Teachers）、全國教育協會（National Education Association）及家長與教師全國總會（National Congress of Parents and Teachers）。

但Wells（1990）指出，1960年代的「遊說」相當受到大學校長與高等教育協會執行人員的質疑，普林斯頓大學在1960年代即開始有政府關係功能，但一直到1981年，該校在華盛頓首府設立「政府事務」辦公室後，其他大學才繼續跟進。

Cook（1998：9）也提到，1970年代早期，開始有少數大學校院在華府設立辦公室，但目前已為數眾多，多數大型的州立高等教育系統也在華府設立辦公室，以代表所有系統所屬學校的利益。

由於聯邦並無教育實權，在高等教育之政策角色並不顯著，其主要影響來自經費補助及法令規定。自1980年代以來，聯邦對於高等教育之經費補助逐漸減少，各校對於聯邦政府之學生補助、貸款政策及國會之特別撥款－學術留用基金便相形重視，而各州政府亦未必皆能援助各校設施之花費，是以，聯邦經費資源之爭取，便顯得格外重要。

Ferrin（2003：88）認為設立強而有力的遊說辦公室，一方面可以協助高教機構找回公共財的意志與公眾對於高等教育的尊敬，一方面可以協助克服聯邦近年來在經費補助上的下降與不穩定趨勢，尤其目前愈來愈多的經費是來自於學術留用基金。

綜合Cook（1998：39）、Gladieux和King（1999：159）及Ferrin（2003：89）對於學術留用基金之說明，它是一種與計畫、設施、儀器及其他與學術或研究相關之花費，直接由國會資助，但無須國會相關委員會核准或學術同儕審核，由各校向議員爭取後，直接撥予各校之特別撥款。Ferrin指出，1980到1993年總共有32億美元的學術留用基金分給了234所大學，1997年有4,900萬美元給某些學校，1998年為5,100萬

美元，1999年增至7億9千7百萬美元。

　　然而，學術留用基金的正當性卻在學術界引起許多批評，Cook（1998：43）指出，學術留用基金是不公開的諮詢過程，是撥款委員會之間互相幫助的過程，是破壞以國家需求為基礎而理性設定優先順序的過程，是阻止了參、眾議院多數議員對於公共經費發聲權力的過程，最根本的，它是個無法保護納稅人投資的過程，但所有人並未能成功地對於學術留用基金的混亂本質做好溝通。因而論者（Cordes & Rivera, 1995; Cook, 1998; Gladieux & King, 1999）有以"academic pork"（學術肉塊）（議員為討好其支持者所給予的政治利益）來形容學術留用基金，而以"pork-barrel science"[1]（肉桶科學）來形容學術留用基金之爭取與遊說過程。

(一) 遊說活動之結構

　　為能在重要政策議題、經費補助或學術留用基金發揮影響力，有愈來愈多的學校擴增遊說辦公室，他們遊說的對象或範圍包括州立法機關、美國國會及聯邦機構，而在遊說的結構上，一般是由各校在校內成立政府關係的相關專責單位，負責與各級政府之間的相關事務，同時亦派員在華盛頓首府成立辦公室，以密切注意聯邦立法或遊說法案之擬定；而校際間則有許多重要的協會，它們是代表高等教育發聲的重要單位，這些協會是以校長為會員而組成的，採自由入會制。

　　Murray（1976）以高等教育協會成員的利益為基礎，提出一個檢視協會遊說結構的概念架構，他認為在當時的遊說結構分為：

1. 核心遊說（Core Lobbies）

　　核心的集群是「六大」（the Big Six），在當時是指「美國教育協會（American Council on Education, ACE）」、「全國州立學院與捐地大學協會（National Association of State Colleges and Land-Grant Universities, NASCLGU）」、「美國州立學院與大學協會（American

---

1　湯堯在陳舜芬等人合譯之《21世紀美國高等教育—社會、政治、經濟的挑戰》一書第六章「聯邦政府與高等教育」第180頁，譯為「政治分肥學」。

Association of State Colleges and Universities）」、「全國州立學院與捐地大學協會（National Association of State Colleges and Land-Grant Universities, NASCLGU）[2]」、「美國州立學院與大學協會（American Association of State Colleges and Universities, AASCU）」、「美國學院協會（American Association of Colleges, AAC）」、「美國大學協會（American Association of Universities, AAU）」及「美國社區學院與初級學院協會（American Association of Community and Junior Colleges, AACJC）[3]」等六大協會，他們代表高等教育的主要機構成員，包括捐地及州立學院、私立人文學院、主要的研究型大學及初級學院等。

2. 衛星遊說（Satellite Lobbies）

其主要利益分為二大範疇：一類是為了學術研究、研究生與專業學程之發展，通常是綜合性協會之外的專門性協會在進行，包括：美國研究所協（Council of Graduate Schools in the United States, CGS）、美國醫學院協會（Association of American Medical Schools, AAMC）、全國大學研究行政人員協會（National Council of University Research Administrators, NCURA）；一類是為了人文學院、大學部學程或與美國學院協會（AAC）同陣營，代表特殊類別機構的獨立團體，特別如具宗教色彩的學院或地位及財政瀕臨邊緣的學院，包括：全國天主教教育協會（National Catholic Education Association）、新教徒學院及大學協會（Council of Protestant Colleges and Universities）、小型學院提升協會（Council for the Advancement of Small Colleges, CASC）。

---

2 全國州立學院與捐地大學協會（NASCLGU—National Association of State Colleges and Land-Grant Universities）其後更名為全國州立大學與捐地學院（NASULGC—National Association of State Universities and Land-Grant Colleges）。

3 美國社區學院與初級學院協會（American Association of Communityand Junior Colleges, AACJC）其後更名為美國社區學院協會（AACC—American Association of Community Colleges）。

3. 邊緣遊說（Peripheral Lobbies）

由許多個別的遊說組成，分別代表個別的學校、系統、小型協會、專業組織、職業團體或特殊任務的組織。然因多數大學教授與高等教育專業人員對於遊說活動之睥睨，高等教育遊說技術之發展速度緩慢。

整體而言，美國高等教育機構進行遊說活動之相關結構與組織如下：

1. 政府關係專責單位

政府關係是美國高等教育行政的重要部分，多數學校認為政府關係應分為聯邦、州與地方等三個層級處理。Johnson（1981：1-2）指出，過去政府與大學間曾存在雙向的誤解，政府官員沒幾個人可以個人經驗、觀點談論高等教育，而一般民眾認為教育是政府的重要職責，因而將大部分的政府角色界定在「開支票（付錢）」；而學術界經由媒體的強化，對於政府的政治過程也產生負面的刻板印象，參與政府事務在校園中被認為是低格調的。這些狀況與臺灣高等教育機構的教授或行政人員經常受政府委託或因業務需要而須至教育部開會的密切關係狀況是有很大不同的。

目前各校在內部設立之遊說辦公室多數稱為「政府關係」、「聯邦關係」、「大學關係」、「政府事務」或「公共事務」辦公室。Ferrin（2003）針對美國大學校院內的遊說人員進行研究指出，多數受調查者認為他們對於學校的目的或目標涉入甚深，同時在州立法機關、國會或聯邦機構的遊說工作經常牽涉到做決定，如學校校長未能充分信任、授權，同時學校未能設定宗旨與目標，遊說工作將無法有效運作。此外，Ferrin亦指出，大學校院內的遊說人員最好具有豐富的人格特質、熟悉立法程序、具有政治經驗、對大學深入瞭解，但同時具有上述背景的人很少。

Johnson（1981：6）指出，大學行政人員對於法案之制定要有一套運作計畫，同時對於利益攸關的補助方式與法案要確實表達意見與關心，各校表達關心的方法包括：發展出接近聯邦政府的計畫、對於關鍵的教育問題提出現狀報告、聘請能見度高的行政人員或校友擔任發言人

及與目標包含改善聯邦關係的全國性協會合作等。Waldo（1981：12）
則列舉表1的活動，說明典型的政府關係活動事項。

表1
典型的政府關係活動舉隅

1.撰寫私人感謝函予每一位立法者
2.分送機構之年度報告
3.在每一立法會期前，寫信表達關切
4.指派行政人員、教師、學生與幕僚人員在共同的基礎或利益上與地方的立法人員保持聯繫
5.分送經挑選的機關出版品
6.在立法者的家鄉舉行非正式會議
7.在校園裡為利害相關各造，定期舉行法案簡報
8.設置教師參議會與學生聯繫人
9.為校園中有興趣的選民，提供政府關係報告
10.寄發立法通訊給校園外的選民
11.當機構的政策已確定時，要參加立法會期
12.對聽證會的要求做出回應，並提供給機構發言人
13.主持任何有政府官員的事件

資料來源：出自Waldo（1981：12）。

2. 六大高等教育協會

美國各大學校院除了針對機構本身需求設有專責單位、人員或聘請專業遊說人員（遊說公司或顧問公司），處理各層級政府相關事務外，基於機構的不同屬性，也各自成立了許多專業性協會，這些協會之中有六個是代表高等教育發聲的重要單位，這六個協會（the Big Six）（King, 1975: 20-28; Murray, 1976: 81; Cook, 1998: 10-11）是以校長為會員而組成的，採自由入會制。分別是：

（1）美國教育協會

美國教育協會（American Council on Education, ACE）於1918年成立，是一個全國性的高等教育協會，會員除了所有已被認可的公立或私立大學校院外，還包括地區性的高等教育協會及其他5個主要協會；目前有40個以上的協會加入，是其他協會的母傘協會（umbrella association）。美國教育協會同時是美國高等教育政策最主要的倡導者，它提供美國高等教育界所需要的領導，在關鍵的高教議題上建立一致的共識、意見，並透過倡議（advocacy）、研究及方案措施，以影響公共政策爲任務。美國教育協會每月定期開會以交換訊息，同時討論全國性的政策議題及與聯邦有關的經費議題；它的工作要項還包括協調並召集華府50個以上協會的秘書單位組成的「華盛頓高等教育秘書處」，以代表後中等教育的各個不同領域及功能。（戴曉霞譯，2003：279；ACE, 2004；Harcleroad, 1999: 247）。

(2) 美國社區學院協會

美國社區學院協會（American Association of Community Colleges, AACC）於1920年成立，已成爲全國社區學院最主要的代言人，由於社區學院係由初級學院（junior colleges）演進而來，因此協會前身爲美國初級學院協會（American Association of Junior Colleges）（AACC, 2004）。

(3) 美國大學協會

美國大學協會（Association of American Universities, AAU）在1900年由14所具有博士學程的大學共同成立，以提升美國研究型大學的國際水準爲任務，目前會員包括美國60所大學及加拿大2所大學。會員學校校長每年於春、秋二季各舉行一次會員會議，互享資訊，同時指派該校1至2位代表參加該協會之「聯邦關係會議」（the AAU Council on Federal Relations, CFR）（AAU, 2004）。此外，從協會公布的年度公共政策議程，可以瞭解當年度的高等教育政策重點。

(4) 美國州立學院與大學協會

美國州立大學校院協會（American Association of State Colleges and Universities, AASCU）成立於1961年，會員主要來自於地區認可的公立大學校院，其前身爲1951年成立的師範教育協會（the Association of Teacher Education），因爲公立學校一開始都是單科學院，且多數爲師範學院。目前有430所以上的大學校院及大學系統加入成爲會員，而其目的主要有四：促進彼此的協助與貢獻；分析公共政策爲所屬學校及學生辯護；提供政策領導、方案支持、學術品質、促進入學普及、包

容、教育創新及創造專業發展機會（AASCU, 2004）。

(5) 全國獨立學院與大學協會

全國獨立學院與大學協會（National Association of Independent Colleges and Universities, NAICU）成立於1976年，是在聯邦政策議題上代表私立（含宗教性）大學校院一致發聲的單位。本會工作人員的主要活動包括：與立法者開會、追蹤各校園的發展趨勢、進行研究工作、分析高等教育議題、出版各種資訊、協調州層級的活動、以及為會員提供立法與法規的發展對於學校潛在影響的建議等。此外，本協會亦在許多提案上擔任開路先鋒的角色，例如學生補助聯盟（Student Aid Alliance）以及跨黨派的全國校園選民登記計畫等（NAICU, 2004）。

(6) 全國州立大學與捐地學院協會

全國州立大學與捐地學院協會（National Association of State Universities and Land-Grant Colleges, NASULGC）成立於1887年，是美國成立最久的高等教育協會，主要目的在支持卓越的教學、研究與公共服務，也是全國教育領導的前哨。目前擁有212所會員學校，其中有76所為當年捐地學院改制的大學（NASULGC, 2004）。

有些學校可能會同時參加一個以上的協會，因而具有重複會員身分，這些協會的辦公室都在華盛頓首府。Murray（1976：80-81）指出，1970年代美國高等教育協會的遊說活動，包括：溝通觀點，直接的及經由口語與書面的陳述予國會議員、其幕僚、執行人員及其他官方的政府決策者；遞陳提案及相關資訊給立法及行政人員；對公共官員擬與高等教育社群發生關係之演講、校園訪問及教育會議予以協助；監控立法之發展並動員草根遊說壓力，以導引至期望的方向或法案制定；抵制反對高等教育的法案（例如1960年代末期出現的反動亂立法）；扮演聯絡人並安排會員與官方決策者接觸；而或許最重要的是，企圖尋求政府財政資助。

早期高等教育社群的遊說零零星星且無確切效能，遊說的目的在防止聯邦政府介入大學校院，而非要求財力支持，例如：早期因擔心學生的資格問題，而對於「退伍軍人福利法案」（G.I. Bill Rights）反對，二次大戰後，冷戰時代面對蘇聯的威脅，聯邦對於高教的資助增加，

高教機構的擴增也使得高教資源在此期不虞匱乏。至1960年代，受越戰影響，高教社群才真正開始向國會尋求援助，1972年為了「高等教育法」修訂，其中有關經費補助應直接給予學校或透過補助學生而間接給予學校的問題，許多協會採取直接補助學校的立場，但因未重視參議員Claiborne Pell已提出直接補助學生的替代法案，同時有許多支持高教社群的議員轉向支持Pell，而社區學院及營利性學校（proprietary schools），因學生多數來自中下社經階級，也極力支持Pell的法案，以致最後1972年修訂的「高等教育法」結合了Pell的法案。其結果除產生有名的培爾獎助金（Pell Grants），也使得高等教育法的適用對象，擴及後中等教育的技術與職業院校（Cook, 1998: 25-27）。

Johnson（1981：5）認為Pell法案是各大學領導人未致力於遊說國會議員，同時大學的行政人員未表達其意見與關切所致，法案的制定對於高等教育會有很大衝擊，大學校院的行政人員應有運作性計畫，同時應立即向個別的國會議員表達他們的關切。

Murray（1976：79）則認為二次大戰後至1972年修正「高等教育法」通過，高等教育在美國政治上已由邊緣地位轉移至核心參與及國家資源競爭的位置。

針對六大協會在前述法案的失敗，1972年ACE的主席委託學者針對ACE進行評鑑，並出版評鑑報告，該報告結果認為ACE缺乏生氣、沒有彈性、政策分析缺乏資料基礎、對聯邦的關係結構混亂重疊，因而促進了ACE的系列檢討與改革。此外，調查報告強調協會之間應合作並回應出現的問題，同時建議高等教育之間或與外界具有共同政治利益時，應成立新的聯合會（Cook, 1998: 28-30）。

這之後，高教的領導者決定持續支持以校長為基礎的協會，並開始改變遊說方式，以從事與聯邦關係的工作，同時提出許多較好的政策分析給聯邦決策者，協助遊說。1980年代，共和黨總統雷根執政，在政治、經濟、與教育政策上，都是貫徹保守主義理念的領導者，雷根經常表達他對於聯邦支持高等教育的懷疑，並在1983年提出刪減50%的學生補助預算，其後布希總統及州政府對於高教社群的補助態度並無太大差異，因此1980年至1990年代，高教協會在華府的主要目標就是訴求學

生補助經費的增加，以及聯邦對於學術研究承諾的減弱（Cook, 1998: 31-33）。

1985至1990年間，在高教協會的努力下，國會對於高教的補助漸漸增加、回穩，協會與學者都認為高教協會在雷根時代的遊說表現是成功的，學者認為他們將原本被動的、非政治性的、未充分掌握資訊且歧異的協會，轉化為敏銳的、高度掌握資訊、純熟果斷並每天參與華府政策與事件的協會（Cook, 1998: 33）。

1990年後對於六大協會的主要批評則包括：花費太多時間在共識的建立上，未從事選舉政治，諸如為候選人競選或募款等代表高等教育重要象徵的影響方式（Wolanin, 1998: 59）。

3. 遊說公開法

美國在1946年即制定「聯邦遊說管制法」（Federal Regulation of Lobbying Act），對於利益團體的遊說活動進行管制。「聯邦遊說管制法」並非單獨立法，而是附屬於1946年的國會改革法（Legislative Re-organization Act of 1946）之中，由於當時的焦點集中於國會改革法，以致於從草案研擬至完成立法過程，並未受到廣泛注意。由於聯邦遊說管制法並未明確定義「遊說」之義，條文字意亦未盡周延，以致公布施行後，時有控訴該法減縮憲法保障人民「言論自由」、「結社自由」與「請願活動自由」之訴訟案件（李禮仲，2001：3-5）。

歷時演變，至1995年12月19日柯林頓總統簽署「遊說公開法」（The Lobbying Disclosure Act），並於1996年1月1日生效，「聯邦遊說管制法」方經大幅修正。對美國人而言，「遊說公開法」很明顯地對於之前的遊說登記與報表的立法架構進行徹底檢核，以提供社會大眾更公開的遊說資訊，包括什麼人為了什麼議題在遊說，代表誰以及共花了多少錢等公開資訊，和過去比較，大大地增加了登記的遊說者人數及他們必須公開的資訊範圍。依該法規定，組織在下列二項狀況下須為遊說活動登記並每半年建檔一次（Cook, 1998: 143; KDV, 2002: NCURA, 2002; Tenenbaum, 2002）：(1)組織至少有一個僱員符合遊說者（lobbyist）的界定。〔就此目的，所謂遊說者是指最少從事二種遊說接觸，並貢獻他（或她）至少20%的時間於遊說活動者。〕(2)組織

在半年內花費美金2萬元以上於遊說活動者。

　　登記須至參議院秘書處或眾議院相關櫃檯辦理，並在確定遊說前或遊說後45日內完成。登記聲明須包括下列事項：(1)遊說者期待強調的一般議題，或者遊說活動已經注重或希望強調的特定議題。(2)每一位要進行遊說者的姓名。(3)任何在半年內貢獻超過1萬美金在遊說活動上，同時在那些活動的規劃、監督或控制上扮演重要部分的組織名稱。(4)任何直接或間接規劃、監督或控制遊說活動，握有組織20%以上利益，或者是遊說活動結果的直接利益會員或分組織的外國實體名稱。此外，一旦組織依法登記後，如果該組織仍持續進行遊說活動，須每半年繳交報表建檔，未依規定進行登記者，將導致最高美金5萬元以上的罰款。

(二) 遊說的重要技術與策略

　　Schlozman和Tierney（1986）針對1970至1980年代的利益團體進行研究發現，所調查的團體類型都傾向於使用過去的遊說技術，Cook（1998：140-146），則曾於探討相關文獻後指出，以職業為基礎的非營利協會經常和公民團體採取類似的遊說方法，同時對於遊說策略與戰術的選擇，除了部分決定於團體認為什麼最為有用，目前誰最具權力外，有一些脈絡因素也會影響團體對於遊說技術的選擇，包括：政策議題的本質、政治反對者的本質、法律地位、潛在的資源、以及過去有用的技術。

　　美國華府所有型態的利益團體所採用的遊說技術百分比，詳如表2所示，Cook（1998：146）指出，高等教育協會在1995年以前所採用的遊說技術及其百分比，詳如表2標示「＊」符號的遊說技術。研究顯示，雖然「聽證會作證」、「直接與官員接觸」是高等教育協會最常採用的遊說技術，國會議員們卻認為「提出研究結果」才是最有說服力的技術，此點與劉青雷（1988：156）綜合美國學者相關研究結果所得相同，另張世熒（2000）亦指出，利益團體對於美國國會議員所能提供的幫助約有四類：1.提供重要資訊，協助政策決定；2.設計政治策略，協助法案之通過或修正；3.提供新觀念；4.幫助國會議員從事競選活

動，並公開支持；但以爲國會議員「提供投票所需之資訊」及「利益團
體所作之研究報告」最爲有效。

表2
所有型態的華府組織所採用的遊說技術百分比

遊說技術	使用的程度%
聽證會作證 *	99
直接與官員接觸 *	98
非正式接觸 *	95
提出研究結果 *	92
寄信給國會議員 *	92
與其他組織加入聯盟會議	90
塑造政策的執行 *	89
規劃立法策略 *	85
協助起草法案 *	85
激勵寫信協助競選 *	84
與選民接觸	80
進行草根遊說	80
財力支持競選	58
公開投票紀錄	44
在媒體刊登廣告	31
協助競選工作或提供人員協助	24
支持候選人	22
從事抗議活動	20

資料來源：出自Schlozman & Tierney (1986: 150); Cook (1998: 146)。
＊1995年以前美國主要的高等教育遊說技術。

　　此外，Cook以美國高等教育機構在第104屆國會會期（1995年至
1996年）的遊說活動爲研究主軸，對於高等教育機構的遊說技術有
頗深入的調查研究，值得參考，僅扼要摘述其重要觀點與做法如下：

（Cook, 1998: 147-170）

1. 刊登政治廣告

政治廣告是高等教育社群最常用的遊說策略，但1994年的一項調查顯示，有一半以上的校長認為他們所屬的協會沒有購買、也不應購買報紙廣告或其他媒體的廣告，就協會而言，如果沒有會員的認同，協會便很少使用這項戰術。1980年代最值得注意的政治廣告事例是：雷根政府試圖刪除學生補助預算及裁撤新成立的教育部事件。當時的高教社群在1981年12月組成特別的聯合會（ad hoc coalition），稱之為「高等教育行動委員會」（The Action Committee for Higher Education），密集的做政治廣告，由政府關係與公共關係人員領導，同時也有學生投入遊說，終於解除刪除學生補助預算的威脅。

2. 抗議與示威

抗議是一種遊說的技術，通常是大規模的公民團體所使用，如獲得媒體採訪、報導，即可判定為成功，因藉由媒體報導可以讓更多民眾瞭解抗議的訴求、重點，也成功地提供抗議者在決策過程中的槓桿點。在第104屆國會會期間，有兩個活躍的學生組織加入高等教育協會，而在「拯救學生補助聯盟」中一起遊說，一個是「美國學生協會」（The United States Student Association, USSA），一個是「全國研究生與專業學生協會」（National Association for Graduate and Professional Students, NAGPS），這是學生團體第一次與高等教育協會產生關連。學生團體以e-mail傳送訊息，並經由網際網路動員學生到國會山莊或在家鄉地區，針對共和黨擬刪除學生補助預算一事進行示威，而對於國會的政策決定具強大影響力。

3. 與選民接觸：學院與大學校長

長久以來回應選民關切的議題，是國會議員擬競選連任最重要的課題，因此利益團體將具有影響力的選民帶到華府是很普遍的現象。大學校長代表自己的學校至華府從事倡導工作，最具遊說效果。1995年至1996年的調查資料顯示，有更多的大學校長花費較以往多的時間在聯邦關係上，而協會活絡或動員校長成員的方式包括：每年的年會與董事會都通知發言人，並從事與聯邦關係相關的方案或課程；在協會出版的

刊物刊載充分的「政策議題」資訊；以電子郵件更新特定議題資訊；經常以電子郵件、電話或傳真通知校長，需要他們投入參加的議題；鼓勵校長們在關鍵的投票前與國會議員聯繫，同時在投票後去電感謝議員支持，或表達未來希望他們投票的方向等。

4.草根遊說

高教機構與協會很少動員各類別選民進行草根遊說，高教社群不僅止於大學校院行政人員，還包括為數眾多的教師、學生、校友、董事、及其他選民。多數教師是為了自己的研究經費補助或計畫而遊說，只是人數比例不大，學校也很少要求學生參與遊說，前述「美國學生協會」（USSA）與「全國研究生與專業學生協會」（NAGPS）在學生補助上的聯盟遊說，並非高等教育的典型遊說。同樣的，行政人員也很少拜會董事會人員要求他們參與高等教育的倡導、遊說，董事會因其社區代表的性質，無法取代校長成為國會的遊說者，結果，董事會經常是一個受忽視的資源。最後，數以萬計的校友也很少被動員代表母校去遊說，在州層級雖然有如加州大學系統，組織知名、顯赫的畢業校友為該校倡導，密西根大學發展了該州的網狀組織，但這些努力並不常見，更不常見的是學校發動人員至聯邦遊說，佛羅里達大學是少數有校友遊說的學校。

5.涉入選舉活動

公立大學校長較私立大學校長更趨於避免黨派性，一般認為，高教社群應與美國兩黨政治人物維持友善關係，如此對於聯邦關係才能有效進行。當多數利益團體公布議員的投票紀錄時，高教協會避免了此種戰術，因為很少有議員在高教議題上的投票是坦率的。此外，不同類型的機關學校在不同的政策議題上有不同的優先順序，他們也避免公開為候選人背書，但在1992年的總統大選前，223位的大學校長曾在當年10月份的「高等教育紀事報」（Chronicle of Higher Education）刊登支持柯林頓的廣告；1996年的總統大選前，高教社群開始進一步涉入選舉政治，密西根大學James Duderstadt校長與麻省理工學院Charles Vest校長，代表科學聯合會倡導大學校院的同僚使用「地區性的收音機電臺」、「與報紙的編輯部聯繫」、「在國會附近地區中小型報紙登載故

事」、「將感謝議員支持以大學爲基礎的科學與醫學研究的信函寄給地區性報紙」等政治支援活動。但相較之下，高教社群比起其他利益團體仍較少從事於政治活動。

6. 聯合會：長期的與特別的

成立聯合會是一種糾合資源的策略，在華府經常可見，公民團體較職業性團體更常組成聯合會，愈多聯盟，團體愈有效能，其議題愈能成爲決策者聚焦的標的，而在第一時間將它們排入議程。高等教育很少有其他聯盟，大學校院校長與高等教育在華盛頓首府的領導者都希望高教社群能建立有效的聯合會。雖然「美國教育協會」（ACE）在傳統上是高等教育的領導者，但六大協會有時會放棄部分的領導權給特別的團體（ad hoc groups），如科學聯合會，因爲科學聯合會覺得六大協會無法有效地爲「大學爲基礎」的研究基金遊說。

在長期聯盟方面，高等教育最固定的聯合會夥伴，一直是中、小學社群，一開始是成立近30年的「教育基金委員會」（Committee for Educational Funding, CEF）將此二領域結合起來，而「美國教育協會」則是「教育基金委員會」聯合會的基石。「教育基金委員會」的目的在避免高等教育與K-12的教育互相侵犯或傷害。此外，高教社群的長期聯盟舉如：(1)與工商企業界的聯盟，如「美國教育協會」的「企業與高等教育論壇」（Business-Higher Education Forum）；(2)與醫學界的聯盟，如「研究的美國」（Research America）。國會相關人員認爲，高等教育如能與經濟利益相關的其他團體，如勞工團體、資深公民團體（特別是退休公民）聯盟，並將觸角伸及地區市長、市議會與中小學的學校董事會等，當更有利於高教社群。

7. 政治行動委員會

政治行動委員會（Political Action Committees, PACs）的法律在1970年代由聯邦法律及最高法院通過爲合法，成爲政策團體接近立法者的方式。公民團體很少運用政治行動委員會，在高等教育領域，有少數州的大學校院教職人員確實屬於某些政治行動委員會，但僅鎖定在州立法人員。在聯邦層級，唯一與政治行動委員會有關聯的後中等教育社群是「營利性職業學校部門」（proprietary vocational school segment）。因為高等教育沒有自己的政治行動委員會，同時與其他職業部門相比，甚至是與「全國教育會」（NEA）或「美國教師聯盟」（AFT）等教師團體相比，他們的貢獻都顯得渺小，因而被封以「小氣鬼」的名號。幾位友善的立法者曾因未獲足夠的財源支助，而拒絕成為高教委員會的委員。

多數大學校長們認為高等教育具有非政治的本質，組織政治行動委員會會讓高等教育政治化；而組織它的困難比可能從它獲得的利益還大，划不來。再者，大學的非營利性與免稅特質也不適合成立政治行動委員會，結論是這種「手段」無法被合理證成。

參　美國高等教育在州層級的遊說活動

美國教育行政事務在州層級是由州教育董事會與州教育廳負責，教育董事會負決策之責，而教育廳負執行之責，同時教育廳須向董事會提供建議或備諮詢，但為維持高等教育之自主，多數州的大學校院各設有不同型態的董事會自行管理（謝文全，2001：103）。

McGuinnes Jr.（1999：184-185）曾指出，對於州與高等教育關係的瞭解，須先瞭解二項基礎假定，一是州的重要與合法性角色，一是各州在規模、文化、政策與結構上的極大差異。正因為各州在政治、經濟、文化、高教治理結構、州政府與各校關係模式上的差異與複雜性，致使州層級高等教育之研究顯得困難。

高等教育機構在州層級的遊說活動，牽涉到機構、機構的協會、州層級的治理董事會（state-wide governing boards）、州政府及州議會等各方團體的利益，Burton Clark早在70年代即指出「團體利益」（group interest）可以做為研究州層級高等教育的概念架構（Van de Graaff, Clark, Furth, Goldschmidt & Wheeler, 1978: 187），但亦有以其他取徑進行研究者，例如組織之間的關係與行為取徑。

本節從瞭解州層級的高等教育政策系統模式開始，繼而介紹州層級的高教協調委員會與遊說活動的關係，進而探討政治文化的差異對於各州高等教育利益團體與遊說活動的不同影響。

一、高等教育機構在州層級的遊說單位：州協調委員會

　　美國各州政府對於高等教育具有設立、停辦、預算等行政實權，同時其影響亦較聯邦政府直接，要瞭解高等教育利益團體藉由遊說活動影響政府政策或法案之情形，須先瞭解州層級的高等教育系統。

　　Crosson（1991：611）曾以「系統與政策」取徑來瞭解州層級的系統模式與政策問題，對於適用於某些州的後中等教育系統原型模式曾有如圖1之說明。圖1主要由六大部分組成，分別是：1.大學校院；2.利益團體；3.州政府所屬機關；4.州行政部門；5.州議會；6.州董事會。

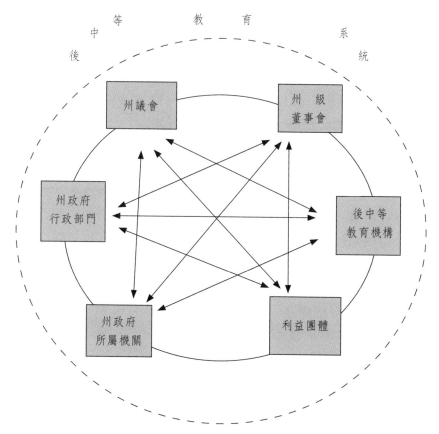

圖1　適用於某些州的後中等教育系統原型模式

資料來源：出自Crosson（1991：611）。

雙向箭頭代表交互作用，外圍的破美國各州因地制宜，州高等教育董事會有的較具治理權限而稱之為「州治理折線」代表後中等教育系統的開放性及其與廣大環境的交互作用。值得注意的是，「董事會」（state governing boards），有的以協調性功能為主而稱之為「州協調董事會」（state coordinating boards）。

　　Crosson認為，各州利益團體的型態、組織的層級及影響的多寡因州而異，但後中等教育系統通常包括校友、家長、及職員組織，有時為了某些目的，各大學校院及其師、生也成為利益團體。以賓州為例，其1990年代後中等教育系統模式如圖2。圖2顯示，賓州最具影響力的後中等教育利益團體為「賓州大學校院協會」（the Pennsylvania Association of College and Universities, PACU）；另外，依議題的各種不同性質，個別機構、教師協會、教師團體、校友、學生及家長也成為利益團體。

　　Crosson又提出一個州政策模式，一個檢核後中等教育系統「功能」、「目的」及「動態」的概念工具，詳如圖3。圖中後中等教育政策如：1.設立大學校院或學校合併，2.確立大學校院的宗旨、目的，3.設立學程或學位授予，4.確定各州後中等教育的人口比例，5.確立各州收入的比例及其各別貢獻於後中等教育的花費，6.確定私立學校受補助的類型與數量等。Crosson認為圖3的模式適用於各州的政策問題或議題，但政策問題或議題隨著各州而變化，某些問題如「資源分配」，會在政策過程重複出現，這個政策模式可以做為政策發展及州政策過程模式的基礎。

　　美國高等教育機構在州層級所組成的協調董事會（coordinating boards）是極為特殊的機構，Greer（1986）指出，美國有一半以上的州設有這種組織，但每一個這種組織都面臨了政治上的兩難困境－州政府視其為所屬機構，而高教社群則視其為倡導需求與熱望的代表。它是一個中介者的角色，功能包括了協調兩造間的衝突、利益的聚集、流動與資源的動員等。它一方面將高教社群的需求帶入政治舞臺，一方面將州政府的要求轉介至理性的高教政策中。

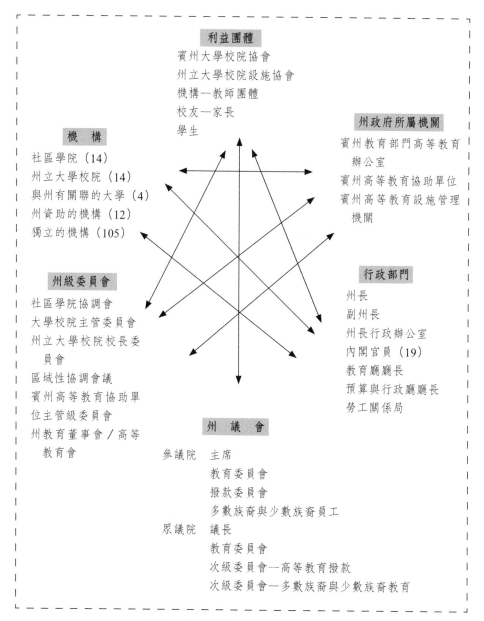

利益團體
賓州大學校院協會
州立大學校院設施協會
機構—教師團體
校友—家長
學生

州政府所屬機關
賓州教育部門高等教育
　辦公室
賓州高等教育協助單位
賓州高等教育設施管理
　機關

機　構
社區學院（14）
州立大學校院（14）
與州有關聯的大學（4）
州資助的機構（12）
獨立的機構（105）

州級委員會
社區學院協調會
大學校院主管委員會
州立大學校院校長委
　員會
區域性協調會議
賓州高等教育協助單
位主管級委員會
州教育董事會／高等
　教育會

行政部門
州長
副州長
州長行政辦公室
內閣官員（19）
教育廳廳長
預算與行政廳廳長
勞工關係局

州　議　會
參議院　主席
　　　　教育委員會
　　　　撥款委員會
　　　　多數族裔與少數族裔員工
眾議院　議長
　　　　教育委員會
　　　　次級委員會—高等教育撥款
　　　　次級委員會—多數族裔與少數族裔教育

圖2　賓州後中等教育系統模式

資料來源：出自Crosson（1991：614）。

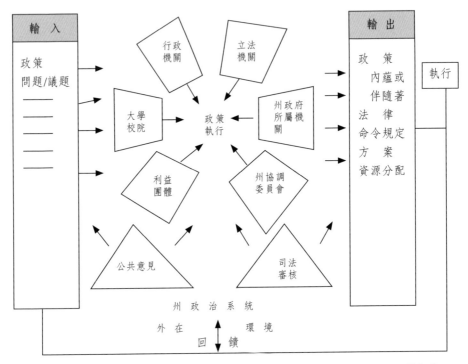

圖3　適用於某些州系統與政策議題的後中等教育決策過程原型模式

資料來源：出自Crosson（1991：616）。

McGuinnes Jr.（1999：191-194）指出，要瞭解一個州的結構，可以從它對於公立教育機構的治理方式，以及它如何提供高教系統之間的協調聯繫工作觀察。所有的州都將公立大學校院的運作責任指派給治理董事會（governing boards），而依據Clark Kerr及Marian Gade的分類，公立大學校院的治理董事會可以分為三種類型：

1.合併統一型：在州內設立一個治理所有二年制及四年制公立校院的董事會，或者是一個治理所有四年制公立校院的董事會，而二年制的公立校院另做安排。

2.分類系統型：不同類型的校院各自組成一個董事會，例如研究型大學的董事會、綜合型大學的董事會。

3.校區層級型：對某一所大學校院擁有完全的權力，但沒有一個合併統一的董事會或多校區系統。

州政府會指派給治理董事會的協調功能則包括：(1)計畫；(2)政策分析與問題解決；(3)公立校院的宗旨界定；(4)學術方案計畫的審核；(5)各校的預算發展、基金公式與資源分配；(6)方案行政；(7)資訊、評估與績效責任；(8)機構執照及核准等。

州高教治理（或協調）董事會負責該州高等教育機構與州政府、州議會之間的溝通、協調工作，實際上即是代表高等教育機構在州層級的重要遊說單位。Greer（1986）認為，州高教治理（或協調）董事會缺乏正式的權威以強制改變各機構的行為，但在動員政策資源上卻相當成功，他們訴諸於「政治的企業精神」型式來影響高教政策的改變；同時因其角色的獨特，可以依賴的支持來源只有州長及州議會，如果他們希望擔任更強的「州視導機構」角色，將需要對於州長及州議會的更多依賴。

Brown（1985：3-5）在其研究中曾指出，就歷史而言，校長們向來對於來自州政府的經費負有責任，1980年代隨著州政府經費的減縮及各界對於州政府經費需求的增加，遊說努力成為相當重要的部分，而當時立法過程也變得複雜。遊說是一種複雜的運作，需要錢、大學校長的支持、及一組具高度技巧的團隊。

二、州政治文化與遊說活動

遊說既是任何企圖影響政府決策者之口頭或書面溝通行為，則被遊說者之特性亦必對遊說活動產生影響。美國是地方分權的國家，各州因其獨特之歷史、社會因素而孕育出不同的政治文化，而此政治文化也形塑了各州之高等教育政策與高等教育系統。

Browne（1985）以問卷調查法及訪談法研究在佛羅里達州、愛荷華州、密西根州及紐澤西州等四州議會登記有案的老年人利益團體及其遊說人員的行為與風格，結果發現屬於具有「強硬壓力系統」的佛羅里達州、愛荷華州、密西根州及代表「薄弱壓力系統」的紐澤西州，對於相關法案通過與否的遊說模式與行為分別是：

1.密西根州的遊說人員採接近管道取向（access orientation），扮演著決策者的「夥伴」角色。

2.紐澤西州的遊說人員則維持其信賴度與獨立性，代表選民，扮演著決策者的「對抗者」角色。

3.佛羅里達州及愛荷華州的遊說人員扮演著決策者的「依賴者」角色。

Browne認為遊說者的行為會隨著各州的制度及文化特質的差異而有不同變化，而這些都牽涉到各州複雜的政治文化。

在高等教育方面，Greer（1986）指出，州高等教育治理董事會在進行協調或政策在執行時會產生的問題包括：(1)對目標一致性的缺乏，(2)實施過程產生問題，如學校之間的競爭，及(3)負責協調者的情緒特質及意見差異等。這些問題事實上也是遊說時會發生並應注意的問題。

Wiggins、Hamm和Bell（1992）以加州、愛荷華州及德州的利益團體及政黨在立法與公共政策過程的投入情形進行研究，他們引用文獻的研究結果指出：

1.在衡量政府的政黨力量時，一般認為愛荷華州的州長權力強，加州的州長權力溫和，而德州民主黨執政的州長薄弱。

2.在立法機關的政黨凝聚力上，愛荷華州微高於平均值，加州低於平均值，而德州則低於平均甚多。

3.在政黨的組織力量上，以立法機關的領導者及委員會的主席予以評量，則愛荷華州的組織力量強，加州的溫和，德州的弱。

他們的研究結果顯示：

(1)加州的州長與利益團體在法案上有相近的影響力，而政黨較少。

(2)愛荷華州的政黨（含多數與少數黨）影響力較其他的媒介大。

(3)德州的關鍵人物為州長。

(4)相對於加州的利益團體，愛州與德州的利益團體影響力較小。

足見在不同州，因為政治文化與政治系統的差異，進行遊說活動時應特別花時間接近、或花時間接近影響力也不一定大的關鍵人物不盡相

同。

Gittell和Kleiman（2000）在比較了加州、北卡羅來納州及德州的政治與文化對於高等教育政策之影響後，提出三點結論：

1.政治的確與高等教育系統有關，但各州的政策方向不同：例如，北卡羅來納州的集權化體系反映出一個受菁英治理的系統，德州對於個人主義與地區自主性的重視則呈現在分權化的體系及其分權的學院系統本質，而加州的民粹傳統則創造了一個入學率普及並大規模投資的高等教育系統。

2.政治領袖，特別是州長及民選的立法代表（州議員）在政策改革上扮演著重要角色，甚至經常主導整個政策的設計與執行：因此，高等教育系統應瞭解這些民選官員在政策形成中的重要角色，並能與他們合作。而一個主動積極的州議會對於高等教育政策的正面貢獻，同樣重要。

3.各州內部負責高等教育政策制定者之間的溝通管道仍不暢通：事實上高等教育的主體人員，從州長到不同校區的董事會、不同的教師領導者，對於他們未來的政策方向極少協商。

Skolnik和Jones（1992）在「加拿大與美國高等教育在州層級協調安排之比較分析」一文中，認為這兩個國家的差異是植基於各別國家自美洲革命以來不同的立國原則，美國的政治文化特色是「反政府統治經濟、個人主義、民粹主義、平等主義」而加拿大之政治文化特色則是「階級意識、菁英主義、守法、政府統治經濟、集體主義傾向、各省自主」。是以美國與加拿大在政治上是「自由－輝格黨（Whig）的承諾」及「拖利黨（Tory）國家意識型態」的差異；經濟上是「相信私部門」對「支配性」的差異；法律上則是「重視個人自由」對「重視社會秩序、集體財」的差異，是以在高等教育上也造成極大的差異，例如：

1.某些高等教育的差異可歸因於政府結構的不同

(1)兩國雖然都採聯邦與州／省二級政府管理高等教育，但加拿大的省內閣政府才是支配法案政策發展者，非如美國之議會。高教機構如想尋求政策改變，必須集中其「遊說」努力於少數立法人員及資深公務

員，這些人在影響或改變政黨政策的協調過程或政黨的領導上扮演著重要角色，特別是在選舉期間。而美國則具有一個更開放的政治過程傳統。

(2)美國各州的治理董事會或協調董事會盛行，在1972年有47個州不是有治理董事會就是有協調董事會，主要權力如：準備「總體計畫」（master plan）的權力、核准學程、審核並推薦各大學的撥款需求；但有少數州僅具有「推薦」學程的權力。加拿大在各省沒有高等教育治理董事會，在省級的高等教育管理機構名稱爲councils或commissions，它的正式權力沒有美國州治理董事會或協調董事會大。

(3)多校園系統是美國公立大學常見的模式，但加拿大只有一個可以比較的多校園系統，即魁北克大學。

2.對公、私立事業的態度不同也影響高等教育

美國對公立事業具極大懷疑，一般認爲，一個運作不佳的私部門市場比一個運作良好的公部門好，因而有一半的大學是私立的，而其中四分之一是教會設立的。加拿大則強調大學教育的角色是一種「公共設施」，因此，大學校數有限且缺乏私立及宗教學校，政府的政策亦支持下列態度：對私立事業懷疑、教育非宗教化、以及結果的均等，與美國的態度相對。

3.美國的立法機關及立法者的角色強勢且獨立。

4.美國社會具有較加拿大社會易怒、難以對待的本質。

5.如果美國各州的治理董事會或協調董事會，是保護各大學校院自主、維護教師學術自由的單位，那麼加拿大雖然沒有各省治理董事會或協調董事會，各大學校院仍享有大學自主與學術自由。

Gove和Carpenter的研究也指出，高等教育的遊說標的會因各州的結構、法律及傳統而不同，他們曾確認出六個團體爲遊說的標的，分別是州長、州長的幕僚、立法領導者及立法人員、意見領袖、一般民衆及州協調委員會（引自Brown, 1985: 6）。

而Brown（1985）針對不同類型學校在州層級遊說之組織與管理進行研究，結論指出：

1.政府關係聯絡人（government relations coordinators）在高等教

育機構的組織層級中占高層級位置。

2.政府關係聯絡人除了政府關係外,還有其他責任任務。

3.政府關係聯絡人之間的相似特質多於差異。

4.在州層級,很少有法律或限制加諸在公立高等教育機構遊說者身上。

5.高等教育機構遊說者運用的方法和其他利益團體遊說者運用的相似。

6.高等教育機構因類型不同,在遊說方法上也有差異。

7.高等教育機構組織與管理遊說的方式是另一種測量機構型態差異的方式。

8.授予博士學位的學校運用的遊說組織方式是「網絡模式」,一般綜合性校院運用的是「網絡模式」與「聯絡人模式」,而二年制學院運用的則是「聯絡人模式」與「校長模式」。

9.除了型態,「規模」的不同也使學院或大學在組織與管理遊說的事務上顯著不同。

10.授予博士學位的校院,較一般綜合性校院及二年制學院更強調「政府關係活動」。

肆 中美高等教育遊說活動之比較

前述美國高等教育社群在聯邦及州層級遊說活動之相關探討,對於美國高等教育社群遊說活動之結構、法規、對象、主要遊說事項、常用之遊說技術,已有初步瞭解;正如Skolnik和Jones（1992：122）所言:「只有經由比較的觀點,國家可以被瞭解,而比較的單位愈相似,其結果愈具教育性……。」本節旨在透過我國與美國高等教育各相關遊說元素之比較,以更清楚呈現二國在遊說制度與結構上之異同情形。

一、政治文化

從「州政治文化與遊說」之關係可知,美國因政治制度上是地方分權的國家,各州因其獨特之歷史、社會因素而孕育出不同的政治文

化。Gittell和Kleiman（2000）曾指出某些州在「集權化體系」「分權化體系」與「民粹傳統」上的政治脈絡，而Skolnik和Jones（1992）則綜合指出美國在政治文化上有「反政府統治經濟、個人主義、民粹主義與平等主義」等特色，不同的政治文化形塑了各州不同的高教政策與系統。

我國憲法在政治制度上主張中央與地方均權制，但過去國家宣布戒嚴時期，實際上是傾向集權主義的，經濟上則是政府主導統治經濟的，直至民國76年宣布解嚴，整個國家的政治文化才逐漸發展為自由、多元、開放，經濟也才轉化為市場經濟的自由競爭、開放；相對地，受政經環境影響的高等教育才從過去為國家培育經建人力的工具角色立場，脫胎換骨為兼顧國家經建之發展與力求科技、人文學科之均衡，學術也才從過去黨化教育的許多限制，逐漸解構為自由與自主的重視與保護。

二、遊說結構

美國高等教育機構遊說的對象在聯邦層級以國會為主，行政部門較少；在州層級則是州政府與州議會並重。經統整相關文獻，其遊說結構可以下列層次瞭解：

(一) 校園內的專責單位

愈來愈多的大學以增設專責的「政府關係辦公室」、遊說人員、或聘請校外專業的遊說公司人員來統整學校與政府機構之間的遊說、互動事宜，特別是對於聯邦政府「學術留用基金」的爭取與遊說。

(二) 州層級的遊說參與者

在州層級的利益團體包括該州的學院與大學協會、校內的教師團體、校友、家長或學生等利害關係人。此外，州治理董事會或州協調董事會亦在州政府與大學校院之間的遊說、溝通協調工作上，扮演著獨特的角色。

（三）聯邦層級的遊說參與者

美國各大學校院除了針對機構本身的需求設有專責單位、人員或聘請校外專業遊說人員，處理與各層級政府相關之事務外，基於機構的不同屬性，分別成立了許多全國性的協會，其中美國教育協會（ACE）、美國社區學院協會（AACC）、美國大學協會（AAU）、美國州立學院與大學協會（AASCU）、全國獨立學院與大學協會（NAICU）及全國州立大學與捐地學院協會（NASULGC）等六大協會是代表高等教育發聲的主要單位。而美國教育協會（ACE）又是全國協會的母傘協會。

我國高等教育社群之遊說結構，在臺北市立教育大學與臺北市立體育學院合併為臺北市立大學後，僅有一所市立大學的趨勢看來，教育部因兼具有美國州與聯邦教育行政部門之權責，而在遊說層級上較之美國「聯邦／州／校園」三級制少了一個層級。我國有少數大學校院以設立「公共事務室」負責與政府相關之事務，有些學校則以「祕書室」或「校友中心」為主要負責單位，大體說來，無專責遊說人員、系統知識與法令規範。全國性之高等教育協會，主要有「國立大學校院協會」、「私立大學校院協進會」及「私立技專校院協進會」等三大協會。另外，未在本研究範圍內的全國教師會－大專校院組，亦在高等教育遊說活動上偶有強烈訴求。

三、遊說法規

美國在1946年即制定《聯邦遊說管制法》，對於利益團體的遊說活動進行管制。《聯邦遊說管制法》並非單獨立法，而是附屬於1946年的國會改革法中，由於當時的焦點是國會改革法，以致從草案研擬至完成立法過程，並未受到廣泛注意，又因未明確定義「遊說」之義，條文字意亦未盡周延，以致公布施行後，時有控訴該法減縮憲法保障人民「言論自由」、「結社自由」與「請願活動自由」之訴訟案件。

至1995年12月19日柯林頓總統簽署《遊說公開法》，並於1996年1月1日生效，《聯邦遊說管制法》才大幅修正。對美國人而言，「遊說公開法」對於之前的遊說登記與報表的立法架構進行徹底檢核，提供了

社會大眾更公開的遊說資訊，包括什麼人為了什麼議題在遊說，代表誰以及共花了多少錢等公開資訊，和過去比較，大大地增加了登記的遊說者人數及他們必須公開的資訊範圍。

我國業於民國96年8月正式公布《遊說法》，並依該法第31條規定於公布後1年（民國97年）施行。在遊說行為的法制化上有了具體進步成果，明定「遊說」係指遊說者意圖影響被遊說者或其所屬機關對於法令、政策或議案之形成、制定、通過、變更或廢止，而以口頭或書面方式，直接向被遊說者或其指定之人表達意見之行為，以「法令、政策或議案」為遊說之範圍。並明定被遊說者之範圍為：總統、副總統、各級民意代表、直轄市政府、縣（市）政府及鄉（鎮、市）公所正、副首長、政務人員退職撫卹條例第2條第1項所定之人員。

四、遊說對象

文獻顯示，美國高教機構遊說的對象在聯邦層級以國會議員為主，因教育乃州及地方之事務，聯邦政府並無教育實權及高等教育行政部門，是以向聯邦行政部門遊說的情形較少。在州層級則是州政府與州議會並重，州層級中的高等教育遊說標的會因各州之結構、法律及傳統而不同，學者曾指出六個團體為州層級遊說活動之標的，分別為州長、州長的幕僚、立法領導者、立法人員、意見領袖、一般民眾及州治理或協調委員會。

我國高等教育機構多數為國立與私立，目前僅有一所「直轄市立」大學，教育部依《大學法》第3條之規定為高等教育之主管機關，就現況而言，高等教育機構遊說的對象係以行政部門為主，立法部門為輔。

五、主要遊說事項

文獻指出，美國高等教育社群在州或聯邦政府的主要遊說事項反映在政策和經費上，在州層級的主要遊說事項如撥款經費、大學校院之設立及其他相關政策、規定；在聯邦層級的主要遊說事項則如高等教育法修正案、學術留用基金及學生補助款等。

我國高等教育社群在遊說法公布之前，主要的遊說事項亦反映在政

策、法案和經費上，至個別大學校院之特定遊說事項，因政府體制、教育行政體系、大學位階屬性及相關人事、會計法令之不同而不同。

六、遊說技術

文獻顯示，美國華府所有型態利益團體所採用的遊說技術百分比，以聽證會作證、直接與官員接觸、非正式接觸及提出研究報告為前四名，但研究顯示，雖然「聽證會作證」、「直接與官員接觸」是高教專業協會最常採用的遊說技術，國會議員們認為「提出研究結果」才是最有說服力的遊說技術，且與綜合美國學者相關研究結果所得相同，而我國學者亦指出，利益團體對於美國國會議員所能提供的幫助，以為國會議員「提供投票所需之資訊」及「利益團體所作之研究報告」最為有效。

我國大學校院協會較常使用與政府決策人員面對面之「直接遊說」技術，而部分攸關整體高等教育發展之事項則採用「共同發表聲明」、「連署抗議」等「間接遊說」技術，較少運用草根遊說技術（楊淑妃，2006）。

伍　結語與建議

最後，針對高等教育利益團體及其遊說活動，在未來學術研究方向上提出下列三項建議：

1.未來相關研究除了美國六大協會外，可再針對其他如德國、澳洲等國家之高等教育協會進行深度之個案研究，以收他山之石之借鏡效果，並促進高等教育之國際比較研究。

2.我國三大高等教育協會就利益團體之角度視之，其組織維持、政策倡導與遊說之功能，值得後續研究者分別以生命史或個案研究之方法進行深度質性研究，以協助各機構協會從不同人之角度、觀點看待協會，並協助協會理解高教社群對其角色、功能與社會責任之期待。

3.未來研究者可針對本研究尚未納入探討之大學教師團體、大學生團體、地區大學校院教師會、全國教師會大學校院組等團體之角色、功能及其向政府遊說之情形進行研究。

參考文獻

(一) 中文部分

李禮仲（2001）。**國會遊說法制的比較研究**。財團法人國家政策研究基金會。國政研究報告，財金（研）090-054，2004年11月4日取自http://w.w.w.npf.org.tw/PUBLI-CATION/FM/090/FM-R-090-054.htm

吳清山（1994）。**美國教育組織與行政**。臺北市：五南。

林清江（1985）。**比較教育**。臺北市：五南。

曹俊漢（1983）。利益團體與美國的民主政治。中國論壇。16(2)，21-29。

張世熒（2000）。利益團體影響政府決策之研究。**中國行政評論**，9(3)，23-52。

湯堯（譯）（2003）。L.E. Gladieux & J.E.King (Eds.)。聯邦政府與高等教育。載於陳舜芬（翻譯召集人），**21世紀美國高等教育－社會、政治、經濟的挑戰**（American Higher Education in the Twenty-first Century: Social, Political, and Economic Challenges）（頁173-203）。臺北市：高等教育。

楊淑妃（2006）。**臺灣高等教育社群遊說活動之研究**。國立臺灣師範大學教育研究所博士論文，未出版，臺北市。

劉青雷（1988）。**衝突與妥協－美國利益團體與遊說活動**。臺北市：時報文化。

謝文全（1984）。**教育行政制度比較研究**。高雄市：復文。

謝文全（2001）。**比較教育行政**。臺北市：五南。

戴曉霞（譯）（2003）。L. E. Gladieux & J.E. King (Eds.)。看不見的手－外部團體及其影響。載於陳舜芬（翻譯召集人），**21世紀美國高等教育－社會、政治、經濟的挑戰**（American Higher Education in the Twenty -first Century: Social, Political, and Economic Challenges）（頁275-302）。臺北市：高等教育。

(二) 英文部分

AACC (2004). *American Association of Community College.*, Retrieved July7, 14, 2004, from http://www.aacc.nche.edu/Contet/Navigation Menu/About Community Colleges/ HistoricalIn.

AASCU (2004). *American Association of State Colleges And Universities*. Retrieved April

12, 2004, from http://www.aascu.org/ leadership/about.html

AAU (2004). *Association of American Universities*. Retrieved July7, 2004, from http://www.aau.edu/aau/aboutaau.html.

ACE (2004). *American Council on Education*. Retrieved April 12, 2004, from http:// www. aau. edu/ aau/ aboutaau. html.

Brown, P. E. (1985). *The organization and management of state-level lobbying efforts of different types of institutions of higher education*. Unpublished doctoral dissertation, University of Virginia, Charlottesville, Virginia.

Browne, W. P. (1985). Variations in the behavior and style of state lobbyists and interest groups. *Jounal of Politics*, *47*, 450-468.

Cook, C. E. (1998). *Lobbying for higher education---How colleges and universities influence federal policy*. Nashville,Tennessee: Vanderbilt University Press.

Cordes, C. & Rivera, D. (1995). Trimming academic pork. *The Chronicle of Higher Education*, September 8, A36-A39.

Crosson, P. H. (1984). State postsecondary education policy system. Reprinted in J. L. Bess (Ed.) (1991), *Foundations of American Higher Education* (pp.608-619). ASHE Reader Series. MA: Simon & Schuster Custom Publishing.

Ferrin, S. E. (2003). Characteristics of In-House lobbyists in American Colleges and Universities. *Higher Education Policy*, *16*, 87-108.

Gladieux, L. E. & King, J. E. (1999). Federal government and higher education. In Phillip G. Altbach, Robert O. Berdahl & Patricia J. Gumport (Eds.), *American Higher Education in the Twenty-first Century: Social, Political, and Economic Challenges* (pp.151-182). Baltimore, MA: The Johns Hopkins University Press.

Gittell, M. & Kleiman, N. S. (2000). The political context of higher education. *American Behavioral Scientist, 43*, 1,058-1,092.

Greer, D. G. (1986). Politics and higher education: The strategy of state-level coordination and policy implementation. Reprinted in J. L. Bess (Ed.) (1991), *Foundations of American Higher Education* (pp.591-607). ASHE Reader Series. MA: Simon & Schuster Custom Publishing.

Harcleroad, F. F. (1999). The hidden hand: External constituencies and their impact. In Phillip G. Altbach, Robert O. Berdahl & Patricia J. Gumport (Eds.), *American Higher Education in the Twenty-first Century: Social, Political, and Economic Challenges* (pp.241-268). Baltimore, MA: The Johns Hopkins University Press.

Johnson, M. D. (1981). The rationale for government relations. In M. D. Johnson (Ed.), *Successful government relations: New Direction for Institutional Advancement* (pp.1-7). San Francisco: Jossey-Bass.

Johnson, E. L. (1981). "Misconceptions about the early land-grant colleges". Reprinted in L. F. Goodchild & H. S. Wechsler (Eds.) (1997), *The History of Higher Education.* ASHE Reader Series.

Kern De Wenter Viere (2002). Lobbying disclosure act of 1995 takes effect, Retrieved April 9, 2004, from http://www.kdv.com/nonprofi-articles/1995.html

King, L. R. (1975). *The Washington Lobbyists for Higher Education.* MA: Lexington Books.

McGuinnes Jr., A. C. (1999). The states and higher education. In P. G. Altbach, R. O. Berdahl & P. J. Gumport (Eds.), *American Higher Education in the Twenty-first Century: Social, Political, and Economic Challenges.* Baltimore, MA: The Johns Hopkins University Press.

Merrill, H. K. (1994). The encroachment of the federal government into private institutions of higher education. Brigham Young University, *Education & Law Journal,* Spring.

Murray, M. A. (1976). Defining the higher education lobby. *Journal of Higher Education,* (1), 79-92.

National Council of University Research Administrators (2001). The new lobbying disclosure act. February/ March 96 Newsletter. NCURA, Retrieved July 7, 2004, from http:// www.ncura.edu/data/newsroom/newsletters/pdf/feb96/lobby. html

NAICU (2004). *National Association of Independent Colleges and Universities,* Retrieved July 7, 2004, from http://www.naicu.edu/about /index.html

NASULGC (2004). National Association of State Universities and Land-Grant Colleges, Retrieved July 7, 2004, from http://www.nasulgc.org/About_asulgc/about_nasulgc. htm

Ryan, D. (1993). The federal government and higher education for students with disabilities. Retrieved May 11, 2002, from: http://www. ericir.syr.edu/plweb-cgi

Schlozman, K. L. & Tierney, J. T. (1986). *Organizational interests and American democracy*. New York: Harper and Row.

Skolnik, M. L. & Jones, G. A. (1992). A comparative analysis of arrangements for state coordination of higher education in Canada and the United States. *The Journal of Higher Education, 63*(2), 121-142.

Tenenbaum, J. S. (2002). *Whitepapers: Lobbying disclosure act of 1995: A summary and overview for association*. The Center for Association Leadership. Retrieved April, 9, 2004, from http:// ww.center.online.org/knowledge/whitepaper. cfm

Trow, M. (2000). Federalism in American Higher Education. In A. Levine (Ed.), *Higher Learning in America 1980-2000* (pp.39-66). The Johns Hopkins University Press.

Van de Graff, J. H., Clark, B. Q., Furth, D., Goldschmidt, D., & Wheeler, D. (1978). *Academic power: Patterns of authority in seven national systems of higher education*. New York: Praeger.

Waldo, R. G. (1981). New trends in lobbying and higher education. In M.D. Johnson (ed.), *Successful government relations: New Direction for Institutional Advancement*. San Francisco: Jossey-Bass.

Wells, N. S. (1990). Congress, campus, and an education lobbyist's life in Washington. *Educational Record,* Summer.

Wiggins, C. W., Hamm, K. E. & Bell, C. G. (1992). Interest-group and party influence agents in the legislative process: A comparative state analysis. *The Journal of Politics, 54*(1), 82-100.

Williams, R. L. (1991). The origins of federal support for higher education. Reprint in Goodchild, L. F. & Wechsler, H. S. (1997) (Ed.). *The History of American Higher Education* (pp.267-272). ASHE Reader Series. MA: Simon & Schuster Custom publishing.

Wolanin, T. R. (1998). Lobbying for Higher education in Washington. *Change.* September/ October, 58-62.

問題與討論

一、兩岸服貿協議牽涉到我國之經貿政策、產業發展、青年就業環境、就業市場及青年之未來，103年3月由大學校院學生、研究生組成的「太陽花學運」，其企圖遊說、改變的政策是什麼？

二、承上題，為什麼這樣的遊說團體可以被組織起來？

三、全球化時代，資訊科技在「太陽花學運」團體的組成及組織維持上，扮演什麼樣的角色、發揮什麼樣的功能。

四、「太陽花學運」團體採用什麼樣的遊說方法？直接遊說或間接遊說？他們運用了哪些遊說技術與策略？

五、我國中央政府與直轄市政府的政治文化是否不同？行政、立法部門的政治領袖與大學校長在「太陽花學運」各扮演什麼樣的角色？

第十二章

多元與差異——學校多元化管理的內涵與策略方向

范熾文

工作職場差異化是由不同文化背景與個人特質之成員所組成，
今日領導者的主要目標是認可每位組織成員根基於自身特質而
為組織帶來的優點與貢獻（Daft, 2002: 293-294）。

壹　前言

當前社會已邁入國際化與多元化的境界，多元文化社會的構成，是
由不同年齡、種族、性別、宗教和語言等不同團體組合而成的。多元
文化教育與多元文化社會有著密切關聯，「多元文化」亦成為一個重要
的社會議題；相關論述各有不同派別，而有不同立論內容。歐美各國
自1980 年代起，學者也開始反省民族國家資本主義的正當性，思考社
會正義重建的可能性，其關注的焦點從單純的種族問題，延伸到對所
有弱勢團體的關懷，包括性別、社會階級、殘障和宗教等問題。就美
國社會而言，明顯的歷經了同化主義（assimilationsm）、和文化多元
主義（cultural pluralism）兩個階段，才跨入多元文化教育（multicul-
tural education）階段（莊明貞，1993；陳美如，2000，2001；Banks,
1993）。在多元文化的社會中，希望可以藉由教育的方式，肯定多樣
性的價值，尊重不同的文化背景，增加人民選擇生活方式的可能性，進
而促進社會正義與公平機會的實現（劉美慧、陳麗華，2000）。

在我國公部門自1980年代推動政府再造，文官管理措施朝向彈性
化處理，增加更多臨時性的人力、特殊性人力，以因應組織的發展及適
應不同員工的需求，更彰顯多元化管理（diversity management）日趨
重要（許慶復，2009）。就教育領域而言，學校是一教育的機構，隨
著教育自由化與國際化影響，成員文化背景愈來愈多元，包含性別、語
言、族群、年齡等等，每一個人都屬於這些團體的一份子，具有獨特的
行為、思想、知覺和態度，所以每個體都應受到尊重，如何促進文化
差異瞭解，形塑良好的學校文化，不僅能促使成員認同學校的目標方
向，也能進一步鼓舞成員奉獻心力，提升學校績效。因此，如何落實多
元化管理，珍視每個成員之專長與潛能開發，開始受到行政學術之重
視（孫本初，2001；張其祿，2008；Arredondo, 1996；Chen, 2011；
Daft, 2002；Earley, Ang, & Tan, 2006；Foldy, 2004；Golembiewski,

1995；Miller, 1994；Swann, Polzer, Seyle, & Ko, 2004；Thomas, & Inkson, 2004）。

　　基於上述背景，本文旨在分析學校多元化管理意涵及實施策略。首先分析多元化管理之演進；其次，論述多元化管理的內涵與價值；第三闡述學校多元化管理建構考量之層面；第四，探究學校多元化管理的內涵與策略方向；最後是結語。

貳　多元化管理的演進

　　多元化是一個新興的議題，而多元化管理是概念最新且成長最快的管理議題之一，早在1980年代末期，多元化管理已引起美國許多組織相當大的注意力，也就是對於愈來愈多的女性、少數群體（minority）與移民者等加入工作隊伍中所面臨相關議題的因應與管理（孫本初，2001；Allen, Dawson, Wheatley, & White, 2008；Hofstede, Hofstede, & Pedersen, 2003）。美國政府於1978年的文官改革法案（Civil Service Reform Act, CSRA）雖然並非第一個推動完全多元化的主動力，但卻是最顯著的，因為其強調真正有效的工作團隊應該要能夠反應「人口結構上的異質性」，來呈現國家多元化的輪廓。因此，文官改革法案將焦點轉變至人的差異性上，也就是能夠重視人與人之間的關係而邁向友善的多元化關係（diversity-friendly relationship）（孫本初，2001）。

　　但是在職場中，性別不平等現象仍然存在。工作中的性別歧視，一般包括男女在雇用、薪資、升遷與訓練機會上的差別待遇。這種差別待遇，並非由於工作相關的因素，而是純粹由於性別的不同而來。到了1980年代，開始對消除歧視與支持組織多元化有了重大的轉變。因為愈來愈多的主管警覺到光是依賴對法律的服從是不夠的，因為他們發現少數群體進入組織後，仍會採取及遵從主流群體的價值與行為，對組織而言，反而是失去了某些寶貴的價值；加上全球競爭力增加，尤其在1990年代，許多組織相信多元化的工作隊伍可以促進改革新與增加生產力（孫本初，2001；黃英忠、吳復新、趙必孝，2001；Allinson & Hayes, 2000）。

　　今日多元化會成為組織管理的重點，僅就大環境的改變而言，以

人口結構上的壓力與經濟結構的改變兩大衝擊力量為主（Foldy, 2004; Golembiewski, 1995）。形塑多元文化的組織，最好藉由尊重與善用員工的差異性，促使非傳統背景的員工可以發揮潛能，並且貢獻組織。亦即多元化的途徑必須根基於組織的基本結構（infrastructures），以改變組織系統與調適核心文化為重心，藉此邁向友善、尊重與差異的多元化系統（diversity-friendly system）（孫本初，2001）。

　　由上所述，多元文化的組織強調組織文化與系統的改變，以及對組織成員的授能（Empowerment）以重視成員自我能力的發展，就成為「多元化管理」時期的重點。就歷史演進所造就處理多元化問題的發展看來，多元化管理與平等就業機會和弱勢優先，甚至是重視差異性之間，的確有所不同，平等就業機會主要是歧視的預防與抑制，以彌補過去的錯誤（消極地建立多元化的工作隊伍）、弱勢優先政策則是試圖達到特定群體的比例代表（積極地建立多元化的工作隊伍）、重視差異性政策主要目的是改善人際關係（建立彼此包容的工作隊伍）、多元化管理目的是加強組織管理能力以提高組織效能與競爭力（建立彼此尊重與有凝聚力、競爭力工作團隊）（孫本初，2001），圖1正可顯示多元化管理的過去、現在與未來。

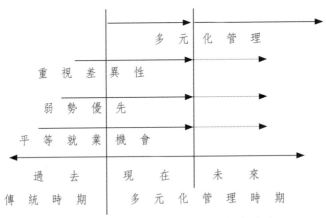

圖1　多元化管理的過去、現在與未來

資料來源：王雯君，1999：37。

因此，多元化管理與平等就業機會和弱勢優先，甚至是重視差異性之間，有下列七項層面差異：1.目的不同：多元化管理強調加強組織管理能力以提高組織效能與競爭力。2.施行動機不同：多元化管理強調幫助組織生存、適應環境與績效成長。3.關懷對象不同：多元化管理強調全體成員須共同參與。4.對差異性的認知不同：多元化管理強調彼此尊重、溝通互動與相互合作。5.展現多元化的方式不同：多元化管理強調改變組織結構，讓成員發揮潛能。6.影響組織活動的範圍不同：多元化管理強調增加組織競爭優勢。7.影響層次的不同：多元化管理強調不斷檢視目標與目的，並有回饋機制（孫本初，2001；孫本初與王雯君，1999）。

從上述描述可知，隨著全球化與國際化時代來臨，組織領導者要面對差異與多元的衝突與競爭優勢，善用多元化管理，積極地建構多元管理環境，尊重並珍視每位成員之差異特質，開發其潛在能力與文化特性，引導成員秉持相互合作與理解工作態度，才能奠定組織發展之利基。

參　多元化管理的意涵與價值

多元化現象在早期社會組織當中已存在許久，當時大多論及種族、年齡、性別、殘疾等現象，其多元概念也比較單純（如圖2）。但在全球化時代下，所有組織都開始重視國際化發展趨勢，人力資源跨國移動情形，也日趨頻繁，不管是社會或組織，都面臨不同文化背景成員。由於多元文化社會來臨及組織國際化挑戰趨勢，造成組織實施多元化管理有其必要性。在現代組織當中，差異現象更為擴大，成員基於年齡、性別、文化、教育、身心情況、生活型態、薪資、職位、價值、認知方式、能力表現等因素，進入組織服務，一定會產生不同觀點與差異。惟組織是一個整體，如何正向看待差異並領導成員變成整體動力，亦即以多樣與包容概念融入組織管理範疇，成為多元化管理之關鍵（如圖3）。

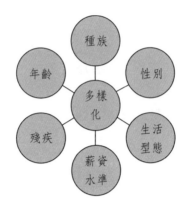

圖2　早期組織多元化現象

資料來源：Daft, 2002: 294。

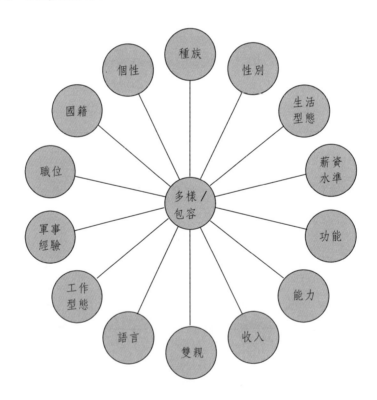

圖3　現代組織多元化現象

資料來源：Daft, 2002: 294.

　　至於多元化管理意義為何？賴賢宗（1999）認為，多元化管理是組織因應勞動力多元化急遽變遷所採取的一種調整途徑，在思想上以多元論的管理哲學（pluralistic management philosophy）為基礎，重視年齡、身體狀況（殘廢）、價值、文化或性別的個別差異，透過組織策略，創造一種無障礙的、公平的及整合的組織文化，使組織所有成員皆能充分發展其固有能力與特長，以提高組織的競爭力，進而繼續維持其生存。多元化管理是循序漸進的途徑，經由僱用機會的均等，重視個別差異，進展到多元文化的組織建構。此外，Thomas（1991）、Cox（1993）、Daft（2002）等人指出，多元化管理是種綜合性的組織管理過程，為了就是能夠發展一個有利於所有組織成員的組織環境，使每一個工作團隊皆能夠發揮所長。亦即多元化管理就是藉由規劃與執行組織系統和實務來管理組織成員，俾達到多元化的潛在優勢得以極大化，同時潛在的威脅得以降到最小。由上所述，多元化管理就是少數異質性組織成員（例如女性、少數群體、老人、外籍人士等）進入工作團隊，並且善用他們的能力來為組織創造競爭優勢。多元化管理的目標是建立支持性與積極性之多元文化學校組織，而在多元文化學校組織中，組織成員雖然來自不同的文化背景、語言、習俗，但卻能夠彼此相互尊重、尊重不同的價值，樂於互動溝通，尊重每個人的能力。進言之，就其價值而言（孫本初，2001；孫本初與王雯君，1999；Bagshaw, 2004；Cox, 1993；Triandis, 2006）：

一、尊重與發展多元化的思維

　　多元化管理重視「差異性」的觀點，強調「多元」、「差異」與「社會行動」等概念，學校組織將出現愈來愈多外籍教師、女性員工、身心障礙者與高齡勞動力，成為學校組織人力，多元化管理即是尊重與發展多元化的新思維。

二、珍視並開發成員的人力素質

　　人力素質的好壞，關係一個組織的發展，人力素質的好，不只反映在一個組織的績效，同時也反映在一個組織的成員是否有高的道德水

準，是否都能夠奉公守法。多元化管理應該是讓成員皆能保留自身文化價值並欣賞他人文化，體驗新價值的學習過程，在此過程當中能夠產生一加一大於二的機會。

三、允許共存發展的整體組織意象

在東方社會中，社會與工作導向並重、強調層級觀念、注重團隊與集體行動；西方社會較重視工作導向與個人主義，而層級觀念較不重要。多元化是以「全面意象」的系統觀點，增加群體之間的相互依賴性應該是個整體的（holistic）系統觀，而非片段分離互不關聯的總和（孫本初，2001；Hofstede, 1980）。校長要以統合系統的觀念，尊重成員之差異，積極開發成員能力，引導成員共同朝向組織目標前進。

四、發展具有競爭力的組織策略

多元化管理考量組織發展的策略，能為組織帶來新契機，提升工作團隊的品質（workforce quality），形塑良好的組織形象（Cox, 1993）。學校多元化管理是要藉由持續不斷地對組織文化與系統作改善、評估、追蹤調查與回饋，從價值與觀念著手，來建立一個適於教職員發展的組織環境，進而貢獻自己心力才智。

五、為學校永續發展奠定基礎

多元化管理以改變組織系統與調適核心文化作為運作的核心，強調不僅針對問題從事根本性的變革，亦對組織進行整體性的規劃，組織從事多元化管理就是預作準備的前瞻性努力（孫本初與王雯君，1999）。校長要具備長遠眼光，秉持學校永續發展的目標，做好學校環境背景之分析，找出學校優勢與劣勢，朝向特色專業與創新發展前進。

肆　建構多元化學校考量的層面

社會環境的變化會影響組織文化的形成，例如價值觀、法律規定、工作態度等。Goodman（1994）曾把文化比擬成冰山（iceberg），有

一部分的冰山是露出在水面上的，這部分也就是文化中較容易被觀察到項目，諸如語言、食物、飲宴、穿著、建築和藝術；另一部分的冰山則是被海水淹沒，這部分隱含的即是企業道德、價值觀、道德、肢體語言、男女關係、家庭忠誠、學習模式、工作激勵與員工忠誠，而被海水淹沒視野無法發現的冰塊部分。一個強而有力的企業文化，是造成良好企業績效的主因。由此可知，社會文化、組織文化與組織績效是息息相關的。隨著多元文化的刺激，組織成員學習接納不同文化的社會歷史背景知識等，提升自己的視野，進而提高自己的競爭力。為了達成多元文化組織的願景，孫本初（2001）、孫本初、王雯君（1999）、Cox（1991）、Foldy（2004）、Golembiewski（1995）等認為可以針對多元文化組織的六大特色來尋求組織發展與變革的工具：

一、文化方面

　　文化或文明是一種綜合性的整體，包括知識、信仰、藝術、道德、法律、習俗，以及其他社會成員所能習得的一切能力和習慣。當自己本國的文化與他國文化在溝通與協商的態度、時間或空間等概念顯示出差異時，即是「文化差距」（cultural distance）現象。多元化管理首先要建立團體成員具備多元文化理解能力，建立尊重差異價值觀念，使其具有較好的文化智商。

二、教育訓練方面

　　良好文化必須有效地維持及傳達給成員，或是要改變傳統文化學習新的觀點時，都必須透過學習的歷程，不論是組織或是個人要不斷地學習及發展，才能塑造優良的學校文化。多元化管理最常使用引導組織改變的就是文化多元化的訓練，最普遍的兩種形式就是覺察性（awareness）訓練與技巧建立（skill-building）訓練（孫本初，2001），促使組織中所有階層都能達到文化的多元化，可以提升弱勢群體直接且有效地影響組織的決策。

三、結構整合方面

學校傳統結構即是Weber所提出的「科層體制」（bureaucracy，或稱為官僚制度），組織結構如果過於僵化，無法隨時代改變，將影響整體組織運作與發展。在多元時代下，組織結構適當加以調整以求能彈性運作是必要的。在結構方面，要檢討橫向與縱向組織結構，允許不同文化與資訊流通，與引導成員參與組織決策並有效表達自身意見。

四、非正式網路方面

非正式組織是正式組織必然的現象，因為人在組織中會產生交互行為，彼此間就有了瞭解與認同，這些認同的關係乃自然而然的使人員結合而成為團體。在大型組織內，正式組織主張體制化，非正式偏重人際網路建立，非正式網路目標係消除進入組織或參與的障礙。在組織中，支持性或倡導性的團體（support/advisoty group），可以提供直接與組織的高層管理者直接接觸與溝通的管道（孫本初，2001），此團體除了討論重要的團體議題，還能對組織提供建議。

五、制度或規範方面

學校中的傳統或是各項典禮儀式，對於學校成員也具有規範約束的功能。人力資源管理措施，包括任用時審慎遴選、訓練及激勵式薪酬，對組織績效有正向影響，同時也發現訓練、資訊分享與參與管理對組織績效的提升，均有助益（李誠，2000）。例如典禮儀式是學校文化之一部分，如新進成員教育輔導等儀式，對於這些重大的典禮儀式，學校應妥為規劃，賦予更大的教育意義，透過制度儀式或規範，消除管理系統中的偏誤，才能有效地塑造優良文化。

六、衝突解決方面

衝突係個人、團體或組織間，因目標、認知、情緒和行為之不同，而產生矛盾和對立的互動歷程。面臨到一些衝突的情境，必須採取適當的策略來化解衝突，降低壓力。例如情境的再定義（redefinition of the situation），促使角色踐行者去設法改變困境，以積極正面的反應，主動地改變困境，對情境賦予新的定義，設法爭取外界支持，改變環境結構。

伍　學校多元化管理的實施策略

我國學校組織的人力資源組成，隨著社會變遷與全球化的變動與發展，已漸趨多樣化，例如外籍教師、女性員工、身心障礙者、不同宗教信仰、不同地區文化等，將成為學校組織之常態。學校要做好充分的多元人力運用與有效管理，茲提出幾項策略方向：

一、關注成員差異需求，發揮倫理領導功能

目前社會境環，是多元與複雜。身為行政人員，不僅要重視服務對象的需求，更要有社會責任，來解決多元化成員所衍生的問題，尤其是處理日益增加倫理的複雜性和混淆不清的觀念。以學校校長為例，每天都必須作許多決定工作，從教學設備採購、學生活動進行、到校園規劃等等，都含有行政的規劃與教育之意義，行政事務如脫離了教育之意涵，則將流為技術思維，甚至受其宰制而不自知。學校領導者也是一種示範的學習模式，教育領導乃是一種行動哲學形式，它涉及了哲學理念，也具備行動實踐（Codd, 1989）。學校行政主管，包括校長、各處室主任，應隨時檢視自己觀點（參考附錄一），同時要隨時反省自己的行為，是否有偏見，並能關懷組織成員不同的文化背景需求，有責任運用倫理權威，發揮倫理領導的功能。

二、重視人文思想，建構人文組織氣氛

在此通訊革命、電子傳輸普及的時代下，我們的世界將變得更人工化。面對資訊與多元文化帶來衝擊，人文道德領導更顯得重要。身為領導者，一方面鼓勵與不同文化背景溝通；一方面要考量他人生活背景，避免我族中心主義，產生不公平的刻板印象，甚至有歧視。這種人文道德領導目標，使能在合理基礎上包容不同文化傳統之價值觀。人文主義領導強調個人知覺、自由、責任及追求自我實現的傾向。領導者要

協助成員自我肯定、自我接納之外，並能接納別人、尊重別人。

三、運用工作團隊型態，凝聚組織發展目標

在今日複雜變遷的環境中，傳統學校組織結構應適度彈性調整，才能因應社會變遷。團隊即是招募不同才能成員共同完成目標及任務，亦即為了彈性因應環境變遷與解決各項問題，特別將一群能力互補的成員建構成團隊組織型態，團隊使得成員能充分發揮潛能，表現更具效能、效率。工作團隊比傳統部門或其他團體形式，更具彈性及敏感性。校長要扮演多元角色如連結者（linker）、創造者（creater）、提升者（promoter）、評估者（assessor）、組織者（organizer）生產者（producer）、控制者（controller）、維持者（maintainer）、諮詢者（adviser），採取授權與激勵策略，賦予專業自主決定空間，發展承諾感，認同團隊願景與目標。

四、注重民主參與歷程，回應成員多元聲音

傳統組織極度發展，無法充分回應多元社會結構的變遷（廖興中，2001）。在一個開放且自由的氣氛下，成員才得以自由不受到干涉地去參與公共事務，自由表達意見。誠如Kegan說：「在此支持環境，有一系列深留心中之文化，支持我們，每個團體與關係都有它的支持，而最健康的方式是在共同發展歷程中支持我們」（葉淑儀譯，2000）。學校中有關校務方針、章則制度、課程發展、教學設備與教學方法等事項，都可以透過諮詢、會議提案、研討會、座談等方式，讓成員發表意見，達成革新共識。

五、發展文化智商，創造雙贏局面

文化智商是一種跨文化理解之能力，在某一情境之下，在與來自其他文化的人互動時，能展現自己對該文化的尊重，表現適當的行為（吳書榆，2013）。處在多元文化組織之中，每位成員都要具備文化理解能力，意即對不同族群、語言、宗教等文化都要秉持尊重差異、理解包容態度，建立合作共享關係。事實上，文化智商與競爭力有助於組

織邁向全球市場，在教育實踐場域中，要以對話方式來為教師增權賦能。具體做法是，校長要努力的營造合適的工作環境與組織文化，可運用權力參與策略，讓不同背景文化教師們得到參與、分享權力，進行跨文化理解，提升自身文化智商能，共同造成雙贏之局面。

陸　結語

　　隨著全球化來臨，文化差異現象愈來愈普遍，不管是國家、企業組織或學校都存在文化差異現象。組織領導者應針對異質性工作隊伍，從事組織本身的變革，以建立一個能讓多元化的組織成員相互尊重，並且能夠將自我潛能極大化的工作環境。就教育領域而言，教育全球化所強調的是，教育本身作為一種產業，並在全球化的壓力下對外開放市場，促進學術領域的交流與發展，以便在各國教育學術交流頻繁下提升本身競爭力。影響學校組織的變項很多，包括政治、經濟、性別、文化、族群、地區、社會階層……等。組織績效是否良好與組織多元人力資源有關，組織績效端賴領導者是否能整合人力並利用個別差異完成增值互補功能。多元化管理希望培養成員對不同文化的理解與欣賞，對差異觀點的包容與尊重，務求消除自己的偏見與刻板印象，並落實組織公正與平等之理想。在此背景下，學校人力管理應該重視多元文化的措施，擴充成員全球視野。組織領導者應善用多元化管理認知與態度，珍視每位成員不同背景與開發其潛能，培育組織人力互補及多元文化，同時要落實適才適所及教育訓練功效，讓每位成員都在適當工作職場上發揮其潛能，做好個體職涯發展，強化成員文化知覺，進而提升組織績效！

附錄一

領導者的自我檢視（消極性的偏見測驗）

在下列題目中圈選「是」或「否」

	敘　述	是	否
1	你會最先注意到別人和你不同的特徵。		
2	在工作上不談關於種族、民族、政治、年齡、宗教、性別有關的課題，是你的原則。		
3	當有人講了較偏激的言論或是笑話，你也不多說話，因為你不想被認為敏感或自以為是。		
4	當你看到針對種族、性別或宗教團體的著作，只要不是你所屬的教派，你通常視若無睹。		
5	你會尋找和你相似的人當師傅或成員。		
6	假如有人跟你說一項你從未聽過的文化差異，你不會想問任何問題。		
7	在搞歧視的部門下，你會不發一語，因為你不是建立規則的人。		
8	在你為某個職位僱用員工之前，你會先預設一個理想化的應徵者的形象。		
9	在對話中你會使用像是「你們這種人」或「我們這種人」。		
10	跟你不同的人打交道時，你會避免提到文化差異的問題，因為你怕說錯話。		
11	你恭維不同背景的人的時候，你可能會說「你一點不像其他人」或是「我真的不認為你是 ___ 的人。」		
12	在你的單位中有你既喜歡又尊敬，卻不太想介紹給家人或好友認識的人。		

註：評分與解釋

你的答案中「是」得5分，「否」為0分。對現在的世界而言「0分」是適當的分數，然而若分數低於20分，則你可能正在努力嘗試消除你個人的消極性偏見。20到40分表示你得注意—顯示你的消極性偏見讓你無法適應公司與現在的社會。若分數高於40，那麼你的偏見程度會給你惹麻煩。你一定得想想辦法讓自己更能體會多元化和提升文化差異的敏感性。

資料來源：Daft, R. L. (2002). *The leadership experience* (2nd ed.). Mason, OH: South-Western Cengage Learning, p.298.

參考文獻

(一) 中文部分

王雯君（1999）。多元化管理之研究——以臺北市原住民就業為例（未出版之碩士論文）。國立政治大學，臺北市。

吳書榆（2013）。CQ文化智商：全球化的人生、跨文化的職場——在地球村生活與工作的關鍵能力。臺北：經濟新潮。

許慶復（2009）。政府部門人力多元化管理。國立高雄大學法學論叢，5，1-22。

孫本初、王雯君（1998）。邁向21世紀的新趨勢——多元化管理（上）。公訓報導，83，38-42。

孫本初、王雯君（1999）。邁向21世紀的新趨勢——多元化管理（下）。公訓報導，84，52-55。

孫本初（2001）。公共管理。臺北市：智勝。

莊明貞（1993）。美國多元文化教育的理念與實施。中國教育學會主編：多元文化教育（頁225-250）。臺北市：臺灣書店。

張其祿（2008）。公務人力的多元化管理：兼論國家考試之人權保障。國家菁英，4（1），95-111。

陳美如（2000）。多元文化課程的理念與實踐。臺北市：師大書苑。

陳美如（2001）。多元文化課程在九年一貫課程改革中的省思與作為。教育學刊，17，233-253。

廖興中（2001）。論官僚組織在後現代社會中的困境與轉型（未出版之碩士論文）。東海大學，臺中市。

葉淑儀（譯）（2000）。教育領導、建構論的觀點（L. Lambert等著）。臺北市：桂冠。

劉美慧、陳麗華（2000）。多元文化課程發展模式及其應用。花蓮師院學報，10，101-26。

賴賢宗（1999）。跨文化管理。2007年9月28日取自，http://www.dandao.org.tw/shenchon/05%E7%AE%A1%E7%90%86%E5%93%B2%E5%AD%B8/c.%E8%B7%A8%E6%96%87%E5%8C%96%E7%AE%A1%E7%90%86/01.htm

(二) 英文部分

Allen, R., Dawson, G., Wheatley, K., & White, C. (2008). Perceived diversity and organizational performance. *Employee Relations, 30*(1), 20-33.

Allinson, C. W., & Hayes, J. (2000). Cross-national differences in cognitive style: Implications for management. International Journal of Human Resource Management, *11*(1), 161-170.

Arredondo, P. (1996). *Successful diversity management initiatives*. Thousand Oaks, CA: Sage Publications, Inc .

Banks, J. A. (1993). Multicultural education: characteristics and goals. In J. A. Banks & C. A. M. Banks (eds.), *Multicultural education: Issue and perspectives* (pp.2-26). Boston: Allyn and Bacon.

Bagshaw, M. (2004). Is diversity divisive? A positive training approach. *Industrial and Commercial Training, 36* (4), 153-157.

Chen, S. (2011). *Diversity management: Theoretical perspectives and practical approaches*. New York.: Nova Science Publishers.

Codd, J. (1989). Educational leadership as reflective action, In J. Smith (ed.), Critical perspective on educational leadership (pp.157-159). N. Y.: Falmer Press.

Cox, T. (1991). The multicultural organization. *Academy of Management Executive, 5*(2), 34-47.

Cox, T. (1993). *Cultural diversity in organizations*: *Theory, research & practice*. San Francisco: Berrett-Koehler Publishers.

Daft, R. L. (2002). *The leadership experience* (2nd ed.). Mason, OH: South-Western Cengage Learning.

Earley, P. C., Ang, S., & Tan, J. S. (2006). CQ: Developing cultural intelligence at work. Stanford: Stanford Business Books.

Foldy, E. G. (2004). Learning from diversity: A theoretical exploration. *Public Administration Review, 64*(5), 529-538.

Golembiewski, R. T. (1995). *Managing diversity in organizations*. Tuscaloosa Alabama: The University of Alabama Press.

Goodman, N. (1994). Cross-cultural training for the global executive in improvement intercultural interactions: Modules for cross cultural training programs. London: Sage Publications.

Hofstede, G. (1980). *Culture's consequences: International differences in work-related values.* Thousand Oaks, CA: Sage Publications.

Hofstede, G. J., Hofstede, G., & Pedersen, P. (2003). *Exploring culture: Exercises, stories, and synthetic cultures.* Yarmouth, ME: Intercultural Press.

Miller, E. K. (1994). Diversity and its management: Training managers for cultural competence with the organization. *Management Quarterly, 35*(2), 17-23.

Swann, W. B. Jr., Polzer, J. T., Seyle, C. & Ko, S. (2004). Finding value in diversity: verification of personal and social self-views in diverse groups. *Academy of Management Review, 29*, 9-27.

Thomas, D. C., & Inkson, K. (2004). *Cultural intelligence.* San Francisco: Berrett- Koehler.

Triandis, H. C. (2006). Cultural intelligence in organizations. *Group and Organization Management, 31*, 20-26.

問題與討論

一、全球化來臨對學校校長領導有何影響與衝擊？

二、請分析組織成員多元化背景對學校組織發展有何影響？

三、試從組織文化觀點，分析如何解決組織衝突現象？

四、何謂文化智商？學校如何提升成員之文化智商能力？

第十三章

國際化融入學校革新之
願景和經營管理

謝念慈

School Leadership is second only to classroom teaching as an influence on pupil learning.

～Leithwood et al. (2008)

壹　前言

　　網際網路、資訊數位科技、交通基礎建設網路的便捷等諸多因素，1960年代馬素‧麥克魯漢（Herbert Marshall McLuhan）預言未來的世界將是一個「地球村」（Global Village），生活圈將無遠弗屆，共同生活圈是新的組合，學習也有共同素材，彼此糾纏牽連、盤根環繞，似生活圈與生命共同體的虛擬國度。如今21世紀「地球村」的概念，在某些面向上，已經具體展現，這一過程即是「全球化（Globalization）」。

　　「全球化」產生洲與洲之間、國與國之間、地區與地區之間、種族與種族之間、宗教與宗教之間等，都產生了化學或物理變化的發酵氛圍。「全球化」造成物理距離的消失與時空的轉變，是一種衝擊、一種現象、一種過程，一種效應。「全球化」的風潮下，國際化（Internationalization）是必要的手段。英國紀登斯（Anthony Giddens）認為「國際化」是「世界各地區，社會間彼此關係的激烈化，將本土事務調轉換成本土外的經濟實體的事務，或本土外的事務與本土化。」國際間的相互依賴程度日趨頻繁，許多本土或區域性的事務，已無國界而交互影響。韋氏辭典Webster's Dictionary（1999）明確定義：「國際化」是以國家間的共同合作進而促進彼此利基。教育事務在此浪潮趨勢下，走向國際化是責任與義務，國際化教育已是當務之急，因此教育或學校走向國際化，是當前世界各國重要的教育政策。陳惠邦（2013）：「國際化是指我們的教育發展從地方或區域躋身於國際的種種措施與過程。」隨著經濟的全球化思維，國際間的競爭日益熱化，為提升國家競爭力，與國民素質，必須推動教育國際化（Internationalization of Education）。國際教育用在學校有許多面向，指一種廣泛概念，指不論國內學校或國際學校都能幫助學生發展國際態度（邱玉蟾，2012）。世界各國和平教育終極目標，需能對國際體系間的安全與和平等政治達成

共識，因此教育國際化已經成為各國教育的顯學與目標。

教育的實踐（praxis）要落實於學校教育，學校革新之願景和經營管理在臺灣已經是顯學，各種論述都著書成冊，不勝枚舉。惟，以國際化的觀點與思維談論學校革新之願景和經營管理的論述，卻不多見。而歐洲的英國推動中小學國際教育已有一段時間，其經驗與做法頗值得我國借鏡。立足臺灣，放眼世界，為兼顧本土與國際。因此，本文先以《我國中小學教育白皮書》之內涵規劃為經，以英國國際學校獎（ISA）與英國教室連結（Connecting Classroom）課程的做法內涵實質切入為緯，提出我國學校「國際化融入學校革新之願景和經營管理」的理想性與可行性的建議，供讀者參考。

貳 《中小學國際教育白皮書》學校願景和經營管理的圖像

21世紀國際環境變換更替快速，教育生態在此大環境中，亦飽受衝擊，主要有知識經濟時代，終身學習需求；數位資訊化時代，學習型態轉變；全球化時代，國際競爭激烈等影響。人力之間流動沒有國界，面對全球化的國際競爭人力的培育，未來的趨勢，中小學教育經營與管理，應更多元化與國際化，國際教育必須往下扎根，不僅能培育本土人力，也可以培育未來全球人力，國際行動能力已是全世界今天及未來幾個世代的關鍵能力（張善禮，2013）。推動中小學國際教育不僅是各級學校當務之急，也是政府在教育方面的施政重點。

教育部為扎根培育21世紀國際化人才，透過專家學者與學校端實務工作者，於2011年4月正式出版《中小學國際教育白皮書》，成為我國中小學第一本有關國際教育的推動與發展的準則，也宣示我國中小學國際教育推動的扎根。白皮書中明示學校在推動國際教育時的願景、經營與管理的依歸與方向，茲說明如下：

一、中小學國際教育願景與目標

《中小學國際教育白皮書》，描述我國中小學的國際教育願景（2010）：

> 在全球化的趨勢下，國際競爭……人力資源乃是決定競爭力強
> 弱的關鍵因素。……。教育需要跳脫傳統的框架，邁向創新的
> 思維。……。國人對於國際社會的瞭解甚為有限。因此，面對
> 全球化的發展，教育必須重新思考本身定位，添加國際化的學
> 習元素，調整人才培育的目標。

中小學教育在國際化人才的培育過程中，扮演關鍵性的角色，扮演
著築底固根的基礎。在中小學深耕國際教育，是我國創造競爭優勢的藍
海策略，一個社會擁有足夠具體的國際行動能力的公民，國家就擁有優
勢，也不易被邊緣化。

《中小學國際教育白皮書》，描述我國中小學的國際教育目標
（2010）：

> 中小學國際教育的目標在讓中小學生透過教育國際化的過程，
> 瞭解國際社會，發展國際態度，培育具備國家認同、國際素
> 養、全球競合力、全球責任感的國際化人才。

茲將白皮書的四大目標條列式整理如下：
目標一：國家認同方面
1.從認識自我文化出發，具有本土意識與愛國情操。
2.透過國際文化的對照，深入瞭解自我文化的特質。
3.認識臺灣特殊的歷史定位，體認國家在國際社會的特殊處境。
4.喚醒國家意識，對國家的責任。
目標二：國際素養方面
1.從外語、文化及相關全球議題的學習中，產生具有國家主體的國
　際意識。
2.透過國際面向課程與國際交流活動，理解、尊重與欣賞不同文化。
3.接觸並認識國際及全球議題，學習跨文化溝通的知識與技巧。
目標三：全球競合力方面
1.提供體驗跨國學習機會，激發跨文化比較的觀察力與反思能力。

2.引導瞭解國際間競爭與合作實際運作情形。

3.強化參加國際交流及國際教育活動所需的多元外語能力、專業知識與技能。

4.體驗國際競爭與合作經驗，厚植邁向國際舞臺的實力。

目標四：全球責任感方面

1.對不同族群、地域、文化的尊重包容。

2.對於全球的道德與責任。

3.提倡世界和平的價值。

4.認識及尊重不同族群的異質文化。

5.強調人權與永續觀念。

6.體認世界和平的價值。

7.重視全球環境生態的相互依存性，生活中養成生命共同體的概念，對地球村的責任感。

茲將中小學國際教育目標，整理如圖1。

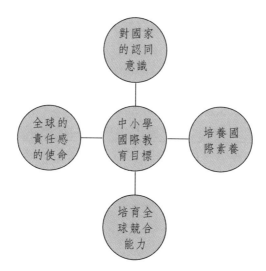

圖1　國際教育學生須達到的目標關聯圖

資料來源：研究者自行整理。《中小學國際教育白皮書》。

二、中小學國際教育學校本位推動面向

《中小學國際教育白皮書》,以學校本位推動中小學國際教育,主要體現在課程融入、國際交流、教師專業成長、學校國際化等四大面向。

茲將中小學國際教育推動四大面向,整理如圖2。

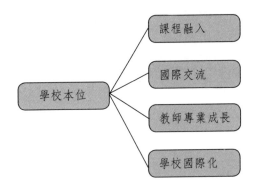

圖2　學校本位推動國際教育四大面向圖

資料來源:研究者自行整理。《中小學國際教育白皮書》。

(一) 課程融入面向

國際教育課程主題以「全球議題」、「文化學習」與「國際關連」為三大課程主題軸,如圖3。發展出各項相關課程議題,藉由課程議題的探索歷程,以培養學生世界公民意識,提高學生適應全球化的生活和國際競爭力。

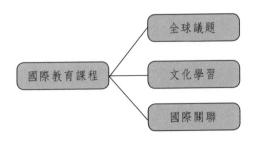

圖3　國際教育課程三大主題軸圖

資料來源:研究者自行整理。《中小學國際教育白皮書》。

白皮書中「全球議題」課程主題的意涵（教育部，2011）：

「全球議題」課程主題軸，在於培養學生具備全球素養，瞭解全球議題的基本概念，能分析全球議題間複雜性與相互關連性；並且具備評估、辨識全球國際環境的能力，面對與自身衝突之價值觀時，保持中立並暫時不做判斷；以及培養學生具備公民意識與全球公民行動力，願意提出解決全球議題的方法。

白皮書中「文化學習」課程主題的意涵（教育部，2011）：

「文化學習」課程主題軸，在於培養學生以多元觀點深入瞭解自身文化以外的文化，瞭解文化的改變歷程，包括文化的先前歷史、現在及未來，科技、遷移和都市化如何影響文化的發展；並且引導學生能評估文化中的主要事件和發展趨勢，比較不同文化的多元觀點；以及培養學生具備跨文化的理解與溝通能力，辨識文化的共通性與差異性，能欣賞多元文化價值、包容文化差異，學習與不同文化連結。

白皮書中「國際關聯」課程主題的意涵（教育部，2011）：

「國際關聯」課程主題軸，在於培養學生能分析個人行動對在地、國家及全球影響，辨識全球問題與在地社區、國家的關聯性，並且培養學生具備參與全球公民活動的能力，評價民主行動的過程，在實際生活中有合宜的表現；以及在解決全球議題的歷程中，能容忍全球議題的問題情境與解決方法之不確定性與模糊狀態，並能以各種方式取得國際議題相關資料，並察覺資料來源的優缺點、可靠性。

在「全球議題」、「文化學習」與「國際關聯」三大課程主題軸之下，各自發展出四個主題，如圖4。

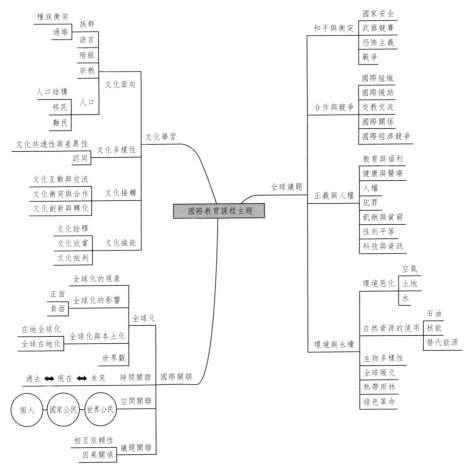

圖4　國際教育課程主題軸圖

資料來源：http://ietw.moe.gov.tw/GoWeb/include/index.php?Page=1-A

(二) 國際交流

　　中小學國際交流的推動重點在於鼓勵國內教師及學生與國外進行交流。目前我國中小學國際交流的方式，大部分是學校少數學生，與國外學校做跨國交流參訪，未來國際交流應與中小學國際教育推動的四大目標掛勾，交流模式採中央到地方學校相輔相成的模式辦理，確保國際教育目標之達成。

(三) 教師專業成長

推動國際中小學教育，國際教育專業師資是非常重要的關鍵，近程教育部及地方教育局，應該積極辦理教師專業成長，教育部建置全國性國際教育專業人才網絡及諮詢輔導機制，學校方面辦理學校校本課程進修研習，補強教師國際教育素養。中長程師資培育單位應將國際教育納入師資職前培育課程內涵。

積極協助國際教育教師專業的成長（教育部，2011）：

一、定期辦理中小學教師國際教育專業知能研習或工作坊，強化國際教育在職教師專業素養與實務能力；

二、建置國際教育專業知能認證課程資訊網及國際教育專家資料庫，提供各縣市及各校辦理國際教育專業知能研習參用；

三、輔導建立國際教育專業社群網絡，支持專業社群定期研討活動，並依據基層教師之需求面向，開發並辦理專業研習課程。

(四) 學校國際化

學校國際化是達成中小學國際教育的重要策略與手段，而學校國際化不是一個口號，是一個動詞、歷程。潘道仁（2013）提出學校國際化，需朝六個面向規劃與經營，具體學校國際化項目如圖5。

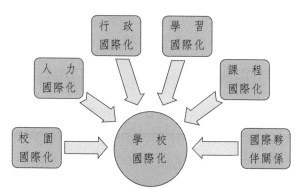

圖5　學校國際化的項目與內涵圖

資料來源：潘道仁（2013）學校國際化與國際教育。102年中小學國際教育初階研習：專業知能研習手冊。研究者自行整理。

三、國際化是全球化的挑戰與因應的重要手段

(一) 全球化影響所需的挑戰與突破

21世紀是全球化時代，國界的虛擬，本國人與外國人互動日趨複雜，交互頻繁，如何體認與共識互動合作，增進福祉，是全球性的職責。資訊數位科技、網際網路發展與交通基礎建設的發達，世界各國政、經社會等互動行為也產生了化學變化，如跨國企業、非政府組織（NGO）及非營利組織（NPO）成為世界第三勢力，牽動了國與國的互動程式，成為世界各國面臨的挑戰與亟需突破的議題。

(二) 我國社會文化氛圍的轉變

我國社會結構，在新移民人數日益增加的潮流下，社會亦產生了質與量的國際化與多元化的文化結構重整變化。這股流動變遷也促使專業人力與教育人口在全球的流動更為廣泛與頻繁，面對自身與各個國家的文化傳統，國人需要培養理解、尊重及欣賞的胸懷與態度（教育部，2011）。

(三) 教育國際化的需求與承諾

全球化是趨勢潮流，必須面對的現象。我國四面環海，天然資源不多，外貿式經濟大宗，加以政治民主、經濟自由等諸多主客觀因素，全球化衝擊臺灣的發展相當頻繁，而外勞與新移民等多元的文化體系，教育需要更多元更具全球化思維與國際接軌。因此我國的教育必須要能跳脫過去的思維與侷限，培育更有國際移動能力的地球村人才的實力，中小學教育扮演著築底打基的重責大任。

參　英國國際學校獎在我國實施的可行模式

英國教育部將「中小學國際教育」事務委託予民間機構—「英國文化協會」（British Council）做為主要的推動單位（劉慶仁，2009）。英國推動國際教育過程中，頗有特色的策略之一是「英國國際學校獎（International School Award, ISA）」及「連結教室（Connecting Classroom, CC）」。英國在1999年開始設立的國際學校獎，屬於推

廣國際教育的策略之一，其設立的目的在於認可學生為13到18歲的英國學校，與海外學校實施課程合作，並整合全球議題和國際意識的一個重要獎項。政府的策略在於希望所有的學校，都能夠得到國際學校獎的授獎。獎項總共分為三種層級：第一級稱「基礎證書（Foundation Certificate）」：學習的里程開始朝向國際的學習。（The starting point of your journey into international learning.），第二級是「中級證書（Intermediate Certificate）」：在課程中發展國際的學習。（The development of international learning within your curriculum.），第三級是「實質認證（Accreditation）」：國際學習嵌入在課程中。（The embedding of international learning in the curriculum.）

　　英國文化協會「線上學校」網站設有英國國際學校獎（ISA），專區提供申請說明書與審查標準，如圖6。

圖6　國際學校認證（International School Award, ISA）審查標準的核心內涵
引自www.britishcouncil.org.研究者自行整理。

線上學習網站整合了國內外官方與民間的資源平臺，如圖7。

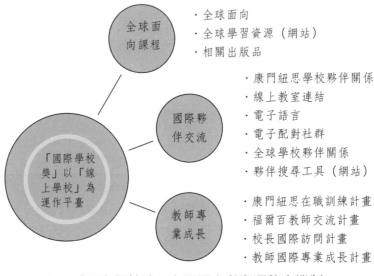

・全球面向
・全球學習資源（網站）
・相關出版品

全球面
向課程

・康門紐思學校夥伴關係
・線上教室連結
・電子語言
・電子配對社群
・全球學校夥伴關係
・夥伴搜尋工具（網站）

國際夥
伴交流

「國際學校
獎」以「線
上學校」為
運作平臺

・康門紐思在職訓練計畫
・福爾百教師交流計畫
・校長國際訪問計畫
・教師國際專業成長計畫

教師專
業成長

圖7　「國際學校獎」主要面向與資源整合機制

資料來源：黃文定、詹盛如、陳怡如（2013）。英國「國際學校獎」運作機制與功能之
探究。教育資料與研究，110，204。

一、英國國際學校獎（ISA）簡介

國際學校獎（ISA）是英國教育部於1999年開始推動的國際教育
方案，由英國文化協會負責執行。ISA是一具有國際指標的認證制度，
目地在獎勵全球各國推動國際教育績效優良的學校。英國文化協會
（British Council, BC）與全球各國教育部門及各級學校合作推動國際
學校獎（ISA），提供全方位的輔導機制，協助學校取得ISA國際認證
資格。英國境內有近28,000所中小學，自英國推動ISA以來，英國有超
過12,000所學校取得ISA各級認證資格。自2003年起，英國文化協會在
印度推動ISA計畫，至今已超過1,000所學校參與ISA計畫，印度是英國
以外推動ISA計畫最成功的國家。

國際學校獎（ISA）是針對能成功地將全球議題與國際意識融入課
程即全校氛圍的學校的一項重要的認可方式。對參與的學校而言，ISA

提供一套國際跨校夥伴關係與全球教育學習活動的架構，是對教師及學校在國際教育之貢獻的肯定，也是對學校國際教育品質的認可。除此之外，學校透過參與ISA的準備與申請，亦可深層地改變學校的氛圍、延伸課程的內涵，以及擴大參與和改變的機會。ISA除了是榮耀的象徵，具有激勵師生的作用外，還可作為學校特色之一，並透過地方和媒體的宣傳，來提升學校的知名度。就尚未參與申請的學校而言，獲獎學校的標竿作用與經驗分享，將可引領她們以更有效而多元的方式推動校內的國際教育。

(一) ISA的等級

依學校推動國際教育的深度及廣度，ISA可分為三大等級。第一級為基礎證書（Foundation Certificate），是針對剛著手推動校內國際教育，將國際教育融入課程的學校而設計。第二級為中級證書（Intermediate Certificate），是針對具有較多實質性的國際教育融入課程，並已開始與國際夥伴學校合作的學校而設計。第三級為國際學校獎（International School Award, ISA），是針對能夠成功地將國際教育融入課程級全校氛圍的校而設計。學校在取得第三級ISA認證後，可享有三年的ISA認證資格。為確保品質與永續經營，ISA學校可於三年後申請再認證（ISA Reaccreditation）。

(二) 實施方式（設定基期x年至x+3年為例）

ISA計畫分三階段進行，每一階段為期1年。

第一階段：ISA試辦（x/09---x+1/08）

第一年的ISA試辦階段以整合全球面相課程、國際夥伴交流以及教師專業發展為三大推動主軸，實施方式說明如下：

1.地方教育局遴選30所公私立中、小學（含高中、高職）參與ISA試辦，並以過去曾參與「教室連結（Connecting Classrooms）」國際學校合作計畫或教育部、地方教育局之國際教育專案的學校為先導學校。

2.英國文化協會統籌規畫並提供各項行政資源，包括：

(1)負責編印ISA工具手冊（中、英文）。

(2)在英國文化協會國際教育專屬網站平臺Schools Online（http://schoolsonline.britishcouncil.org/）建置ISA專屬網頁，提供各項ISA資訊（中、英文）。

(3)協助各校尋找跨國交流夥伴。

(4)提供國內外各項教學資源與教案。

(5)提供面對面或線上課程，提升教師、行政及校長的國際教育專業知能。

(6)協助各校申請並輔導各校撰寫國際政策（International Policy）及行動計畫（Action Plan）。

(7)協助各校於年中檢視其行動計畫（Action Plan）執行情形並提供必要的輔導。

(8)指導各校製作年終成果報告（Portfolio）。

(9)協助邀請國內外教育專家學者擔任審核小組。

(10)與國內學術團體合作，建立輔導機制，協助各校取得ISA認證。

(11)統籌審核各校執行成果報告書（Impact Evaluation）。

3.英國文化協會統籌規畫並辦理各項國內外相關研習及國際交流活動，包括：

(1)ISA計畫說明會（ISA的說明、申請與審查流程）。

(2)國際政策（International Policy）撰寫工作坊。

(3)行動計畫（Action Plan）撰寫工作坊。

(4)國際協調員（International Coordinator）專業技能工作坊。

(5)英國文化協會Schools Online網站操作工作坊。

(6)全球面向課程與教案工作坊及實務分享。

(7)國際面向融入課程教案徵選活動。

(8)ISA認證學校實務分享（國內）。

(9)國際教育任務團隊赴海外參訪ISA認證學校。

(10)國際教育任務團隊各項培力課程（如：領導力、資訊能力、英語能力等）。

(11)ISA頒獎活動。

3.英國文化協會提供其他支援，包括：

(1)英國文化協會國際教育專屬網站平臺Schools Online（http://schoolsonline.britishcouncil.org/）線上支援服務（線上課程及教育資源）。

(2)參與的學校優先獲邀參加英國文化協會各項活動（國內外研習、研討會及國際夥伴交流活動）。

(3)成功與英國學校建立國際夥伴關係的學校，可優先申請英國文化協會國際教育專案補助款。

第二階段：ISA擴大試辦（x+1/09---x+2/08）

1.擴大ISA試辦計畫。

2.參與試辦的學校增加至50所，由教育部、地方教育局遴選公私立中、小學（含高中、高職）參與試辦。

3.實施方式與內容同第一年的ISA試辦階段並增加辦理各項研習及國際交流活動。

4.第一階段取得ISA認證的學校得優先受邀參與英國文化協會各項國際專案與研習。

5.由第一階段取得ISA認證的學校，擔任ISA種子學校，分享經驗、參與輔導並協助新學校取得ISA認證資格。

第三階段：ISA全面實施（x+2/09---x+3/08）

1.全面實施ISA計畫，同時導入ISA各級認證資格，包括第一級的基礎證書（Foundation Certificate）、第二級的中級證書（Intermediate Certificate）以及ISA的再認證資格（ISA Reaccreditation）。

2由地方教育局邀請所有公私立中、小學（含高中、高職）參與ISA計畫。

3.實施方式與內容，同前一年試辦階段並增加辦理各項研習活動。

4.英國文化協會與教育部、地方教育局合作主辦東亞區ISA國教教育論壇及博覽會，邀請英國及東亞各國取得ISA認證的學校代表、教育官員及專家學者來臺分享並進行國際交流。

(三) 目標

1.整合與強化學校教育任務團隊，培育中小學國際教育專業人士。

2.提升教師國際教育議題融入課程能力，深化教學專業內涵。

3.落實廣建國際教育夥伴，強化國際合作面向。

4.落實及深化國際交流活動，增進師生的國際視野及全球思維。

5.以學校本位為基礎，以課程融入國際教育並營造校園內優質之國際教育氛圍。

(四) 參與國際學校獎的益處

1.就學校而言，ISA協助參與學校搭建國際交流平臺，廣建國際教育夥伴連結，構築多元文化環境，提供學生國際化的學習經驗並獲得國際化認證。

2.就教師而言，透過與國際教育夥伴的專業對話，ISA豐富教師多元文化教育之能並實踐有效教學。

3.就學生而言，ISA培養學生語言表達能力，鼓勵學生積極參與國際性活動，拓展國際視野。

4.就學生家長而言，透過宏觀的學習，ISA培養學生的表達與探究能力，英語能力的提升更是必然的附加價值。

5.就教育主管機關而言，優先在臺灣推動國際化認證的國際教育行動計畫，建立有效運作模式供其他縣市參考。

6.綜合英國及東亞區國際教育夥伴在臺灣舉辦大型國際教育活動，提升教育主管機關的國際能見度，有效提升臺灣的國際形象與媒體露出。

一般來說，參與的學校可依自己實施國際教育的現況，評估申請適合的ISA等級。申請後，英國文化協會透過申請流程與機制，輔導學校設定目標，編制國際教育任務團隊，安排一位國際特派員（International Coordinator）來統籌推動事項，達到該ISA等級所要求的標準，並引導學校繼續朝向更高ISA等級的目標邁進。

(五) ISA的運作

ISA的運作是透過英國文化協會協會的專屬平臺Schools Online網

站進行，網站內設有ISA專區，說明ISA內容，獎項類別、申請方式與流程、審查標準，並可自網站下載申請表格或上傳活動成果資料。審查人員可透過該網站審核申請文件。

　　除了ISA專區外，該網站也整合國內外官方與民間的教學與學習資源與平臺，包含全球面相課程，國際夥伴交流與教師專業成長三方面的資源與經費補助的管道與來源。

(六) ISA申請流程

　　1.行動計畫（Action Plan）：學校於年初（或學年開始）提交一份行動計畫，計畫應詳列說明至少7個在未來一年內計畫執行的活動。整體而言，這些活動必須融入學校課程的大多數學科，由大多數學生參與，並能展現出與國外夥伴學校的課程合作。

　　2.成果評估（Impact Evaluation）：學校於年底（或學年結束前），提交一份執行行動計畫（Action Plan）的成果評估報告，並出示所有舉辦國際面向活動的文件，供審查委員評估及審核其認證資格。

(七) ISA認證標準

　　學校要取得第三級的ISA國際認證，必須符合以下關係：

　　1.至少與1個國外夥伴學校建立以課程為基礎的合作關係。

　　2.將國際面項融入學校的課程、文化和社區，並能展現出國際面向的學習成果。

　　3.校內編制一位專人擔任國際特派員（international coordinator），負責學校國際政策（international policy）的實施。

　　4.檢討國際政策的實施進展，並依進展調整學校的國際政策。

　　5.在一年內，學校必須完成至少7個國際面向融入課程的活動。其中，至少3個活動是與國外的伙伴學校合作完成。這些活動必須融入學校課程的大多數學科，其中1個課程活動必須包含外語的學習。

　　6.學校所規劃辦理的國際教育活動必須是全校性的活動，以利校內多數學生參與。

　　國際學校獎（ISA）的參與，確實有助於國際化融入學校革新之願景與經營管理的規劃與落實，甚至可以獲取國際學校獎（ISA）的學

校，必定是落實國際化融入學校革新之願景與經營管理的學校，兩者有著必然的關係。所以國際學校獎（ISA）可以做為學校領導者，在國際化變革與經營管理計畫、執行與檢核的重要參考內涵。

肆 英國文化協會提升學校卓越領導力的培訓課程

英國文化協會連結教室（British Council Connecting Classrooms, BCCC），連結教室是全球性的教育計畫，目的是為了幫助青年學生發展全球經濟下的生活與工作技能、全球議題和如何成為全球公民，而設計針對於學校領導者如何提升卓越學校領導力的培訓系統課程，共提出了22個培訓模式的課程（menu of modules），學校領導者可針對個人實際所需與學校氛圍，選擇其中的幾個模式的課程，做為卓越領導力的參照與實踐（BCCC, 2014）。我國國際化融入學校革新之願景和經營管理，可提供相當程度上的參考與運用。茲將這22個模式的課程概念、功能與啟示簡述如下：

一、領導、管理與領導者的風格（Leading and managing and leadership styles）

讓領導者瞭解明確的願景和方向，可以改變一個偉大的管理者成為一個真正有效的領導者。校長藉由分析自己的領導風格，並考慮如何發展其他領導的方法，強化提升領導力。

啟示：卓越領導者須能明確的定出願景和方向，能分析自己的領導風格，並考量其他的領導方式領導。

二、建立團隊（Building teams）

提供一個非常寶貴的交融及切實可行的意見和背景理論，該模式探討合作的價值和重要性。特別是，它著眼於如何透過連結教室計畫，用來建立新的夥伴鏈，並強化學校內、外，並超越現有的合作夥伴關係。

啟示：卓越領導必須能建立優質團隊，學校可以透過英國文化協會設計的「連結教室」連結國外學校，讓夥伴關係更廣泛。

三、創造和溝通願景（Creating and communicating a vision）

邀請教育工作者，透過連結教室計畫，一起來討論、定義出校務發展明確的方向和目的。鼓勵一個具備樂觀、企圖心的前瞻促進者（facilitator）與學校領導探討學校教育明確的價值、使命和願景的價值和重要性。

啟示：卓越的領導與管理應與校外或國外教育人員，一起探討願景、使命等學校教育的價值，特別是可以透過連結教室來激發創意與溝通。

四、在教學和學生學習產生有效的領導（Leading effective teaching and learning）

這單元，為領導與管理提供機會探索，什麼是年輕人在他們的學校的嘗試。特別是領導者，將被要求考慮哪些技能和特點，是他們應該優先考慮，這種策略方法，是學員嵌入連結教室的核心態度。

啟示：領導力的提升成效，最重要就是要能讓教師的教學與學生的學習產生效果，也就是有效的教學與有效能的學習。

五、有力的指導（The power of coaching）

這部分的練習，提供學校領導，介紹廣受尊敬教練「茁壯成長（GROW）」的方法。參加者將有機會與同儕練習理論，和將離開後需要應對任何挑戰的技術。

啟示：學校領導力的素養，要透過方法練習，並需要與校長同儕共同討論練習的。

六、員工的發展和分布式領導（Developing staff [continuing professional development (CPD)] and distributed leadership）

從指導和同儕合作的方式，考慮有什麼專業發展的機會提供給教師，到電子學習和更多正式的網絡等方式。為了教師CPD，領導者可考慮如何透過連結教室，鼓勵教師的學習，從其他學校的教師和文化中得

到方法。

啓示：分布式領導（distributed leadership）是一種多樣式的領導、成員間能相互依賴、共同參與與團體分享。校長採用分布式領導，可以讓較多的教師參與決定，以及提升學生學習成就的效能。

七、國際向度的利基（The benefits of the international dimension）

課程設計作爲行動的一個個性化的計劃，並能成爲學校持久影響的模式，產出熱烈的討論和實際的目標，讓領導者和團隊一起思考，如何將國際層面課題融入學校，旨在激勵學生未來成爲全球公民。

啓示：學校領導者應該在經營學校課題時，納入國際教育的重要議題，以培育具全球公民意識的公民。

八、詳細的分析國際領導者（The International Leader Analysis (ILA) in detail）

國際領導者分析（ILA）是可下載的線上工具，可以協助領導者專注於自我反思。教室連結的課程設計，爲支持嵌入國際層面議題在學校的領導者。國際領導者分析能掌握領導者學校地區，如何塑造學校在全球的一個清晰概念視覺，在國際層面，安全社區和國際夥伴關係。

啓示：領導者能夠時時自我反思，是提升領導力的重要因素。國際領導者分析（ILA）線上工具，可提供領導者更國際化更廣的領導自我分析反思。

九、規劃、監督、評估和審查（PMER）和自我評鑑（Planning, monitoring, evaluating and reviewing (PMER) and self-evaluation）

PMER和自我評價，著重在教學和學習能在學校持續的改進。如果再加上眞實和建設性的自我評價，PMER可以帶來眞實的和可操作的提升標準。透過本課程領導者將瞭解如何嵌入這些來檢視措施，以期實現持久改善跨學科課程和整個校務。

啓示：領導力須透過科學的檢驗過程，才能眞實剖析領導的實際優缺點。

十、社區的參與（Community engagement）

學校領導思考如何透過社區領袖或少數群體，將這種寶貴的合作經驗與智慧，所帶來的挑戰和機遇，共謀學校發展。

啓示：學校經營必須走出圍牆與社區共築無圍牆的學校，透過社區的協力發展，營造雙贏的學區，學校經營才能更卓越。

十一、學生的聲音（Pupil voice）

激發學校領導人，採取新的眼光看待學生的聲音，澄清學生的聲音，並理解爲什麼年輕人的觀點和看法是重要的，鼓勵領導者能夠善用學生的聲音，加強自身的學習和支持學校社群發展。

啓示：學生的聲音，是一種學生參與的自由權，因爲這些聲音都是有關學生的學習生活，聆聽、接納學生的發聲是重要的。

十二、變革管理（Managing change）

積極主動的變革管理，是任何學校領導者的必備工具。實施變革在任何學校需要小心處理。改善校長嵌入跨學校的國際觀點，校長需要處理任何障礙和阻力的技巧和理論，所以需塑造一個願景，以激發成員變革。

啓示：彼德‧杜拉克（Peter F. Drucker）：「我們無法左右變革，我們只能走在變革的前面。」變革是組織無法避免的，領導者必須做好變革管理，求變、求新和求永續。

十三、建立偉大的組織文化（Building a great culture）

領導者思考文化涵義是什麼，分析自己的學校的文化是什麼，並探討採取什麼樣的行動，學習建設性的文化靈感和實用的指導，可以加強學校文化。

啓示：領導者須瞭解組織文化（Organizational Culture）的意涵及學校的組織文化是什麼，並建立正向的學校文化。

十四、領導者的時間管理（Leadership and time management）

採用完備的的工具和理論，探討如何能妥適應用每一分、每一秒，使領導者能夠最大限度地發揮每個工作日。

啟示：時間在哪，成就在哪。領導者十分忙碌，透過已制訂好的理論與工具，做自己的小幫手，是掌控時間管裡的秘方。

十五、引領快樂與福祉（Leading on happiness and well-being）

成功的學校，絕大部分程度上取決於學生是否享有快樂與福祉。領導者應考慮學生在各方面住的安全和健康的享受水準和經濟福祉。

啟示：學校的主體是學生，透過領導應該要讓學生生活上、學習上都能有個安全、健康與快樂的環境與氛圍。

十六、設定目標（Goal setting）

領導者採用連結教室的「五個步驟的目標設定（BCCC設計）」過程，尤其注重對未來的計劃，並協助領導者將這些目標轉爲實現。練習使用這個步驟過程，並與同行分享自身的學習，並將探索這些新發現的技能，怎麼能派上用場。

啟示：領導者要將抽象的願景與使命，轉換成具體可行的許多目標，並設定目標，透過目標管理，將目標逐一實現。

十七、理解並激勵員工（Understanding staff motivation）

對於任何一個領導者最寶貴的資產，是擁有積極進取的團隊。這對於校長來說尤其如此。校長鼓勵教師接受國際議題，將使大家受益於這種動機的準備。

啟示：領導者要能傾聽同仁聲音，激勵同仁，領導者需具備同理心，在高倡導時也需高關懷。

十八、詳細的分析領導有效的行為管理（Leading on effective behavior management）

領導者要分析積極影響行爲的因素，並使用檢核表（checklists）

和計劃及策略範本（policy templates），探討瞭解行為專業發展的價值管理。

啟示：檢視領導具體的行為是否有效率與效能，可以透過專業的檢核表或策略範本等研究工具分析。

十九、國際教學詳細分析（The International Teaching Analysis (ITA) in detail）

國際教學詳細分析，是專為試圖嵌入學校國際層面的領導者，設計的專業自我評估框架（self-evaluation framework）。校長可透過18 statements（BCCC設計）構成分析，並考慮這種自我反思的工具，如何能夠有益於自己的學校。

啟示：教師國際教學的成效，校長可透過專業研究工具分析，如BCCC的「18 statements」。

二十、學生的領導力（Student leadership）

學校應培育學生的領導能力，鼓勵年輕人培養技能，如團隊合作，溝通和敬業精神。

啟示：學生未來國家的主人翁，培育未來人才，學生領導力的養成是重要的。

二十一、發展融合性的學校與教室（Developing inclusive schools and classrooms）

學校領導瞭解融合學校與教室的概念，融合性的實踐有兩個主要指標（BCCC設計）與幾個模型的系統（BCCC設計）可做為探討。領導者應考慮建置一個簡單的審核納入學校，並生成策略，發展融合性的做法。

啟示：融合教育（inclusive education）是21世紀國際教育議題的主流之一，學校將身心障礙學生和普通學生應在同一間教室，一起學習，是強調提供身心障礙學生正常化的教育環境，而非隔離的環境。

二十二、保護學校的學生（Protecting children in your school）

校長有責任瞭解，為什麼要確保學生在學習環境的保護，免於受傷害和虐待，並探索學生的需要，在法律和道德義務上，制定和實施運作機制和工具，保護在學校的學生。

啟示：校長的責任需要能確保學生在校生活與學習一切的安全措施與作為，並建構友善校園，讓學生快樂學習、健康成長。

BCCC精心設計了22項課程，提供了學校領導者在經營學校的具體可行的專業能力。在國際化融入學校革新的經營與管理，值得我們具體轉化。

伍　國際化融入學校革新之願景和經營管理

學校在國際教育推動的政策下，學校的革新願景與經營管理，亦需同時考量國際化融入的思維與手段。2011年，我國《中小學國際教育白皮書》正式出爐，可稱為學校推動國際教育的憲法。因此，學校的革新願景與經營管理，需以《中小學國際教育白皮書》為「經」的規準。而英國在推動國際教育過程中，英國文化協會實扮演著非常關鍵與重要的舵手角色，其中國際學校獎（ISA）與教室連結（CC）的22項課程，當可做為學校的革新願景與經營管理為「緯」的規準。在此經、緯編織交融下，形塑出國際化融入學校之革新願景與經營管理的主圖像。

一、《中小學國際教育白皮書》作為國際化融入學校革新之願景和經營管理的經

國際化融入學校革新之願景和經營管理，需遵循《中小學國際教育白皮書》，其目標是學生透過教育國際化的過程，瞭解國際社會，發展國際態度，培育具備國家認同、國際素養、全球競合力、全球責任感的國際化人才。以學校本位推動中小學國際教育，主要體現在課程融入、國際交流、教師專業成長、學校國際化等四大面向。

二、英國文化協會的國際學校獎（ISA）與教室連結課程（CC）作為國際化融入學校革新之願景和經營管理的緯

本文提出英國文化協會，協助英國推動國際教育的重要的兩項做法：國際學校獎（ISA）與教室連結（CC）的22項課程，頗值得我國推動國際教育，在國際化融入學校革新之願景和經營管理的學習典範，在參考的過程後需轉換爲本土的內涵，其中80/20原則是轉換的尺度，也就是保留其中80的原味，抽離出其中20的部分，更替（轉化）爲本土的風味。

三、領導者需要有正向、熱情的態度與積極、開放的作為，才能落實國際教育

成功的領導者特質是正向的、熱情的，而作爲是積極的、開放的。教育必須和國際接軌。過去家長提早把學生送出國留學，大部分是因爲不滿意國內中小學階段的教育。近年來發現，除了保有過去因素外，不少原因是重視孩子未來在國際上的競爭力（李萬吉，2014）。臺灣中小學教育與學校行政經營管理，國際化的程度非常不足。因此，學校領導者要具備正向的、熱情的人格特質，並能積極、開放的落實。

陸　結語

吳清基（2011）：強調扎根21世紀國際化人才的培育，強調要認識世界各國的文化，融入中小學課程與教學的活動，能夠培育21世紀的新公民。準此，英國在這方面已有多年推動具體的成果，特別是英國文化協會的大力協助（協力單位），如「國際學校獎（ISA）」與「教室連結課程（CC）」是非常值得做爲「國際化融入學校之革新願景和經營管理」的重要典範模式。

A good manager does things. A leader does the right things. And to survive in the twenty-first century. We are going to need a new generation of leaders not managers.

～Director, Institute for Educational Planning and Administration, Ghana

（本文感謝British Council Taipei Projects Manager Lisa Luo大力協助提供的ISA的資料。）

參考文獻

(一) 中文部分

李萬吉（2014）。積極開放才能落實國際教育。中國時報。

吳清基（2011）。中小學國際教育白皮書序文。臺北：作者。

邱玉蟾（2012）。全球化時代國際教育中的意識型態。課程研究，7(2)，1-30。嘉義縣：國立中正大學教育學研究所。

張善禮（2013）。文化本質與文化類型對跨文化國際教育的意涵。102年中小學國際教育初階研習：專業知能研習手冊。嘉義縣：國立中正大學教育學研究所。

黃文定、詹盛如、陳怡如（2013）。英國「國際學校獎」運作機制與功能之探究。教育資料與研究，110，193-218。

黃乃熒（2011）。全球領導與國際教育。臺北：學富。

黃乃熒（2007）。教育領導與組織永續發展。臺北：華騰。

黃乃熒、李君宜、施雅慧、辜雅珍、胡士琳、王冠銘（譯）（2008）。Tony Bush、David Middlewood著。教育領導與管理。臺北：華騰。

陳惠邦（2013）。論國際教育的理念與實踐。教育研究月刊，230，5-13。

陳怡如（2011）。臺灣中等學校國際教育實施現況與未來發展。教育資料集刊，50，1-26。

教育部（2011）。中小學國際教育白皮書：扎根培育21世紀國際人才。臺北：作者。

教育部（2009）。中小學國際教育實務研討工作坊。臺北：國立臺灣師範大學教育政策與行政研究所。

教育部（2009）。中小學國際教育實務研討會。臺北：國立臺灣師範大學教育政策與

行政研究所。

教育部（2009）。中小學國際教育專業知能研討會。臺北：國立臺灣師範大學教育政策與行政研究所。

教育部及學前教育署（2013）。102年中小學國際教育初階研習：專業知能研習手冊。嘉義縣：國立中正大學教育學研究所。

教育部及學前教育署（2013）。102年中小學國際教育初階研習：實務工作坊手冊。嘉義縣：國立中正大學教育學研究所。

廖文靜（2013）。中小學國際教育之探討。教育研究月刊，230，40-53。

劉慶仁（2009）。英國國際教育的現況與啟示。教育部國際文化教育事業處。

劉慶仁（2009）。中小學國際教育的展望。教育部國際文化教育事業處。

劉美慧（2013）。課程發展與教學及國際教育。102年中小學國際教育初階研習：專業知能研習手冊。嘉義縣：國立中正大學教育學研究所。

劉昱蘭（2007）。英國拓展國際視野政策探討與實務分析——國際學校獎獲獎學校實例。國立暨南大學比較教育系研究計畫。

鄭以萱（2013）。英國、澳洲與國際組織之國際教育推動現況。102年中小學國際教育初階研習：專業知能研習手冊。嘉義縣：國立中正大學教育學研究所。

潘道仁（2013）。學校國際化與國際教育。教育部國民及學前教育署102年中小學國際教育初階研習：專業知能研習手冊。嘉義縣：國立中正大學教育學研究所。

羅明珠（2014）。學校國際化——國際學校獎實施計畫。臺北：作者。

(二) 英文部分

Connecting Classroom (2014). East Asia School Leadershiper Facilitators' Workshop. Kuala Lumpur.

Malaysia (2013). Malaysia Education Blueprint 2013-2025. 取自http://www4.unescobkk. org/nespap/sites/default/files/Preliminary-Blueprint-ExecSummary-Eng_0.pdf

Stuart Crainer & Des Dearlov (2013). Thinkers 50 Leadership: Organizational Success Through Leadership. McGraw. Hill Education. USA.

www.britishcouncil.org

www.globalgateway.org

www.britishcouncil.org/globalschools

www.britishcouncil.org/connectingclassrooms

www.britishcouncil.org/schoolparntnerships

www.britishcouncil.org/schoolparntnerships-china

www.britishcouncil.org/comenius

問題與討論

一、學校推動國際教育過程中，如何將國際化融入革新的願景與經營管理？

二、學校如何在推動國際教育過程中，提升學生的未來全球公民學習成效？

三、學校如何透過參與英國文化協會「國際學校獎（ISA）」，推動學校國際教育？

四、如何透過英國文化協會「教室連結（Connecting Classroom）」平臺，提升領導力？

III
教育研究與師培

第十四章

政策合法化之研究 ——以師資培育法 制定為例

舒緒偉

壹　前言

　　民主國家執政者的政治權力乃人民所賦予，而為監督與制衡政府的施政，除了有民意代表監督外，任何政策的推動都必須經過一個法制化的程序，以取得正當性，才具有法效力，人民也才有服從或遵守的義務。亦即任何民主體系的穩定性，不僅依賴體系運作的效率（efficiency），同時亦與政策體系的效能（effectiveness）與合法性（legitimacy）有關（Lipset, 1959）。有效能的政府，經由合法化的過程，推動相關政策，以回饋選民的支持，並為繼續執政創造利基。易言之，一個體系是否有效，端賴其科層體制與決策系統能否有效解決政治問題、滿足人民需求（Lipset, 1959）。

　　合法化是任何政治情境的核心，它包括權威、共識、服從與支持（Jones, 1984）。而合法化的過程與結果則與統治正當性息息相關。所謂統治正當性係指政治體系的成員經由政治社會化的過程，養成對政治系統與典章制度的服從取向，並深信此一制度確能解決吾人所面臨的任何問題（林水波、張世賢，2006）。此即如同Lipset（1959）所說，任一政治體系使其成員形成並維持一種信念，即現行政治制度確為該社會最妥適者。當任一政治社群成員認同此信念，並落實在日常生活中，則其統治便具有正當性。正當性可用來檢視政治支持的概念，它是一種整合的權力，是在被統治者同意的前提下所展現的控制力量（余致力、毛壽龍、陳敦源、郭昱瑩，2008）。亦即當人民認同執政者的統治正當性或政策正當性，即令政策的實施導致其權益受損，仍願意依法定程序加以服從或配合。

　　由於大眾對政府部門缺乏信心，故使決策者陷於窘境中（Hanberger, 2003），因此民主國家政策的制定與推動都必須經由法定的程序，以取得合法性的地位。

　　具體言之，政策合法化是政策制定過程中重要的階段，也是政策執行的前提；同時是決策民主化、科學化和法制化的具體顯現；更是法治國不可或缺的程序與工具（陳振明，2004）。一般而言，社會大眾對政府及政策的支持，可視為測量合法性的指標之一。Easton將支持分為

特定（specific）支持與普遍（diffuse）支持二種。所謂特定支持指民眾覺得政府的產出（政策）符合其需求，故向政府表現出支持或友善的態度；普遍支持係指民眾對政府深具信心，即令對其利益有害的政策仍能表現出接受或容忍的態度（引自魏鏞、朱志宏、詹中原、黃德福，1994）。

　　當然政策的制定結果必須落實在標的團體上，而標的團體在合法化過程當中，會透過各種管道、運用各種方式來影響政策的走向。雖然民主國家是以民意為依歸，但有時政策的制定只是少數人權力遊戲的結果，因此Edelman在《*The Sympolic Uses of Politics*》一書中即指出，學校所教授的政治學，與現實生活中所經驗的政治學，其實是完全截然不同。在現實生活中，政治被一小部分人在幕後運作掌控，以圖滿足其利益，而且建構傳布民主參與的假象。而一般人則被此假象矇騙而不自知，被動的接受其結果（引自蔡璧煌，2008），並誤以為此結果最能符合多數人的利益。故唯有剖析政策合法化的內涵及過程，瞭解在此過程中，政策參與者的性質及其所運用之策略，吾人才可明確判斷政策是符合全民利益，抑或是利益交換下的黑箱作業，也才能對此政策做出適當的反應。

貳　政策合法化的性質

一、政策合法化的意義

　　所謂政策合法化係指政策推動者一方面進行政策方案的說服工作，另一方面是推動方案，讓政策順利通過立法過程，獲得人民的支持，使其具有強制力（余致力、毛壽龍、陳敦源、郭昱瑩，2008）。易言之，當「遵循為一般人所認知的原則或為一般人所接受的準則」（魏鏞、朱志宏、詹中原、黃德福，1994），該政策即擁有合法化。當然，對於一件事情或過程是否合法的認知，並非不學而能、不學而得，必須經由政治社會化的學習過程，才能獲得此種認知及態度（引自魏鏞、朱志宏、詹中原、黃德福，1994）。亦即經由學校教育有意義的學習，以及社會教育的潛移默化，形成對於合法化相關概念的

共識，也才願意遵守相關的遊戲規則。故Easton就指出合法性的基礎即在於人們所習得的態度（引自魏鏞、朱志宏、詹中原、黃德福，1994）。

如前所述，政策合法化是任何政治情境的核心，因為在合法化過程中，它具有如下的意義（余致力、毛壽龍、陳敦源、郭昱瑩，2008）：

1.正當性的意義：民主社會的人民意志，對政策正當性有極大的影響力。而政策價值的適當性、決策過程有無違反程序正義、執行的成效等，都會影響到人民對政策的支持程度。

2.政治性的意義：政策正當性的論辯、國會在政策合法化過程中所扮演的角色，都是高度政治性的問題，故政策合法化是政策過程中政治性最強的一個環節。

3.權威性的意義：當政策經由合法化的過程獲得法效力及強制力時，它便具有高度的權威。故Easton就說過公共政策乃社會價值的權威性分配（引自魏鏞、朱志宏、詹中原、黃德福，1994）。

4.公共性的意義：政策合法化的結果與社會大眾的福祉或權益息息相關，因此具有強烈的公共性。

5.選擇性的意義：「政治合法化的過程也是一個集體選擇的過程」，經由民主的程序，對制度或方案進行策略性考量並加以選擇。

政策正當性與政策順服有某種程度的關聯。所謂政策順服係指係指「與政策執行有關之利害關係人願意接受配合政策的推動，以達到政策目標之行為。」（丘昌泰，2013，p.384）人民表現出政策順服的行為之可能性有下列幾種：1.別無選擇，被強迫接受，2.接受傳統或習俗，3.與自己無關，故無所謂，4.雖不滿意，但暫時予以接受，4.為了某種原因或目的而接受。Held認為所謂政策正當性必須是理性選擇的結果，因此上述五種原因不能視為人民對正當性信念的展現（引自余致力、毛壽龍、陳敦源、郭昱瑩，2008）。但亦有學者認為受限於人民的能力與資訊，並無法對政策做出理性的判斷，因此不論是何種動機，仍可視為政策正當性的表徵。

二、政策合法化的內涵

　　合法化過程可分為兩個層次：使其合法與使其擁有法效力（Jones,
1984）。前者指合法性（legitimacy），後者係指合法化（legitima-
tion）。所謂合法性係指政治過程、國家機關的統治權力得人民的認同
與服從，包括批准特定計畫以解決公共問題；合法化係指政府的政策
取得國會（或立法機關）同意的過程，亦即政策規劃者所提出的政策
方案，經由法定程序獲得法律力量的過程，因此其具有正當性與權威
性，得以推動或施行政策（丘昌泰，2013），亦有學者稱之為政治認
可（approval）（Jones, 1984）。在政治體系穩定的國家，合法化的方
法或工具被視為理所當然（Jones, 1984），亦即政利害關係人都能認同
並遵守遊戲規則，不會因挫敗而採取不當的方式。故此二者實乃相輔相
成，合法性為合法化的基礎；合法化為合法性的手段（林水波、張世
賢，2006）。

　　教育政策屬於公共政策的一環，因此也必須重視政策的合法性。教
育政策合法化的意涵如下（顏國樑，2014）：

　　1.就狹義而言，教育政策合法化係指教育法律的制定過程。
　　2.就廣義而言，教育政策合法化係指教育法律與教育命令制定的過
程。
　　3.教育命令包括中央與地方制定的各種教育法規。
　　4.教育政策合法化提案單位包括行政部門與立法部門。
　　5.所謂合法化包括形式與實質的合法化。
　　6.教育政策合法化的目的在順利推動教育政策，以達成教育目標。

參　政策合法化的參與者

　　一般而言，政策合法化的功能係由代表民意的立法機關所擔任，
但立法人員並非合法化過程中唯一的參與者，總統、行政人員、利益
團體、立法人員助理、一般民眾也可能扮演重要的角色（丘昌泰，
2013；魏鏞、朱志宏、詹中原、黃德福，1994）。但在法治社會中，
面對有爭議或互不退讓的政策時，透過法律的爭訟以定勝負、分高

下，便成為一種重要且受大眾支持的機制，故司法機關也成為另一個合法化的參與者（林水波、張世賢，2006）。綜合上述，雖然政策合法化的主體是具有法定權威的各級政府機關（嚴強，2008）。但在主權在民的民主國家而言，政策合法化的參與者包括總統、立法部門、行政機關、利益團體，茲將其內涵說明如下：

一、總統

依我國《憲法》之規定，總統為國家元首，握有國家重大政策之決策權（林水波、張世賢，2006），尤其是在總統制的國家，總統對於政治合法化程的影響力更是無庸置疑。

二、立法機關

在合法化過程中，立法機關是最重要的決定者（丘昌泰，2013）。因為民主政治就是民意政治，政府施政須以民意為依歸，但為維持政府機能與人民生活的順利運作，就必須制定法令，以規範政府與人民、人民間、政府間的權利義務關係，實現保障人民福祉的法治目標。故立法機關為政策制定的主要機關，亦是將政策合法化的主要機關（林水波、張世賢，2006）。

三、行政機關

依代議民主政治理論，政策之制定應由代表民意之立法機關為之，但因國家事務繁瑣與龐雜，致使立法機關漸喪失主導性，而由具專業知能與經驗之行政機關負責有關政策之訂定。尤其在詭譎多變的現代社會，天災人禍不斷，立法機關往往無法適時提出對策，只能委諸行政立法，以帶領國家度過危機（林水波、張世賢，2006）。所以學者指出，國家性質的改變、政府職能與公共事務複雜性的增加、行政高度專業化的結果，必須賦予行政體系更多的權力，導致政府職能的擴充，立法的重心逐漸由立法機關轉移到行政機關，行政專業人才的意志往往駕乎立法機關之上。而國會相對缺乏專門人才，因此國會權力日漸衰微，法案制定權轉移至行政門手中，許多政策由行政部門發動，立法機

關已逐漸喪失其權威（林水波、張世賢，2006；顏國樑，2014）。

　　雖然行政機關在現今社會握有政策主導權，但是仍須獲得其他機關或團體的支持，突破困境與掣肘，使政策順利合法化，為執行奠定良好基礎。尤其是在民意高漲的今日，任何政策之制定必須獲得民意的支持，方能建立政策的合法化地位。況且今日政府施政已逐漸走向顧客導向的服務型態，故如何找出民眾的需求，從而宣導產品（政策），獲取支持，政策行銷更顯得重要且必要（翁興利，2004）。政府機關透過政策行銷喚起並強化民意的支持，有助於政策的通過，而且在資源的控制與分配上，也較能運用自如，有利政策的推動。

　　此外，Denhardt曾指出負責政策制定與執行的官僚體系應從傳統的中立性改變為代表性的科層體制（representative bureaucracy），以加強公共政策的回應性（引自丘昌泰，2013）。所謂代表性係指科層體制的成員最好能考量不同族群、性別等背景以任用不同比例的行政人員，如此其決策才不致與民意相悖或相去太遠（丘昌泰，2013）。

四、司法機關與政策合法化

　　司法機關除了掌理訴訟與審判之事務外，法律及憲法的解釋亦為其職責，因此實際上它也是一個重要的政策決定機構。美國是個地方分權的國家，因此有時會產生號令不一、各行其事的政治困境。因此往往透過司法的訴訟或聯邦最高法院的釋憲，解決歧見或法律上的爭議，使國家機器得以順利運作。M.D. Irish與J.W. Prothro就指出美國聯邦最高法院不僅是司法機構，也是政治機構。因為某些具爭議性的政策問題，最高法院都是最後的決策者（引自林水波、張世賢，2006）。

五、利益團體

　　現代民主國家的人民享有言論與結社自由，被視為一種普世價值，因此各式各樣的利益團體乃順勢而生。基本上，利益團體是多元社會的產物，一方面傳達部分人民的意見；一方面為政策執行結果提供回饋（蔡璧煌，2008）。利益團體為保障其成員利益，或是宣達某一政策或主張，常透過各種管道、運用各種方式以行使影響力或達成其訴

求（張世熒，2000；蔡璧煌，2008）。尤其在美國這種多元主義的國家，利益團體具有相當的影響力，故美國部分學者提出「次級政府」（subgovernment）的概念。所謂次級政府係指利益團體、國會委員會與政府機構，在處理法律或法規事務（regulatory matters）時，建立起一種相互支持的穩定互動關係。此種關係在農業、交通與教育領域上常被稱為鐵三角（iron triangles），並在政策過程中有其牢不可破的實質影響力。由於這些團體將私益凌駕於公益之上，並違背民主的普世價值，因而受到大眾的譴責（Howlett & Ramesh, 2003）。

肆　政策合法化模式

現實生活中政府所必須處理的事務往往是複雜多變，為了順利解決問題，必須將實際現象加以簡化，以找出其因果關係，並提出具體策略，也因此模式的建構便成為一有效的工具，故Dye（2002, p.11）即指出「模式（model）是現實世界某些層面的簡單呈現」。基本上，模式的建構是心智活動的產物，一個好的模式能夠化繁為簡，並能分析解釋各層面間因素的關係，以提供檢證的素材（丘昌泰，2013）。具體言之，一個理想的政策模式應具備如下之條件（吳定，2003；Dye, 2002）：

1.能將複雜的事項簡化與條理化，以瞭解現實世界的權力互動關係。

2.確認政策問題的重要層面。

3.聚焦於政治生活的要項，有助於彼此的溝通。

4.藉由指出問題的重要程度，啟發思考，有助於對公共政策更多的瞭解。

5.組合分散的資料，提出對公共政策的解釋，以預測行為或事件的結果。

6.做為衡量或評估公共政策的規準。

由上可知，模式的建立在進行政策分析時有其重要性必要性。而目前探討政策分析的模式以政策決定領域較多，至於政策合法化則較少人觸及。近年來國內對於政策合法化的研究日益增多，也有部分研究在

探討政策合法化模式的相關議題（林純雯，2006；楊桂杰，1999；謝君卓，2002；顏國樑，2014）。從政策分析的過程來看，政策合法化係在政策規劃過程之後，但許多學者認為實際上這兩個過程都是政策過程中的功能性活動，很難加以區分。尤其是政策要獲得國會多數的同意，勢必在合法化過程中不斷的修正，所以這兩個過程往往相互重疊（丘昌泰，2013）。雖然政策規劃與政策合法化很難明確切割，但為使政策分析的過程不致混淆不清，故本研究除參酌前述文獻外，並將其聚焦於政策規劃之後，因此本研究之合法化過程，主要探討師資培育法從草案之制定至立法院三讀通過之所有歷程。

伍　本研究所採用之分析架構

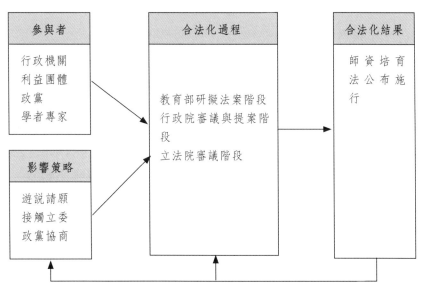

圖1　師資培育法合法化架構圖

　　如前所述，本研究主要在探討師資培育法從草案制定至立法院三讀通過的所有歷程。就合法化過程而言，分為教育部研擬法案階段、行政院審議與提案階段、立法院審議階段等三階段。而在每一階段的合法化過程，都有參與者及其所使用之影響策略。在師資培育法合法化過程

中的參與者有行政機關（包括教育部、行政院）、利益團體（包括教育專業團體及民間教改團體）、政黨（主要是國民黨及民進黨）、學者專家（包括參與草案制定及執行相關計畫的學者專家，多數為師範體之學者專家）。至於參與者所使用之策略有遊說請願（包括召開會議以表達訴求）、接觸立委、政黨協商（主要指國民黨與民進黨就本法案的協商）。而合法化的結果則是師資培育法的公布施行。

本研究的研究範圍從1988年教育部成立「師範教育法研修專案小組」，研議《師範教育法》的修訂工作開始，至1994年師資培育法公布施行止。至於其後的條文修正，則不在本文探討之內。

陸 師資培育法合法化過程探討

一、教育部研擬法案階段

(一) 參與者

1. 行政機關

此處所謂之行政機關係指教育部，蓋教育部主管及監督全國教育事務，因此任何教育事務的推動，教育部與行政院皆扮演相當重要的角色。由於師資一元化之培育模式在解嚴之後，已成為眾矢之的，故教育部為回應社會各界改革師範教育制度的呼籲，乃於1988年2月23日開會決定成立「師範教育法研修專案小組」（以下簡稱專案小組），研議「師範教育法」的修訂工作。專案小組成員共21人，其名單如下：包括：郭為藩（行政院政務委員）、劉兆玄（清大校長）、阮大年（交大校長）、林基源（中山大學校長）、梁尚勇（臺灣師大校長）、楊其銑（東吳大學校長）、梅可望（東海大學校長）、葉學志（彰化教育學院院長）、張壽山（高雄師範學院院長）、毛連塭（臺北市立師院院長）、朱炎（臺大文學院院長）、陳鏡潭（國立臺北師院院長）、王壽南（政大文學院院長）、陳英豪（臺南師院院長）、劉源俊（東吳大學理學院院長）、伍振鷟（臺灣師大教育系主任兼所長）、楊崇森（中興大學法研所所長）、張春興（臺灣師大心輔系教授）、張一蕃（中央大學教務長）、蔡保田（政大教育系教授）、趙金祈（教育部政務次

長）等人（教育部公報，1988.7.31）。

從6月21日，到1991年3月12日，專案小組共舉行第13次會議，其主要工作包括：1.成立工作小組，對各國師範教育制度進行研究，以做為修法的參考（教育部公文，1988.7.27）。2.邀集修訂《教師法》與「教育人員任用條例」兩專案小組委員與會，以對《師範教育法》的修訂提供意見（教育部，1989.4.28）3.完成「師範教育法修訂草案」，並成立草案修訂小組，使本法更加完善（教育部公文，1989.7.10）。4.審議並成師範教育法修正草案。

為使「師範教育法修正草案」之修訂更臻完善，教育部分別於1990年2月24日假中央圖書館、26日假臺灣師大、27日假高雄師大、3月1日假彰化師大舉辦四場座談會，邀請師範校院及大學校院校長、省（市）縣教育廳（局）長、師範校院教師及學生、一般大學教師、高中（職）及國中、小教師與會討論。同時亦於草案起草完成後，邀集師範校長校（院）長及教務長舉行座談，並組成法案潤飾小組，負責草案文字的潤飾工作（舒緒緯，1998）。

2. 利益團體

在「師資培育法」的制定過程當中，對本案表現關心的利益團體大致分成兩類：一為教育專業團體，一為民間教改團體，茲分別說明如下：

(1) 教育專業團體

教育專業團體成員以師範校院成員為主，而其立場也較傾向教育部。在第一階段的教育專業團體主要為中華民國師範教育學會（舒緒緯，1998），由於教育部的官員多為師範體系出身，因此二者關係極為密切，也在師資培育法的合法化過程中，一直扮演重要的角色。1990年4月21日，教育部補助中華民國師範教育學會舉行「師範教育法修訂的有關問題研討會」，邀請學者專家、民意代表、中小學校長及教師、教育行政人員進行研討。由於參與者幾乎都是師範校院體系出身，故意見幾乎圍繞著「師範校院主流化，一般大學補充化」的概念打轉（中華民國師範教育學會公文，1990.6.4）。

(2) 民間教改團體

相較於教育專業團體，民間教改團體的成員多與師範體系無關，而且對現行師資培育制度抱持批判態度。例如人本教育基金會創始人史英，即認為師範大學雖有師範之名，卻無師範之實，因此臺灣教育亂象頻仍，師範校院應負最大責任（史英，1990）。在眾多民間教改團體中，以人本教育基金會（以下簡稱人本基金會）、大學教育改革促進會（以下簡稱學改會）、救救下一代聯盟等（以下簡稱救盟）對師範教育法的修訂較為關心（舒緒緯，1998）。人本基金會是眾多民間教改團體中活動力最強、影響力最大者。其成員屬性較為紛歧，但基本上對現行教育制度（尤其是師資培育制度）持批判的態度。學改會的成員為一群熱心大學教育改革的大學教授，雖然其關切的重點在大學教育，但因師資培育與大學教育的關係相當密切，所以他們對此議題亦是相當關心（舒緒緯，1998）。至於救盟則是由多個教改團體組成，故嚴格說起來，它應該是臨時性的任務編組（薛曉華，1995）。也因此它的活動力與影響力就不如前面的人本基金會與學改會。

1988年1月31日，32個民間教改團體與十多位教改人士舉行第一屆「民間團體教育會議」，與隔日舉行的第六次全國教育會議互別苗頭。會中，人本基金會提出打破師範專賣制度的訴求。隔年，民間教改團體又舉行第二屆「民間團體教育會議」，在本次會議中，人本基金會又提出師資培育多元化的訴求，以免造成教育市場被壟斷的弊病（薛曉華，1995）。1990年1月13日，人本基金會邀集不同領域的學者專家，舉行「師大教育座談會」，分別就公費制度、專業精神、專業知能、師資培育管道等問題，提出廣泛的討論（人本教育札記，1990）。

(3) 政黨

臺灣在威權時代黨國體制下，基本上是國民黨一黨獨大。但在80年代之後，臺灣的威權體制逐漸鬆動，反對勢力經由選舉獲得政治權力，尤其解嚴之後，民進黨的成立，使得臺灣走向兩黨政治。由於一連串的政治改革，給予社會運動許多空間，社會運動者不再擔心受到國家機器的壓迫與約束（張茂桂，1989）。自1980年代起，臺灣的社會運動大致可分為兩類：一是以自身權益直接受害，而要求賠償的社會

運動；另一是以學生和教授等為運動主體，集中在政治改革的社會運動（魏書娥，1991）。基本上，教育議題較不具爭議性，因此民進黨也較不關心此議題，所以在草案修訂之初，較少有政黨對抗的情形產生，即使有也較屬於個別的看法。

(4) 學者專家

以往我國教育立法的模式為：發現教育問題或滿足人民教育需求→教育部擬訂構想→委託學者進行研究→召開公聽會聽取意見→形成草案送交教育部→教育部內部討論→擬訂草案送行政院→行政院內部討論→草案送立法院審議。基本上，此一模式並非單向的傳達，而是在政策合法化的過程中，會根據需要在任何階段進行雙向溝通。如前所述，在師資培育一元化的時代，教育領域幾乎被師範校院所壟斷，而且彼此關係密切，故有「師範一家」之稱，也因此各級教育官員不是同學、校友之誼，就是有師生關係，所以教育法制或政策的擬訂，師範校院之學者當然成為被諮詢或參與的對象。

以專案小組的21位成員為例，有11位成員與師範校院有關。專案小組第一次會議時，決議成立工作小組，對各國師範教育制度進行研究，以做為修法的參考。工作小組成員包括：張春興、伍振鷟、李怡嚴、劉源俊、蔡保田、毛連塭、陳鏡潭、趙金祁（召集人）（教育部公文，1988.7.27），亦是以師範校院出身者居多。

(二) 影響策略

《師資培育法》在第一階段的合法化過程當中，由於本法不具社會爭議性或高度的政治性，而且只是草案的研擬，在無具體的標的政策可資討論下，因此本階段中，並無明顯或積極的遊說請願、接觸立委、政黨協商等情形發生。

二、行政院審議與提案階段

(一) 參與者
1.行政機關

「師範教育法修正草案」（以下簡稱本草案）於1991年4月22日經

教育部主管會報確認通過，並於5月13日報行政院核定（教育部公文，1991.5.13）。行政院收到教育部之函文後，即由政務委員高銘輝負責本案的審查工作。經過四次的審查後，乃提行政院第2250次會議討論。由於會中對本草案仍有若干意見，因此決議交由教育部帶回研辦後，再提院會討論（舒緒緯，1998）。

教育部接到行政院所提示之意見後，乃召開第十四次專案小組會議，針對行政院提意見加以討論，決議修改若干條文（教育部公文，1991.11.8）。其後教育部根據第十四次專案小組會議的結論，衡酌實際狀況後略加修正，乃於同年12月12日將研議結果陳報行政院（教育部公文，1991.12.12）。

1992年元月3日，教育部部長毛高文於行政院首長早餐會報時，報告本草案的內容，行政院郝柏村院長於聽完簡報後，乃就草案做四點指示，請教育部研議（行政院公文，1992.1.10）。針對行政院的修正建議，教育部乃於元月24日回函行政院，就指示內容加以說明（教育部公文，1992.1.24）。3月12日，行政院舉行第2270次會議，經充分討論後，通過教育部重新擬具之「師範教育法修正草案」，並送請立法院審議（行政院，1992.3.26）。

2. 利益團體

在本草案進入行政院審議後，學改會對官方版並不贊同，故由邱守榕負責學改會版的修法工作。該會係以本草案為參考依據，經過1991年6月22日、28日、7月11日、20日四次的開會討論，通過學改會版的「師資教育法」。除了名稱不一樣外，其與教育部版本主要不同處有二：(1)設置助學金以取代公費制度，(2)同時考慮教師資格檢定及換證辦法（邱守榕，1991）。

救盟因係由多個教改團體所組成，故凝聚力不如前述之人本基金會。1991年8月10日救盟發表一封「給全國家長的公開信」，要求結束專賣式的師資培育制度，讓一般大學可以設立教育學院，以充裕師資來源，增加學校對教師的選擇權。同時加速師資的新陳代謝，提高師資素質（薛曉華，1995）。

3. 政黨

如同前一合法化階段，並無明顯政黨對抗或政黨運作的情形產生。

4. 學者專家

基本上，在本草案送到行政院之後，學者專家的任務似已告一段落，除了針對行政院在審議本草案時所提的意見，召開第十四次專案小組會議加以論回應外，已無專家學者的參與。

(二) 影響策略

如同第一階段的政策合法化，並無明顯或積極的遊說請願、接觸立委、政黨協商等情形發生。

三、立法院審議階段

(一) 參與者

1. 行政機關

行政院於於1992年3月26日，以臺81教10707號函，將本草案送請立法院審議，4月10日經立法院程序委員會決議，將本草案送交教育及法制兩委員會進行聯席審查。從4月29日的第一次的聯席審查會議，到1993年11月10日的第五次審查，本草案終於在1994年1月18日經立法院三讀通過。

五次審查會議的重點如下：(1)民進黨籍委員主張《師範教育法》併入《教師法》，或將本草案無限期擱置。(2)公、自費問題是多數委員關心的話題。(3)師範體系出身的立法委員均反對師範生應參加初檢；而非師範體系出身之立法委員，則認為不論其畢業學校為何，應一律參加初檢（舒緒緯，1988）。由於社會輿論傾向開放，因此教育部在審查過程當中，為求法案順利通過，不得不棄卒保帥，透過黨政運作，鞏固基本盤；經由朝野協商，同意更名為「師資培育法」，以換取法案順利通過。

2. 利益團體

全國教育會（以下簡稱教育會）名義上為全國最大的教育專業團體，因此對於本草案的修訂亦是相當關心。教育會於1992年5月26日假

臺灣師範大學舉行「修正師範教育法能解決中小學師資問題嗎」座談
會；1993年7月6日舉行「師資培育與在職進修」座談會。這兩場座談
會的主題雖然不一樣，但其主軸仍圍繞著「師範教育主流化、教育學程
補充化」的概念進行。意即師範校院仍然是師資培育的主流，一般大學
之教育學程僅是補充師範校院不足之處（鄭淑玲，1992；1993a）。

在本草案被更名為《師資培育法》（以下簡稱師培法）之後，議者
認為會動搖師範校院之固有地位，並對師資素質有不利影響。因此教育
會分別於1993年12月、1994年2月4日、4月16日邀請學者專家舉行座談
會，與會者認為欲維持師資素質於不墜，教師資格檢定有其必要性，
並委由教育部或考試院負責教師檢定考試的工作。此外，師範校院應朝
綜合大學的方向發展，以強化其競爭力。同時師資培育宜採公自費並
行的制度，師範生以公費為主，非師範體系則以自費為主（鄭淑玲，
1993b；1994a；1994b）。

3. 政黨

在本草案審議過程當中，朝野立法委員的意見明顯對立，執政黨籍
立法委員大都持支持立場，對於教育部所提出之條文贊成者居多。至於
反對黨籍之立法委員大都反對《師範教育法》單獨立法，認為將其併入
《教師法》即可。其後經折衝協調，教育部被迫在法案名稱等問題上讓
步，才使本草案不致被廢除（舒緒緯，1998）。

4. 學者專家

如同前述，當本草案已進入立法院審議後，學者專家就很難以個人
的身分對合法化過程產生實質的影響力。

(二) 影響策略

1. 遊說請願

在法案修訂之初，各個利益團體都希望能掌控或影響修法的方向，
但因師範體系掌握法案的運作，民間教改團體只能望法興嘆，毫無施力
之處。當本草案送往立法院審議後，學改會與振鐸學會便向教育委員會
委員請願，並積極遊說民進黨籍立法委員（舒緒緯，1998）。也因此
謝長廷與盧修一兩位民進黨籍立委分別提出「師範教育法」併入「教

師法」，以及將「師範教育法」無限期擱置的提案（立法院祕書處，1994）。雖然前述兩項提案皆遭到否決，但經由朝野協商，雙方各退一步的情況下，本草案更名為師培法，部分條文亦做修正，凡此皆係遊說請願的結果。

2. 接觸立委

解嚴之後，臺灣的公民意識雖然漸漸抬頭，但一般人對於影響公共政策的管道或方式仍傾向政治解決，意即尋求民意代表或政黨的支持仍是常用且最有效的方式，也因此民進黨籍的立法委員便成為民間教改團體求助或尋求支持的對象。而民進黨籍立委也藉此獲得支持的能量，在互蒙其利的狀況下，自然二者的關係愈來愈密切。亦即社會力藉由政治力得到發聲的管道，甚至影響政策的方向；而政治力吸納社會力，進一步壯大政治力的能量。

3. 政黨協商

師培法的修法過程當中，因為所屬政黨的不同，立法委員的立場也不一樣。執政黨籍立委大都持支持立場，反對黨籍立委則持反對立場，甚至主張將其併入教師法中。由於朝野爭執不下，立法過程並不順暢，在行政院與立法院的協調過程中，教育部部長郭為藩表示若「師範教育法」遭到廢止，他唯有辭職一途。為使本法順利進行審查，教育部乃邀請相關立法委員進行協商，在各退一步的情況下，教育部同意本法更名為「師資培育法」，而民進黨籍立法亦不再堅持廢除「師範教育法」，也因此本法得以繼續進行審查（李天健，1993）。

柒　結論

由前述對政策合法化相關概念的闡述，並依所建構之合法化模式對師資培育法合法化過程進行分析，獲致如下之結論：

一、政策合法化是政治情境的核心

政策的成敗上落實在政策推動結果上，而政策能否順利推動，與統治正當性有關；而治統正當性則與合法化的過程中，程序正義與實質正義的實踐密不可分。

　　易言之，任何政策的推動都必須經由合法化的過程，獲得其法效力，以確保人民之服從。所謂政治乃治理眾人民之事，而為增進國民最大福祉，勢必影響或侵害少部分人之權益。人民之所以願意接受或忍受有損其利益之政策，乃是他們對政府深具信心或信任，相信政府的作為具有正當性。亦即政策的制定係經由人民認可的法定程序所完成，因此人民才認定服從與遵守的義務。

二、經由政治社會化可以建立人民對政治原則的共識

　　政治社會化係指個人經由各種媒介，獲得與政治有關的知識、態度、信念等，稱職地扮演其在政治系統內角色的過程。使得政治系統得以維持，政治文化得以傳遞（蔡璧煌，2008）。例如政治平等、多數決定、代議制度等民主政治的原則，經由社會化的過程，個體對民主政治的尊重內化成其政治價值觀，深信政策的結果只要合乎合法化的過程，就具有一定的強制力與約束力，人民必須予以服從與遵守，確保國家機器的順利運作。

三、師資培育法的制定未能兼顧各方的利益

　　政策制定的參與者必須具有代表性，方能兼顧各方的利益，但在「師範教育法修正草案」修正過程中，專案小組成員皆係大學校院成員，包括校長與教授。至於中小學與幼稚園教師、校長或家長等利害關係人，則未有任何代表參與。其次則是本法案制定過程當中，教育部曾委託學者專家對主要國家的師資培育制度進行專案研究，而在原始草案完成後，亦召開若干次的公聽會、座談會，廣徵民意。但無論是專案計畫主持人、公聽會與座談會的參與人員，大都是師範校院教師、學校校長與教師、教育行政人員等與師範體系或教育體系有關之人員，至於其他非師範體系的學者參與的機會與人數極少（舒緒緯，1998）。雖然師資培育有其專業性，但因其所涉及之利害關係人係遍布各階層，而此種純化的合法化過程及方式，固然能收共識之效，但也因未能兼各方利益，故註定本法在施行不久，即必須加以修正的命運。

四、意識型態之爭妨礙理性的論辯

《師資培育法》制定之主旨在「充裕教師來源，並增進其專業知能」（第1條），亦即師資培育多元化與專業化，乃是本法制定之重點。但在「師資培育法」制定過程當中，在野黨囿於意識形態，對於《師資培育法》的訂定，一直持保留的態度，尤其是對於法案名稱與公自費問題持有很強烈的看法。而某些執政黨籍立法委員，雖然大體支持本法之制定，但非師範校院出身的立法委員，對法案的支持，一般而言，就不如師範體系出身者（舒緒緯，1998）。雖然在朝野協商下，執政黨同意更名，民進黨不再堅持廢除本法，使得本法得以順利通過。但有關增進教師專業知能的部分，例如師資職前教育課程的內涵、實習與檢定等則鮮少有人提及，以致本法施行之後，不斷的修正，甚至造成2002年對本法的全盤翻修。

五、影響策略的使用單調，未能達到宣傳效果

林純雯（2006）的研究指出，教育政策合法化的影響策略有效程度最高者為訴諸媒體影響輿論，但由於當時臺灣剛由威權統治轉型為民主法治，一般人民對於相關的策略並不十分清楚，也缺乏適當的管道；而師資培育屬於小眾議題，較無法引起社會大眾的注意，當然也較不易獲得媒體的青睞。因此論是教育專業團體或是教改團體，所選用的策略大都是舉行研討會或座談會，並發行刊物；或者是遊說個別立委，爭取支持。但最重要的媒體反而未曾或見，也因此成效相對有限，無法對行政單位造成太大的壓力。

參考文獻

(一) 中文部分

中華民國師範教育學會公文（1990.6.4）。79師璟字第015號文。

立法院祕書處（1994）。師資培育法案。臺北市：作者。

史英（1990）。師範大學與國民中學。人本教育札記，7，20-22。

丘昌泰（2013）。公共政策基礎篇（五版一刷）。新北市：巨流。

行政院公文（1992.1.10）。臺81教01589號函。

行政院公文（1992.3.26）。臺81教10707號函。

余致力、毛壽龍、陳敦源、郭昱瑩（2008）。公共政策。臺北市：智勝。

李天健（1993）。臺灣師資培育法的修正。人本教育札記，54，28-31。

吳定（2003）。公共政策辭典（二版一刷）。臺北市：五南。

邱守榕（1991）。師資教育法始末記。學改會訊，6，4-11。

林水波、張世賢（2006）。公共政策（四版一刷）。臺北市：五南。

教育部公文（1988.7.27）。臺77中34756號函。

教育部公文（1989.7.10）。臺78中17188號函。

教育部公文（1991.5.13）。臺80中23550號函。

教育部公文（1991.11.8）。臺80中59759號函。

教育部公文（1991.12.12）。臺80中67361號函。

教育部公文（1992.1.24）。臺81中04650號函。

教育部公報（1988.7.31）。第163期。

教育部（1989.4.28）。研商修正師範教育法專案小組委員第四次會議紀錄。

陳振明主編（2004）。政策科學：公共政策分析導論（二版）。北京：中國人民大學出版社。

張世熒（2000）。利益團體影響政府決策之研究。中國行政評論，9(3)，23-52。

張茂桂（1989）。社會運動與政治轉化。臺北市：國家政策研究中心。

翁興利（2004）。政策規劃與行銷。臺北市：華泰。

舒緒緯（1998）。師資培育法制訂過程及其內涵之研究（未出版之博士學位論文）。國立臺高雄師範大學教育學系，高雄市。

楊桂杰（1999）。我國教育立法歷程及其模式建構之研究（未出版之博士學位論文）。國立臺灣師範大學三民主義研究所，臺北市。

蔡璧煌（2008）。教育政治學。臺北市：五南。

鄭淑玲（1992）。修正師範教育法能解決中小學師資問題嗎？師說，45，13-25。

鄭淑玲（1993a）。師資培育與在職進修。師說，59，1-18。

鄭淑玲（1993b）。師資培育法對師範教育體系的衝擊。**師說**，64，14-25。

鄭淑玲（1994a）。師資培育法實施後，師範校院如何因應？**師說**，66，24-31。

鄭淑玲（1994b）。師範教育何去何從？**師說**，68，1-17。

薛曉華（1995）。80年代中期後臺灣的民間教育改革運動：「國家－社會」的分析（未出版之碩士學位論文）。國立臺灣師範大學教育研究所，臺北市。

魏書娥（1991）。挫折與轉進－訪蕭新煌教授談兩年來的臺灣社會運動。**中國論壇**，32(2)，58-61。

魏鏞、朱志宏、詹中原、黃德福（1994）。**公共政策（修正版）**。新北市：國立空中大學。

謝卓君（2002）。**教育基本法制定過程之個案研究**（未出之碩士學位論文）。國立中正大學教育研究所，嘉義縣。

顏國樑（2014）。**教育政策合法化──理論與實務**。高雄市：麗文。

嚴強（2008）。**公共政策學**。北京：社會科學文獻出版社。

（二）英文部分

Dye, T. R. (2002). *Understanding public policy (10th)*. N. J.: Prentice Hall Hanberger, A. (2003). Public policy and legitimacy: A historical policy analysis of the interplay of public policy and legitimacy. Policy Sciences, 36(3/4), 257-278.

Jones, C. O. (1984). *An introduction to the study of public policy* (3rd. ed.). CA.: Brooks / Cole Company.

Howlett, M. & Ramesh, M. (2003). *Studying public policy-policy cycle and policy subsystem*. Ontario, Canada: Oxford University Press.

Lipset, S. M. (1959). Some social requisites of democracy: economic development and political legitimacy. *The American Political Science Review, 53*(1), 69-105.

問題與討論

一、政策合法化過程的參與者有哪些人或團體？

二、政策合法化在政策制訂過程中的角色為何？

三、政策合法化的意義及內涵為何？

四、在師資培育法合法化過程中，利益團體所扮演的角色及使用策略為何？

第十五章

價值與教育政策規劃關係之初探

蕭芳華

與一個政策議題涉有利害關係或被其影響之團體，需要有人將
議題就客觀和主觀價值上予以釐清。

～Stone, D. A., 1997

 ## 壹　前言

政策品質不僅影響其執行之可行性，更決定其政策成效。若政策效
果不彰，投入之資源無法發揮效益，亦等同浪費。所以，政壇常言：
「政策失敗之嚴重性，甚於貪汙。」基此，學者認為政府機關在制訂各
項政策的過程，決策者在觀念上對「政策制定」應有正確瞭解，不能僅
以個人專業知能、價值信仰、常識直覺、和熱情關懷等為依據，冒然
作決定（林水波、張世賢，1991）。更積極地，決策者應加強知識應
用，從政策的科學研究中，去擷取其政策相關理論作為依據，提高政策
的品質與達成目標的成效。

教育是教化人民社會化的工具，也是促進人民向上社會流動的要素
之一，教育政策成為國家治理之要項。教育政策之制定，意味著國家
將投資多少資源於教育事務，也涉及教育系統內將如何分配資源的議
題。但是，因涉及公平正義等價值觀上的競逐，因此，教育政策與資
源投資的規劃，經常成為爭論的焦點。未獲共識之政策，一旦開始執
行，也常與預期的理想有很大的差距。

究竟政策是在解決問題或是在製造問題？究其原因是價值的定義不
一，因為多元社會價值多樣化，個人或團體各自對價值的定義是不同
的，對政策的期待自也有所差異。價值的釐清、取擇和形成共識，關係
著政策品質和執行績效，因此在政策形成過程中，價值的可多義性和多
標準性是一個應予探討的問題，唯有價值釐清後，透過民主程序取擇下
獲得共識的價值，將可以提高政策規劃的品質與增進執行之順暢，本文
重點在透過文獻分析，探討價值之可多義性和其對政策共識的影響。

貳　價值混淆不清，引發教育改革政策之不穩定性

過去十幾年來在臺灣有幾項教育改革措施引起許多論證，一為大學
多元入學方案，另一為教科書一本多綱所引發的教科書編製，究由民間

或政府辦理的問題。

一、大專校院多元入學方案和恢復聯考

　　多元入學方案是讓大專院校在招生上能達到適才適所的目的，採取考招分離方式，成立大考中心或聯招委員會，辦理多元入學方案推動工作（大學招生委員會聯合會，2014）。但在剛實施之後的短暫期間裡，多元入學的部分副作用產生，恢復聯招的呼籲一度出現（徐嘉卉，2003）。為何改革剛開始起步，短短時間內即有回頭的主張？統一聯考固然能達到公正、公平、公開效果，但其一試定終身的缺點，對學生實力展現機會言，卻是另一種不公平。採行多元入學方案，各校自訂錄取標準招生，係希望能透過此機制，錄取適性的學生來就讀。然而，多元入學方式實施後，由於執行技術複雜，學生家長理解資訊不易、徬徨不已，加上各校分別錄取面試學生奔波於各校，報名費、交通費等耗費甚多，增加考生報考之有形成本。引起家長的抱怨後，出現這樣的主張：多元入學方案對經濟不裕之家庭是「不公平」的。因為資訊不足、報名費負擔沉重等因素，使得家庭經濟困難的學生喪失了參與考試的機會（徐嘉卉，2003）。加上多元錄取標準和作業模式中，人為主觀因素之控制有待解決，於是各界開始緬懷統一大學聯考的優點—公平。若未仔細理解，不明者可能會感到困惑：不是為了公平而棄統一聯考、改取多元入學方案嗎？如今又為何遭致「不公平」的批判？

　　多元入學方案是一個讓學生適切分流進入大專校院就讀的機制，對學生有人生轉捩點的意義，對家庭有向上流動的機會影響。多元入學方案牽涉的不僅是平等或公平，還有分流的效能和效率。再者，學生選擇的積極和消極自由、需求滿足的欲望和天賦人權等等的價值，均混雜其間，使得方案設計成為不同利益傾向者相互競逐的焦點。多元社會中不同的人不僅秉持不同的價值和先後順序的偏好，對同一價值觀念也有不同的詮釋，致一個社會中有人支持聯考，也有人支持多元入學方案，是難免的現象。若決策者能以此瞭解為基礎，將有助政策規劃中，價值觀念的釐清。

二、開放民間印製教科書和恢復由國家政府機構編製

　　為符應社會多元化的需求，數年前立法院決議要求教育部停止國立編譯館（官方機構）編製教科書，開放改由民間出版商印製，因為競爭之下將有好品質的教科書提供選擇。這種民間出版教科書的制度才實施沒多久，卻因為民間教科書的行銷手法有違教育文化價值，加上內容編製錯誤層出不窮等問題，引發爭議，導致立法院立法委員們要求教育決策當局恢復由國立編譯館印行的舊制（徐明珠，2003）。為什麼民間教科書版本才發行沒多久，在短期間內，學校和民意代表們對過去同一政策方案的選擇，竟有迥然不同的看法。過去決議開放民間出版的決策標準是卓越和選擇的價值。那麼現在反對的理由，也是以卓越和選擇價值為立基點（薛荷玉，2008）。為什麼不同的決策方向，都是以同一個價值為訴求，令人不解。

參　價值引導教育政策的發展

　　效率、選擇、卓越和公平是美國學界在探究教育政策時最常論證的價值，仔細檢視教育政策，常能發現其所蘊涵的價值觀。Sergionanni, Burlingame, Coombs and Thurston（1999）以四項價值兩兩組合（見圖1），用以說明美國教育改革政策之價值，和其所運用之策略。縱軸和橫軸兩端─卓越與公平、效率與選擇──的價值是相互競逐性的，以相左的價值為基，發展出的策略當然是不同的。

　　一、「公平（equity）」結合「效率（efficiency）」的價值觀念，說明1960年代美國在Johnson總統年代推出的「大社會」計畫，以公平正義和效率價值的正當性，命令州政府依各州情況，進行必要的教育改革。在美國，雖然教育事務是州政府之權限，但是聯邦政府透過普世價值的標舉，也能對州政府教育提出具規範性之政策，順利地介入到地方教育學區措施，形成官僚化和中央化的自由主義式學校教育。

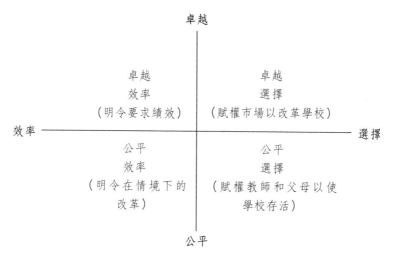

圖1　競逐的價值和學校的理想模式

資料來源：Sergionanni, T. J., Burlingame, M., Coombs, F. S., & Thurston, P. W. (1999). *Educational governance and administration.* (4th ed.). MA, Needham Heights: Allyn & Bacon, p.11.

　　二、「卓越」和「效率」兩種價值，是1980年代中期以來美國學校改革所追求的價值。在「風險中的國家（Nation at Risk）」報告出爐後，激發出社會對學校教育績效的要求，持續地擴散著，國家教育卓越委員會主張，在與蘇俄競爭激烈的時代裡，美國學校教育應該要有效率地讓學生達到更高水準的學習。對於聰明學生更為卓越的學習機會，學校應該給予提供，並保障之。學校，應該為此任務提供績效之課責（National Commission on Excellence in Education 1983, 2005）。

　　三、「公平」和「選擇（choice）」價值兼備。公平價值的彰顯，展現出利他主義的精神，傳承美國傳統的文化，實踐人類生而平等之理念。在推動教育機會均等的公平價值後，多元社會多元需求的滿足，需要政府提供家長選擇教育類型的機會。為滿足教育選擇的機會，賦權地方教師和家長，透過在地管理方式，建構起地方專業社區，活化地方教育系統，提供滿足家長需求的學校辦學模式。

　　四、「卓越（excellence）」和「選擇」價值的雙向訴求，描繪出現代教育是支持菁英主義，但卻也提供多樣機會、滿足多元需求，來達

成卓越的目標。多元辦學模式，不僅只是私校模式，甚至將公校轉型以私校模式辦學，以符應學生發展。追求卓越是主要目標，公平在此只是次要價值，因為那會阻礙卓越價值的實現。

價值，是目標設定的基準，也是問題解決方案的取擇依據。承如前述，不同價值和組合，衍生出不同型態的政策策略。本質上，在政策制定過程中，價值釐清和取擇的工作是政策目標設定的大前提。

肆 政策制定中價值的可多義性和可多標準性

既然價值指導政策規劃的方向，為何仍會發生以同樣價值為訴求，但卻有不同策略之主張呢？價值與教育政策決定之關係，在我國教育研究文獻中少之又少。美國學者Stone在1988出版、1997再版之《政策弔詭》（*policy paradox*）乙書中詳細地闡述，在政治場域中，價值是如何的多義性，這種多義性使得政治人物得以利用冠冕堂皇的價值標準，說服與促進政策制定者採納符合其利益的方案。再者，如果一個政策所標舉的價值，其意義未獲明確論證和釐清，由於價值的含糊，實施效果也將難以評估。不過Stone所論述的價值是平等、效率、自由、需求、利益和權利等，這些在教育場域中亦是人人掛在嘴邊的價值。為利前後對照，研究者也將教育領域的「選擇、卓越」等加進來一起闡述，並舉教育政策案例說明之：

一、就「平等」言

舉凡公共政策必涉及利益與價值的分配，所以「平等（equality）」一直是所有政策參與者所在意的價值。進一步地「公平（equity）」也成為政策訴求的價值，兩者是不同的意義。在我國教育政策中，過去都以「公平」一詞，但實際上仍可以有所區分。平等和公平意義是不一樣，平等是每個人都分得一樣的分配物，公平則指每個人依其需求和能力獲取適切的分配物。以多元入學方案為例，有人主張具統一性之聯考模式不論身分種族性別，只要競試中成績名列前矛，就獲得進入理想大學，其之所以平等，因為每人之參與機會和成本客觀性上是一樣的。但是，秉持實質公平價值的人，則認為適才適所地讓學生依天賦

到與其興趣相符之大學科系就讀，才是人才和資源配置的公平，這才是真公平。

　　但是政策中的「平等」價值的意義，卻可以依分配對象、分配物和分配過程而異。以分配對象爲例，誰能獲取資源和其應具何種資格，就是一個涉及平等的議題，即政策利益的接受者是誰。同樣的，分配物本身，也需界定清礎。爲能實踐平等價值，分配過程（process）也是一個重要議題。分配方法會影響分配結果，所以許多政策利害關係人會設法影響分配過程，達到其所欲的結果。一般分配方法可有三種：第一，給予政策照護對象一開始就有公平競爭的機會與能力，如教育訓練等；第二，抽籤決定受益者，倚賴機運似的統計法；第三，透過政治參與的投票活動（Stone, 1988）。

　　以獎學金頒發爲例說明分配對象之平等性，獎學金受獎者資格條件應如何規範，方符合政策的立法意圖，究竟是要獎勵成績優良者、或進步顯著者或急難需要救助者，不同方案均需要敘明。又，獎學金這項分配物應爲多寡、或應爲獎狀或應爲學費補貼等，方符合學生需要，學生各自在主觀和客觀上感受的價值也不同，也是規劃時應要考慮之因素。

　　採行哪一種分配過程，會影響獲益者是誰的公平性。受到政策影響的人，會設法影響分配方法的決策。例如，第一種不限條件給予機會，諸如提供弱勢族群教育訓練機會，提升工作能力、收入和其社會地位。只要努力，人人有機會。第二種以抽籤方式決定受益者，私立學校或公立幼兒園招生報名超額，採抽籤決定入校對象，是爲案例。在第三種分配過程中，透過政治動員或投票決定等方式，對於不善組織運作和資源不足之弱勢族群，其遊說能力不敵優勢利益團體，將處於不利的地位。因此，在政策決定中訴求「平等」價值，若未從接受者、分配物和過程探討是不完整的。

　　十二年國教學區分發辦法下就讀機會之分配，也涉及平等價值。因爲採學區制，所以只要是居住於學區內之學生就有就讀的機會。但是如果擬就讀的學生數超過明星高中名額時，學生應具備哪些條件才能獲得此機會？爲公平起見，於是又要訂出一套可能包括甄試在內的競逐規

則。如果採取甄試決定錄取對象，那麼擅長智育或筆試者，機會就比較多。若採取積分計算公式排比時，則納入考慮之變項都會影響學生之排名順序。在這個規則下名列前矛者，就獲得就讀的機會。

二、就「效率」言

「效率」，是行政課責中一個相當普遍的價值。最常被引用的「效率」定義是：在產出與投入之間的比例最大化，就是高效率。但在政治場域中就並非如是的單純，主要是因為「產出」與「投入」兩者的定義可有多種變異的情形（Weimer & Vining, 1992）。就「產出」部分言，一個政策執行結果是否成功，如何定義之，不同的人會有不同的看法。若主張政策目標的達成，就意味著政策執行成功，那麼接著要探討的是，這些目標又是由誰來決定的？多元目標的優先順序又如何安排？再者，不同選民在利益上的需求不同，對目標與產出的價值也就有不同的評價。就「投入」部分言，在計算投入與產出比例的方程式中，如何核計哪些真是為此特定政策方案的投入，哪些投入是其他政策的溢出效果，很難區分。因為政府單一機構或不同單位同時間可能進行著類似的政策方案，在彼此間資源投入難免部分重疊的情況下，投入資源就不易清楚核計，所以效率是高或低的資訊，難以精確地獲得。也因為如此，政策效率高低就有可以操弄的空間，而不同利益團體對於同一個政策效率高低的評價，不一定是一樣的。

舉環境保護教育為例，推動的單位包括有經濟部能源署、農委會水土保育局、環保署和教育部等。若從教育部角度要評估其推動環境教育的成效，可能把其他單位的成果都算進了，有失公允。但，要將其他單位之政策投入效用排除，是不易的。

三、就「自由」言

追求自由的價值，最簡單的定義，即，除非傷及（harm）其他人，否則人們應有自由去從事他們想要做的活動。「但，在政治場域中，什麼樣的傷害需要政府介入制止，成為自由的限制呢？對個人言，這些傷害可能是物質上、精神上、風險上和道德上的傷害，

而且傷害也有客觀上具體的傷害與主觀上感受的傷害（Stone, 1997:
120）」。例如酒醉駕車、學校霸凌和公然侮辱等都有傷及無辜之慮，
因此政府為保護無辜，乃實施限制或制裁。

　　在政策上，還有對組織團體造成的傷害，可以分為「結構性傷害
（structural harms）、累積性傷害（accumulative harms）、由個人擴
大到非個人性的傷害（nonindividual harms）」等類別（Stone, 1997:
120），不能不小心辨識。第一種是結構性傷害，政策或方案若造成
組織、團體運作能力降低。例如關閉偏鄉學校或偏鄉教師長期流動率
高，皆影響偏鄉學童學習機會與成本，是一種傷害。第二種是累積性傷
害，有些活動因為愈來愈多的人從事，而造成傷害，例如汙染河川的人
一多起來，就造成釣魚喜好者釣不到魚的傷害。在學校附近愈來愈多
的網咖店，誘引愈多的孩子流連其間或網路上癮，也是傷害。第三種
是，整個族群受到傷害，是因為其中一個成員在特定事件上受到諸如種
族或弱勢岐視的傷害，導致整個族群的受傷和憤怒。例如設置特殊學校
地點遭鄰近居民反對，導致特殊學生和家庭感受到被歧視的悲傷。

　　以上各類傷害名目甚多，政策介入選擇以哪一個傷害的防範或阻止
為目的，追求的自由價值定義就不一樣。總之，「傷害」主客觀上如此
多義性，自是不易明確界定，那麼以排除「傷害」為原則的「自由」定
義，也將隨之起伏變化。

四、就「需求」言

　　眾所熟知的「需求（needs）」，指個體為求生存，在生理上所需
的最低必備條件。但，在複雜的政治場域中，「需求」仍涉及許多不同
層面的意義。誠如前述有關「平等」意義的探討，政策擬分配的物品對
不同對象有主、客觀上不同價值的差異。政府「給付政策」以滿足人民
「需求」為原則，必須徹底釐清下列這些層面後，才能規劃符合需要的
政策。「需求」，主觀上有如此多元層面的意義，且各層面又有相當寬
廣的水平變異空間，當一個政策以所謂滿足人民需求為目標時，基本上
仍嫌過於模糊。

　　政策決定者依政策目標規劃方案、策略和資源運用方法等，但是，

例如諸如津貼給付或補助等政策，因民眾是多元的，對給付物的主客觀需求不同，對給付物的評價自不會與政策決定者一樣的。下面是學者Stone對「需求」意義上的探討，所提出的面向：

(一) 需求參照標準

在評估需求時，要釐清到底民眾需要的是絕對性需求（absoluate needs）或是相對性需求（relative needs）。絕對性需求指著受益者生存必須要有的資源，以達到生活安全的水準。又，哪一種需求水準是作為一個政府應該要滿足老百姓的，所使用的標準是一個固定的絕對性的標準，例如低收入戶的資格條件是以生存基本水準的絕對標準。相對性需求，指比較性的，或是依循全國民眾生活水準排序最後面的五分之一的相對標準。

(二) 資源的價值

物質上需求，例如以實際食物給付，具體呈現生存基本需求的水準。心理上的需求，諸如文化、儀式等屬之，例如獎金和獎狀等，提供的象徵性意義

(三) 給付目的

政府給付民眾資源的目的，究係只為符合其為生存上立即性、直接性的需求，例如填飽肚子的熱食；或是能讓民眾實現更為廣泛的生活目標，例如食物券可以去購買需要的食物。

(四) 需求滿足的時間性

政府給付民眾的資源在確保其「當前」需求的滿足，或也提供其「未來」需求和避免風險的保障。（Stone, 1988: 30）

五、就「利益」言

政策問題複雜，牽涉到的公益性相當廣泛。所謂「利益（interests）」，對民眾亦各有主觀與客觀層面的感受，所以當政府祭出一個政策時，必然會激發出許多對利益不同的詮釋，衍生出不同立場的利害關係人。Stone指出，「主觀上利益，是受政策影響的民眾對政策的

瞭解與感受到的好處；客觀上的利益，則為政策實際給予的資源等，是民眾獲得的具體真實的利益（Stone, 1997: 216）」。必然的，一個政策執行的落實，將導致一些人是受益者，另一些人是成本的負擔者，兩者對政策的態度與支持自然不同。例如：政府決定補助高中職或5歲幼兒就學之學費，那麼有這個年齡層孩子的家庭父母就是受益者，但是沒有這類子女的父母，不但沒有機會獲得補助，由於補貼來自政府預算，他們是納稅者，因此成為政策成本的間接負擔者，這是資源重分配過程，較之直接負擔者的感受沒那麼敏感與深刻。有關直接成本負擔的政策案例，超出本文範圍，不再探討。總之，利益，是收獲者和成本承擔者最大的差異，也是競逐之核心所在，任一個政策都不能不小心規劃。

六、就「權利」言

許多法律條文或政策內容都有所謂「保障人民權利」等之詞句，但「權利」乙詞也有政治性。就理性而言，人民權利的保障仰賴相關法律作明確的敘述，由法官運用其論理邏輯，據以判決。實際上，在政治場域中，民眾對權利的觀念，不僅來自憲法與法律，也來自諸如道德信仰、甚至媒體資訊等。由於法律條文中有關權利之文字仍有其不確定性，法官在判決時也運用了自己的經驗背景與道德信仰。加上，一般老百姓向法院訴求權利保障的接近機會、技術和能力等，都比利益團體來得遜色，可能處於不利地位。基上所述，相對地，一般百姓之權利受到損害的風險也較高 （Galligan, 1986）。

「權利」的概念又可以分為程序上、實質上、負面性和積極性的權利等，政策設計上可以巧為運用。Stone指出，「程序上權利，是人民有要求決策者應循一定的正當行政程序作決定的權利，以保障政策利害關係人；實質上權利，舉凡民眾可以主張的行動與權益皆清楚地界定，例如憲法保障自由言論、出版、結社等權利內容等；積極性權利，是指民眾明確地可以擁有某種事物，政府也賦予特定機關提供此項服務的義務；負面性權利，是一種讓民眾免除限制的權利，例如提供教育職業訓練就是一種免除民眾無技能般限制的設計，還有類如『積極

性行動計畫（affirmative actions）』就是免除少數族群受種族歧視的限制，得以追求公平的待遇。」（1997：326）

七、就「卓越」言

在Stone所探討的政治價值中並沒有論述到「卓越（excellence）」價值，但是在教育政策領域，卓越價值確是處處可見的，只是可能使用不同的中文詞彙表達，例如教育部在高等教育推動之頂尖大學、大專校院教學卓越計畫，在中等教育推動的優質高中等，都是追求卓越價值的教育政策。依據The Collaborative International Dictionary of English（2014）網路英文字典解釋：卓越，指完美、超越和有價值的品質。但是，卓越價值本身的定義也是多義性的。第一，卓越的程度仍然可以有主、客觀上不同的認知，主觀上的卓越，很難達到一個人人認同的標準。要確認真正的卓越，需要較為客觀的參照標準，例如大專校院追求卓越，以進入世界大學前百大為努力目標等。第二，卓越價值標準之確立，也牽涉到由誰採取何種標準來認定的問題。雖然國際上有許多各類型之大學排行榜，但是每一主辦機構所採行之認定標準都有不一樣的指標，因此大學在不同的排行榜上都各有起落。第三，卓越，究係機構努力追求的未來目標或是評價現狀的標準呢？在現在教育政策規劃中，也是糢糊的概念，造成混淆。例如優質高中、頂尖大學和大學教學卓越計畫等都是屬於競爭型計畫，都是由機構提出計畫，經過評比後，決定獲得所需之獎補助金額。嚴格析之，這些都是追求優質與卓越的計畫在計畫品質上的競爭，屬於追求機構未來的卓越。教育評鑑在評價高中或大學辦學表現和品質，才是評價現狀卓越的標準。基此，解讀政策方案中的卓越價值，其意義不能從字面定之。

八、就「選擇」言

在Stone所探討的政治價值中，雖然沒有「選擇」這個價值，但研究者以為「選擇」實與「自由」和「需求」是契合的價值觀。前述的自由價值，論述上偏重在不傷害他人利益下的自由，偏於消極。選擇這個價值觀，可以探討積極性的自由價值。教育是樹人之公共事業，使學

生們依個別差異自由地選擇其適才適所的教育，是教育之最高境界。學校教育除了要追求卓越外，尚應該提供多元特色辦學模式，供學生依其天賦和興趣去選擇學校。要活化僵直的公立學校系統，目前有兩種途徑：一方面透過賦權基層教師去辦理特色學校（charter schools）（Sergionanni, Burlingame, Coombs, & Thurston, 1999），二方面讓市場機制汰弱留強，增進學校競爭力 （Colebatch & Larmour, 1993）。總之，「選擇」是依個人需求爲出發點，誠如前述，若需求價值有主客觀的定義的不同，選擇取向也就隨之而動。

伍　結語：價值是政策規劃之指南針

　　政府實施九年一貫課程，引發教科書一綱多本、加重學生課業負擔等問題之論證。一綱多本教科書之措施在提供各校自由、選擇的機會，也倡導學業卓越的概念。但在競爭性極高的入學考試，究會從哪一版本之教科書出題，引發公平性觀點的討論。又，爲了提升國民教育素質和減輕課業壓力等問題，政府排除萬難實施「十二年國教」政策，但各項相關措施，又引發有關入學機會公平性、學校優質辦學卓越性、學校選擇之自由性等之爭議，至今尚未平息。十二年國教政策，原係爲解決教育問題的政策，瞬間自身也製造了等待被解決的問題。

　　政策是政府爲達成特定目標的原則性宣示，並以理性規劃爲基礎，以確保理念的實踐。爲達成目標，所提出各種計畫和方案應具因果關聯性，使每一具體的行動能串連性、連鎖性和直接、間接地促進政策目標的實現。各計畫與方案的目的與其所倡導的價值，相互間是否具一致性與互爲輔助性？這些都涉及價值是否有效地引導，以確保政策規劃的品質。唯有追求價值的釐清和共識，將降低衝突、增進執行的順暢。

　　又，教育政策涉及價值的標舉和資源的分配。教育資源不僅有限，其分配涉及公平與效率、卓越和選擇等價值的折衝。如何在衆多的改革措施中分配資源，決定那一個執行事項應獲得多少資源，以達資源的有效運用，其評估準則受到價值的引導。好的政策規劃，必先求得一個輕重緩急與優先順序的共識準則，在正義公平與效率效能間取得某種價值

的平衡與秩序，誠屬要務。

教育政策涉及民眾子弟向上流動的機會，但是政策價值卻如此多義性，相互間又多所衝突，互為競逐，成為政策規劃者經常面臨的困境。決策過程中，有許多待決定的議題，包括必須對政策問題定義、選擇多元目標的優先順序和就有限資源作分配等，決策者都需在競逐與衝突的價值中有所取捨或妥協。進行這些決定，決策者不僅受到外在制度系絡的限制，決策者也以其過去經驗、法學素養、道德信念等為基礎，對這些價值進行定義。因此，不同的決策者，導出不同的決策方向。總之，這種歷經取捨或妥協的決定，是政治競逐的結果。

參考文獻

(一) 中文部分

大學招生委員會聯合會（2014）。大學多元入學方案的精神。擷取自大學招生委員會聯合會：http://www.jbcrc.edu.tw/left-32.htm

林竺筠（2003年1月13日）。教科書恢復國編？立委認為不宜。擷取自新臺灣新聞週刊：http://202.43.195.111/search/srpcache?ei=UTF-8&p=%E6%95%99%E7%A7%91%E6%9B%B8%E6%B0%91%E7%B7%A8&pvid=ciE5WzIwMi4Dn56yS.YYuABb MTE4LlNVK0f_.1O4&fr=yfp&u=http://cc.bingj.com/cache.aspx?q=%e6%95%99%e7%a7%91%e6%9b%b8%e6%b0%91%e7%b7%a8&d=4677302287664961&mkt=zh-

徐明珠（2003年1月17日）。教科書民編與統編本問題探討。擷取自國家政策研究基金會：http://old.npf.org.tw/PUBLICATION/EC/092/EC-B-092-002.htm

徐嘉卉（2003）。教育的未來出口：恢復聯考？支持教改？。擷取自遠見：http://www.gvm.com.tw/Boardcontent_8157.html

薛荷玉（2008年11月25日）。教科書改版6年限2次。擷取自聯合報：http://bluestapler.pixnet.net/blog/post/22789295

(二) 英文部分

Colebatch, H., & Larmour, P. (1993). *Market, Bureaucracy and Community.* London: Pluto Press.

Galligan, D. J. (1986). *Discretionary Powers: A legal study of official discretion.* New York: Oxford University Press.

National Commission on Excellence in Education 1983. (2005). *A Nation at Risk: The Imperative for Educational Reform.* Retrieved from the Center for the Study of Mathematics Curriculum: http://mathcurriculumcenter.org/PDFS/CCM/summaries/NationAtRisk.pdf

Sergionanni, T. J., Burlingame, M., Coombs, F. S., & Thurston, P. W. (1999). *Educational governance and administration.* (4th ed.). MA, Needham Heights: Allyn & Bacon.

Silernail, D. L. (1996). The impact of England's national curriculum and assessment system on classroom practice: Potential lessions for American reformers. *Educational Policy, 10*(1), pp. 46-62.

Stone, D. A. (1988). *Policy Paradox and poltical reason.* New York: Scott.

Stone, D. A. (1997). *Policy Paradox: The art of political decision making.* New York: W. W. Norton & Company Incorporated.

The Collaborative International Dictionary of English v. 0. 48. (2014). *excellence.* Retrieved from The Collaborative International Dictionary of English: http://www.dict.org/bin/Dict

Weimer, D. L., & Vining, A. R. (1992). *Policy Analysis: Concepts and practices.* Englewood Cliffs, N. J.: Prentice Hall.

問題與討論

一、除了文中所述涉及價值之教育政策或方案外,請再試舉其他具同樣現象之案例,並闡述其所衍生之影響。

二、在多元社會多元團體訴求各有不同,教育政策規劃應如何釐清與整合教育價值?

三、在教育政策中,多元價值應如何取擇與排定優先順序?多元社會如何形成共識,應該有什麼樣的程序才具有正當性?試論述之。

第十六章

程序正義的堅持——
不續聘教師案例之適法性分析

許泰益

五岳歸來不看山，

黃山歸來不看岳。

～明代地理學家·徐霞客

 前言

《行政程序法》第1條規定：「為使行政行為遵循公正、公開與民主程序，確保依法行政之原則，以保障人民權益，提高行政效能，增進人民對行政之信賴，特制定本法。」首揭立法目的在遵循公正、公開與民主程序，這是法治國家行政行為的基本要求，而公正的行政作為是踐行正當法律程序的具體表現。一言以蔽之，就是要求公平。所謂公平，簡言之，就是一視同仁。相同事件應為相同之處理，不同事件應為不同之處理，亦即「等則等之，不等則不等之。」《憲法》第7條規定：「中華民國人民，無分男女、宗教、種族、階級、黨派，在法律上一律平等。」此為憲法所賦予人民的平等權。而此一平等權除非有正當理由，行政行為不得為差別之待遇。因此，特別要求「恣意的禁止」及「行政的自我約束」。徵諸《行政程序法》第6條：「行政行為，非有正當理由，不得為差別之待遇」定有明文。為實踐前揭正當程序，就必須遵守依法行政的原則，此原則是支配法治國家最基本的原則，於是一切行政行為必須遵守法律優位與法律保留兩項原則，以保障人民權益，增進人們對行政之信賴。

《教師法》開宗明義「為明定教師權利義務，保障教師工作與生活，以提升教師專業地位，特制定本法。」而教師工作與生活的保障，也必須在前述依法行政的原則下才能確保，尤其私立學校之教師。本文係某校甲教師因三年一次的教師評鑑成績不及格，100年度教師教學服務成績考核未繳教考核資料結果又為0分，學校擬依評鑑辦法之規定於聘約期滿後不續聘，101年間有位朋友請教筆者該如何處理，基於完備正當法律程序的考量，提供他一些處理意見供學校教師評審委員會審酌。本案雖已為過去之案件，但其中涉及一般法律原則之適用及剝奪工作權之嚴肅議題，且事情發生後，剛好教育部於民國102年有相關之規定通函各公私立技術校院，筆者認為仍有參考之價值，於是經整

理後成為本文。

貳　案情背景說明

　　某校對教師教學服務成績之考核，訂有「教師教學服務成績考核辦法」及「教師評鑑辦法」兩種。依教師教學服務成績考核辦法之規定，考核之成績分為三級，一、績優：總分排序前3%者，年終獎金加發半個月；二、通過：介於前3%與後3%之間者；三、待改進：總分排序後3%者，年終獎金減發半個月，留原薪級、不得升等、超鐘點，不得在校外兼課，並須接受輔導等。而教師評鑑成績之核計，係以教師最近三次接受考核之成績的平均分數為教師的評鑑成績。簡言之，教學服務成績考核每年辦一次，教師評鑑三年辦一次。評鑑成績未滿60分者為四等，依評鑑辦法之規定，於聘約期滿提請各級教評會審議通過後即不再續聘。甲師因之前（97、98、99年度）教學服務成績考核期間不交各項評量表，或交了各項欄位卻空白，致100學年度之教師評鑑成績為四等，本應依學校評鑑辦法之規定於聘約期滿後即不再續聘。筆者基於人事主管業務的敏感，認為本案如隨即不予續聘，將有程序上之瑕疵，而會被教育部駁回。其關鍵在於：

　　(一)如依《教師法》第14條第1項第8款「教學不力或不能勝任工作，有具體事實或違反聘約情節重大」之事由予以不續聘，學校必須負舉證責任。而甲師99、100學年度各學期學生教學意見反應之分數皆在3.5以上，又無具體不能勝任教學之個案情事，要認定教學不力或不能勝任工作，恐有爭議。

　　(二)學校並未依《大學法》第19條「大學除依教師法之規定外，得於學校章則中增列教師權利義務，並得基於學術研究發展需要，另定教師停聘或不續聘之規定，經校務會議審議通過後實施，並納入聘約。」訂有教師停聘、不續聘之規定並納入聘約。

　　基於上述兩點，該業務單位遂於101年1月間以報告事項向校教評會提出報告而暫緩處理。業務單位為周延法令之正當程序，乃研訂學校教師停聘及不續聘辦法，依法制作業程序審議通過後發布施行，並為符合大學法第19條之規定，將該辦法納入聘約，並經校務會議審議通

過。

參 法制面分析

甲師依據97、98、99年度之教學服務考核成績，100學年度之評鑑雖評為四等不及格，惟因尚有前述程序上之瑕疵而暫緩不續聘之處理。縱使100年度之教學服務成績考核（註：考核期間為當年2月1日起至翌年1月31日止，100年度之考核為100年2月1日至101年1月31日止）因未繳交四項評量表致考核成績為0分，尚無法依據目前仍適用之教師評鑑辦法予以處理。因為該辦法係三年評鑑一次，100年度教學服務成績考核是另一輪教師評鑑的第一年，101年度之考核是第二年，102年是第三年。但102年度學校已整併原教師教學服務成績考核辦法及原教師評鑑辦法，為一個新的教師評鑑辦法，並已發布於102年2月1日起施行，每年辦理一次。則學校與教師間是一個新的法律關係的開始，甲教師100及101年度之教學服務成績考核結果，並無法併入新的評鑑辦法使用。

簡言之，學校新舊教師評鑑辦法產生競合，相互重疊，但只能用一個規範予以評價。亦即甲師102年之評鑑成績實現了兩個構成要件。第一、如與100及101年度之教學服務考核成績三年平均，成為另三年一輪的評鑑成績，但102年之評鑑成績，已不屬於舊教師評鑑的成績；第二、依新教師評鑑辦法，102年度之評鑑須與103、104年度教師評鑑之結果論處，看是否連續三年評鑑皆不通過。

本案爭點在於甲教師已連續幾年教師評鑑及教師教學服務成績考核結果皆不及格，何以不能在聘約期滿後即不予續聘，而必須拖到104年度之評鑑結果才能處理？其爭點說明如下：

一、不續聘教師有法律保留原則的適用

行政機關之行政行為強調依法行政，所謂法律保留原則，簡言之，係指有法律依據才得行政行為。依據學校原教師評鑑辦法第5條第2項規定，評鑑結果應作為續聘、停聘或不續聘之依據。新施行之教師評鑑辦法，評鑑結果如連續三年均為不通過者，提請各級教評會審議其不續

聘案，審議通過不續聘案者，於聘約期滿即不予續聘。而不續聘案之處
置悉依教師法之規定，教師法爲公法，不續聘教師將造成學校與當事人
間外部效力關係之改變，即對當事人權利義務的改變，並確認法律關
係，則屬公法關係，應有法律保留原則的適用。此乃源於《中央法規標
準法》第5條第2款明定「涉及人民權利義務事項應以法律定之。」是
以，教師法第14條明列不續聘教師之事由，而教師考核或教師評鑑不
及格不予續聘屬前揭事由之哪一項要明確，因不續聘教師涉及對當事人
工作權之剝奪，涉及到憲法中人民工作權及生存權保障的問題，應依法
謹愼爲之。

二、法令從新從優原則

依據《中央法規標準法》第18條規定：各機關受理人民申請許可
案件適用法規時，除依其性質應適用行爲時之法規外，如在處理終結
前，據以准許之法規有變更者，適用新法規（從新原則）。但舊法規有
利於當事人而新法規未廢除或禁止所聲請之事項者，適用舊法規（從優
原則）。此從新從優原則是法律的一般原理原則，也就是凡對人民產生
限制性的法令，除非法有明文，都應該有從新從優原則的適用。例如
《刑法》第2條規定，行爲後法律有變更者，適用裁判時之法律（從新
原則）。但裁判前之法律有利於行爲人者，適用最有利於行爲人之法律
（從優原則）。該校102年2月1日起施行之教師評鑑辦法，是新的法令
關係的開始，須三年之後始有審議不續聘之問題，對本案當事人較爲有
利，依從新原則，自應適用新的評鑑辦法。

三、注意當事人利益原則

《行政程序法》第9條規定：「行政機關對該管行政程序，應於當
事人有利及不利之情形，一律注意。」此一體注意原則旨在保障人民的
權益，亦爲行政程序法立法目的之一。行政機關就某事件進行審查時都
應遵守，違背本條規定之行政行爲，係屬違法。是以，行政機關或受託
行使公權力之個人或團體，如私立學校，作成行政處分或其他行政行爲
前，自應對當事人有利及不利之情形，一律注意。102年2月1日起施行

之教師評鑑辦法，對當事人較爲有利已如前述，自應適用新的評鑑辦法。

四、縱使實質正當亦不可取代程序合法

　　長久以來，行政機關作成行政決定，比較重視實質結果是否合法、正當，而對於作成決定前所應踐行之程序，並無給予同等的重視。簡言之，行政決定比較重實體而輕程序，這對人權之保障顯然不足。甲師連續幾年教學服務考核成績及教師評鑑皆不及格，基於教學品質的提升及學校內部秩序的維持，理應於聘約期滿後不予續聘，有實質的正當性。適巧學校新舊教師評鑑辦法產生競合，相互重疊，但只能用一個規範予以評價。在新評鑑辦法施行前，該校並無法舉證甲師教學不利或不能勝任工作（因學生每學期教學意見反應之分數皆在3.5以上）而依《教師法》第14條處理；甲師也無法成就舊評鑑辦法不續聘之條件，因此，不續聘教師程序之合法，更應優先遵守。觀之司法院大法官會議釋字第520號解釋理由書載明略以：「基於法治國原則，縱使實質正當亦不可取代程序合法」，點出了正當法律程序的重要性，亦即此一解釋理由強調了「程序優先」的原則。學校不續聘教師是對當事人工作權之剝奪，正當法律程序之遵守，對當事人基本權利的保障影響甚鉅，不可不慎。

　　據上論結，私立學校係依《私立學校法》經主管教育行政機關許可設立並製發印信授權使用，在實施教育權之範圍內，有錄取學生、確定學籍、獎懲學生、核發畢業或學位證書等權限，係屬由法律在特定範圍內授與行使公權力之教育機構，於處理上述事項時亦具有與機關相當之地位（司法院大法官會議釋字第382號解釋理由書第二段參照）。是以，依法設立之私立學校，既經主管教育行政機關就特定事項依法授與公權力者，在其授權範圍內，具有政府機關之功能，以行使該公權力爲行政處分之特定事件爲限（司法院大法官會議釋字第269號解釋理由書參照）。不續聘教師係依據《教師法》第14條之規定，教師法爲公法，私立學校不續聘教師是一種公權力之行使，依行政程序法第2條第3項規定，「受委託行使公權力之個人或團體，於受委託範圍內，視爲

行政機關。」

再者，私立學校教師與學校間之聘任雖屬私權契約關係，但聘任契約成立後之權利義務事項，悉依教師法之規定，則屬公法關係。是以，同法第16條即明定「教師接受聘任後，依有關法令及學校章則之規定，……。」既然將教師與學校之履行契約關係定位為「依法令」執行職務，故教師之執行教育職務應屬公法關係。又既然私立學校處理教師不續聘此一特定事件視為行政機關，則有行政程序法之適用，該法第4條規定：「行政行為應受法律及一般法律原則之拘束。」則上述爭點說明之各項原則，即應遵守，始符法制。總之，學校如要不續聘甲教師，必須依據102年2月1日起施行之教師評鑑辦法相關規定，始為程序正當，且符合法令規定。

肆 結語

正義是一種善惡的判斷與機會的均等，而判斷與均等的基準是必須具備合理性與正當性，這是屬於道德的層次，如利益集中於少數人，就不符合「分配正義」，或是掉入「優勝劣敗」的叢林法則。康德（I. Kant）提出了三個道德命題：一是有道德價值的行為必須是因義務而為；二是一個因義務與責任而為的行為，其道德價值不在於由此行為所達成的目的，而在於決定此行為的準則；三是義務是尊敬法則的自然原則。康德的義務論是強調道德本身即其有內在價值，而且道德不僅成就具有莊嚴與內在意義的理性個人，更進一步可以建立相互尊重和諧一致的「目的王國」，而不被自然律所支配（玄奘大學，2006）。由上述第二個命題的意涵引用到本擬不續案，或許可以解釋為如果為了不續聘一位教師，而不遵守正當的法律程序是不道德的。當然筆者也深知如此硬梆梆的說明是不符合學校期待的，甚至有人可能會說「豈有此理」！但要實踐公平正義，保障教師權益，行政行為就不能有太多的情緒，而必須依法論法，且要先程序後實體，也就是要先符合正當法律程序，這是一種程序正義，一定要堅持。

後註：依據教育部102年8月9日臺教技(三)字第1020107177號函示：要求各公私立技術校院訂定教師評鑑相關機制與實施，應遵循一般

法律原則，以期公平評鑑教師各方表現。同時，學校實施教師評鑑之期程及教師受評鑑之考核時間範圍等，均應清楚明確規定，教師評鑑相關章則規定如有變更修正，應及早公告周知，且避免溯及既往適用。由前揭之函示，證明筆者先前之見解及堅持並無違誤。

參考文獻

玄奘大學通識教育中心主編（2006）。**倫理教育**。臺北市：財團法人玄奘文教基金會。

周志宏（2010）。**教育文化法規**。臺北市：元照。

黃俊杰（2010）。**行政程序法**。臺北市：元照。

司法院大法官會議釋字第269、382、520號解釋文。

問題與討論

一、甲師之不續聘案有無信賴保護原則之適用？

二、在新評鑑辦法未施行三年之前，學校如果通過不續聘甲師，其不提申訴而直接向教育部提出訴願，能否成立？

第十七章

教師升等違反學術
倫理案例辯正

許泰益

想知道一個人會有什麼成就，可以看他在晚上的時間在做什麼。

如果能夠善用七點到十點鐘的人，他的成就將比一般人高出兩倍。

～日本經營之神・松下幸之助

壹　前言

　　大學校院為維護學術尊嚴，公正處理所屬教師送審教師資格或升等案件，都訂有違反學術倫理處理之規定，教育部亦訂頒「專科以上學校違反送審規定處理原則」，其中第2點所列有關違反送審教師資格規定之情事中，第4款為「其他違反學術倫理情事」。而所稱違反學術倫理行為並無明確之界定或認定標準，有學校之處理要點係指「研究造假、學術論文抄襲、或其他於研究構想、執行或成果呈現階段有剽竊或侵占他人等違反學術規範之行為」。行政院國科會學術倫理案件處理及審議要點第3點對違反學術倫理行為之類型，大致採列舉之規定，包括造假、變造、抄襲、隱匿、重複發表、大幅引用自己已發表之著作，未適當引註及其他違反學術倫理之行為。但不管是列舉或概括之規定，其目的就是本文開宗明義之「維護學術尊嚴」。違反上述情事被舉發者以疑似抄襲為最常見，而抄襲涉及到著作權問題。依《著作權法》第10條前段「著作人於著作完成時享有著作權」，這是植基於創作之保護。但此保護僅止於該著作之表達，故同法第10條之1規定「依本法取得之著作權，其保護僅及於該著作之表達，而不及於其所表達之思想、程序、製程、系統、操作方法、概念、原理、發現。」例如，某乙受某甲論文中研究發現之激發，而本於自己之精神作用而為創作之論文，仍為受著作權法保護之著作（最高法院99年度臺上字第2109號判決參照），而不能以抄襲某甲著作將某乙以違反學術倫理論處。藉由上述之概念來論述下列一件某教師升等案，被學校學術倫理審議委員會認為違反學術倫理，進而校教評會決議升等不通過之案件。

　　民國102年10月1日接到同事A師電話，其受指導教授之託，請求協助國立＊＊大學B教師升等不通過申訴案內容之修正。A師將申訴書轉

請筆者幫忙，因10月3日申訴之法定時效將屆，當事人撰寫之申訴內容雖長達22頁，但並無法律程序面之論述，案情之來龍去脈一時也無法完全瞭解，除一些關鍵點之提示，請當事人加強外，請其先行於法定期限內向學校教師申評會提出，再遞補充理由書。

貳 背景說明

本案緣於B助理教授因學校「六年條款」之規定，未能於期限內升等副教授，延長二年之第二年申請101年8月1日升等，因代表著作與參考著作一被認定論文主體內容相近，被系教評會移送學校學術倫理委員會審議，結果以「其他嚴重違反學術倫理情事」處置，嗣經校教評會審議升等不通過，並決議於102及103學年度不受理其升等之申請，同時函知教育部。惟前揭結果，B教師早就系教評會之審議結果提出三次申訴，並均評議決定：申訴有理由，系教評會須另為適法之決定。惟懸宕並未有適法之決定，導致當事人延長二年期滿102學年度起不發給聘書，但B教師仍在系上任教支領全薪。如學校無違法或不當情事，本質上B師工作權已喪失。基於同情B師之遭遇，受同事A師之託，乃義不容辭為其撰寫補充理由書如下（註：嗣後針對學校之答辯書再提出10頁之再補充理由書，限於本文篇幅，不予列入）：

申訴人補充理由書

申訴人因申請升等副教授著作被指涉違反學術倫理事件，認為學校教師評審委員會（下稱校教評會）、學術倫理審議委員會及＊＊系教師評審委員會（下稱系教評會）審議本案，認事用法有程序違法及在實體上與事實不符之處，謹就事實逐一補充陳述理由於下：

壹、程序部分

一、學校升等審查違反司法院大法官會議釋字第462號解釋意旨：

(一)上揭462號解釋文載明「……大學教師升等資格之審查，關係大學教師素質與大學教學、研究水準，並涉及人民工作權及職業資格之取得，除應有法律規定之依據外，主管機關所訂之實施程序，尚須保證能對升等申請人專業學術能力及成就作成客觀可信、公平正確

之評量，始符合憲法第二十三條之比例原則。……」本解釋意旨強調人民工作權及職業資格之取得有法律保留原則的適用；強調評量須具客觀、公正性；強調評量要符合比例原則。

(二)由三位外審委員審查意見得知，學術倫理審議委員會委託外審之目的，在審查申訴人升等之代表著作及參考著作一兩者之相似度及學術之貢獻度，而其緣起在於101年11月13日系教評會認定申訴人與他人合著之升等代表著作與參考著作一在論文主體有相近情事。今學術倫理審議委員會卻不顧送外審查之初始目的，在於審究申訴人升等代表著作與參考著作一在論文主體有無相近情事及學術之貢獻度，卻無端逕以「其他嚴重違反學術倫理情事」認定之，又未提出動搖審查人專業審查之可信度與正確性之具體學術理由，也無訂定「其他嚴重違反學術倫理情事」之認定標準，其公正客觀之認定基準何在？實已明顯違反前揭大法官會議釋字第462號解釋「大學教師升等資格之審查，……，尚須保證能對升等申請人專業學術能力及成就作成客觀可信、公平正確之評量」之解釋意旨，也違反教育部因應大法官會議第462號解釋文，專科以上學校辦理教師升等評審應注意事項第5點「教評會辦理教師升等評審應兼顧教學、研究、服務，並訂定明確之評量依據、方式及基準」之規定，更不符合行政程序法第5條「行政行為之內容應明確」之規定。

(三)上開解釋文強調評量要符合比例原則，由大法官會議釋字第588號觀之，比例原則其目的在使人民不受國家機關過度之傷害。然而本校學術倫理審議委員會對本案之認定，已逾越將申訴人著作送外審查之初始目的，致使校教評會作成不利於申訴人之決定，造成申訴人工作權喪失之嚴重傷害，已違背了大法官釋字第462號及588號之解釋意旨，應屬無效而必須予以撤銷。再者，依行政程序法第7條規定，比例原則強調最少損害原則，指有多種同樣能達成目的之方法時，行政機關應選擇對人民權益損害最少者。然學術倫理審議委員及校教評會卻選擇對申訴人權益損害最大之職業資格取得及工作權剝奪為之，申訴人怎能信服？

二、學術倫理審議委員會及校教評會審議過程，違反行政程序法第102

條之規定：

按「行政機關作成限制或剝奪人民自由或權利之行政處分前，除已依第39條規定，通知處分相對人陳述意見，或決定舉行聽證者外，應給予處分相對人陳述意見之機會。……」為行政程序法第102條所明定。又，大法官會議釋字第462號解釋亦指出「評審過程中必要時應予申請人以書面或口頭辯明之機會」。本次申訴人申請升等資格審查的結果，關係申訴人工作權之剝奪與否，則事關申訴人重大權益事項之審議，學術倫理審議委員會及校教評會審議時竟無通知申訴人列席而有辯明之機會，亦未函知申訴人提出書面說明，揆諸前揭行政程序法第102條規定及大法官會議釋字第520號解釋理由書載明略以：「基於法治國原則，縱令實質正當亦不可取代程序合法」，此一解釋理由強調了「程序優先」的原則。是前揭會議已違反正當法律程序，其決議應屬無效。

三、學校學術倫理委員會審議申訴人被指違反學術倫理事件時有程序上之嚴重瑕疵：

本校教師及研究人員學術倫理案件審議辦法第9條規定：「檢舉案件經本會審議成立者，應依規定作出懲處建議，並於決定十日內，將審議結果、懲處建議、理由等送校教評會處理，並以書面通知檢舉人及被檢舉人。」然該委員會並未依前揭規定通知申訴人，已明顯有違反學校規定之瑕疵。再者，學術倫理審議委員會討論申訴人之學術倫理案在作成決議前，並未將外審委員意見通知申訴人，致使申訴人無從得就著作外審結果於該委員會審議前提出事實及法律上之具體意見，以維護申訴人之權益。而此次外審結果事關申訴人權益重大，該委員會卻予漠視，實有程序上之嚴重瑕疵。

貳、實體部分

一、申訴人升等之代表著作及參考著作一並無違反學術倫理之情事：

(一)依教育部所頒專科以上學校教師違反送審教師資格規定處理原則第2點所列有關違反送審教師資格規定之情事，其中第4款為「其他違反學術倫理情事」。本校學術倫理案件審議辦法第2條第5款亦有「其他嚴重違反學術倫理情事」之規定。

(二)依據前揭二規定，不論教育部之「其他違反學術倫理情事」，或本校「其他嚴重違反學術倫理情事」之規定皆屬概括之泛稱，爲不確定法律概念，雖爲立法上所允許，但此不確定法律概念或概括條款其意義要能使規範者能以理解且得以預見（大法官會議釋字第432、491號參照）。因此，任何對送審教師違反學術倫理之指摘，應具體敘明其理由，不能泛指，而有非具專業學術之理由，始符合行政程序法第5條「行政行爲之內容應明確」之規定。是「其他嚴重違反學術倫理情事」其意義廣泛，須爲何種樣態，達到何種程度始構成「嚴重」，何種爲「不嚴重」，並無認定標準，亦即未具體明確，申訴人實難以理解，且非爲申訴人所得預見，致留給審議者恣意行事之空間，而予以羅織。

(三)觀之學術倫理審議委員會調查小組於102年2月1日致函申訴人要求說明合著之兩篇著作之貢獻度，並告知或可能構成「其他違反學術倫理情事」等情時，申訴人於答辯書即請求調查小組進一步指明可能涉及的「其他嚴重違反學術倫理情事」，讓申訴人有再次說明的機會（詳如申訴書頁8）」即可印證。系教評會審查及校外審專家之意見雖指摘申訴人升等代表著作與與參考著作一在論文主體有相近之情事，但並無對申訴人有任何具體嚴重違反學術倫理情事之載明，然本校學術倫理審議委員會調查小組及委員會卻以「其他嚴重違反學術倫理情事」認定，顯然恣意裁量，而與釋字第432、491號解釋意旨相違。但校教評會第308次會議卻不察而據以認定，致申訴人無法升等，而導致工作權之喪失。

(四)退一步言，縱令申訴人升等代表著作與參考著作一被系教評會及外審委員指摘在論文主體有相近之情事，而被視爲一稿兩投構成嚴重違反學術倫理，未諳其明文規定爲何？依據何在？否則，豈能以世俗對一稿多投之認知，而強加於事關申訴人職業資格及工作權而有法律保留原則適用之上，豈不世俗認知高於憲法、法律、行政命令及行政規則之上，則棄法律優位於何地？對否？

(五)爲避免一稿兩投之爭議，申訴人於101年12月10日呈送給教師申訴評議委員會之申訴書第6頁已有表示「本人同意撤除『升等代表著

作』或『升等參考著作一』其中之一篇文章」（詳見附件4，評議書第3頁），該評議書並副知＊＊系。而此撤除聲明之意思表示，一經表示於外，即發生法律效果。然＊＊系並未撤除申訴人之「升等參考著作一」，卻反而將申訴人之「升等代表著作」以及「升等參考著作一」移送學術倫理審議委員會處理，未悉何以如此行政作爲。且早於102年6月24日校教評會通知函告知「違反學術倫理」之前，已去文接受「參考著作一」刊登的期刊主編要求撤稿，並於同年9月19日得到期刊主編的同意（如申訴主文附件8）。申訴人此一意思通知，乃申訴人以具體行動將欲撤銷投稿行爲之意思，表現於外部，並期望發生撤銷之法律效果，事後也證明發生撤銷之效果。則一稿兩投之爭議已不存在，只是未能及時於102年6月26日第308次校教評會議決議前得到前揭之同意書以提供校教評會委員參酌而徒留遺憾。

(六)申訴人升等代表著作與參考著作一因投稿與接受刊登先後而產生時間差，造成後投稿之代表著作先刊登，先投稿之參考著作一後刊登，實非申訴人得以預知，或所能控制，致使系教評會、學術倫理審議委員會及校教評會委員誤解，實感遺憾與歉意。然而此種情形，在申訴人不服系教評會101年4月16日否准申訴人自101年8月1日升等爲專任副教授之申請案而於101年4月20日向學校申評會提出申訴後，評議決定：「申訴有理由」之評議書理由二即指出：「又查＊＊學系教師升等初審細則第一點、研究成果(二)規定SCI/SSCI/TSSCI之期刊目錄及影響點數採計年度，以被接受日期或發表年度擇一適用，其合理性似不無商榷之餘地。按學術論文投稿後迄被接受或正式發表會有時間差，短則半年、長者一兩年以上亦非少見，按照上述規定，此一時間差可能產生的不利益將全由申請升等之教師承擔。」（詳如申訴書附件2）顯見申評會已明白指出投稿之時間差問題，以及＊＊學系教評會升等審查不合理之處。

二、外審委員意見顯示申訴人並無「一稿兩投」之情事：

依據國立＊＊大學教師評審委員會第308次會議記錄（學術倫理部分節錄）所附的國立＊＊大學學術倫理審議委員會審查＊＊系教評

會移送該系二位教師案外審結果彙整表（詳如申訴書附件1），外審委員A的審查意見第一點指出「作者應是先完成著作二，然後再撰寫著作一」，外審委員B的審查意見第二點指出「如果著作一先投稿，可視為一稿多投」。上述外審意見中所指的著作一為申訴人的「升等代表作」，而著作二為申訴人的「參考著作一」。申訴人的「升等代表作」（著作一）並非先投稿，而是在「參考著作一」（著作二）投稿之後才撰寫投稿的。根據這兩位外審委員的這兩點審查意見，不就是表示此系爭兩篇文章並非一稿兩投？既然外審專家學者的審查意見指出此系爭兩篇文章並非一稿兩投，則本校學術倫理審議委員會就應尊重專業領域之判斷。參照大法官會議釋字第462號「教師評審委員會除能提出具有專業學術依據之具體理由，動搖該專業審查之可信度與正確性，否則應尊重其判斷」之解釋意旨，學術倫理審議委員會在未提出具有專業學術依據之具體理由，動搖該專業審查之可信度與正確性之前，何能否定外審專家之審查意見，而違反釋字第462號之解釋？並以此違反釋字第462號解釋之作為，進而做為校教評會審議之依據，其決議當然自始無效。

據上論結，學術倫理審議委員會及校教評會審議本案時有理由矛盾之違背法令，特補充理由如上，懇請 貴會明察，並撤銷校教評會之決定。

參　本案爭點之分析

本案爭點在於申訴人之升等代表著作和參考著作一、兩篇文章相近，被系教評會違法認定為「一稿兩投」，而向學校學術倫理審議委員會（下稱學審會）舉發，進而以「其他嚴重違反學術倫理情事」論處，導致校教師評審委員會（下稱校教評會）決議升等不通過。如此的處置是否合法？是否過當？筆者認為應從《著作權法》之規定論斷之。亦即如有違反著作權法規定者，始該當學術倫理之違反。

1. 按著作權法上所謂著作，係指「屬於文學、科學、藝術或其他學術範圍之創作」，該法第3條第1項第1款定有明文，此規定強調「創作」。是以，只要具有原創性這就該當該定義之著作。又，同法第10

條前段：「著作人於著作完成時享有著作權」，這是植基於創作之保護。但此保護僅止於該著作之表達，故同法第10條之1規定「依本法取得之著作權，其保護僅及於該著作之表達，而不及於其所表達之思想、程序、製程、系統、操作方法、概念、原理、發現。」準此，著作權法所保護之著作須具原創性，且僅限於體現於外之表達，而不保護該表達背後之思想、概念等。則申訴人升等代表著作和參考著作一是否爲同一著作或分別爲兩著作而同時享有著作權便爲關鍵，如爲前者，才有一稿兩投之問題存在，反之爲後者，即不存在。

2. 申訴人於申訴書中陳述兩篇文章相近之原因已說明「此升等代表作和牽涉的參考作爲一系列的專題研究著作。……本人在參考作投稿之後等待的期間發現參考作的H測度預測模型仍有改進空間，進而研究推理發現好的「模糊密度」其實比好的「模糊測度」更加重要，依此找出「模糊測度」與「模糊密度」最佳組合，並將此新結果加入進而撰寫成升等代表作並投稿於2012年5月於廣州舉行的……，由ICAFBE 2012大會推薦投稿至Advanced Science Letters期刊。……」

由上述之陳述可知，本案代表著作係受參考著作一之激發，發現參考著作一的H測度預測模型仍有改進空間，進而研究推理發現好的「模糊密度」其實比好的「模糊測度」更加重要，而寫成升等代表作。依著作權法第6條規定：「就原著作改作之創作爲衍生著作，以獨立之著作保護之。」則綜覽前揭著作權法第3、6、10條及第10條之1之規定，代表著作爲衍生著作，參考著作一及升等代表著作已分屬不同之著作而分別享有著作權。是既非同一著作，就無「一稿兩投」之爭議。

3. 參照最高法院99年度臺上字第2109號民事判決：「按著作權之保護僅限於表達，而不及於思想或概念本身，此爲著作權法第10條之1所明定。足見思想或概念在著作權法上並無排他性，倘著作人僅係接受他人思想或概念之激發，而本於自己之精神作用而爲創作，仍爲受著作權法保護之著作。」亦可證明申訴人並非一稿兩投。本案之所以被系教評會舉發「一稿兩投」，進而學審會審議結果以「其他嚴重違反學術倫理情事」認定，乃升等代表著作與參考著作一外審結果，咸認定兩篇文章在研究方法及研究步驟上均高度雷同或相似，在研究結果上有二位

認為高度雷同,一位為中度雷同。於是學審會認定:「就整體而言,二篇文章的雷同或相似程度,以百分比計算,二位認為係90%,一位認為係85%,平均達88.33%。」遂認定一稿兩投。但此認定卻顯然與最高法院92年度臺上字第5807號刑事判決:「按著作係指屬於文學、科學、藝術或其他學術範圍之創作,凡本於自己獨立之思維、智巧、技匠而具有原創性之創作,即享有著作權。惟原創性並非專利法所要求之新穎性,因之苟非抄襲或剽竊他人之著作,縱兩者各自完成之著作雷同或極為相似,因二者均屬自己獨立之創作,同受著作權法之保障。」之意旨相違。又,最高法院97年度臺上字第1214號判決亦載明:「著作權法所保護之著作,係指著作人所創作之精神上作品,而所謂精神上作品,除須為思想或感情上之表現,且有一定形式等要件外,尚須具有原創性,而此所謂原創性之程度,固不如專利法中所舉之發明、新型、新式樣等專利所要求之原創性程度(即新穎性)較高,亦即不必達到完全完全獨步之地步。即使與他人作品酷似或雷同,如期間並無模仿或盜用關係,且其精神作用達到相當之程度,足以表現出作者之個性及獨特性;即可認為具有原創性;……。」揆諸上述最高法院之三件判決意旨,學審會認定申訴人「一稿兩投」顯然係屬違法之認定,從而校教評會據此決議升等不通過,將無所附麗。

又,學校審議辦法係來自教育部所訂之「專科以上學校教師違反送審教師資格規定處理原則」。經審視該原則第8點第4款為「其他違反學術倫理情事」之條文,係一般性之概括規定,然學校訂為「其他『嚴重』違反學術倫理情事」。顯然係就教育部規定之構成要件做更嚴謹之限縮,而須達「嚴重」之程度,始符合違反學術倫理之構成要件,不嚴重或輕微者,則不符合構成要件。但是,須為何種樣態,達何種程度始構成「嚴重」,何種為「不嚴重」,並未具體明確,申訴人實在難以理解且無法預見。除違反行政程序法第5條「行政行為之內容應明確」之規定外,更違反大法官會議釋字第432號「此不確定法律概念或概括條款其意義要能使規範者能以理解且得以預見」之解釋意旨。是審議辦法第2條第5款規定已明顯違反明確性原則。

肆 結語

　　不少大學校院對教師升等有六年條款之規定，期限一到未能升等將導致不續聘，而不續聘教師涉及到當事人工作權之喪失，有法律保留原則之適用。則依102年7月10日修正公布《教師法》第14條，符合不續聘之要件有13款，其中第13款為「教學不力或不能勝任工作有具體事實，或違反聘約情節重大」。但何謂教學不力或不能勝任工作，教師法施行細則並無明定。經參酌教育部為處理高級中等以下學校不適任教師，於92年5月30日訂定之「處理不適任教師注意事項」，所謂「教學不利或不能勝任工作」，係指教師之教學、工作無成效或無法彰顯教學、工作之成效而言。依此定義，B師被認定違反學術倫理如欲以「教學不利或不能勝任工作」予以不續聘顯有爭議。但能否以「違反聘約情節重大」之理由以予不續聘，除須審視當事人是否確有違反聘約情事外，如本案原措施學校國立＊＊大學教師聘任或升等辦法中，有無將類似「新聘任之助理教授，於聘任後六年內未獲升等者，自第七年起不予續聘。但情況特殊，經教評會同意者，自第七年起得續聘二年，如二年內仍未能升等者，則不予續聘」之條文於辦法中明定而列為教師聘約之內容之一，且該聘約是否經校務會議審議通過而定。如該校確有類似如上之條文規定，但B師此違反聘約之情事是否即該當「情節重大」，則應考量B師之情節是否達到重大之程度，始足當之。《教師法》第14條第1項第13款既將「違反聘約」與「情節重大」並列，足見是否「情節重大」，並非聘約所得約定之事項，學校不得於聘約中約定教師有一定違反聘約行為，即屬情節重大，而應就個案違反聘約相關事由判斷該違反聘約行為，是否確達情節重大程度（最高行政法院102年判字第565號判決參照）。本爭議事件未確定前學校不發給聘書，又顧及以「其他嚴重違反學術倫理」不通過其升等尚有爭議，讓其繼續任教支領全薪以待確定判決。當事人處在此不確定法律狀態下，心情之忐忑可想而知。但當權利將被剝奪時，如能依法據理力爭，總有撥雲見日之時。

　　附註：

　　本案學校於103年3月21日函送1月10日申評會之評議決定略以：

申訴有理由。申訴人申請於101年8月1日升等一案，各級教評會不予通過，並於102及103學年度不受理升等之申請之決議應予撤銷，請校教評會另為適法之決議。其理由甚多，其中第5點載明：申訴人之參考著作一原為研討會論文，嗣後因加入新的變數而重新撰寫成代表著作，又代表著作投稿時參考著作雖已投稿但尚未接受，是申訴人主張其主觀上並不具有一稿多投之意圖，且嗣後因參考著作一及代表著作均先後被期刊接受，申訴人已主動向接受參考著作之期刊表示不予公開發表，是以，僅代表著作被正式發表，依學校學術倫理規範第7點自我抄襲之補充規定，參考著作一應認係研討會論文而視為與代表著作係同一件，不應視為抄襲部分，校教評會議亦未針對此部分予以說明答辯，此均攸關申訴人是否構成違反學術倫理重要事項，容有釐清、查明之必要。

參考文獻

中文部分

周志宏（2010）。**教育文化法規**。臺北市：元照。

黃俊杰（2010）。**行政程序法**。臺北市：元照。

司法院大法官會議釋字第432、462、491、520、588號解釋文。.

最高法院92年度臺上字第5807號判決書。

最高法院97年度臺上字第1214號判決書。

最高法院99年度臺上字第2109號判決書。

最高行政法院102年判字第565號判決書。

全國法規資料庫：http://law.moj.gov.tw/LawClass/LawContent.aspx?PCODE=J0070017

問題與討論

一、B師之不續聘案，學校須經何種程序，始符合正當法律程序？

二、教師法第14條第2項規定：教師有教學不力或不能勝任工作有具體事實；或違反聘約情節重大之情事者，應經教師評審委員會委員三分之二以上出席及出席委員三分之二以上之審議通過，始得解聘、停聘或不續聘。如果學校之辦法中另定應經委員三分之二以上出席及出席委員四分之三以上之審議通過，是否違法？

五南文化廣場 橫跨各領域的專業性、學術性書籍
在這裡必能滿足您的絕佳選擇!

五南全國展售門市

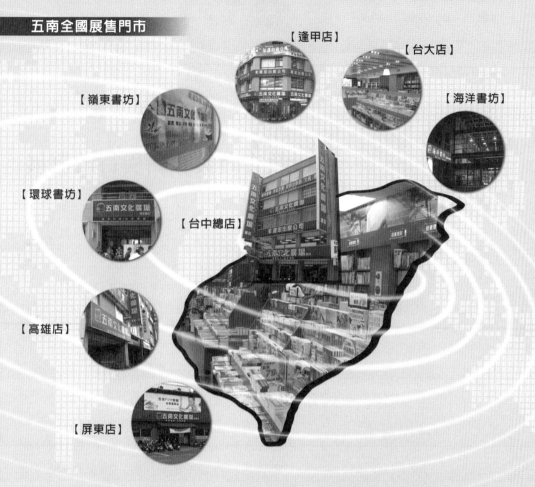

【逢甲店】
【台大店】
【嶺東書坊】
【海洋書坊】
【環球書坊】
【台中總店】
【高雄店】
【屏東店】

海洋書坊:202 基 隆 市 北 寧 路 2號 TEL:02-24636590　FAX:02-24636591
台 大 店:100 台北市羅斯福路四段160號 TEL:02-23683380　FAX:02-23683381
逢 甲 店:407 台中市河南路二段240號 TEL:04-27055800　FAX:04-27055801
台中總店:400 台 中 市 中 山 路 6號 TEL:04-22260330　FAX:04-22258234
嶺東書坊:408 台中市南屯區嶺東路1號 TEL:04-23853672　FAX:04-23853719
環球書坊:640 雲林縣斗六市嘉東里鎮南路1221號 TEL:05-5348939　FAX:05-5348940
高 雄 店:800 高 雄 市 中 山 一 路 290號 TEL:07-2351960　FAX:07-2351963
屏 東 店:900 屏 東 市 中 山 路 46-2號 TEL:08-7324020　FAX:08-7327357
中信圖書團購部:400 台 中 市 中 山 路 6號 TEL:04-22260339　FAX:04-22258234
政府出版品總經銷:400 台 中 市 軍 福 七 路 600號 TEL:04-24378010　FAX:04-24377010
網 路 書 店　http://www.wunanbooks.com.tw

國家圖書館出版品預行編目資料

教育政策創新與行政發展／吳清基等合著.
－－初版.－－臺北市：五南，2014.10
　　面；　公分
ISBN 978-957-11-7827-1（平裝）
1.教育政策　2.教育行政　3.文集
526.07　　　　　　　　　103017904

1IYJ

教育政策創新與行政發展

主　　　編	吳清基（64）
作　　　者	吳清基　張國保　吳靖國　黃美賢　張明文
	洪詠善　楊振昇　林孟潔　林立生　宋雯倩
	陳盈宏　顏國樑　蔡進雄　楊淑妃　范熾文
	謝念慈　舒緒偉　蕭芳華　許泰益
發 行 人	楊榮川
總 編 輯	王翠華
主　　　編	陳念祖
責任編輯	李敏華
封面設計	童安安

出 版 者 — 五南圖書出版股份有限公司
地　　　址：106台北市大安區和平東路二段339號4樓
電　　　話：(02)2705-5066　　傳　　　真：(02)2706-6100
網　　　址：http://www.wunan.com.tw
電子郵件：wunan@wunan.com.tw
劃撥帳號：01068953
戶　　　名：五南圖書出版股份有限公司
台中市駐區辦公室／台中市中區中山路6號
電　　　話：(04)2223-0891　　傳　　　真：(04)2223-3549
高雄市駐區辦公室／高雄市新興區中山一路290號
電　　　話：(07)2358-702　　傳　　　真：(07)2350-236
法律顧問　林勝安律師事務所　林勝安律師
出版日期　2014年10月初版一刷
定　　　價　新臺幣580元